現代の建築家

井上章一

GA

目次

ささやかな前口上

ル・コルビュジエは、その後半生において、それまでの作風をおおきくかえている。

一九二〇年代には、モダンな白い家のつくり手として、脚光をあびだした。それまでの様式にしばられることなく、壁へ穴をあけていく自在ぶり。邸内へいざなった者を、あちらこちらでおどろかす、こったしかけ。そして、浮舟のようにも見える軽やかなたたずまいで、頭角をあらわしたのである。

壁へ思うがままに穴をうがつ、とらわれのないかまえは、その後もたもたれた。建築のそこかしこに見せ場をもうけるつくりも、かえてはいない。

しかし、二〇世紀のなかばごろには、白く軽やかな見てくれを、すてていた。内外装をうちっぱなしのコンクリートで、あらっぽくしあげるようになっている。かつてのつるりとした壁は、しりぞけた。そしてルーバーのあしらわれたほりの深いそれを、きわだたせるようになっていく。よりダークで、重々しいかまえを、うちだす建築家になったのである。

この様がわりは、コルビュジエ研究のかんどころになっていると思う。なぜ、白く軽いたたずまいに見切りをつけ、あらあらしく重いそれを、めざしたのか。この点については、さまざまな読みときがほどこされてきただろう。

ざんねんながら、私にその研究史をたどる力はない。ここ二、三〇年ほど、私の興味は日本の古い建築へむかっていた。桂離宮や法隆寺に安土城、そして伊勢神宮などを、おいかける。そんな歴史家になっていた。いわゆる現代建築からは、興味がはなれていたのである。

コルビュジエの心がわりについても、研究史をわきまえて論じることは、できない。ただ、若いころ、一九七〇年代のなかごろにヨーロッパへでかけて、感じたことはある。パリの街並みを見て、かってにコルビュジエの思惑をおしはかったりもした。この本は、そこをふりかえることから、はじめたい。

周知のように、ヨーロッパの古い都市には、歴史的な建造物がたちならぶ。パリの市街地も、十九世紀までの歴史様式でいろどられた建築が、うめつくす。ルーヴル宮殿をはじめとする名作も、少なくない。

そうしたところで、いわゆるモダニズムの建築にでくわすと、おしなべて貧相に見えた。ああ、ちゃちくさいな、うすっぺらいなという想いが、いやおうなくわいてくる。写真ではかっこよく軽やかにうつっていた建築の多くが、たよりなく感じられた。

コルビュジエの白い家についても、私は同じ印象をいだいている。なるほど、サヴォア邸やラ・ロッシュ＝ジャンヌレ邸には、おもしろいところがある。それまでにない空間をみのらせたのは、まちがいない。しかし、市中の歴史建築とくらべれば、どうしようもなくひ弱に見えたのだ。あのル・コルビュジエでさえ。

パリのオペラ座を、私は見下していた。十九世紀のネオ・バロックがのこした、グロテスクな遺物だ、と。あちらへゆく前は、本からしいれた知識で、そう見くびっていたのである。

しかし、現物をこの目でながめ、私は考えをあらためた。これはあなどれないなと、思いなおしている。たしかに、こけおどしめいたところは、たくさんある。おおげさなそぶりがかなわんなという想いも、わかないわけではない。

だが、西洋建築史の大いなる流れも、そこへたたずむ私にはせまってくる。思うぞんぶん見栄をはった、あの階段室でもそれのあふれだす様子は見てとれた。オペラ座の骨組みを、どうどうたる建築として、私の目はうけとめたのである。

と同時に、こうも思い知らされた。そんじょそこらのモダン建築では、とうていたちうちできない、と。こざかしい新劇より、時代がかった歌舞伎に魅せられたといったところだろうか。パリからはなれたシャルトルの大聖堂でも、私はうちのめされた。モン・サン・ミッシェルの光景にも、気持ちをたかぶらせている。フィレンツェやヴェネツィアでは、都市と建築で酔うような感覚をあじわった。

一九二〇、三〇年代のモダニストは、こういう伝統にはむかったのか。たいへんなたたかいだったんだろうなと、みょうな感心もするにいたっている。

まだ若かったコルビュジエも、この伝統に牙をむいた。白くて軽やかに見える、それまでにはない作品を、たてている。その点では、ことをなしとげたという思いが、いだけたこともあっただろう。

しかし、竣工直後のよろこびがされば、自作をうたがう気持ちもめばえたのではないか。やはり、これはうすっぺらい。ふけばとぶように見える。建築はもっとほりが深く、どうどうとしていなければいけない。でなければ、これまでの伝統にまけてしまう。

私は、コルビュジエがいだいただろう気持ちを、以上のようにおしはかった。重々しいかまえをもとめるようになったのも、この反省にねざしていると考えたのである。

文献的なよりどころはない。巨匠のそばにいた人たちが、こういう証言を聞きとっているかどうかも不明である。そして、くりかえすが、今の私にそこをさぐるゆとりはない。ヨーロッパの歴史建築と、コルビュジエが若いころにたてた家を見くらべた。そのうえでひねりだした、私の勘にもとづく読みときである。

ついでにしるすが、私は今のべたような見取図を、西洋芸術史一般にいだいている。

二〇世紀にマルセル・デュシャンがのこした美術は、おもしろい。機知にとんでいる。しかし、ダ・ヴィンチやレンブラントらの前にだせば、やすっぽく見える。二〇世紀のとんがったこころみは、美術を不幸なところにおいこんだなと痛感する。

音楽の場合も、この想いはかわらない。私は二〇世紀以後の現代音楽にも、けっこうなじんでいる。ジョン・ケージやピエール・ブーレーズのひびきにも、しばしば耳をかたむける。そして、それらにもおもしろいと思えるところが、ないではない。しかし、耳がたのしめるその度合いでは、バッハやモーツァルトのほうが、数段まさる。

そう、私は古いのだ。いわゆる現代建築には、かならずしも心がむかわない。それよりも、歴史をめでる気分が強くある。それこそ、坪内祐三のひそみにならって、「古くさいぞ私は」と言いたいところである。

とはいえ、古い建築へのこだわりが、新しい読みときにつながる可能性も、ないではない。それが、たとえばコルビュジエの変貌をときほぐす糸口になることも、ありえよう。

まあ、私のさきほどこころみた解釈があっているのかどうかは、わからない。しかし、なにほどかの説明には、なっているような気もする。そして、コンテンポラリーをおいかけていない私には、そこしか書くところがない。

日本の現代建築を、ふりかえる。今、建築家たちはどこにむかおうとしているのかを、考える。そんな文章を、古い建築にもこだわりつつ、これから書きついでいくつもりである。

長野宇平治《ながの うへいじ》

「建築の解体」にさきがけて

世界のなかでとらえれば

ル・コルビュジエは、一九二七、八年におこなわれた国際連盟の競技設計へいどんでいる。そして、そのモダンな案は、けっきょくしりぞけられた。他の古典主義的な、言葉をかえればアカデミックな提案に、勝ちをゆずっている。

まだまだこのころは、モダニズムの出番がかぎられていた。大きな公共建築は、それなりのおりめただしい様式で、まとめられねばならない。今出来のおてがるな意匠でしあげられるのは、こまる。一九二〇年代の建築家たちは、たいていそう考えたのである。

日本人の建築家である長野宇平治も、この保守的な建築観をわかちあっていた。コルビュジエらのこころみは、倉庫か工場でしかみとめがたい。そうなじる文章を、書いている(「国際連盟会館競技に就ての感想」『日本建築士』一九二七年一〇月号)。

のみならず、長野は自らの国際連盟案をしあげ、競技設計にくわわった。コルビュジエらとはちがう、古典的な様式建築の図案で、たちむかっている。旧派のアカデミックな建築家として、世界の檜舞台へうってでようとしたのである。

このいきさつからもわかるとおり、長野は古典様式のあつかいに、自信をいだいていた。ながらく、日本銀行の建築技師をつとめ、日銀の地方支店をたくさんこなしている。日銀をやめてからも、全国の銀行建築をいくつもてがけてきた。当時は銀行のよそおいだとされたクラシックの形式にも、すっかりつうじていたのである。

建築評論家の長谷川堯に、「丸の内・列柱歩廊金銀行」という文章がある(『都市住宅』一九七四年五月号)。なかに、「ナガノウヘイジを知ってますか?」という一章が、はさみこまれている。当時はもうわすれさられていた長野のことを、ひろく知らしめようとする一文である。

長谷川のおすすめは、旧横浜正金銀行東京支店であった。顔見知りの建築家たちを、しばしばここの見学へさそってもいたらしい。「この営業室へ足をふみ入れた者」は、「ちょっとした溜め息をもらす」。「ぼくの経験ではかなりモダニストを自称するひとでも」感心すると、書いている。

時代からとりのこされた古典主義の建築も、あなどってはいけない。たとえあなたが筋金入りのモダニストでも、ここへゆけば堪能するはずである。見ておいて損はない。この文章は、そんなふうに読者をあおっている。ふだんの長谷川は、様式のくびきからときはなたれた建築のよさを、うたいあげていた。格式ばった古典主義建築のことは、あまりこころよく思っていなかったはずである。

いっぽう、長野は古典のきまり、様式の鋳型に自分の表現をはめこんでいた。長谷川の好んでいた自由な表現には、背をむけている。ほんらいなら、長谷川からはきらわれてしかるべき、かたくるしい建築家であったろう。

生前の今井兼次は、長谷川にこう言っていたらしい。「長野宇平治先生の仕事にどうして皆がもっと注目しないか不思議だ」、と。だが、そう語られたころ長谷川は、もっぱら「表現派建築の行く方」をおいかけていた。「古典主義的美学を体現する長野にあまり興味を持たないで聞き流して」いたという。そのことを、「自分の未熟さに汗が出る」と、長谷川は書いている。

「故佐藤武夫先生からも、長野先生は大変な人ですよ、と教えられ」ていた。ある世代までの建築家は、その名を自分の脳裏にふかくきざみこんでいたということか。そして、長谷川が世にでた一九六〇年代は、それをわすれさっている。歴史のかなたへ、おきざりにしていたのである。

しゃっちょこばった古典様式の建築を、長谷川は「神殿」的だと揶揄してきた。しかし、評論家の長谷川には、歴史家たらんとするいきごみもある。だから、歴史のかたすみへおいやられた逸材に、光をあてたいとも思ったのだろうか。

だが、一九七〇年代の長谷川は、長野のことをえがきかねている。「正直なところぼくにはまだ長野の全体像がつかみきれていない。だから長野論は依然としてぼくの宿題のままだ」と、のべている。「いつかはちゃんと取り組まねばならない」と、書きそえて。

「全体像がつかみきれていない」のに、「ナガノウヘイジを知って」るかと、問いかける。なぜ、もっとみんな注目しないのか。あれはたいへんな人なのに……。とまあ、そんな先輩たちの言葉もかりてきて。しかも、長谷川にとっては、敵役とおぼしき「ナガノウヘイジ」を。

自分がよく知らない人のことを、みんな知ってるか、えらい人なんだぞとうったえる。どうにものみこみにくい物言いである。どうして、こういうわかりにくい書きっぷりに、長谷川はおちいったのか。

まあ、腑におちないから、長谷川も「ナガノウヘイジ」と、カタカナでしるしたのだろう。呪文めいて見えるこの書き方は、長谷川のとまどいもしめしていたにちがいない。ならば、なぜそういう謎ののこる建築家を、えらい人だともちあげねばならなかったのか。

ひとつ思いつくことがある。

一九七〇年代には、いわゆる近代建築の保存運動が、高まりを見せていた。明治大正昭和戦前期の様式建築を、こわさせない。なんとか、そのままたもちつづけてもらうよう、持ち主にたのみこむ。そんなうごきが、あちらこちらで、もりあがるようになっていたのである。

長野の旧横浜正金銀行東京支店も、保存が強くのぞまれた。その代表的な建築である。けっきょく、一九七六年には、とりこわされている。しかし、解体へいたるまでに銀行当局は、くりかえし保存の要請をうけていた。その意味では、一九七〇年代の保存運動を象徴する建築だったと、言ってよい。

旧横浜正金銀行東京支店同営業室

解体後に建築史家の藤森照信が、こんなことを書いている。あれは、すばらしい建築であった。とりわけ、営業室の内部には、「長野ならではの力業」がみなぎっていたことを想いだす。「あのように量感あふれる雄々しい空間が日本にもあったことを、十六回の保存交渉も空しく取り壊されてしまった今、一体どう伝えればよいのだろうか」(『国家のデザイン』『日本の建築 明治大正昭和』第三巻、一九七九年)。

長谷川の物言いも、こういうねがいとつうじあっていたはずである。たとえ「神殿」的であっても、古い建築はのこしたいという想いのほうが重んじられた。保存という大義の前に、長谷川も「神殿」派との大同団結へふみきったのである。

ざんねんながら、私はここをじかに見ていない。のこされた写真で、さぞかしのびやかな空間があったのだろうなと、しのぶのみである。

ついでに書くが、私もここがこわされたことを、すこしぐらいはおしんでいる。ざんねんだなと、まったく思わないわけではない。しかし、自分も保存のために身をはってたたかいたかったとは、考えてこなかった。なるほど、旧横浜正金銀行東京支店では、おおらかに内部空間がひろがっていただろう。古典様式のおさまりもあざやかであったに、ちがいない。このことは、またあとでふれる。

しかし、あのていどの様式建築なら、ヨーロッパにいけばいくらでものこっている。世界史的なひろがりのなかでは、さほど群をぬいていたとも思えない。

日本近代文化史という枠で考えると、あの建築をうしなったことはくやまれる。日本における建築遺産の、たいせつなひとつがなくなったと言わざるをえない。しかし、世界の建築文化が、それほど大きな損失をこうむったとは思えないのである。

若いころに、ヨーロッパで様式建築に魅せられた。本場の歴史様式に感銘をうけることから、建築への興味をつのらせている。そんな私には、日本の近代建築が、それほどありがたいものだと思えなかった。これが、旧横浜正金銀行東京支店の場合もふくめての、正直な気持ちである。

近代建築の保存運動には、だからよりそいきれなかった。まあ、私の場合は、そちら側からさそわれたこともないのだが。

にもかかわらず、私は長野宇平治のあゆみに、興味をもっている。保存にあたいするか否かといった次元とはちがうところで、関心をよせてきた。二一世紀の今からでも、その足跡はふりかえるにあたいすると考える。

あふれるロマンを、ふうじこめ

西洋建築の正統的な教育は工科大学、のちの帝国大学ではじめられた。それ以前の日本に、クラシック、古典の規範などをおしえたところは、どこにもない。

だが、明治初期の工匠たちも、あちらの様式にはひきつけられた。のみならず、見よう見まねで西洋風めいた建物も、たてている。昔からなじんできた工法はかえずに、見てくれだけは洋風へならった建物を。

そのため、和洋のつくりがとけあった折衷的なものを、彼らはしばしばこしらえた。そして、それらは後世から擬洋風建築とよばれている。まがいものの洋風建築である、と。

帝国大学で建築をまなんだ建築家たちは、おりめただしい西洋の様式にしたがった。和洋のけじめがあいまいなこういうつくりに、手をそめようとは、なかなかしない。

帝大出の建築家が和洋折衷の建築を、はじめてたてさせたのは一八九五年であった。今は天理教の施設としてのこされている旧奈良県庁舎が、それである。そして、これは二年前に帝大を卒業した長野宇平治の、デビュー作であった。のちの古典主義者・長野は、まず和風の意匠で世にでたのである。

まだ若かった長野に、民族主義的なこだわりがあったわけではない。ただ、この前年にできたバロック様式の帝室奈良博物館は、地元の奈良で評判が悪かった。古都の奈良に、ああいう純西洋式の建築はふさわしくないと、県議会は判断したのである。奈良県に嘱託としてつとめた長野も、そんな県の意向にはそむけなかった。同じころに長野が設計した奈良県の師範学校(一八九六年竣工)にも、和風の要素はある。そこでは、華頭窓や卍崩しの勾欄などが、ところどころにあしらわれている。ただ、全体のかまえは、木造下見板ばりで、洋風にしあげられていた。

注目したいのは、それがシンメトリーをわざわざこわしている点である。屋根の形を、それぞれのまとまりごとにかえ、にぎやかにしているところも、人目をひく。古典主義のきまりにはそむく、ピクチュアレスクな演出がこころみられている。

さらに長野は、関西鉄道愛知停車場の駅舎(一八九八年竣工)も、てがけていた。屋根にさまざまなモチーフをいろどった、これも華麗な作品である。やはり古典のさだめにはしたがわない、闊達なスカイラインをうちだしていた。

建築史家の藤森照信は、この三点を「長野宇平治浪漫主義三作」として、まとめている。若い長野の自由な作風を、ロマンティックという言葉でとらえたのである(前掲書)。

私もこの見たてにしたがいたい。旧奈良県庁舎の和風も、ロマンティシズムのあらわれとして位置づけるべきだと思う。和風へのきっかけは、県側からのもとめに、なるほどあっただろう。だが、それも長野の

旧奈良県庁舎

ロマンティシズムは、前むきにうけいれたのだとみなしたい。

なお、長野が奈良でしめした和風には、妻木頼黄《よりなか》という建築家もかかわった可能性がある。この点については、武田五一を論じる章で、ふれることにする。

型にははまらず、和風もうけいれ、表現をロマンティックにはばたかせる。そんな若いころの長野は、長谷川堯好みの建築家であったと考える。自由で軽やかな、古典にはくみしない建築家だ、と。まあ、三作のなかでは和風の旧県庁舎が、いちばん古典主義的なかまえでできているが。

なお、帝大ではもっぱら古典、クラシックにもとづく教育がほどこされた。長野はそれがいやで、自由なゴシックにあこがれていたという。「長野博士回顧談」には、こうある。

「我等はゴシック式で考案することを辰野教授から禁じられた……然るに学生の幼稚なる頭脳や生硬な嗜好では、クラシック式の様な厳格で束縛的なものは面白く無い、然るにゴシック式は奇抜で我儘な気分に投合するから遣《や》って見たいと思わせる」(『工学博士長野宇平治作品集』一九二八年)

大学教育でおしつけられる、かたくるしいクラシックの形式には、なかなかなじめない。それよりは、きままなゴシックでデザインをしてみたいと思う。大学を卒業してまもない長野は、そんな気分をしばらくたもちつづけていた。旧県庁舎をはじめとする三作には、それがあられもなくあふれでたのである。

教授の辰野金吾が古典主義を重んじたのは、それが正統的な形式であったせいだろう。あと、当時の辰野が日本銀行の建築をまかされていたせいも、あったかもしれない。本場の西洋でも、銀行はとりわけクラシシズムをまといたがる施設であった。しかつめらしい形で、信頼できる金融機関であることを、うったえたがったのである。

その辰野からさそわれ、一八九七年に長野は東京へもどり、日本銀行につとめている。古典主義、クラシックの総本山とでもよぶべき組織で、はたらくことになった。

クラシックをいやがる学生だったが、長野には光るものがある。辰野なりに、そう見きわめ、長野へ声をかけたのだろうか。

また、才能のある長野にも、出世への意欲はあったろう。こんな田舎で、くすぶりたくはない。首都で大建築とかかわれる途は、ないものか。そんな野心もてつだって、辰野のさそいにはのったのだろう。にがてなクラシックとつきあわされる職場でも、がまんはする気になったのだと思う。

以後、長野は十五年間、日銀で建築家としてはたらいた。銀行のよそおいであるクラシシズムと、むきあいつづけることになる。

一九一二年には、その日銀から独立した。翌年には、四七歳で自分の設計事務所をはじめている。そしてこの時、長野はまったくまよいのない古典主義者になっていた。若いころのゴシック好き、ロマンティシズムをすっかりぬぐいさっていたのである。

ねっからクラシックが好きだったというわけでは、さらさらない。もともとは、そのかたくるしさをけむたがっていた。長野はその後半生から、この形式とともにあゆむ途を、えらびとったのである。

そして、そこへいたるまでにどのような心のうつろいがあったのかは、わからない。長野は、そのかんどころを書きとめずに、他界した(一九三七年)。のこされた建築や、その図面と写真などでおしはかるしか、われわれにはてだてがない。

形式とのたわむれ

古典主義建築と聞けば、建築家の多くは四角四面の型にはまった建築を、想いうかべよう。イオニア式、ドーリア式……といった、柱の形式にもとづく分類。ルネッサンス以後の、三層構成でくみたてられた立面。いわゆる古典美学のなかにおさまる各部の比例配分。その他もろもろのきまりでしばられた、ゆとりのない建築としてうけとめるにちがいない。

しかし、長野宇平治のそれらをながめていくと、またべつの印象もわいてくる。

事務所をかまえてからも、長野の仕事はおおむね銀行建築に終始した。どれもこれも似たりよったりという設計に、あけくれている。だが、個々の作品をていねいに見くらべてほしい。じつは、一作ごとに古典形式のあしらい方がちがっていることを、読みとれる。

たとえば、建築がたつ敷地の事情で、長野は形のまとめ方をかえていた。四つ角にできるそれと、通りに正面だけが面したそれを、同じようにはあつかっていない。

あと、銀行ごとの業務内容によっても、形にゆらぎはある。今風に言えば、プログラムにおうじた対応もあったのだと、みなせよう。

なかでも私が気にとめたいのは、気ままになされたと思える形態操作である。

今回は、最上層のアティック部分を、すこしふくらましてやろうか。つぎのやつは、中層部のピアノ・ノービレにバルコニーをあしらってみよう。前の仕事では、組石をすこしあらくしあげて、ちょっとかわったたたずまいがだせたな……。

とまあ、以上のように、その場ごとの思いつきを、長野はたのしんでいた。私には、そうとしか思えないところも、その作品史には見てとれる。

若いころは、「我儘な気分」をみたしてくれる「奇抜」なゴシックに、心をよせていた。古典主義、クラシックには「束縛」しか感じなかったと、長野は言う。

だが、そのクラシックに身をひたし、かくされていたおもしろ味に、長野はめざめだす。きめられた枠のなかではあっても、すこしずつ形をずらしていくのが、あじわい深い。そんなよろこびを、長野は見いだしたのだと、私はにらんでいる。

もう、ゴシックでピクチュアレスクに形を大きくかえなくても、かまわない。ああいう大げさなやり方でしかたのしめなかった若いころは、まだまだ底があさかった。クラシックのなかで微妙な差異のあやつれる今のほうが、建築家として大人になっている。奥が深くなった。

今は、クラシックのきまりを、自分の身になじませきっている。いくら形のあそびをこころみても、その枠からはずれてしまいはしない。そう安心しきって、心ゆくまで形態操作のゲームを満喫する。欲するところにしたがえど法はこえず。そんな建築家に、長野はなりおおせたのだと、私は考えたい。

ある形式のなかでくりひろげうる形の多様性を、設計のよりどころとする。こういう手法をおしえてくれたのは磯崎新であったと、今日の建築家たちはみなそうか。

しかし、古典主義を生きたかつての建築家たちは、みな同じ手法のなかにいた。日本でも、長野にその典型例が見いだせる。そういう古い建築手法を、あえてモダニズム以後の新時代に、ほじくりかえして見せた。

私は磯崎のふるまいを、そういうものとしてとらえている。まあ、磯崎が参照例としたのはフランスのルドゥーであり、長野などではなかったが。

さきほど、旧横浜正金銀行東京支店がこわされた話を、紹介した。私はこれを見ていない。しかし、神戸にたっていた旧三井銀行神戸支店のことは、よくおぼえている。また、好きでもあった。ざんねんながら、これも阪神大震災のおりに、とりこわされている。

この銀行は、一九一六年にたてられた。長野建築のつねで、ととのった古典様式にまとめあげられている。正面各部の比例配分にも、くるいはない。左右の壁をいろどるバルコニーが、ややお茶目なアクセントになっている。しかし、それも古典形式の枠に、ほどよくおさめられていた。

とりわけあざやかなのは、中央にならぶ六本のオーダー、イオニア式の柱である。凹型にへこんだ壁面と、この六本がおりなす空間は、かなりの見せ場になっていた。

藤森照信も、ここの柱はお気にいりであったらしい。こんなコメントをよせている。「胴張りの曲線が柱頭の渦巻きとくびれあうようにして造る造形は、ほとんどエロスに近い」（前掲「国家のデザイン」）。

今私が書いているこの一文には、藤森の研究へよりかかっているところが、たくさんある。年譜的なデータは、みな藤森におしえられた。その意味ではお世話になってもいるわけで、批判的なことは書きづらい。それでも、あえて書きつける。「エロス」はないだろう、と。

文学や美術には、人間の性感をかきたてる力がある。しかし、建築はそれをそそることに、むいていない。そちら方面では、いたって非力なジャンルにぞくしている。エロ本やエロ写真はありえても、エロ建築はありえない。目の前をミニスカートの娘がとおれば、私の性感は柱などよりそちらへむかうはずである。たぶん、藤森の性感も。

ただ、藤森が思わず「エロス」と書いてしまう、その気持ちはよくわかる。じっさい、ここの柱まわりは、そうとうみがきあげられていた。長野は、古典主義の建築を何度もてがけ、その形式をねりにねった建築家である。そのつみかさねが、こういうみやびなくびれをうみだすことに、つながったのだろう。

リチャード・マイヤーという建築家がいる。初期コルビュジエの白い家を、自作のよりどころとするアメリカの建築家である。あの形を、マイヤーはしたがうべき形式だとみなし、それで自分の表現を型にはめる。そして、その変奏を、さまざまにくりひろげてきた。

もちろん、本家のコルビュジエがもつおもしろさを、マイヤーにはのぞめない。だが、その作品はコルビュジ

旧三井銀行神戸支店

エの原作にない色艶を、しばしばただよわす。そのこともまた、建築家のあいだでは、ひろく知られていよう。

形式をねりあげる建築家には、こういうめぐみのもたらされることが、ままある。旧三井銀行神戸支店の柱がもつ魅力も、この形式みがきに由来する。「エロス」とさえ書きたくなるくびれも、そうした洗練のたまものにほかならない。

言うまでもないが、マイヤーはモダニズム以後を生きている。それ以前のところでとどまった長野とのあいだには、こえがたい溝がある。そんなふたりをかさねあわすことに、なんの意味があるのか。建築史の研究者たちは、そういぶかしがろうか。

しかし、建築へむかいあうかまえは、今のべた溝をこえてつうじあう。歴史様式の建築家を、ふりかえるのも悪くないなと私は思うのだが、どうだろう。

立方体へいたるまで

旧横浜正金銀行東京支店に、もうすこしこだわりたい。とくに、その立面をくわしくしらべてみよう。

低層のベースメントには、ドーリア式の柱が四本ならべられた。その上にあたる中層部、ピアノ・ノービレはイオニア式の八本柱で、いろどられている。古典主義建築の三層構成で、いちおうその全体はまとめられた。

だが、見ようによっては、二棟の古典系建築をふたつ縦へかさねたようにもうつる。イオニア式建築を、ドーリア式建築の上へのっけたように、見えなくもない。

じつは、そう見えてしまいかねないことをさけるために、長野宇平治は細工をほどこした。低層部のドーリア式を、三層構成の最低層としておさめきる。そのために、てだてをつくしている。柱のわりつけや、石ばりのニュアンスに変化をそえながら。

いったいなぜ、このようなことをしなければならなかったのか。

この建築は、横向きの長さと縦むきの長さが、あまりかわらない。前から立面をながめると、ほぼ正方形になってしまう。横長のプロポーションになじむ古典主義建築の形式では、全体がまとめづらい。ようするに、クラシックの建築としておちつかせるには、背が高すぎたのである。

それでも、長野はこれを古典形式の枠へ、おさえこもうとする。ドーリア式とイオニア式をつぎたしたような外観は、そのためにひねりだされていた。そして、一棟としてのまとまりをたもつために、長野は全力をだしきっている。二棟がさねの印象がめだたぬよう、細心の注意をはらっていたのである。

一九二〇年代のオフィス・ビルは、しだいに縦へふくらみだしていた。経営規模や事務量が、ふえはじめたせいだろう。高層化を余儀なくされていたのである。もちろん、銀行もその例外ではありえない。

建築としてのプログラムは、横長の古典形式をきらう方向へ、むかっていく。縦長の、新しい外観形式をさがしてもよい時代に、なっていた。

にもかかわらず、長野はそうした時勢の前に、たちはだかる。古い古典主義の外皮で、なんとかこれをおおいつくそうとした。旧横浜正金銀行東京支店での力技は、そうしたこだわりの一例にほかならない。

時代はちがうが、安藤忠雄もまた、横長のプロポーションをたもちたがる建築家である。そして、横へひろがる外観でおしきるために、安藤はしばしば地下へ活路を見いだした。ふくらむ内部空間へ

旧横浜正金銀行東京支店

の要求には、地面の下をほりこむことで、けりをつけている。かたがた、外観では、背が高くなりすぎないよう、こころがけてきた。

なんという荒技であろうか。施主をときふせる、その力量に私などは脱帽する。

古典主義者の長野でさえ、建築の背が高くなってしまうことは、うけいれた。外観上の工夫で、なんとか古典の形式がくずされないよう、つとめている。銀行の内部を、地下へひろげさせようとはしていない。

自分のこだわる形で、おしとおす。建築家のそういう力は、様式建築の時代より、今のほうが強くなっているのかもしれない。

もちろん、地下をほりこむ技術が向上したことも、見すごすべきではないだろう。また、安藤は群をぬくスーパースターである。現代でも、例外的な建築家としてうけとめたほうが、いいのかもしれない。長野と安藤の例だけで、建築家の力がましてきたと語りきるのは、ひかえよう。

一九一八年に、長野は三井合名会社の事務所計画案を、発表した。なんと、十四階建てという、当時の日本ではちょっとありえない高層ビルの図案である。

さすがに、これだけ高くなると、古典主義の形式ではおさめきれなくなる。長野もここではクラシックをあきらめ、ゴシックの外観をあてはめた。

とはいえ、このもくろみにリアリティがあったのかどうかは、わからない。じっさい、ここでえがかれた建築は、たたなかった。ゴシックの図案は、みのらなかったのである。

ただ、古典主義者の長野にも、覚悟はあったような気がする。オフィス・ビルがこの高さになれば、クラシックの形式にはおさまらない。ゴシックでやりくりせざるをえないだろう。そう自分に言いきかせていたのではないか。

あるいは、逆にこう読みとることも、できなくはないだろう。ここまで高くなればゴシックにたよるが、そこまでいかないのならクラシックで対処する。できるなら、自分は古典主義者でありつづけたい。そんな心意気を、見てとることも可能ではあろう。

じっさい、長野はその後も古典の形式に、こだわった。私としては、あとでのべた読みときにも、じゅうぶん見どころはあると思っている。

高層のゴシックを論じたついでに、一九九一年にできた東京都庁へも、ふれておこう。

建築家たちには周知のことだが、あの設計者は競技設計できめられた。ゴシックの教会をほうふつとさせる丹下健三の案が、一等にえらばれている。また、その案にしたがって建設されもした。見てくれだけを考えれば、やはり超高層にはゴシックか。そう思い知らされたむきも、おおぜいいただろう。

丹下もまた、広島のピースセンターで代表される、横に長い名作をいくつもたててきた。だが、超高層のビルには、なかなかうまい外観の解決案を見いだせない。この点については、試行錯誤をかさねてきた。

横長の立面を、縦へかさねて超高層のそれにしてしまう。長野もこころみたそんな苦肉の策を、シンガポールの仕事では、ためしている。

ただし、長野の場合はふたつがさねにとどまっており、古典の枠へおさめていた。だが、超高層ビルで、縦に四つも五つもかさねだすと、うまくはまとまらない。少々しまりのないビルを、丹下は自分の名前でのこすはめになっている。

やはり、超高層にはゴシックしかない。東京都庁の計画へむかう時には、丹下もそうきめざるをえなかった。そして、長野もまた、高層のオフィス案で、ゴシックの可能性をさぐっている。その模索を、七〇年後の丹下もくりかえしたのだと言えば、言いすぎか。

いずれにせよ、一九二〇年代以後の長野は、古典主義の末期に位置していた。

オフィス・ビルにもとめられる容量が、どんどん大きくなっていく。ますますふくらむだろうこの要求を、いずれ古典の形式はささえきれなくなる。自分はなんとか、古典にふみとどまろう。しかし、そういうことがいつまでできるのかは、わからない。以上のような思いも、長野の脳裏にはよぎっていたような気がする。

明治銀行大阪支店(一九二三年竣工)で、長野はオーダーをはぶいている。のみならず、外観でも凹凸をおさえ、よりなめらかにしあげていた。

古典の骨組を、おろそかにはしていない。しかし、そこには立方体のくみあわせに興じる様子も、見うけられる。とりわけ、四隅の屋上にたちあがるキュービックな塔屋が、その印象を強くする。

「長野は、とりわけ、直方体を、許されるならより立方体を好んだ」。藤森照信は、この建築にそんなコメントをそえている(前掲書)。たしかに、ここからは、長野の立方体を好んだらしいことが、うかがえる。

一九二〇年代のオフィス・ビルは、横長の低い形をゆるさなくなりだしていた。縦へ階数がふえることを、しばしばもとめるようになっている。オーダーの柱をならべた、純粋な古典形式ではまとまらないケースが、ふえていた。このことは、藤森じしんもみとめている。

古典の枠にははめがたい。だが、のほうずに縦へ建物をひきのばし、建築がだらしなくなってしまうのもこまる。そうした状況で、古典主義者の長野がすがりついた形。それこそが、立方体だったのではないかと、私は思っている。

建築形式の解体期に、幾何学的な図形が、建築の原型としてうかびあがる。もっとも単純な立方体が、亀裂のはいりだした古典形式にかわって浮上する。あたかも、形式の衰弱をおぎなうかのように。

私はその点で、長野の立方体にルドゥーやブーレーを幻視する。彼らフランスのヴィジオナリー・アーキテクトもまた、建築形式の解体期に位置していた。新古典主義の形式がととのう前の時代に、キュービックなゲームをくりひろげたのである。百数十年も前のそんないとなみと、長野はひびきあうように見えてしまうがない。

古典形式がくずれる時

旧大倉精神文化研究所(一九三二年竣工)は、長野宇平治がその最晩年に設計した。いちばん最後の作品だと言ってよい。なくなる五年前に、長野のたどりついた境地は、ここから読みとれる。

これが、しかし、じつにきっかいな建築なのだ。ぱっと見は、古典系の建築であるようにうつる。ワシントンあたりの、新古典主義建築を想わせるかまえになっている。だが、ちかよると、よくある古典形式とはちがうところが、目にやきつく。

一見ドーリア式とうけとられそうな柱も、じっさいにはそうなっていない。丸柱だが、頭でっかちの尻すぼみで、上へいくほど太くなる。さかだちをさせた円錐から、さきっぽがきりとられたようなかっこうで、たっている。柱頭の形状も異様である。

長野によれば、ギリシア文明より古いミケーネ文明の形式を、とりいれたのだという。西洋の古典形式は、ギリシアとローマのそれにならって、形をととのえてきた。長野はこの研究所を設計するさいに、ギリシア以前の形をおいもとめる。プレ・グレコとでもよぶべき様式を、さぐっていたのである。

ぜんたいに、装飾はひかえめになっている。そのため、建築のなかでは、ひとつひとつがけっこうめだつ。そして、その装飾には、出所のわかりづらいものも、なくはない。日本の神社にもとづいているらしいそれも、ところどころで見かける。

くりかえすが、一九二〇年代以後の長野は、古典形式の解体とむきあっていた。新しい時代のプログラムが、古い形式をひずませる。空気をいっぱいにつめこんだ風船が、やぶれるまぎわまでふくらみきるように。そんな時流のなかで、風船の外袋をまもるために、長野は力をつくしてきた。

ドーリア式とイオニア式の二棟がさねで、背の高くなりすぎた立面をやりくりする。凹凸のあまりない外皮で立方体をかたどり、古典形式の骨格はたもたせる。そんなてだてをこうじて、風船の破裂をくいとめてきたのである。余談だが、凹凸の度合いを弱めた外皮は、のびきってうすくなった風船の皮をしのばせる。

国際連盟の競技設計も、古典の形式でまとめあげた。抬頭しつつあったモダニズムの建築を、どうどうとくさしている。ほろびゆくクラシックに、殉じるかまえを長野はしめしていた。もともとは、好きでもなかったクラシックに。

だが、一九三〇年代の旧大倉精神文化研究所にいたり、長野のなかでK点はこえられた。あるいは、風船がやぶけたと言うべきか。そして、ちりぢりとなった古典形式のかなたに、長野はミケーネを見いだしたのだと思う。

いや、風船はまだたもたれていたという見方も、なりたちうる。ひびがはいりだした古典の、その祖先をよびだし、すくいをもとめたのかもしれない。日本の神々などにも、いくらかの加護を期待して。神社めかした装飾をながめていると、そんな想いのあったことも、おしはかれる。明治銀行大阪支店のビルで、長野はより根元的とおぼしき立方体に、すがっていた。それと同じように、こんどは歴史の根元へよりかかったのだとも、考えうる。

ともかくも、旧大倉精神文化研究所は、古典形式の解体とつうじあっている。解体のあとで、瓦礫をくみあわせたのか。はたまた、瓦礫になってしまう寸前で、ふみとどまらせようとしたのか。見方は、そのいずれかにわかれよう。しかし、それが古典形式の解体期にうかんだ建築であったことは、うたがえない。

旧大倉精神文化研究所

そう思って、ながめるせいだろうか。私の目には、この研究所がいたいたしくうつる。クラシックのしんがりをつとめ傷つき、あるいはたおれた長野が、気の毒でならない。

長野のこころざしじたいは、ギリシアをこえてミケーネへむかっていたろうか。だが、それでできあがった建築は、できそこないの古典もどきに、見えてしまう。安物のポストモダン建築といった印象も、わかないわけではない。

クラシックの枠にとどまった長野は、あれほどのびやかにふるまえた。なのに、どうして、枠をぬけだすと、こうなってしまうのか。そのことが、私にはどうしようもなくいたましい。

この建築に、キッチュな魅力はある。テレビドラマや映画の背景に、時おりつかわれるのは、そのためだろう。しかし、それも、長野の傷跡へ人々がむれつどっているように見えてしまう。私には、そううつる。

一九二七年からの長野は、日本銀行の第三期増築にも、力をかしている。そして、こちらは長野がなくなったその翌年、一九三八年に完成した。旧大倉精神文化研究所の設計と、ほぼ並行的にすすめられた仕事だと、言ってよい。

日銀本店を最初にてがけたのは、十九世紀末の辰野金吾であった。それを、三〇年後の長野は、ひたすらうつしとらせたらしい。辰野のきめた形からはみだすことを、スタッフにはきびしくいましめたという。

そこに、古典主義者・長野のあついこころざしを感じとるむきも、あるいはあろう。師の辰野にたいする、ひたむきな想いを見いだす建築史家だって、いるかもしれない。

しかし、私には、寸分たがわずコピーをさせたというところが、ひっかかる。こういう話を聞けば、やはり長野のなかで古典精神は病んでいたのかと、思ってしまう。

辰野作品の、形だけを忠実になぞらわせる。そのやり方が、何か考古学の標本をあつかわせてでもいるかのように、見えてくる。

クラシックの形に、命のいぶきをあたえようとするのびやかさは、なくなったのか。自分の事務所をひらいたころの長野は、古典形式ともたわむれあえたのに。もう、それは死んだ形式でしかなくなったのか。

東京へでかけ、日銀の脇をとおると、私は心の中でよくこの建築にそう問いかける。そして、草葉の陰でひそむ長野にも。まあ、古典の解体という自分でひねりだした物語に、自分で酔っているだけかもしれないが。

私は学生のころに、磯崎新の本で「建築の解体」という見取図を、おそわった。一九六〇年代の現代建築がしめす解体の諸徴候にも、気づかされている。同じような想いをもつ建築関係者は、少なくないだろう。

しかし、歴史様式の勉強をしだしてからは、新しい展望も見えてきた。解体とともにあった建築や建築家なら、一九二〇、三〇年代にもおおぜいいる。そこへ目をむければ、建築史の新しい見取図もえがけるのではないかと、思いだした。

ここへは、その一例として、長野宇平治のことを書きとめたしだいである。

伊東忠太《いとう ちゅうた》

ロマンティックにアラベスク

バシリカやラテン十字をとりいれて

建築家は、記念碑的な建造物を設計してほしいと、たのまれることがある。災害をいたむ。戦争をふりかえる。そのてがかりとなる施設の形を考えてほしい、というふうに。

多くの建築家は、こういう依頼を前向きにとらえよう。なんといっても、実用的な条件には、あまりとらわれなくてもすみそうな仕事である。造形や空間といった面で、思いきり羽がのばせそうな予感もある。よろこんでひきうける者も、けっこういるのではなかろうか。

ただ、大きな災害の場合は、生きのびた被災者たちが、ただならぬ想いをいだく。なくなった人々や、うしなった街へ想いをはせる。そういうモニュメントにも、強いこだわりをもつだろう。ふだんは建築にさしたる興味をしめさない善男善女も、口をはさみやすくなる。たとえば、あんなとっぴょうしもない形はいやだ、もっとわかりやすい形にしてくれ、と。

いかにも建築家的なモニュメントの提案を、被災者たちがはねつける可能性はある。じじつ、そうした事態が発生したことも、以前になかったわけではない。たとえば、関東大震災(一九二三年)をいたむ施設案が、それでつぶされたこともあった。

東京の横網公園(墨田区)に、慰霊堂とよばれる施設がたっている。関東大震災のさいには、この空地へ数万の人々がにげてきた。だが、風むきのぐあいで火の手にまきこまれ、彼らの多くはここで命をおとしている。そのことをいたんで、この地に震災祈念堂、今の東京都慰霊堂はもうけられた。

建物じたいは、鉄筋コンクリートでできている。だが、形は木造の寺院建築にならって、ととのえられた。古くからしたしまれてきた堂塔を、くみあわせた形だと言える。

もっとも、はじめからそうなっていたわけではない。もともとは、一九二五年のコンペで、べつの形がえらびだされていた。

この時に、一等をいとめたのは、前田健二郎の図案である。セセッション風とでもいうのだろうか。当時はやっていた西洋建築の型で、この案はまとめられている。伝統的な和風には、まったくあゆみよっていない。

審査にたずさわった建築家たちは、世界的な流行にしたがうこの図を、よしとした。しかし、建築界の外からは、これをきらう声もひびいてくる。西洋風、舶来の形は、被災者の魂しずめにむいていないというのである。

けっきょく、審査員のひとりであった伊東忠太が、この世論をうけいれることになる。伊東は、西洋風とみなされた前田案を、しりぞけた。そして、世人も見なれているだろう寺院のかまえに、あらためさせている。今ものこっている慰霊堂は、伊東の設計で一九三〇年にたてられた建築である。

ちかごろ、ニューヨークのグラウンド・ゼロでも、同じようなことがくりひろげられた。

建築家たちは、コンペでダニエル・リベスキンドの案を、えらんでいる。テロの被害者たちをいたむ、モニュメントでもありうる。そんなビルの提案を、建築界から世に問うた。

しかし、これをアメリカの市民社会は、あまりよろこばない。とりわけ、テロでなくなった人々の遺族は、いやがった。

建築家たちは、モニュメントを口実にしながら、はしゃいでいる。テロの犠牲者たちは、彼らにもてあそばれた。遺族がコンペ案をきらったのは、おそらく彼らがそう感じてしまったせいだろう。

旧震災祈念堂外観（頂部に見えるのは、背後の塔）

けっきょく、この提案はしりぞけられるにいたっている。建築家たちの、あまりに建築的な絵が、慰霊の場ではきらわれたということか。まあ、地権者たちの算盤《そろばん》勘定も、表現意欲の勝ちすぎたこの案を、とりさげさせたのだが。

話を、関東大震災の慰霊堂にもどす。

ここでも、世間の声が建築家たちの絵をうけつけなかったのだと、みなしうる。そして、伊東はそういう声へおもねり、和風にうつる形でまとめたのだと、思えてくる。しかし、ことはそう単純でもない。

なるほど、壁や天井などのよそおいは、いやおうなく木造の堂塔をしのばせる。あるいは、ぱっと見の外面《そとづら》も。しかし、空間のあつかいはそうでもない。

たとえば、その平面はラテン十字で構成されている。そして、伝統的な和風建築に、こういう例はない。ここでは、ユーラシアの西側にひろがった平面形式が、とりいれられている。墓塔の前にひろがる会堂も、バシリカ形式でできていると見て、まちがいない。

古代西アジアの建築史にくわしい岡田保良が、おもしろい読みときをこころみている。伊東の慰霊堂は、エルサレムの聖墳墓教会を、下じきにしているというのである。

じっさい、この教会ではキリストの墳墓とバシリカ会堂が、つなぎあわされている。そして、東京の慰霊堂も、墓塔とバシリカ式の会堂を、同じようにむすびつけていた。

のみならず、伊東は一九〇四年にエルサレムへ一週間ほど、たちよっている。そして、そこで、聖墳墓教会の

旧震災祈念堂内観

調査におよんでいた。そのことをしめす書きものも、のこっている。

エルサレムで見た光景は、慰霊堂の「構成」に「反映」しているかもしれない。そう岡田は、東京とエルサレムをくらべつつ、論じている(「伊東忠太の世界旅行――エジプト・パレスチナ・シリア」鈴木博之編『伊東忠太を知っていますか』二〇〇三年)。なかなかするどい読みである。建築の世界では、旅をデザインのこやしとすることが、よくある。一見似ていなくても、かくしあじに海外の建築をにじませたという例が、すくなくない。安藤忠雄のミニマルなコンクリートにも、アジャンタの石窟がひそんでいたりするものだ。

もちろん、岡田の読みを、きちんとあかしだてることはむずかしい。だが、海をこえたその目くばりに、私はひきつけられている。

いずれにせよ、伊東も慰霊堂に、日本的な見かけだけをもとめていたわけではない。中東以西のバシリカやラテン十字にも、心をよせていた。その骨組を下地にすえたうえで、寺院風の堂塔はならべられたのである。慰霊の場なので、西洋風のひねった形は、ひかえよう。日本人の目になれた、誰もが手をあわせられる形にしてほしい。伊東は、そんなまわりの声に、いちおうしたがってみせた。

だが、伊東のくみたてた形は、そういうもとめをひそかにうらぎっている。世間が気づかない、しかし平面計画の肝になるところで、そっぽをむいていた。建築家がしばしば施主に、建物のどこかであっかんべをしてみせる。その好《よ》き一例を、私はこの慰霊堂に見るのだが、どうだろう。

なにより、アジアを見てみたい

一九〇二年に、伊東忠太は満三六歳となった。そして、その年から三年間、ユーラシアへの旅にでかけている。

中国、東南アジア、インド、中東、そしてヨーロッパをへめぐった。さきほどのべたエルサレムへは、その途上におとずれている。

日本を旅立つ三年前、一八九九年に、伊東は工科大学、現東大工学部の助教授となった。いずれは洋行をしなければならない身分についている。当時の東大では、教授へあがる前に、欧米へ留学しなければならないとされていた。

だが、伊東はこのならわしに、そむこうとする。自分は、中国からインド、そして中東での建築調査をこころみたい。欧米にとどまって、時間をつぶさなければならないというのなら、それはこまる。そううったえて、大学当局と文部省をとまどわせた。

けっきょく、両者はほどよいところで、おりあいをつけている。伊東はユーラシアの建築をしらべるが、日本へかえる時はヨーロッパから船にのる。それで、洋行もしたというかっこうを、とりつくろうことになった。アジアの建築を見てまわる。このいささかわがままなもくろみを、伊東は当局にむりやりみとめさせたのである。留学として。

伊東の前に、こういうことをねじこんだ東大の教官は、ひとりもいない。文学部や理学部もふくめ、アジアへの留学を勝ちとったのは、伊東がはじめてであった。

学問の本場であるヨーロッパやアメリカへ、まなびにいく。あるいは、欧米からかえって、箔をつける。それ以外の留学がありうると、当時の東大では誰も考えていなかった。ただひとり、伊東だけなのである。中国、インド、中東を、自分の目でたしかめたがったのは。

よく知られるように、伊東は建築史の研究者でもある。そして、若いころの伊東は日本建築史を、世界史的なひろがりのなかでとらえていた。日本建築と中国、インド、中東は、どうつながるのか。そこを見きわめたくて、アジアにこだわったのである。脱亜入欧がとなえられたあの時代に、このこころざしがいだけたことは、多としてよい。

伊東は、一九〇二年にビルマの奥地で、棟持柱をもつ切妻の建物を見つけている。そしてそこに日本の古い神社、伊勢神宮などとのつながりを読みとった。太古の日本は、ビルマとつうじあっていたかもしれない。そんな可能性へも、想いをはせている。

この発見は、多くの民族学者たちからうやまわれてきた。今でも、長江以南と日本のかかわりへ言いおよんださきがけとして、語られることがある。

のちに、堀口捨己は、日本の古い神社を、海外からきりはなして位置づけた。伊勢神宮や、その原型となる高床建築のことも、日本固有の建築として論じている。そして、モダンデザインにくみする建築家たちは、おおむねこの語り口にしたがった。太田博太郎をはじめとする建築史家たちも、そちらにながされている。

モダニストたちは、しばしば自分たちがめざしているのは国際建築だと、言いたてた。インターナショナルな建築を、もとめているのだというように。

だが、彼らの口にした「国際」も、その範囲は欧米と日本だけにとどまった。たとえば、伊勢神宮がビルマの民族建築につうじあうところは、見ようとしていない。伊東がさぐりあてた古い寺社の国際性などからは、目をそむけた。

彼らはひたすら、欧米の新しいうごきについていこうとする。日本建築史に関しては、できるだけアジアからきりはなして考えようとした。きりはなせそうなところだけを、モダニズムにつうじる日本美として、うたいあげている。

その意味で、堀口やモダニストたちは、脱亜論の枠組からぬけられていない。日本はアジアからはなれ、ヨーロッパのようになっていく。そんな明治期以来の夢に、とらわれている。

くらべれば、ビルマで伊勢神宮との接点を見いだした伊東は、より国際的であった。その目は、日本民族というこだわりや欧米へのあこがれから、ときはなたれている。ユーラシア全域のなかで、日本建築のことを考えようとしていたことが、よくわかる。

ヨーロッパへの留学という東大のならわしには、なびかない。それまでのしきたりをうちやぶり、中国、インド、中東をめぐっていく。そんな伊東を、私はぬきんでておもしろい人物だと、思っている。

ついでに書くが、伊東が日本をでた一九〇二年には、日本とロシアの緊張が高まっていた。一九〇四年の二月からは、日露戦争がはじまっている。近代日本は、国運をかけたいくさのまっただなかにいたのである。

ちょうどそのころに、伊東はアジアの建築をしらべていた。乃木希典《まれすけ》の第三軍が、旅順でたいへんな苦戦をしいられている。国民は、たたかいのゆくえに心をいためていた。伊東がエルサレムで聖墳墓教会を見つめていたのは、そういう重大な時期だったのである。

民族の存亡をかけた戦争より、キリスト教の聖地に心をたかぶらせている。まことにあっぱれな非国民ぶりではあった。そこでしいれた形を、伊東は慰霊堂にとりいれていたかもしれないのである。そう思ってながめると、ラテン十字とバシリカのくみあわせが、まことにあじわいぶかい。

伊東の建築作品には、インドや中東の造形をとりいれたものが、けっこうある。東京・築地の本願寺（一九三四年竣工）は、その典型例にあげられよう。ここでは、インドの古い仏堂から、チャイトゥヤの形がとりいれられている。ジャワのボロブドゥール遺跡をヒントにしたらしい装飾も、あしらわれていた。

京都にたてられた伝道院（一九一二年竣工）も、その例にもれない。ここでも、インド風のかざりつけが、あちらこちらにちりばめられている。ドームは、イスラムのそれにもとづいて、まとめられた。

今日の目でながめれば、それらはうつしとられた形のよせあつめでありすぎる。あられもないまぜあわせに、どうしても見えてしまう。現代の建築家が、手本とするようなものではないような気もする。

ただ、それらが伊東じしんの世界旅行とひびきあうことは、見すごせない。二〇世紀のはじめに、伊東は建築史家として、三年間、アジアの建築を見わたした。そのこころみが、建築家・伊東忠太のこやしになっている。どうやら、デザイン・サーヴェイめいた役目も、この旅はになっていたらしい。この点は、今日ふりかえっても、じゅうぶん意味をもつ。

建築をこころざす人々が、インドや中東もふくめ、世界各地をおとずれる。設計のてがかりとなりそうな建築を、スケッチや写真にうつしとる。あるいは、目にやきつける。今では、それがごくあたりまえの、自分をみがくてだてになっている。

伊東のことは、そんな修行にのりだした先輩としても、おぼえておきたいものである。

ブルーノ・タウト

桂離宮と伊勢神宮を、ブルーノ・タウトがほめたたえたことは、よく知られていよう。一九三三年にドイツからやってきたこの建築家は、一九三六年まで日本にとどまった。そして、日本の古美術、古建築に、タウト流の品さだめをこころみている。これがけっこうもてはやされ、「日本美の再発見」だともちあげられもした。

タウトによる値ぶみは、けっきょくのところ、当時のモダンデザイン

築地本願寺

にねざしている。あるいは、その前ぶれをなす表現主義の考えも、ふくんでいた。今ではそうとらえることが、ふつうになっている。

さて、そのタウトに、じつは伊東忠太もあっていた。

桂離宮や伊勢神宮の美をおおげさに語るタウトが、伊東にはなかなかなじめない。お前は何がよくて、桂だ伊勢だとまくしたてるのか。ほんとうに、わかって言っているのか。そこを問いただしたくて、伊東のほうから話しかけたこともあったという。

ふたりにどんなやりとりがあったのかを、くわしくしるした書きものはない。だが、伊東はタウトの桂評や伊勢評を、大筋でみとめたようである。「よく急所を看破し」ていると、合格点をあたえるような言葉が、伊東の本にはある（『白木黒木』一九四三年）。

また、伊東は、タウトが日本びいきになった事情も、伊東なりにさぐっていた。その読みときが、なかなかうがっていておもしろい。

伊東は言う。近代の西洋建築は、出口のない道へまよいこんでいた。そのいきづまりからぬけだすために、多くの建築家がオリエントへ目をむけだす。中東やインドなどへ、設計の新しいてがかりをさがすようになっていた。「その挙句《あげく》に、日本に来て伊勢の大神宮を見て、非常に驚いたのである。バビロンやアッシリア等とはまた一種変った純真の日本を見て、これだというので、非常に感激したのである」（同前）。

西洋の建築家たちが、オリエントにヒントをもとめる。そのいきおいが、とうとうタウトの時代になって、日本までとどいた。伊東はそんな書きっぷりで、タウトをオリエンタリズムのさきっぽへ、位置づけている。

いや、ちがうだろう。タウトは表現派、モダニストとして、日本美を見いだしたんだ。オリエントへの想いをふくらまして、日本びいきになったわけじゃあない。伊東の物言いに、そう言いかえしたくなるむきは、すくなくないだろう。

日本に滞在したタウトのまわりには、日本人の建築家たちもおおぜいいた。そして、彼らもタウトのことを、伊東がのべたような人物としては、とらえていない。オリエンタリストとしてのタウト像を、当時書きとめたのは伊東だけだった。

しかし、この読みも、そう的をはずしてはいない。タウトには、オリエントへのあこがれが、若いころからあった。

タウトが、『都市の冠』(一九一七年)でえがいた建築図を、見てほしい。いくつかの建築は、うたがいようもなくインドのストゥーパを、したじきにしている。アンコールワットの建物を手本にしたとおぼしきものも、見うけられる。東南アジアのパゴダなども、『都市の冠』は写真でひろいあげていた。

鉄のモニュメント（一九二三年）は、イランあたりの霊廟をしのばせる。グラスハウス(一九一四年)は、エジプト・マムルーク朝の霊廟を、下じきにしたろうか。

袋小路からぬけだすてびきを、オリエントにもとめる。西洋近代のそういう筋道を、タウトもまたあゆんでいた。その先に日本を見いだしたという伊東の見方を、あなどることはできない。じゅうぶんありうることだと、私は考える。今後のタウト研究においても、そこは見すごせないだろう。

余談だが、タウトは伊東の設計した慰霊堂を、見にいっている。あまりいい印象はいだけなかったらしい。日記には、「競技設計で当選した設計図……の方がまだしもいい」、とある(篠田英雄訳『日本——タウトの日記——一九三三年』一九七五年)。

また、京都では同じ伊東がてがけた平安神宮(一八九五年竣工)も、目にしている。こちらも、それほど高くは買っていなかった。「世界博覧会に出陳するに恰好である」と、日記には書きつけている(同前)。万国博の日本館ぐらいにふさわしい建物だと、皮肉っぽくながめていたようである。

平安神宮は、はじめ平安建都千百年をいわう紀念殿として、いとなまれた。同時におこなわれた第四回内国勧業博覧会の、会場脇にそれはできている。

これをあとから神社に転用したのが、平安神宮なのである。せっかくできたものを、こわすのがもったいないから、桓武天皇をまつることにして。もともとは、博覧会のパビリオンめいた施設として、設計されていた。それを博覧会むきの建物だと見きわめたタウトには、やはり眼力があったと言うべきか。

タウトを前にした伊東は、この異国からきた建築家を見くびっていただろう。どのくらいの目利きであるのか、自分が点をつけてやろうか。とまあ、そのぐらいの高飛車な気持ちで、タウトにはのぞんでいたと思う。

そのタウトから、自分の作品がけっこう見下されていたことには、気づいていまい。タウトも、この老人が自分のオリエンタリズムを見ぬいていたことは、知らなかったろう。ふたりのやりとりが、記録にのこっていないことを、ざんねんに思うしだいである。

ジョサイア・コンドル

伊東忠太が、ブルーノ・タウトの作品歴にくわしかったとは、とうてい思えない。鉄のモニュメントやグラスハウスのことは、知らなかったろう。『都市の冠』も、手にとっていたとは考えにくい。

平安神宮

にもかかわらず、伊東はタウトのうしろに、オリエンタリズムを読んでいた。西洋の近代建築がオリエントへすがってきた歴史を、感じとっている。タウトのまわりにいた建築家たちは、おそらく見おとしていた。あるいは、見ようとしなかった。そこへ、当時としては例外的に、伊東の目がとどいている。

そういうところへ気のまわる何かが、伊東のほうにはあったのだと言うしかない。西洋の建築家がいだいているオリエント熱に、すぐピンとくる。それだけのアンテナを、伊東はタウトにあう前からそなえていたのである。

さて、伊東は一八八九年に、工科大学の造家学科、東大の建築学科へ入学した。その前年に、おやといの外国人教師であるジョサイア・コンドルが、講師職をやめている。ふたりのそんな年譜を見くらべれば、であいはなかったと、とりあえずみなしうる。

しかし、今につたわる伊東のノートは、コンドルの講義録をふくんでいる。伊東がコンドルの授業をうけ、ノートにとっていたことは、うたがえない。職をしりぞいてからも、何らかの形でコンドルは東大へ話をしにきていたようである。

伊東が書きうつしていたのは、「装飾法」の講義であった。それをながめると、ゴシックとイスラムのかざりに、力をそそいでいたことがよくわかる(倉方俊輔「ノートの落書き——コンドル、辰野金吾、伊東忠太」前掲『伊東忠太を知っていますか』)。

コンドルは、十九世紀後半、一八七〇年代のイギリスで、建築教育をうけていた。ゴシック・リバイバルの熱が、まださめやらないころである。

それは、オリエントにたいする西洋側の想いが、ふくらんでいく時期でもあった。中東やインドの建築へ、よりいっそう建築家たちの目が、そそがれる。オリエントをよそおった設計も、おもにレジャーがらみの施設ですすめられた。そういう時期にほかならない。

コンドルは、サウス・ケンシントンの美術学校で、建築をまなびだした。ゴシック・リバイバルのよりどころとなった学校で、建築へのこころざしを高めている。また、そこにはオリエントへ関心をよせる人々も、おおぜいあつまった。

そういうところではぐくまれたコンドルが、日本にはきたのである。「装飾法」が、ゴシックとイスラムにかたよった背景も、おのずと読みとれよう。コンドルは、イギリスのゴシック熱とオリエント熱を、日本にとどけていたのである。

一八七七年にやってきたコンドルは、日本で設計の仕事もてがけている。そして、その作品には、しばしばゴシック色やイスラム色をにじませた。

東京・上野の博物館（一八八一年竣工）は、なかでもイスラム風の装飾がきわだつ。コンドルじしん、これは擬サラセン様式《シュード・サラセニック》にもとづくと、あとでのべていた。この博物館には、東洋の宝物がおさめられている。だから、「形態をば印度《インド》或はサラセニック建築の中に求め」たのだ、と（「ジョサイア・コンドル博士表彰」『建築雑誌』一九二〇年六月号）。

日本の民族主義者は、こういう考え方になじめまい。どうして、日本の博物館をインド風やイスラム風に、しなければならないのか。日本を、インドや中東といっしょにしてくれるな。そういやみのひとつも言いたくなるむきは、いると思う。

コンドルじしんは、日本美術にも興味をもっていた。絵師の河鍋暁斎にあこがれ、弟子となり、暁英という号をもらっている。暁斎を手本とした軸画も、いくつかえがいていた。

しかし、建築に関するかぎり、いわゆる和風には、あまり手をだしていない。東京・三田の唯一館、ユニテリアン教会（一八九四年竣工）という例外はある。だが、それ以外のところでは、東洋風の表現をインドや中東までに、とどめていた。

勝手な想像だが、やはり日本で和風にいどむ自信は、なかったのだろう。絵ならば、素人の手すさびとして、日本画をえがくこともたのしめる。しかし、建築は、コンドルが自分できめた本職であった。その途で、日本人からあなどられかねない和風に手をそめる度胸は、なかったのだと思う。

あとひとつ、コンドルが擬サラセン様式へこめただろうふくみにも、目をむけたい。

コンドルは、イギリスから日本にやってきた。西洋の端から東洋の端へわたってきたという想いは、とうぜんいだいていただろう。

そして、中東やインドの造形は、東西両洋のあいだに横たわっていた。そこに、コンドルは両洋の橋わたしめいたしるしを、感じていたような気がする。東と西をつなぐ夢のかけ橋としても、擬サラセン様式をえらんでいたのではないか。

いずれにせよ、上野の博物館はインド的なイスラム様式で、かざられた。日本にできた最初の本格的な博物館は、オリエントの意匠でいろどられたのである。

この博物館ほど、コンドルがはっきりイスラム色をうちだした作品は、ほかにない。サラセン風をあしらう度合いでは、これが群をぬいている。

しかし、その後も、イスラム風のかざりつけは、こだしに時おりそえられた。それは、コンドル作品の、ちょっとしためじるしになっていたと思う。そのありかたは、磯崎新のモンロー・カーブを、私に想いおこさせなくもない。

いずれにせよ、伊東はオリエントにこだわる西洋の建築家を、知っていた。あちらの建築家は、意匠のヒントを中東やインドにもとめることがある。その見本ともいうべきコンドルから、「装飾法」のてほどきをうけていたのである。

タウトも、けっきょくオリエンタリズムをいだきつつ、日本へあゆみよっている。そうたちどころに伊東が見

旧東京帝室博物館

きわめられたのも、コンドルとであっていたせいだろう。コンドルが探っていた擬サラセン様式の先に、伊東はタウトの日本美を見た。『都市の冠』など知らなくても、そのあたりはじゅうぶん目はしがきいたのである。

東と西の物語

伊東忠太は、一八八九年に工科大学の造家学科へ入学した。その翌年、一八九〇年に、前回とりあげた長野宇平治が、同じ教室へかよいだしている。ふたりはどちらも、一八六七年の秋に生まれていた。同い年の建築家で、学年だけは伊東のほうが一年はやい。

そのころの造家学科は、辰野金吾にひきいられていた。そして、辰野は学生がゴシックへながされることを、いましめていたという。なによりもクラシックのきまりごとを、彼らにはたたきこもうとしたらしい。

西洋建築の根は、クラシックにある。そのおおもとこそが、わきまえられねばならない。ゴシックのような、そこからそれていく形に、ひきよせられるのはこまる。そんなのは、あとからでいい。まずはクラシックからというかまえで、辰野は学生にのぞんでいたのだと思う。

長野は、そういう辰野のみちびきが、うっとおしくわずらわしかったと、後年のべている。そして、そのおりにはこうも言っていた。

「我等の以前の学生はゴシック式で訓練されたものであった。然るに我等はゴシック式で考案することを辰野教授から禁ぜられた」(「長野博士回顧談」『工学博士長野宇平治作品集』一九二八年)。

以前は、ゴシックにもとづいて、建築のてほどきがなされていた。これは、辰野が教室をたばねる前、つまりコンドル時代の様子をさしている。コンドルがおしえていたころは、ゴシックで設計をととのえるよう指導されていた。しかし、辰野がとってかわってから、ゴシックは禁じられたというのである。

もちろん、その後もゴシックによりそう建築は、たてられつづけている。

それを、かつて建築評論家の長谷川堯は、「中世主義」の系譜として位置づけた。そのみなもととなるひとりに、コンドルをあげている。たとえば、曾禰中條事務所の仕事ぶりを、こう評していた。「中世主義という意味では正しくコンドルの流儀をひきついだ……」、と(「大正建築の史的素描」『建築雑誌』一九七〇年一月号)。

そして、長谷川はこの「中世主義」に心をよせていく。辰野ら「神殿」派からきりすてられた、コンドル以後の「獄舎」派を、うたいあげてきた。

ここで注目したいのが、伊東の立ち位置である。伊東は、ぎりぎりのところでコンドルの授業と、であっていた。ゴシックとイスラムに力をいれた「装飾法」が、伊東にはとどいている。長野の言う「我等の以前」を、伊東はかろうじて知っていた。

伊東は卒業設計で、ゴシックの教会をえがいている(一八九二年)。辰野が禁じ、コンドルがおしえたゴシックで、学生時代の最後をまとめあげていた。クラシックをよしとする辰野のかまえに、なじんでいたとは思えない。

また、伊東はロマネスク様式で、東京商大(現一橋大)の兼松講堂を、たてていた(一九二六年竣工)。ロマネスクはゴシックのさきがけをなす、中世ヨーロッパの様式である。その意味では、伊東もまた「中世主義」にくみしていたと、みなせよう。まあ、長谷川がそういう建築家として伊東を論じたことは、ないかもしれないが。

クラシックは、古典古代からのきまりごとを、よりどころとする。ある枠のなかで形がととのえられることを、建築家にはもとめてきた。

いっぽう、十九世紀のロマン主義は、そこからときはなたれることを、こころざす。古典古代以外の中世、ゴシックやロマネスクへ夢をひろげるのも、かまわない。中東やインドへむかってはばたいても、いいんじゃあないか。そう建築家たちを、あとおしした。コンドルは、そんな気分をも、日本へもちこんでいたのである。

そして、伊東ほどこのロマン主義精神とひびきあった建築家は、いなかった。ゴシックやロマネスクへ手をそめるというだけに、とどまらない。伊東のてがけた建築は、しばしばインドやイスラムの形も、とりいれていた。私などは、伊東こそがコンドルの想いをひきついでいたのだと、言いたくなってくる。

伊東は、「建築進化の原則より見たる我邦建築の前途」という有名な論文を、書いていた(『建築雑誌』一九〇九年六月号)。

西洋古典建築の柱頭、つまりキャピタルは、もともと木造のつくりにねざしている。木の組物が、石造むきにかえられ、今の形はなりたった。日本でも、木造の斗組が、いずれは石造にあわせ、しかるべき進化をとげるはずである。伊東はこの論文で、おおむねそう論じている。

日本の木造建築は、西洋的な石造の時代をむかえ、どうかわっていくか。けっきょく、伊東はそのてがかりを、中国、インド、そして中東にさぐっていた。かわっていくだろう形を、日本と西洋のはざまにさがしている。進化の糸口を、けっきょくは地理上の中間地にもとめたのだと、言うしかない。

コンドルは、イギリスから日本へとむかうなかで、中東やインドの形に光をあてた。伊東は、日本建築の西洋化を想いえがきつつ、イスラムなどへよりそっている。

コンドルは西から東を、そして伊東は東から西をむいていた。ふたりのまなざしは、あべこべのむきへ、そそがれている。しかし、地理上の中継地にある形へすがろうとしたところは、かわらない。たがいに、つうじあっている。

けっきょく、伊東の建築観は、どこかでコンドルのそれを反転させていた。ユーラシアにおいて、ベクトルをひっくりかえしている。私はこれを、左右が逆に見える鏡の像として、とらえたい。伊東には、コンドルのうつし絵めいた一面が、いやおうなくあったのだと考える。

伊東は、東大でのならわしとなっていた欧米への留学を、ことわった。アジアを見てまわることにこだわり、そのこころざしをみのらせている。そして、さきほどはそのふるまいを、脱亜論になびかぬそれとして、私は高く評価した。

　この値ぶみをかえるつもりは、さらさらない。伊東はあっぱれであったと思う。しかし、伊東のたどった途が西洋的なオリエント熱の鏡像であったことは、見おとせない。東洋びいきと見える伊東にも、あちらの枠組はおよんでいたということか。

ＷＴＣにもイスラムは

一八八三年にできた鹿鳴館のことは、ひろく知られていよう。明治の西洋化を象徴する社交の場として、中学や高校の歴史でもおしえられてきた。そこで、燕尾服とドレスの舞踏会がくりひろげられたことも、おなじみである。

　その鹿鳴館にインド・イスラム風の形がまぎれこんでいることは、あまり知られていない。歴史の教科書で、そこにふれているものは、おそらくひとつもないだろう。

　設計をてがけたのは、ジョサイア・コンドルである。擬サラセン様式の博物館がたった、その二年後にこちらはできている。二年前の博物館ほど、イスラム色をはっきりうちだしているわけではない。だが、二階の正面ベランダにイスラムの形は、まちがいなく見てとれる。

鹿鳴館

たとえば、てすりのかざりつけがアラベスクになっている。とっくりをしのばせる柱は、インドのイスラム風とみなしうる。マハラジャの宮殿などで、しばしば見かける形である。

インドのイスラム風を、日本の外交当局がコンドルに求めたわけでは、ないだろう。日本も西洋化されたことを、西洋列強の外交官たちに見せつける。本場ヨーロッパのサロンとくらべても、見おとりのしない社交場をこしらえてほしい。日本政府は、そう建築家にたのんでいたはずである。

インドのイスラム風をおりこんだのは、コンドルのきめたことであったろう。そして、そこには西洋と日本のかけ橋をという想いも、こめていたはずである。

ヨーロッパでは、レジャー施設に、しばしばこういうつくりがとりいれられていた。遊園地、娯楽場、ギャンブル・ハウスなどである。あそびの場では、エキゾティックなオリエント風が、よろこばれやすかった。

そのせいだろうか。鹿鳴館をながめたフランス人のピエール・ロティは、こう書いている。

「ロク・メイカンそのものは美しいものではない……いやはや、われわれの国のどこかの温泉町の娯楽場《カジノ》に似ている」(『秋の日本』一八八九年、村上菊一郎、吉永清訳 一九五三年)。

コンドルじしんは、東西両洋のであいを、頭のなかにえがいていただろう。そして、その想いじたいは、うるわしくないわけでもない。だが、じっさいにたててみると、田舎の遊興施設めいたものができてしまう。まだ若かった当時のコンドルには、それをさけることができなかったということか。

しかし、日本の当局者に、これが娯楽場《カジノ》としてうつることは、なかったろう。のみならず、インドのイスラム風を模した形も、わからなかったと思う。彼らは、これをヨーロッパ的な舞踏場、社交場としてうけとめたにちがいない。

その点は、今、鹿鳴館に言いおよぶ多くの書き手たちも、同じである。歴史の読み物はみな、これを欧化のシンボルとして、あつかってきた。そこにきざまれたイスラムの跡をおもしろがるのは、ひとにぎりの建築史家だけである。

東京都の慰霊堂も、この点はよく似ている。はじめにふれたとおり、ここではバシリカとラテン十字で、全体がくみあわされていた。設計者の伊東は、中東以西の平面をめざしていたのである。ぱっと見は和風だが。

だが、たいていの善男善女は、こういうものをそのぱっと見だけで、うけとめる。寺院の堂塔をならべた、伝統的なつくりの建物だと、みなしてしまう。設計者が、エルサレムあたりに想いをはせていただろうことへは、気もまわさずに。

ここでもういちど、ニューヨークのグラウンド・ゼロに、話をうつす。あの地には、ワールド・トレード・センター、WTCのビルが、もともとたっていた。二〇〇一年九月一一日のテロで、くずれおちたあのビルを、問題にしてみたい。

二棟の超高層がならぶ姿は、二〇世紀末のアメリカを、なにほどか象徴してもいた。世界を手中へおさめようとする、アメリカ資本主義の目じるしにも、見えただろう。そのため、イスラム原理主義者たちにねらわれたのだと、ふつうは思われている。

建築家にはよく知られているが、WTCはイスラムめかしたアーチを、ならべていた。低層部の柱が、とちゅうでフォークのようにわかれ、窓枠の縦線として上へのびていく。そのわかれめが、中東あたりでよく見るアーチを、ほうふつとさせていた。

WTCは、一九七三年にたちあがっている。設計者は日系二世のミノル・ヤマサキであった。

見てくれの美しさには、人一倍《ひといちばい》こだわる建築家である。そのため、東海岸あたりのおたかい建築家たちからは、軽んじられていた。ヤマサキ？　何もない、ただきれいによそおっているだけだ、と。

そのデザインには、ゴシックやイスラムの形が、しばしばちりばめられていた。モダンデザインにそうした形をとかしこむてぎわでは、群をぬいていただろう。

その腕が買われ、サウジアラビアで仕事をしたこともある。この地で、ヤマサキがたてたダーラン空港ビルの絵は、同国の紙幣にもすりこまれた。アラベスクにうつる壁の模様が、国王に好まれたからであるらしい。

くりかえすが、ヤマサキはアメリカで生まれた日系人、その二世である。極東からアメリカへわたった家族のことは、つねに考えつづけていただろう。東洋と西洋をむすばせる。そういう表現も、ヤマサキなりにもとめていたはずである。イスラム風の形がヤマサキのなかでうかびあがった一因は、そこにもあったろう。

ヤマサキに、コンドルや伊東とのつながりは、見つからない。だが、イスラムへあゆみよったのは、似たような心模様からであったと思う。ウエスト・ミーツ・イーストのまぼろしを、もとめようとしたにちがいない。

だが、そんな建築家の想いも、テロリストたちにはつうじなかった。WTCのイスラム的な表現は、まったくかえり見られていない。鹿鳴館のイスラム風や慰霊堂のバシリカが、見すごされたように。そして、WTCは世界がふるえた特攻の的に、えらばれた。

建築家の仕事には、せつないところがある。じっさい、ヤマサキの作品などは、かなりわかりやすくできている。それでも、建築界の外には、作者の想いえがいただろう東西融和のねがいがつたわらない。イスラムの意匠をまとったビルが、イスラム原理主義者の攻撃をうけている。

どうせわかってもらえないのなら、建築家だけにしかわかちあえない表現を、たのしもう。そう考えてしまう建築家がいるだろうことも、腑におちる。施主にあっかんべをする建築家がいたって、すこしもおかしくはない。

ところで、ローリー・カーンという建築家のことを、ごぞんじだろうか。

ワールド・トレード・センター

九・一一のあとしばらくして、カーンはあるオンライン・マガジンに意見をよせた。なかに、WTCがねらわれたわけを、目のさめるような理屈で論じたところがある。

いわく、ヤマサキは資本主義の牙城を、イスラム風によそおわせた。その表現を、イスラム原理主義者は、イスラムへの冒涜だとうけとめる。イスラム建築がけがされたように、感じとった。だから、WTCはおそわれたというのである。

カーンの指摘は、飯塚真紀子の近著で知った。『9・11の標的をつくった男』(二〇一〇年)に、それは紹介されている。そして、著者の飯塚も、この読みときにしたがった。

私はとうていうなずけない。あのビルは、大きくてめだったからねらわれた。キングコングがWTCへよじのぼるところを、コング映画で見た人は多かろう。コングが、ニューヨークできわだつビルに、ひきつけられる。テロリストがあそこにねらいをさだめたのも、コングのそういうふるまいとかわるまい。

主犯のモハメド・アタは、カイロ大学で建築をまなんだことがあるという。だから、アタの目は、WTCのイスラムめいたところを、とらえていたかもしれない。彼にかぎれば、そこをにがにがしく感じた可能性は、ありえよう。

しかし、いかにも建築家的なそういう想いを、テロリストたちはわかちあえるだろうか。イスラム建築もふくめ、それほど建築になど気持ちをよせたこともない。そういう戦士たちの魂を、あそこまでふるいたたせることができようか。

みんなで心をひとつにしなければ、とうていああいうテロのはかりごとはまとまらない。そんな場で、WTCの柱や窓枠がまともにとりざたされたとは、思えないのである。私はその意味で、カーンや飯塚のほどこした読みときを、うたがっている。

ヤマサキは、ノースショアにたてたユダヤ教の教会も、イスラム風にいろどった。イスラムへの冒涜という話なら、ＷＴＣよりこちらのほうがふさわしい。この教会でなら、イスラム建築がけがされたという理屈も、まだわかる。

だが、テロリストたちは、ノースショアをねらわなかった。ニューヨークのめだつ建物を、おそっている。イスラム風の外観がにらまれたとは考えにくい、もうひとつの理由はそこにある。

『９・11の標的をつくった男』にたまたま目をとおし、だまっておられなくなった。伊東忠太論から話はそれるが、あえてふみこんだしだいである。

吉田鉄郎

よしだ てつろう

保存をめぐる政治学

郵政民営化のなかで

丸の内は、皇居の前にひろがる。そのすぐ東には、ＪＲの中枢をなす東京駅が、ひかえている。うたがいようもなく、首都東京そして日本の表玄関となるオフィス街である。

そこには、名前のとおった会社が、社屋をつらねている。そして、それらはしばしば建築作品としても、みとめられてきた。近代建築史にその名をきざまれたものも、けっこうある。

たとえば丸の内口にたつ東京駅の駅舎が、そうである。これは、明治の建築界に君臨した辰野金吾が、力をこめてねりあげた。できたのは一九一四年だが、その代表作だと、建築家たちにはみなされている。

二重橋の前には、旧明治生命館がある。一九三四年にたった、岡田信一郎の作品である。戦前の建築家が、本場の西洋にひけをとらぬてぎわで、古典様式の建築をまとめあげた。その達成ぶりをしめす傑作だと、されている。

前川國男や村野藤吾がてがけた、戦後の名建築もここにはある。丸の内では、もう百年以上にわたって、建築家たちや建設会社が腕をきそってきた。彼らにとっては、檜舞台のような場所だとみなしうる。

さて、東京駅の南西には、東京中央郵便局の局舎が、ついこのあいだまでたっていた。駅前広場に面し、駅舎の南口とむきあうところで、今はＪＰタワーになっている。まあ、旧局舎も、その外観はのこされているが。

設計者は吉田鉄郎である。竣工したのは、一九三一年であった。吉田が当時つとめていた逓信省営繕課の、最盛期をしめす作品としても、よく語られる。かつての逓信省につどった建築家たちは、かがやいていた。そんな話をささえる作品のひとつにも、この局舎はなっていたのである。

建築家たちには、よく知られた建築であった。丸の内をいろどってきた名建築の列にも、まちがいなくつらなろう。

だが、ぱっと見の印象は、いかにも地味であった。わかりやすい華はない。建築史につうじていない市井の人々からは、こんな声も聞えてきたものである。

あれのどこがいいんだ。何がおもしろいのか、まったくわからない。なるほど、昔の建物だし、古さびた趣《おもむき》はうかがえる。しかし、どう見ても、ごくふつうのビルじゃあないか。なぜ、あんなものを建築家たちは、ありがたがるのか。その見所《みどころ》を、きちんとおしえてくれ……。

いや、建築史の本などにしたしんでいる人々でも、反応はさほどちがわない。いわゆる建築探偵のひいき筋でも、その多くは似たような想いをいだいてきた。名作だということは、本を読んだから、いちおう知っている。しかし、どこがどう名作であるのかは、わからない、と。

辰野の東京駅は、横に長くレンガ壁がつづいているだけで、したしめる。岡田の旧明治生命館も、石造のおりめただしいたたずまいが、目に心地よい。そう思える人でも、東京中央郵便局の魅力は、なかなかわからないと言っていた。どうやら、この建物はくろうと筋にしか、その良さがつたわらないようである。

そんな現状を知っているだけに、鳩山邦夫の発言ではおどろかされた。二〇〇〇年代、ゼロ年代もなかごろにさしかかったころのことである。東京中央郵便局のたてかえと、それをめぐる是非がとりざたされだした。

局舎のとりこわしを言いだしたのは、持ち主の日本郵政である。丸の内という一等地で、五階までしかない建物をつかいつづけるのは、もったいない。もっと容積の大きい高層ビルにしてしまえば、収益もあがる。古い局舎は、このさいつぶしてしまおうというのである。

旧東京中央郵便局

これにたいし、日本建築学会や日本建築家協会などは、あらがうかまえをしめしだす。あれは、昭和の戦前期を代表する、モダンデザインの名作だ。今のまま、保存してほしい。そう、うったえるようになっていく。
だが、日本郵政は、これをうけつけない。外壁の一部をのこすことぐらいなら、あゆみよってもいいだろう。しかし、それ以上のもとめには、とうていおうじられぬと、つっぱねた。そして、三八階建ての高層ビルへたてかえる案を、うちだしたのである。

二〇〇九年三月二日には、そこへ当時の鳩山総務相が、口をはさみだす。古い局舎をこわさぬよう、日本郵政へ注文をつきつけた。日本建築学会などへ、よりそうかのようにふるまったのである。同日夕刊の『毎日新聞』には、こんな鳩山の談話がのっている。「開発優先主義で文化を壊していいのか……今は泣きたいような気持ちだ」。

古い建築が好きな保存派には、力強い助っ人としてうつったろう。とにかく、鳩山は日本郵政をたしなめた。私にとっても、吉田は好きな建築家のひとりである。東京中央郵便局も、いい建築だと思ってきた。だから、鳩山の言葉をありがたくうけとめたところもある。

しかし、そのいっぽうで、鳩山をうたがう気持ちも、いやおうなくわいてきた。あんたに、これのよさがわかるんか。そもそも、あんたは建築作品としての中央郵便局を、どうとらえとるんや。ほんまに、「泣きたいような気持ち」になっとるんか。そんな想いも、私のなかでは、首をもたげてくる。

鳩山邦夫は、政治家一家の四代目である。お家柄は悪くない。東大の法学部をいい成績ででたと聞くから、勉強はできた人なのだろう。しかし、建築の目ききであったという話は、ついぞ耳にしたことがない。

東京中央郵便局は、建築家たちからうやまわれてきた。しかし、その筋からはなれたところでは、人気がない。たいていの人は、その良さがわからないという。これを、永田町の政治家、たとえば鳩山あたりがあじわえるとは、とうてい思えない。私がいぶかしく感じたのは、そのためである。

『朝日新聞』が三月七日付の朝刊で、なかなかうがった読みときを、見せている。そこには、こうある。

「東京中央郵便局の問題を、鳩山総務相は『小泉構造改革』とだぶらせて批判している。総選挙を控え、自民党から離れた『郵政票』を取り戻したい思惑もありそうだ」。

けっきょく、そんなことであったろうと、私も思う。いわゆる小泉改革で民営化された日本郵政は、収益へのこだわりを強めていた。東京中央郵便局の高層化がはかられたのも、かせげる郵便局をめざしたせいだろう。

そして、鳩山邦夫は小泉改革に、心をよせていなかった。民営化へつきすすむ日本郵政には、一太刀あびせたく思っている。そんなところへ、日本建築学会などが局舎の保存ということを、言いだした。日本郵政のもくろみに歯止めがかけうる声を、あげている。

この尻馬にのれば、日本郵政はこまるだろう。小泉路線も、すこしぐらいはおしもどせる。そんな見きわめもあって、鳩山は保存を言いだした。それがすべてだとは言わぬが、そういう一面のあったことはいなめまい。建築へのまじりけない想いが、はじめにあったわけではないだろう。

「泣きたいような気持ち」も、まことに政治的な物言いであったと考える。かなりわりびいて、うけとめるべきだろう。

いわゆる郵政民営化以後、総務大臣は郵便事業へ直接かかわれなくなっている。日本郵政に、東京中央郵便局の保存を命じることも、できなくなった。鳩山の要望も、権限をうしなった元上司からのそれでしかありえない。

しかし、日本郵政にも、総務大臣の面子をつぶすふんぎりは、つかなかった。鳩山の顔をいくらかはたてて、とりこわす部分を、すこしせばめている。これで、局舎の三割ほどは、昔のままのこされることとなった。

丸ごと保存するようもとめていた鳩山も、これをうけいれている。日本郵政に妥協を余儀なくさせたことで、自分の面目はたもたれたと思ったのだろう。小泉改革を、ないがしろにしすぎるのもまずいという腹だって、あったと思う。部分保存をふくむ高層化という線で、一度はぬいた刀をおさめたのである。

今たっているビルは、このうるわしい政治決着のたまものにほかならない。

モダニズム建築の旗手

ＪＲ東京駅前に、東京中央郵便局が、かつてはあった。それと同じように、大阪中央郵便局もＪＲ大阪駅の脇にたっていたことがある。

設計者は、東京中央と同じで、逓信省の吉田鉄郎である。こちらは、東京の八年後、一九三九年にたてられた。日中戦争がつづく、いわゆる戦時時局下にできあがった局舎である。ダークなタイルでよそおわれたのは、防空面に気をつかったせいだとされている。

じつは、この大阪中央郵便局についても、日本郵政はたてかえる方針をかためていた。東京と大阪の二大都市で、吉田作品のとりこわしをきめていたのである。そして、大阪の局舎は、東京とちがい全面的にこわされている。

もちろん、日本建築学会は、こちらのほうも見のがしてはいなかった。東京中央郵便局の保存をもとめる要望書は、大阪中央郵便局にもふれている。どちらもともにのこしてほしいと、当局にはつめよっていたのである。

その要望書に、ややいぶかしく感じられるところがある。二〇〇五年七月二六日付で、日本郵政公社総裁と総務大臣へあてたそれを、見てみよう。そこでは、設計者の吉田がつぎのように、紹介されていた。

「近代（主義）建築を日本に導入するのに主要な役割を果たしました……その作風は、機能を重視し、本質的な要素だけで立面を構成し……」

二〇〇六年五月二六日付の要望書は、日本郵政株式会社代表取締役あてと、なっている。この間に、民営化のなされたことが、あてさきのかわったことから読みとれる。そして、そこでも、吉田のことはこう書きとめられていた。

「『現代建築の様式は、個々の建築の機能、材料、構造等から必然的に生ずる建築形態を最も簡明に表現することによりて定まる』という理念をもち、いわば『モダニズム建築の旗手』として日本の建築界に存在していた」。

どちらも、吉田をモダンデザインの旗ふり役として、とらえている。機能主義をとなえた、その代表格として、位置づけていた。

その当否は、ひとまずおいておこう。あとでまた、考えたい。

両郵便局は、戦前のモダニストがてがけた作品である。機能主義の成果だから、ぜひのこしてほしい。私がひっかかるのは、日本建築学会のこういう書きっぷりである。これは、ちょっとおかしいんじゃあないかと、どうしても思ってしまう。

一九七〇年代からの様式建築にたいする保存運動を、想いおこしてほしい。あのころは、たいてい機能主義のモダンデザインが、悪役になっていた。

いわく、モダニズムはよくない。機能に形をあわせるという名目で、古い様式建築の解体に、たやすく加担した。もう役にたたなくなった建築はすててもよいという考え方を、それはささえている。スクラップ・アンド・ビルドのイデオロギーに、ほかならない。

建築には、しかし機能などをこえた象徴的な役割がある。機能主義の理屈で、人々にしたしまれた建築をとりこわすのは、まちがっている。とまあ、そんな錦の御旗をふりかざしつつ、運動をくりひろげたのではなかったか。

なのに今、両郵便局をモダンデザインの佳作だから、のこしてほしいと言いつのる。機能主義でできた大事な作品だから、こわすなとうったえる。これでは、筋がとおらない。

旧大阪中央郵便局

つかえなくなった建物は、こわしてしまう。かつての保存運動は、モダンデザインの機能主義をそういう理屈として、とらえていた。

それが正しかったのなら、機能主義の郵便局などはつぶしてもいいはずである。日本郵政が新しい機能をもとめているのだから、古い建物はいらないことになる。日本郵政さん、あれは悪い建築だからどうぞ解体して下さい。と、そう、機能主義をにくむ保存派のほうから、たのむべきだろう。

にもかかわらず、機能主義やモダンデザインの精華を保存しろと、彼らは声をあげている。日本建築学会をとおして、内閣や日本郵政などに、要望書をおくりつけた。そこに、私はあきれている。

どうしてもそうとなえたいのなら、かつての言動を、一度は見なおすべきだろう。以前は、様式建築をまもりたい一心で、モダンデザインのことをぼろくそに言いすぎた。あの言い方はまちがっていたと、保存へくみする人々には、反省をしてほしいものである。

しかし、まあ、そんなことはどうでもいいのだ。こういうみみっちい話は、これくらいにしておこう。モダンデザインについては、もっとほかに語っておきたい大事な話がある。

二〇世紀にうかびあがったモダンデザインは、うすっぺらいと前に書いた。前口上のところで、みなちゃちくさく見えると、私はのべている。初期のコルビュジエまでふくめ、軽薄である、と。あえてつけくわえるが、リートフェルトのシュレーダー邸など、ほんとうに印象は軽い。おもちゃのようにもうつる。

だが、モダニストはかけたのだ。うすっぺらなたたずまいには、新しいおもしろさがある。軽はずみな形ではあっても、それまでだとありえない浮遊感が、かもしだせる。そこに、古いアカデミズムをこえる表現があると信じ、いどんでいったのである。

絵画でも、二〇世紀の前衛は、色をあまりぬりこまなくなっていく。何重にも絵具をかさねるアカデミックなやり方からは、ときはなたれた。古い技法の画家から見れば、手を抜いているとしか言いようのない方向へ、つきすすむ。それと似たような途を、建築の前衛もまたあゆみだしたのである。

機能性だとか合理性といったお題目は、うすさや軽さを正当化する物言いであったろう。おもしろくて軽やかな表現へむかっていく。その前進を、世間へみとめさせるための文言でしかなかったような気がする。

トリッキーな空間をめざしたモダニストは、建築の耐用年数を短くしただろう。軽さやうすさをおいもとめたことも、軀体をひ弱くしたにちがいない。総じて、建物としてのもちは悪くなったはずである。

しかし、彼らの作品は、竣工時のかがやきが、写真雑誌や作品集でひろくつたえられた。できあがりの一瞬に、彼らは勝負をかけることができたのである。今だけの、このまぎわだけのきらめきで、評価をしてもらう。

二〇世紀の映像メディアは、それを可能にした。

私は、いわゆるモダンデザインを、今のべたような筋道でもとらえている。そして、このいきおいは、いくらかのゆりもどしもはらみつつ、ますます強くなってきた。二一世紀の今日にいたっても、ふくらみつづけていると、思っている。

いずれにせよ、吉田がそういう前衛の途を、すすんだわけではない。うすっぺらくてもろいが、新しい表現ももたらしうる。そこに自分をかけていどむようなモダニストでは、まったくなかった。

基本的には、地道な安全運転の建築家である。しっかりした、ほころびのない建築を、いつもめざしていた。なるほど、同時代のモダンデザインへよりそうところも、ないではない。しかし、その勘所《かんどころ》となるあぶなっかしい魅力は、しりぞけた。骨組のしっかりした自分の建築へ、無難におさまるところだけを、とりいれている。

その意味では、すぐれた建築家であった。逓信省の営繕課がほこる、いかにも官僚的な英才であったと思う。東京と大阪の中央郵便局も、そんな建築家がてがけた質の高い作品にほかならない。

保存をすることにねうちがあるとしたら、そういうところであろう。しかし、それらはモダンデザインのいちばんきわどい魅力を、あらわせていない。もろくはかないきらめきとは、無縁である。「モダニズム建築の旗手」などという吉田の位置づけは、ひかえてほしい。
まあ、私のこんなないちゃもんに、日本建築学会は聞く耳をもつまいが。

タイルとサッシュ

私は関西でくらしている。だから、東京中央郵便局を目にする折は、あまりない。しかし、大阪中央郵便局は、よく見かけた。見るたびに、心があらわれたものである。よくできた建築だなと、いつも感じいっていた。解体されてしまったことは、今でもせつなく感じている。

まず、タイルのわりつけが、たいへんみごとであった。くるいやずれは、どこにもない。庇の厚みまでふくめて、この枠に収められている。じつにていねいなしあがりであった。

窓のスチールサッシュにも、私はしばしば見ほれたものである。おそらく、オリジナルにこしらえたものであろう。じっさい、サッシュの桟も、ここではタイルのわりつけに、その位置があわされていた。

こういうこまやかな仕事ぶりが、モダンデザインの教条をうつしだしているとは思えない。機能的で合理的な設計を、モダニズムの公式はとなえる。だが、そんなたてまえをのりこえたところで、この建築は細部のあつかいにこっていた。機能的に形をまとめあげる。そのためだけなら、ここまでディテールにこだわらなくても、よかったはずである。

タイルとサッシュだけをとっても、保存にあたいする。ずさんな処理でことをすます今の建築家には、いい手本となりそうな気がする。ここへきて、頭をたれてもらうだけで、じゅうぶんねうちはある。私はどこかで、そんなふうにも思っていた。

しかし、建築家たちからは、つぎのような反論がでてくるかもしれない。

たしかに、タイルやパネルのわりつけがいいかげんな工事は、今でもよくある。やっつけ仕事めいた目地わりも、見かけないではない。その点では、吉田鉄郎の大阪中央郵便局あたりが、反省をうながすいい見本になりえよう。

しかし、日本の大手建設会社は、がいして仕事がていねいである。彼らが本気でとりくむ現場に、目地わりなどのふぞろいは、まず見られない。海外の建設会社とくらべれば、そういう点はひいでている。

むしろ、そこにとらわれすぎることを、逆に問いただすべきではないか。わりつけにばかり心をくだくあまり、空間のとらえ方を見そこなう。建物の全体にわたる建築家の大きな考えが、なかなかのみこめない。だが、とにかく、こまかいおさまりだけはととのった仕事を、してしまう。それがこまるという建築家は、おられよう。

旧大阪中央郵便局、壁面詳細

私も、目地わりなどにくるいのない仕事ぶりは、日本的な特徴であると思う。日本の大手建設会社にそなわった、海外ではなかなかのぞみえない美質だと考える。あるいは、日本の建設会社が、しばしばおちこむ罠にもなっているというべきか。

いったい、どうして日本の建設工事は、こういうところがゆきとどいているのか。あるいは、ゆきとどきすぎているのか。これも、建築史の研究者が、あらためてとりくむべき課題のひとつに、なりえよう。

私は、官庁の営繕組織が近代建築をひきいてきたことも、その裏にあると思う。見てくれのこまかいくいちがいをきらい、しあげが端から端までととのうことにこだわる。そんなお役所仕事に、日本の建設会社はきたえられてきた。

この心がまえは、逓信省の営繕課などをとおして、後の世代にもつたえられる。モダンデザインやそれ以後の仕事をあつかう建設会社へも、おくりとどけられた。それが、目地などのふぞろいをいみきらう、日本的な現場を生みだしたのではないか。

だとすれば、吉田の大阪中央郵便局などは、その象徴的な事例としても位置づけうる。

この局舎は、架構の骨組を外観へはっきりあらわしている。そして、その点は日本の伝統的な木造の架構表現につながると、評価されてきた。日本建築学会の保存要望書などでも、そのことは高らかにうたいあげられている。

しかし、そんなところだけを日本的だと言いつのるのは、話がかたよっている。この局舎は、タイルやサッシュのわりつけに、たいそう心をくだいてきた。海外の工事ではなかなか見られない、神経質なしあがりになっている。そこに、日本的なお役所仕事のこだわりを読むという見方も、あっていいだろう。

日本の建設会社が、どのていどまで官庁の営繕組織にそだてられたのかは、わからない。目地わりなどにとらわれることが、そこにもとづくのかどうかも、ほんとうは不明である。

私は、一種のヤマカンで、お役所仕事のはたした役割りを重んじた。しかし、論証はできていない。若い建築史家にでも、じっくりしらべてもらえればありがたく思う。

あと、スチールサッシュについても、ひとことふれておこう。大阪中央郵便局で見かけたようなそれは、現代建築だと、なかなかお目にかかれない。今はたいてい、アルミサッシュになっている。そのことだけでも、この局舎はレトロにうつる。

このごろは、サッシュのカタログが、たいそうりっぱになってきた。ありとあらゆる形のサッシュが、そこにはならんでいる。建築家は、それらのカタログから、仕事におうじててきとうなサッシュをえらべばよい。オリジナルなものをこしらえる必要は、なくなった。

大阪中央郵便局のスチールサッシュは、その点でもねうちがあがって見える。かつては、商品化されたサッシュですまさない時代があった。建築家がサッシュも自分で工夫をする。今はうしなわれたそんな仕事の跡が、ここにはある。それを、黄金時代の遺構としてながめるまなざしも、ありえたろう。

まあ、時代とともにきえゆくものは、しばしばありがたく見えてしまうものである。イリオモテヤマネコやタンチョウヅルが、とうとくうつるのもそのためだろう。京の町家に高級感がただよいだしたのも、なにほどかはそんなからくりのせいである。

スチールサッシュがおねうちものに見えたのも、このしくみと無縁ではないだろう。その点は、ややわりびいてとらえなければならないのかもしれない。

今は、商品化されたサッシュをカタログからえらびだしていると、さきほど書いた。しかし、建築家がカタログにたよっているのは、サッシュだけにかぎらない。じつに多くの部材を、そこから見つくろうようになっている。商品化部材にどっぷりつかったような工事も、街ではよく見かける。

もちろん、設計の作業は、そのぶん楽になっている。とびらや手すりなどを、いちいち自分でデザインする手間は、なくなった。

しかし、設計のおもしろみがうすまったとなげく建築家も、いっぽうにはいるだろう。そして、そのうっぷんが、建築の形態を左右するケースもあるような気はする。

建築のどこかに、亀裂をいれてみたい。意図的に、ずれをはさみこんでやる。この空間は、スケールアウトでおしきろう。ここには、あえていびつな形をもちこみたい。建築家のそんな情熱は、今どんどんふくらんでいるように見える。

その裏面に、商品化部材のカタログが普及したことも、あったのではないか。なんでも、あてがわれたもので、すまさなければならないようになってきた。ようし、せめて軀体はゆがめてやれ。ここには、カタログ化されない、自分の造形意欲をそそいでやる。

こういう心模様も、現代建築史には影をおとしているのかもしれない。異形の建築に、既製品のサッシュがはまっている光景などを見ていると、よくそう思う。これも、若い建築史家などに、おいかけていってもらいたいところである。

吉田さん、あんたの時代はよかったよ。スチールサッシュの寸法をどうするか、なんてことで、建築家がたのしめたんだから。だから、建築の形そのものは、オーソドックスなものでもかまわなかったんだね。やっぱり、それはちょっとうらやましいよ。

大阪中央郵便局がのこっておれば、そういう慨嘆のよせられる巡礼地にもなりえたろう。もちろん、そんな想いとともにここをおとずれるのは、建築家だけにかぎられる。一般市民は、これをわかちあえないだろう。しかし、建築家たちがふりかえってながめるねうちは、じゅうぶんあったと思う。

吉田は、「モダニズム建築の旗手」であった。そのすぐれた作品である局舎を、のこしてほしい。日本建築学会のそういう要望は、この点でもピントがずれている。

モダニズムの先頭をはしっていたところに、吉田作品の良さはない。それは、のちのモダニズムがすててしまったものを、とどめていた。規格化されない、その意味ではモダニズム以前のディテールが、数多くそなわっている。そこにこそ、歴史的な価値はあったと考えるが、どうだろう。

まあ、市民をおきざりにしたこういう話では、保存要請の理屈にならないが。

国会議員の先生がた

二〇〇七年の八月二日に、建築家会館で、シンポジウムがひらかれた。「残せるか！　東京・大阪中央郵便局庁舎」というつどいが、もたれている。主催者は日本建築学会、日本建築家協会、ドコモモ・ジャパンの三者であった。保存派があつまる決起集会だと思ってもらえれば、それでいい。

東京と大阪の両中央郵便局は、それほどしたしまれてこなかった。一般的な人気はないと、私はさきほどから書いている。

このシンポジウムへむらがったくろうと筋のひとびとも、同じ思いはいだいていた。発言をうながされたパネラーたちは、しばしばそのことにふれ、なげいている。たとえば、こんなふうに。

「ちょっと見にはそっけないビルだから訴えにくいところなのですが……」（鈴木博之）。

「こういう……モダニズム建築の素晴らしさが、一般の市民や　専門家でない方々に、なかなか見えてこない、それは大きな課題です」（兼松紘一郎）。

「私も古い建築の好きな知人から『なぜ、東京中央郵便局を残さなきゃいけないの？　あの建物の価値はよくわからない』と言われます。モダニズムの建物は……なかなかその価値が見えにくいようです」（内田青蔵）。

なかなか、一般市民にはみとめてもらいにくい。そんなあきらめもあってのせいだろう。保存派の要望書を読んでいると、いたけだかな物言いが、しばしば鼻につく。

この建物は、すごいんだ。吉田鉄郎も、すばらしい人である。だから、その作品はこわさず、のこしておかねばならない。頭ごなしに、そう書ききっているようなところが、おしつけがましくひびく。

保存をしてほしいのなら、その魅力をわかりやすく語りかけるべきだろう。両郵便局はどこがどうあじわいぶかいのか。それをていねいにときほぐして説明する。すくなくとも、その努力ぐらいはしなければならないはずである。一般市民や持ち主の日本郵政にも、なるほどそうだったのかと思ってもらえるように。

しかし、要望書が、そういうことに力をつくしているとは思えない。むしろ、説明ぬきで保存をもとめているようなところがある。なかでも、建築家・吉田鉄郎のえらさをうったえかけているようなところは、せつない。

「ドイツ語に堪能であり、学識の深さでも知られ、日本の建築文化や庭園について、ドイツ語の著書による海外への日本文化紹介のパイオニアでもありました。その性格の高潔さとあいまって、建築界から深い尊敬を集める存在でした。東京中央郵便局庁舎と大阪中央郵便局庁舎がその吉田の代表作であるのは、衆目の一致するところです」(前掲「東京中央郵便局庁舎・大阪中央郵便局庁舎保存要望書」二〇〇五年七月二六日付)。

ドイツ語で本を書いた人だということが、両郵便局の魅力とどうつながるのか。そこが、まったく見えてこない。ただただ権威主義的な言いまわしのいやらしさだけが、印象にのこってしまう。

「性格の高潔さ」も、保存にあたいするかどうかとは、ほんらいかかわらない。建築がすばらしければ、金と女にきたない建築家の作品でも、大事にされるはずである。

それに、「性格の高潔さ」という文章も、いただけない。あえて書くなら「人格の高潔さ」であろう。まあ、たとえそうてなおしをされても、権威主義的なひびきはかわらぬが。

両郵便局は、すばらしい。吉田の代表作であるという。その点では、「衆目の一致」がえられていると、この要望書はのべていた。

たしかに、建築界では「衆目の一致」があるのかもしれない。私はそのこともうたがっているが、まあそこはみとめよう。しかし、市民社会の「衆目」は、まったく「一致」していない。レトロ建築が好きな人でも、おおむねそっぽをむいている。

要望書は、市民社会における「衆目の一致」を勝ちとるよう、言葉をつくさねばならない。だが、日本建築学会などは、その努力をしなかった。くろうとたちには「衆目の一致」があるのだから、世間もそれにしたがえ。しろうとは、だまってついてこい。とまあ、そう言わんばかりの言葉づかいになっている。

要望書には、こうもある。「ドイツの建築家ブルーノ・タウトが、この建物を日本の新建築の代表として高く評価した」(同前)、と。たしかに、そのとおりである。タウトは、自分の日記で、これをほめている。「日本の現代建築」という論文でも、たたえていた。

しかし、それがどうしたというのだ。この書き方からつたわってくるのも、やはり権威主義のにおいである。あのえらいタウトがほめたんだから、いい建築だということしか、それは言っていない。何がどういい建築なのかは、ふせられたままである。

二〇〇七年のシンポジウムには、一二名の国会議員も姿を見せたらしい。郵便局舎の保存に心をよせていた、超党派の議員たちである。

当時、民主党にいた河村たかしや自民党の平沢勝栄らは、ある会をたちあげていた。「東京中央郵便局を重要文化財にして、保存・活用をすすめる会(略称)」がそれである。そして、これにくみする議員たちが、シンポジウムには足をはこんでいた。

一般市民にはわかってもらえなかった局舎の魅力が、彼らにはのみこめたのだろうか。おそらく、そういうことではなかったろう。小泉改革をおしとどめたい議員が、日本郵政へたちはだかれる口実を見つけ、よろこんだ。のちの鳩山総務大臣と似たような事情で、保存を口にしはじめたのだと考える。

そんな議員たちに、シンポジウムのパネラーは、お礼の言葉をのべている。

「長く保存・活用を求める国会議員の先生方が、要望書を出してくださいました」（鈴木博之）。
「国会議員の先生方に動いていただけたことは、たいへん心強いことだと感謝しています」（南一誠）。

彼らは、市民がなかなかわかってくれないと、ぼやいていた。そして、市民への説得はなかばあきらめ、権威主義的な物言いにはしっている。設計者の吉田はドイツ語もできた、えらい人なんだ。あのブルーノ・タウトも、吉田のことはうやまっていた……。

のみならず、「国会議員の先生」たちとも、いっしょにはたらきかけようとする。おそらくは、吉田作品の良し悪しなどわからず、政治的な思惑でうごいている。そんな「先生」たちと、ともに保存のあり方をさぐっていた。

草葉の陰にいる吉田鉄郎は、こういううごきをどううけとめるのだろう。たとえ、局舎の保存がかなったとしても、あまりうれしくないのではないか。

市民は、のこすことをもとめていない。自分がつとめていた旧逓信省、今の日本郵政もてあましている。ただ、自分の名をふりかざす日本建築学会と一部政治家によって、保存の途がさぐられる。そんななりゆきを見れば、たぶん心がいたむと思う。

もういい、ほうっておいてくれ。あの建物は、一定の役割りをはたしおえた。しずかに、とりこわしてくれればいい。私のことも、あまりたいそうにあおりたててくれるな。はずかしくて、たまらない。

かってな想像だが、おそらくそうしりごみをしてしまうのではなかろうか。もし、その人となりが、日本建築学会のいうように「高潔」であるのなら。

吉田鉄郎って、だれですか

私事にわたるが、私は一九七四年から京都大学へかよいだしている。気がむいたおりには、鴨川ぞいを、京大から四条通りまであるくようにもなった。

そのとちゅうには、旧京都中央電話局上分局が、たっている。丸太町通と鴨川が十字にかさなりあう、その南西角にそびえたつ。そして、私の目は、見かけはじめたころから、これにひきよせられていた。

川ぞいの歩道からながめると、立面が三つのまとまりにわけられる。そして、そのまとまりが、ほどよいつりあいをたもっていた。ピクチュアレスクとでも言うのだろうか。バランスのとれた生け花のようなおもむきも、見てとれる。

屋根の瓦は、ドイツの民家をしのばせる。ゴシック情緒も加味された建物からは、ヨーロッパの気配がただよってくる。見るたびに、エキゾティックな想いを、私はかきたてられてきた。

それでいて、西洋の古城などにあやかった遊園地の施設などとは、ぜんぜんちがう。エキゾティシズムを、ああいう施設のように、あられもなくあおったりはしていない。ほどよく、それはおさえられている。その節度ゆえに、私は建物にこめられたロマンティシズムを、わだかまりなくあじわえた。

大学では、建築学科の学生どうしで、磯崎新や原広司を語りあってもいたろうか。一九七〇年代のなかごろであり、ニューヨークファイブも気になりだしていたと思う。あるいは、ＡＡスクールも。

旧京都中央電話局上分局。手前は鴨川を渡る丸太町通り

旧京都中央電話局上分局

しかし、そういう興味とはまったくべつの目で、私は鴨川ぞいの建物をながめていた。同級生たちにはしゃべらない、ひそかな私の宝物になっていたのである。

それが、吉田鉄郎の作品であることを知ったのは、あとになってからであった。旧逓信省の建築であることも、一九七〇年代のおわりごろにまなんでいる。そういう知識をしいれたのは、いわゆる近代建築史の勉強をしてからなのである。

この旧電話局舎は、一九二四年にたてられた。東京中央郵便局ができあがる、七年前の作品である。まだ、モダンデザインには、そまっていない。旧様式の枠にとどまっている。その枠内で、形をいろいろうごかしていたのだと、みなしうる。初期のこういう作風は、後世からつぎのように評されていることも、あとで学習した。

「多くの作品は、アーチや円形の表現を多用し、およそ後期の吉田の端正な禁欲的《ストイック》なモダニスティックなデザインとはかけ離れた、いわば若き遍歴の様式から脱皮しきれぬ時代を示すものであった」(近江栄「モダニストの思想と表現」『日本の建築〈明治大正昭和〉』第一〇巻、一九八一年)。

まだ若いころのロマンティシズムから、ぬけだしきれていない。未熟な建築であったという。そして、ういういしいそんなロマンティシズムに、私の目はなごんでいた。

いや、私ひとりにかぎった話ではない。この建物を好きだという人とは、建築界の外でもよくでくわす。あれいいねという声は、一般市民のあいだでも、しばしば聞こえてくる。そのひいき筋は、大阪中央郵便局などより、ずっと多い。

この建物で、旧電々公社、今のＮＴＴが電信電話の仕事をしなくなって、ずいぶんたつ。それでも、ここをつかってみたいという業者は、つぎからつぎへとあらわれた。レストラン、アスレティック、コンビニ……等々である。おかげで、こわされもされず、建物は今にいたるまでたもたれた。

伊勢市に、旧山田郵便局電話事務室の建物がある。やはり、吉田の作品で、一九二三年にたてられた。モダンデザインとのあいだには、こちらの場合でもまだまだ距離がある。若いころのロマンティシズムがぬぐいきれていない、その典型例である。

京都の電話局では、ドイツの民家風をよそおった屋根が、かけられた。フォルク＝民族の姿をあらわそうとする。そんな当時のドイツ流にならって、この形はまとめられたのだろう。

それが、伊勢では日本の民族性を意識したつくりになって、ととのえられた。屋根の形が、ここでは家型埴輪のそれをしのばせる。伊勢神宮の鞭掛《むちか》けめいた工作物さえ、そこにはそえられている。フォルクへのあゆみよりが、日本風にこころみられたのである。

一九九〇年代のなかごろに、私はここをおとずれたことがある。もちろん、もう電話事務室としては、つかわれていなかった。レストランに転用されていたところへ、私はでかけている。

たまたま、その場にいた経営者の方と、語りあうこともできた。聞けば、レストランとしての使用は、くだんの経営者から話をもちかけたのだという。

この建物には、前からあこがれていた。ゆるされるのなら、こういうところでレストランをやってみたい。そうねがっていたのだという。さいわい、NTTのほうとも話があい、みとめてもらうことができた。たいへん、うれしかったと、彼は言う。

ねんのため、私はたずねてみた。

——あのう、吉田鉄郎という人のことは、ごぞんじですか。

「いや、知りません。誰のことですか、それは」。

——ここの設計者なんですが。

「ああ、そうだったんですか。それは、うかつなことでした。そう、吉田さんという人だったんですね。ここをたてられたのは」。

吉田鉄郎のことを、彼は知らないという。建築界のえらい人がたてたという認識も、もっていなかった。そういううんちくとは関係なく、この電話室にはひきつけられていたという。

さきにのべた仮定を、もういちどくりかえそう。もし、草葉の陰で吉田が、この話を聞けばどう感じただろうか。私はうれしかっただろうと、考える。それこそ、建築家冥利につきるとさえ、思えたのではなかろうか。

これは、モダニズムの旗手であるえらい建築家の作品だから、保存せよ。そう学会が、旗をふりかざしつつ言いつのる。わけもわからぬ国会議員にまで、はたらきかけて。そのみっともなさを考えれば、電話室が保存されたいきさつは、はるかにさわやかである。美談だと言ってもよい。

若いころの吉田は、まだロマンティシズムがあらいおとせていなかった。ようやく、一九三〇年代になって、世界のモダンデザインと同じ地平へならびたつ。こう位置づけることが、近代建築史をあらわすとおり相場に、今はなっている。

しかし、若いころにできた作品のほうが、市民の共感をよびやすい。保存の途も、いろいろひらけている。くろうと好みの東京中央郵便局などは、やや気の毒なあつかいをうけてきた。

旧山田郵便局電話事務室

私は、吉田の資質が、モダンデザインにむいていたかどうかも、うたがっている。若いころからのロマンティシズムで、おおらかに設計をつづける途は、なかったのか。その点では、モダニズムという国際的な波にまきこまれたことを、おしまないでもない。

まあ、しかし、あの波をかぶることが、当時はさだめだったのだ。吉田の場合も、さけようがなかったのだろう。そして、腕はたつ建築家だったから、その波もそこそこのりこなせてしまったのである。

時代の波が、本人の資質とうまくかさなりあう表現者も、いないわけではない。だが、それで自分を見うしなう者も、しばしばいる。私は、モダンデザインへむかった吉田を、いくらか後者の側によせつつとらえている。

学会などからのえらそうな評価より、市井の人に愛されることを多としたい。私のそんなかまえにポピュリズムを感じ、不快がるむきはおられよう。どうぞ、腹をたてて下さいと言うしかない。

渡辺《わたなべ》仁《じん》

様式の黄昏をのりこえて

「日本趣味」の建築家

渡辺仁は、数多くのコンペに、入選者としてその名をとどめてきた。一等の最優秀賞を勝ちとったことも、何度かある。戦前の建築界では、コンペを勝ちぬく常連として、知られていた。

銀座四丁目の交差点にたつ旧服部時計店・現和光ビルも、設計をしたのは渡辺である。一九三二年にできた建築だが、以後銀座のシンボルとして、ながらくしたしまれてきた。銀座の街並みを語る文人たちにとっても、見すごせない建物となっている。

その翌年、一九三三年に、渡辺は日劇《にちげき》の愛称で知られる日本劇場を完成させた。ここでは、有楽町の、ややいびつな敷地を、大きくまがる壁面にいかしている。これも、昭和の世相史をふりかえるさいにはかかせない劇場として、あつかわれてきた。

一九八一年には、おしまれつつ、とりこわされている。しかし、テレビの回想ドキュメンタリーなどでは、今でもよくとりあげられる。われわれの想い出にきざみこまれた建築のひとつだと、言ってよい。

丸の内のお堀端にたつ旧第一生命館・現DNタワー21も、渡辺がかかわった建築である。一九三八年に竣工したオフィス・ビルだが、敗戦後は占領軍に接収された。連合国の総司令本部施設として、しばらくつかわれている。マッカーサーをはじめとする占領軍の軍人たちは、このビルで仕事にあたっていた。彼らといろいろ交渉事をする日本人も、ここへはよく足をはこんでいる。連合国、とりわけアメリカによる日本統治を、ふかく印象づけた建築でもあった。

戦後史をえがいた本でも、よくGHQ本部として紹介されている。その正面がうつった写真をのせた出版物も、すくなくない。こちらも、建築界という枠をこえ、ひろく知られた建築だとみなしうる。

現代史の点景、あるいは舞台となった建築を、いくつもてがけている。同時代の建築家たちからも、コンペの猛者《もさ》として、一目おかれていた。にもかかわらず、後世の同業者たちは、渡辺を評価していない。建築史家も、あまり渡辺に光をあてようとはしなかった。

理由は、上野の旧東京帝室博物館・現独立行政法人東京国立博物館にある。渡辺の設計にもとづいて、一九三七年にたてられた博物館である。これが、後世からけむたがられ、建築家・渡辺仁は眉をひそめられる存在になった。きちんと評価をされることもなく、ほうっておかれるようになったのである。

この博物館には、瓦屋根がかけられている。日本の伝統的な寺院をしのばせる傾斜屋根が、頂部にはあしらわれた。それをささえる軀体の壁は西洋の楣《まぐさ》式で、いかにも石造建築らしくととのえられている。基本的には古い西洋風だが、屋根の形で和風もあらわそうとしたところに、特徴がある。

渡辺のなかに、和風へとおもむく内発的なこころざしがあったかどうかは、わからない。

ただ、博物館の側は、あきらかにそれをもとめていた。渡辺の設計は、コンペでつのられた案のなかから、えらばれている。そして、その募集要項にはこうしるされていた。「日本趣味ヲ基調トスル東洋式トスルコト」、と。

渡辺の和風も、このもとめにこたえた表現だと言うしかない。そして、そうした諸案のなかでは、いちばんすぐれていると考えられた。審査のふるいにかけられたあとも、実施案としてのこされたのは、そのためである。

なお、このコンペがおこなわれたのは竣工の六年前、一九三一年のこ

日本劇場

とであった。そして、その前ごろから、これと同じようなことが、ほかでもこころみられだしている。一九二〇年代末期から、「日本趣味」をもとめるコンペはふえていた。

たとえば、旧大礼記念京都美術館・現京都市美術館のコンペ（一九三〇年）がそうである。のちに九段会館となった旧軍人会館のそれ（同年）も、この例にふくみうる。

旧帝室博物館のコンペも、一連のそうした流れとともにある。その延長線上へ位置づけて、かまわない。当時のコンペでは、瓦屋根で和風をあらわす様式建築が、はやっていた。渡辺案は、その流行にやや新味をそえ、てぎわよくまとめたところが、買われたのである。

「日本趣味」をほしがるコンペでは、様式建築へ和風の瓦屋根をそえればよい。勝負は、そのあしらいぶりできまる。帝室博物館のコンペへいどむ建築家たちには、そのことがわかっていた。一九二〇年代末期以来の趨勢で、じゅうぶん予想することができたのである。じじつ、このコンペには、そういう案ばかりがよせられた。

いっぽう、当時の日本には、モダンデザインの考え方もとどいている。いわゆるインターナショナルスタイルの建築も、うかびあがりだしていた。

こういう新しいうごきにくみする建築家たちは、過去の様式をしりぞけようとする。それらからはときはなたれた、幾何学的な表現をめざしていた。「日本趣味」という名目で瓦屋根をのせることも、見下していたのである。

そのため、応募拒否の声明をだした建築家たちもいた。落選覚悟で、キュービックな建築案をおくりつけ、

旧東京帝室博物館・現独立行政法人東京国立博物館

予想どおりおとされた者もいる。なかでも、前川國男は雑誌へその落選案を発表し、脚光をあびた。瓦屋根ぎらいの啖呵《たんか》をきった一文も書きつけ、いちやく時の人となっている。

モダンデザインをおいかけだした建築家たちは、そんな前川へ心をよせるようになる。自分たちにできないことを、あいつはやってくれた。やつこそが、我が陣営の代弁者だ、というように、ながめだす。「日本趣味」の流行にはむかい玉砕した闘将として、うやまうようになっていく。

モダンデザインが花ざかりとなった戦後には、この見方がおおきくふくらまされた。前川をはばんだ「日本趣味」の流行は、よりおおげさにえがかれだす。日本の帝国主義や軍国主義に加担したうごきとして、とらえられるようになった。あるいは、日本におけるファシズムの建築潮流としても。

帝室博物館や軍人会館で「日本趣味」がもとめられたことも、この誤解をささえたろう。とにかく、前川の反逆は、英雄的に脚色されていく。それは、帝国主義や軍国主義、あるいはファシズムにたいする抵抗だと、みなされだす。一九二〇年代末からの建築界における、業界内のちっぽけなたたかいではないのだ、と。

そして、渡辺には、そんな前川をかがやかせる悪役めいた役割りが、おしつけられた。ファッショ的な圧力におもねった建築家というレッテルを、はられてしまう。博物館から「日本趣味」をもとめられ、それにうまくこたえることができた。ただそれだけの建築家としては、見すごされなくなったのである。

心ある建築家たちは、こういう昔語りをいぶかしく感じていただろう。だが、建築界の表にあらわれた言辞は、ファシズムにいどむ前川像を強調した。反動とたたかったモダニズム像を、声高に言いつのったのである。

おかげで、渡辺については、好意的なことが言いづらくなった。その業績を知っている人も、口ごもらざるをえなくなる。こうして渡辺は、なんとなくわすれられたような建築家に、なってしまったのである。

大正デモクラシーのなかで

日本の帝国主義や軍国主義が、瓦屋根の「日本趣味」を建築家におしつけたという。くりかえすが、こういう言い草をまきちらしたのは、戦後のモダニストたちである。

彼らなりに、戦前の自分たちを美化したいと、どこかではねがっていたのだろう。自分たちが、ファシズムの被害者でもあったかのように、語りだしたのである。

しかし、大日本帝国が、国是として和風の瓦屋根を要求したことは、いちどもない。帝国陸海軍も、建築の「日本趣味」をさぐろうとはしなかった。まあ、コンペの審査をうけおった建築家や美術家は、彼らの判断で時にそれをもとめたが。

旧帝室博物館であらわされた意匠は、当時の建築界におけるはやりものでしかありえない。一九二〇年代末から一〇年間ほど、ああいう形が一部の建築家にこのまれた。そして、彼らが審査をするコンペも、そういう図案でにぎわったというにとどまる。

さらに、モダンデザインのインターナショナルな見てくれを、国家は弾圧していない。政府も軍も、モダニズム建築のひろがりを、なんらとがめず見すごした。

ただ、一九三〇年代後半になると、戦時統制がきびしくなる。平時むきの建築には、資材がまわせなくなった。そのため、建築界では、仕事が目に見えてへりはじめる。とりわけ、形の良し悪しを問うようなそれは激減した。弾圧と言えそうなものがあったとすれば、その一点にかぎられる。モダンデザインだけが、つめたくあつかわれたのではない。様式建築も「日本趣味」の建築も、同じように逼塞を余儀なくされている。

特定のデザインだけが、いためつけられたりはしていない。国をあげてもちあげられたようなそれも、存在しなかった。モダンデザインも被害者ではないし、「日本趣味」だって加害者たりえない。

私はもう三〇年ほど前から、そういうことをのべている。「ファシズムの空間と象徴」(一九八二年)という論文で、まず書きだした。『アート・キッチュ・ジャパネスク』(一九八七年)という本にも、まとめている。

そして、私のうったえは、おおむねみとめられていると思う。「日本趣味」の登場を、当局の意図とむすびつけるむきは、いなくなったろう。

だが、それを昭和のナショナリズムとつなげて語る人は、今でもけっこういる。

なるほど、建築家たちは、当局から何もおしつけられていなかったかもしれない。しかし、建築家のなかには、当時の時流に、自分からあゆみよっていった者もいた。民族主義へとむかう時流にながされ、「日本趣味」へ手をそめた者もいなくはない。旧軍人会館や旧帝室博物館が、ああいう形になったのも、そのせいである、と。

たとえば、建築史家の藤岡洋保が、『近代建築史』(二〇一一年)でこう書いている。

「このような『日本趣味の建築』(俗に「帝冠様式」とも呼ばれる)は、日本独自の表現を志向する建築であり、このころ高まりを見せはじめたナショナリズムに呼応するものでもあった」。

「これは当時欧米にも見られた、ナショナリズム重視の風潮に歩調を合わせるものであり……」。

私は、こういう見方も、まちがっていると思う。「日本趣味」の建築と、高まるナショナリズムは、ひびきあっていない。

「日本趣味」の流行が、コンペでひろがりだすのは、一九二〇年代末からであった。日本で民族主義が高揚しはじめるのは、もうすこしあとになってからである。早くみつもっても、一九三一年の満州事変より前には、さかのぼれない。そして、それ以後の時流で、それ以前の現象を説明するのは、無理である。

こう書けば、いやひそかにしのびよる軍靴の足音はあったのだと、かえされようか。満州事変がはじまる前から、ナショナリズムはその首をもたげだしていたのだ、と。

今、コンペにおける「日本趣味」の流行を、一九二〇年代末以後の現象だと書いた。しかし、そのさきがけをなす建築図案は、それより一〇年以上前から、考えだされている。

『東京帝国大学工学部建築学科卒業計画図集　明治・大正時代』という本がある。東大の卒業設計図を、年代順にならべて紹介する本である。これをくっていけば、各時代のはやりすたりがよくわかる。若い学生たちの好みがうつりかわっていく様子も、見てとれる。

ためしに、一九一七、一八年あたりのところを、ひもといてほしい。そこには、のちの「日本趣味」をさきどりしたとおぼしき図案が、いくつもある。西洋様式建築の軀体と和風の屋根を、ほどよくくみあわせる。そんな工夫に、多くの学生がいそしんでいた様子を、読みとれる。

コンペや実務の世界にかぎれば、その浮上は一九二〇年代末からということになろうか。しかし、アイディアじたいは、一九一〇年代後半から、さぐられている。それも、すくなからぬ学生によって、こころみられていたのである。

一九一〇年代のなかごろには、民本主義のかけ声が、ジャーナリズムで高まりだす。一九一八年には、そんないきおいにもあとをおされ、平民宰相・原敬の内閣ができた。一九一〇年代後半は、そのため「大正デモクラシー」の時代だと、よばれることもある。

「日本趣味」のアイディアは、そんな時代から一定のいきおいをもちだした。まだ、軍靴の足音などはひびかない。その逆で、軍縮へとむかっていく時期に、ふくらみはじめている。

コンペでの流行だけに目をむければ、藤岡の話も検討してみるねうちは、あるだろう。すこしくらいは、「ナショナリズムに呼応」していたかもしれない、と。まあ、私はこれもなりたたないと、見ているが。

いずれにせよ、大正デモクラシーの「日本趣味」は、「ナショナリズムに呼応」していない。むしろ、逆の方向へむかう時流のなかで、形をなしている。大日本帝国史においては、民族主義がむしろひえこんだ時代のたまものなのである。

ならば、「日本趣味」は、民本主義やデモクラシーの派生物なのか。そういう一面も、ないとは言いきれない。しかし、ここでは建築史の流れを、そういった時代精神の推移からきりはなして、考えよう。あえて、様式史のなかだけでとらえたい。

一九一〇年代後半の学生たちは、しばしば「日本趣味」をさぐっている。しかし、一九二〇年代にはいると、それらは卒業設計図集からきえさった。

周知のように、一九二〇年はいわゆる分離派の面々が東大をでた年である。そのせいだろう。この年に大学をやめた学生は、その多くが表現派風の意匠へなびいていた。いずれはモダンデザインへと、なだれこむ。その前ぶれとなる地点に、たどりついていたのである。

「日本趣味」は、様式建築の軀体に和風の屋根をあしらっていた。ひろくながめれば、古典様式の一変種だと言える。そして、それらは、表現主義以後の卒業設計から姿をけした。もちろん、モダンデザイン以後になっても、あらわれない。

けっきょく、様式建築は「日本趣味」もふくめ、表現派／モダニズムにとってかわられた。新しい意匠で駆逐された側に、「日本趣味」もあったのだと、言うしかない。

クラシックにもとづくアカデミックな建築形式は、十九世紀にくずれだす。二〇世紀にはいっても、その傾向はとまらない。クラシックの解体は、ますますすすんでいく。

「日本趣味」は、その最終段階でひねりだされた形にほかならない。規範的な力をうしなった形式のなかに、とうとう和風の瓦屋根まで、まぎれこんだ。そこまで、クラシックのルールがくずされたということを、その出現はしめしている。

この趨勢を、同時代の評論家である板垣鷹穂は、こうとらえている。「日本趣味」は、「芸術的アカデミズムの没落期を最も端的に象徴する」、と（『藝術的現代の諸相』一九三一年）。まさに、至言である。

大学の卒業設計では一九一〇年代末に、なくなった。そんな「日本趣味」が、一九二〇年代末から、コンペの世界で実をむすぶ。このことは、どう位置づければよいのか。

一九一〇年代までの卒業生たちが、そのころには中堅どころの建築家になっている。そして、実務にたずさわる機会をふやしていた。旧様式の晩期を生きる大家たちは、コンペで審査をする側にまわっている。

そして、彼らはモダンデザインの抬頭期になっても、そちらへむかおうとはしなかった。あいかわらず、解体しつつある旧様式にしがみついている。たとえば、「日本趣味」にこだわったりもした。この形が、比較的おそくまで生きのびたのは、そのためである。

さて、藤岡の『近代建築史』は、学生むきのテキストにもなっている。そして、そこには「演習問題」として、つぎのような問いかけがもうけられていた。「『日本趣味の建築』について説明しなさい」、と。

この問題へ、私が今書いたような答えをぶつければ、どんな点がもらえるのだろう。藤岡の学生には、ちょっとためしてみてほしいような気もする。落選覚悟でコンペへいどんだ前川國男のように。

しかし、まあ、それはすすめないようにしておこう。万が一、それで単位を棒にふっても、私には責任がとれない。師におもねって「ナショナリズム」を強調するのも、処世の途である。私はそれをとがめない。

ポトマック河畔の記念堂

旧東京帝室博物館は、昭和の民族主義にささえられているという。そんな物言いを、評論家の飯島洋一は、ナチスの建築にからめながら、くりひろげていた。

いわく、この博物館は壁面が、新古典主義の形式でととのえられている。それは、ナチスがよろこんでもちいた形であった。ここでしめされているのは、ただの「日本趣味」じゃあない。ナチズムにもつうじる、「この時代のイデオロギッシュな傾向を捉えた造形だ」。そう飯島は、書いている(『王の身体都市』一九九六年)。のみならず、こうも言っていた。その軀体部は、「ナチスのシュペアーを意識したとしか思えない」、と(同前)。渡辺仁はナチスの建築を手本にしていたと、そう言わんばかりの書きっぷりである。

渡辺は、旧第一生命館の設計にも、力をかしていた。そして、お堀端をいろどるこのビルについても、飯島はこうきめつけている。ヒトラーの総統官邸に「酷似した設計をしている」、と(同前)。

どうやら、渡辺のことをナチズムにつうじる建築家として、印象づけたいらしい。旧帝室博物館や旧第一生命館の、ナチス建築と似ているところばかりを、飯島は強調した。

私はこういう論じ方に、あきれている。だが、建築界では、同じようにうけとめている人と、よくでくわす。とりわけ、旧第一生命館については、ナチス的だという感想をもらすむきが多い。渡辺のためにも、ひとことのべておく。

旧帝室博物館の図案を渡辺がまとめて提出したのは、一九三一年であった。まだ、ナチスの政権はできていない。とうぜん、ナチスによる新古典様式の党施設や庁舎も、たってはいなかった。渡辺がこの博物館で、「シュペアーを意識」することなど、とうていありえない。

旧第一生命館は、一九三八年に竣工した。シュペアーがヒトラーの新しい総統官邸を完成させたのは、その翌年である。「酷似」していると言っても、前者には後者をまねられようはずがない。

旧第一生命館・現DNタワー21

それに、このふたつはそれほど似ているだろうか。なるほど、どちらも細部をはぶいた新古典主義で、まとめられている。しかし、ヒトラーの官邸は、その形式が横に長くくずされていた。いっぽう、旧第一生命館は、古典様式のととのった比例配分を、たもっている。「酷似」という飯島の目が、私には信じがたい。

第一生命が新しい本館建設へ、本格的にのりだしたのは一九三二年からであった。はじめに設計を打診されたのは、同社の松本與作である。そして、松本はワシントンのリンカーン記念堂を手本としつつ、その形をまとめていく。

この記念堂は、ヘンリー・ベーコンの設計で、一九二二年にできている。四方に列柱をならべる古典風で、パルテノン神殿にあやかった建築である。ペディメントを方形にかえてはいるが、ドーリア式の堂々たるかまえをしめしていた。

とにかく、このリンカーン記念堂を糸口として、松本は設計をすすめている。しかし、第一生命の矢野一郎社長は、「無駄をしてもらっては困る」と、言っていた(伊藤ていじ『谷間の花が見えなかった時——近代建築史の断絶を埋める松本與作の証言』一九八二年)。そのため、松本もワシントンの記念堂を、そのままもちこむわけにはいかなくなる。

一九三三年からは、こわれて渡辺も設計陣にくわわった。そして、松本の原案を、「いくらか簡略化」させている。渡辺たちは、「列柱を正面のみにした」。また、リンカーン記念堂の丸柱を、角柱にあらためている。細部装飾も、おおはばに省略した(同前)。ここが、略式の新古典風になったのは、そのためである。

さきほどものべたとおり、戦後の占領軍は、このビルを総司令部の本拠にえらんでいる。

ひょっとしたら、占領軍のアメリカ人たちには、親近感がわいたかもしれない。お堀端にあるこの建物は、どこかワシントンの記念堂を、想いおこさせた。そのなつかしさもあって、ここに本部をおいたのではないか。そう言えば、リンカーン記念堂も、ポトマック川の水辺にたっている。まあ、この話にはこだわらないが。

いずれにせよ、ナチスの建築とはまったくつながらない。そのネタ元になったのは、繁栄を謳歌した、ゴールデンエイジのアメリカ建築である。ドイツの建築ではない。

だが、こういう書き方をしても、言いかえしてくる人はいるだろう。いや、そもそも略式の新古典主義じたいが、全体主義の様式なんだ。ナチスも、それから後期のファシストも、これをひろくとりいれている。旧第一生命館も、やはりどこかでそれにつうじあうんだ、と。

しかし、旧第一生命館のような略式の新古典主義は、当時の一般的な形式でもあった。パリでも、国立銀行本店(一九三三年竣工)が、この形にまとめられている。あるいは、近代美術館(一九三七年竣工)も。ナチズムのような全体主義だけが、これを好んだわけではない。

ロンドンの王立建築家協会ビル(一九三四年竣工)も、この形でできている。グレイ・ウォーナムの設計だが、細部をはぶいた新古典主義建築にそれはなっていた。旧第一生命館をファッショ的だというなら、こちらもそうよんでほしいものである。同協会、RIBAの建築家たちも、ファシストだったのだ、と。もちろん、そう本気で言いだされれば、あきれるしかないのだが。

十八世紀末にできた古典の規範は、時代が下るにつれて衰弱する。二〇世紀には、解体へとむかう度合いを、強めてきた。細部の装飾を思いきり簡略化させたような古典系建築も、たてられるようになっていく。これもまた、モダンデザインの抬頭期に浮上した、古典の解体例にほかならない。

その形を、たとえばロンドンの王立建築家協会ビルは、とりいれた。東京の旧第一生命館も、これをうけいれている。

無駄をはぶけという経営者の注文にも、建築家はこたえることができた。略式の新古典主義が、旧様式の晩期には、大手をふってまかりとおったからである。その盛期には、ゆるされなかった略式が。

ナチスやファシスト後期の建築も、その世界的な建築史の流れとともにあった。ただ、全体主義国家では、それらがしばしば政権の宣伝につかわれている。ヒトラーは、その様式で街並みをそろえることも、もくろんでいた。

ナチズムの特色は、建築をそうして政治に利用する、その力強さにある。略式の新古典主義じたいが、ナチス的であるわけではない。

経営者が無駄をはぶきたがったので、略式の新古典主義建築になった。そんな第一生命館の表現を、ナチズムのそれになぞらえるのは無意味である。渡辺の仕事に、みょうな政治性を読みとるべきではない。これまでの俗説には、しりぞいてもらいたいものである。

国家になびくモダニズム

戦後のモダニストたちは、渡辺仁を日本趣味になびいた建築家として、あなどった。ナショナリズムの高まりにながされている。ナチズムともつうじる建築表現に、手をそめた。そんなレッテルを、はりつけている。そして、今でもこの渡辺像は、なくなっていない。

とはいえ、もうすこし肯定的に渡辺をあつかう論じ手も、このごろはふえている。

たとえば、建築史家の前野堯《まさる》が旧帝室博物館を、さほど日本的ではないと、言いだした。あれは、「広くアジアにデザイン・ソースを求め」ている。「軍人会館など……と同一視することは、設計者に対して少し酷に思える」、と（「用と美の追間で」『日本の建築［明治大正昭和］（第八巻）』一九八一年）。

藤森照信も、旧軍人会館と渡辺の旧帝室博物館を、わけて位置づけた。後者は、「和風をイデオロギッシュに強調してはいない」と言う（『日本の近代建築（下）』一九九三年）。

彼らも、けっきょくは「日本趣味」の流行を、高揚するナショナリズムのせいにした。渡辺の旧帝室博物館も、それとともにあるという。ただ、一連の「日本趣味」、とりわけ旧軍人会館あたりとくらべれば、あくどくない。

そんな理屈で、渡辺と旧帝室博物館を、かばっている。

私はこういう言い草にも、したがえない。旧帝室博物館を、他の「日本趣味」とわけて考える必要はないと考える。それらは、みな旧様式の解体期に、伝統的な瓦屋根がまぎれこんで、なりたった。旧帝室博物館だけを、きりはなして位置づけるべきではない。

おそらく、前野や藤森は、渡辺を戦後的な酷評からすくってやりたいと、思ったのだろう。だが、「日本趣味」とナショナリズムの高まりをむすびつける先入観は、すてられない。だから、渡辺と旧帝室博物館を、一連の「日本趣味」から遠ざける手にでたのだと思う。

しかし、「日本趣味」と一九三〇年代の高揚するナショナリズムは、つながらない。渡辺の旧帝室博物館も、そんな時流とはひびきあっていなかった。もちろん、旧軍人会館も。渡辺を擁護するために、旧帝室博物館を「日本趣味」から分離する必要は、まったくない。

こう書けば、またいろいろいちゃもんをつけそうな人々のことが、目にうかぶ。いや、「日本趣味」には、やはりナショナリズムがおよんでいた。すくなくとも、まったくかかわりがなかったとは言いきれない、などと。

そううったえたがるむきに、問いかえす。ナショナリズムとのもたれあいなら、モダンデザインの側にもなかったわけではない。「日本趣味」にはむかった前川國男だって、そういう心情にはながされていた。どうして、そちらは問題にしないのか。

こころみに、旧帝室博物館のコンペへいどんだ前川の、その応募説明書を見てほしい。前川は、いままでの「日本趣味」を、「似而《えせ》非日本建築」だとくさしている。それは、「光栄の二千年を汚し民衆を欺瞞」している、と。

さらに、前川はこうつづけた。

「後者の途(筆者註 前川のすすむ途のこと)こそ真正な日本的な途であり、東洋の心であり、やがて世界に拡充しまほしき宇宙の姿である……本計画を最も日本的なるものの一例に提出するものである」。

そう、前川もまた「日本的な途」をもとめていた。それが「世界に拡充」することを、のぞんでもいたのである。大日本帝国の夢を、前川もまたわかちあっていたと、そうみなさざるをえない。

一九三一年のコンペにも、ナショナリズムの高まりは、およんでいた可能性がある。そう判断できるとすれば、その資料的根拠は前川の言辞以外にありえない。まあ、この段階で、前川ほどのめりこんでいた者は、すくなかったような気もするが。

一九三七年におこなわれた建国記念館のコンペにも、前川は自分の案をよせていた。そこでは、つぎのように言いきっている。

「所謂日本趣味的建築は実に当時の商業建築家達を育んだ極端な自由主義的資本主義的建築思潮の生んだ私生児であり、かかる〈日陰の花〉は断じて今日国民精神総動員の健康な烈々たる時代の光の下にその成長は絶望である」。

自分のめざしている方向こそ、「国民精神総動員」の時局に、かなっている。本気で国家のゆくすえを気にかけているのは、自分のほうであるという。そして、旧来の「日本趣味」などは、自由主義時代のできそこないだときめつける。

これまでの建築史は、「日本趣味」を高まるナショナリズムにかさねつつ、論じてきた。「日本趣味」のほうだけを。しかし、「日本趣味」をしりぞけた前川だって、ナショナリズムとともに生きている。「日本趣味」の建築家などより、ずっと強くこの時流にはよりそっていた。このことは、前川を論じる章で、さらにほりさげ検討していくことにする。

前川だけにかぎったことではない。モダンデザインの建築家は、しばしば似たような口吻をしめしていた。一九三四年の瀧沢真弓は、つぎのような筆法で、モダニズムこそが日本的だと論じている。

「日本精神はあの軍人会館の様式に在るのではなく、あのわが海軍の軍艦の様式にある。メートル法を最も早く採用した陸軍が最も日本的な存在となった」(「『日本的なもの』とは何か」『国際建築』一九三四年一月号)。

モダニズムの美点を、帝国陸海軍にあやかりつつ、となえている。モダニストのなかにも、軍国主義へなびく者は、けっこういた。

そして、「日本趣味」の建築家たちに、こういう言辞へはしった者は、ひとりもいない。渡辺も、こんなふうにまいあがってはいなかった。旧帝室博物館のコンペ案へそえる説明文も、ずっとおちついた調子で書いている。

渡辺は、一九七三年に脳血栓でなくなった。その三年前に、建築史家の近江栄があって話を聞いている。旧帝室博物館のコンペに参加したおりの気持ちも、たずねていた。その時に聞きとった渡辺の回想を、近江は渡辺への追悼文で、こう書きとめている。

「渡辺氏は淡々とした語り口で、当時ファシズムのイデオロギーを建築によって具現しようなどといった高邁?な意図はまったくなくて、ただ常連審査員諸氏の顔触れを見て、ついでに日本的なデザインを模索しようとしたいわば試行錯誤のひとつにすぎないと話されていたのを、いま私は憶い出している」(『新建築』一九七三年一〇月号)。

この想い出話に、いつわりはないだろう。渡辺は、審査員の顔ぶれを見て、応募する案をねりあげた。ファシズムへとむかう「高邁」な「意図」はなかったと、私も思う。当時の記録などからおしはかっても、そのことは無理なくのみこめる。

くらべれば、前川のほうがずっと「高邁」にふるまっていた。高まりつつあるナショナリズムとともに、あゆもうとする。そのいさましさでは、渡辺らよりはるかにまさっていた。

にもかかわらず、既成の建築史は「高邁」な前川とおちつきのある渡辺を、くらべない。ふたりのそういう対比からは、目をそむけた。そして、「日本趣味」や渡辺らの国家主義ぶりだけを、書きたててきたのである。おおげさに、誇張して。

こまったことである。戦後の渡辺は、こういう風潮のせいで、戦犯のように見られてきた。何もそれらしいことをしていない。にもかかわらず、戦前のあやまちを象徴する建築家であるかのように、印象づけられた。戦後の渡辺が、その余生が私には気の毒でならない。

そして、渡辺を戦犯視しはじめたのは、戦後のモダニストたちであった。とりわけ、前川のまわりへつどった人々に、そのきらいはあったと思う。自分こそ「国民精神総動員」の途をゆく。そう言いはなった建築家のとりまきが、「日本趣味」に罪をなすりつけたのである。あるいは、渡辺にも。

建築史家のなかには、そのからくりに気づいていた者もいただろう。私は一九八〇年代のはじめごろから、おかしいなとにらんできた。だが、おそらくは前川らへの遠慮もあって、建築界ではなかなか見方がかわらない。渡辺の復権も、おずおずとしかすすまなかったのである。

近代日本の国家意志

近代の日本は、一国の西洋化を国是とした。西洋にあこがれたせいだけではない。西洋なみの一等国にならなければ、西洋の列強にのみこまれる。彼らとたちむかえる国をこしらえるためには、日本じたいを西洋化させねばならない。この強い国家意志こそが、近代の日本に西洋化をいそがせたのである。

建築家たちには、建築面でそのつとめをはたすことが、のぞまれた。彼らもまた、国家意志のお先棒をかつぐ尖兵だったのである。じじつ、彼らは官庁の庁舎や軍の施設を西洋化していく仕事に、動員されている。モダンデザインにくみした建築家たちも、まちがいなくその末裔であった。

西洋の先進国では、コルビュジエがかがやいている。バウハウスが、脚光をあつめだした。旧様式の建築などにとどまっていては、西洋諸国からとりのこされる。「日本趣味」などに、うつつをぬかしている場合ではない。世界でみとめてもらうためには、日本の建築界もモダンデザインへすすむべきである。

彼らのなかにも、そういうナショナリズムをいだく者はいた。一等国をこころざす近代の国家意志とともに生きたモダニストも、いたのである。前川らに、「高邁」な国家との一体感があったとしても、あやしむにはあたらない。

建築家によっては、和風へのあゆみよりで、息ぬきめいた何かを感じた者もいただろう。西洋化という国家目標から背をむけて、ほっとすることもあったにちがいない。洋装のエリートが、家でくつろぐ時は和服へきがえたように。まあ、今は家のなかでゆったりする時も洋服ですごすほど、西洋化はすすんだが。

いずれにせよ、和風への回帰に、国家へのあつい想いばかりを読みこむべきではない。そういう事例も、もちろんまったくなかったわけではないだろう。しかし、そこからはずれるうしろむきの和風もまた、多くこころみられてきたのである。

旧軍人会館も、在郷軍人会、つまり退役軍人たちのためにできた施設であった。審査員たちの「日本趣味」がみとめられたのは、そのせいかもしれない。現役の軍事施設に、ああいうのんびりした意匠はこまる。でも、退職者用の建物だから、まあいいかというように。

空想ついでに、あとひとつのべそえよう。ひょっとしたら、大正デモクラシー期の帝大生には、達成感があったかもしれない。もう、日本は西洋化をそこそこなしとげた、と。そのゆとりが、やや退嬰的な一九一〇年代後半の「日本趣味」をうんだ可能性もある。

まあ、そこまで論じきれる準備が、今の私にあるわけではない。ここでそうとなえることは、ひかえておく。しかし、国是にそぐわぬ和風のありうることは、銘記しておきたい。

くらべれば、西洋化をめざすほうが、よほど国家意志にはそっていただろう。西洋の様式建築や国際的なモダニズムと、ともにあろうとする。そういう建築家たちのほうが、日本国のあるべき姿には、より強く心をくだいていた。

だからこそ、前川も「日本趣味」に、自由主義ゆえの堕落を感じとる。あんなのは、国家意志からのおちこぼれだと、ごく自然に思えたのである。

建築史の書き手には、そんな心模様へも目くばりをしてほしい。和風をこころみる建築家だけに、大日本帝国との親和性を読みとるのは、まちがっている。西洋化、国際化へむかう側のそれからも、目はそむけないようにしてほしい。

北品川のバウハウス

旧第一生命館のすぐ東どなりには、旧産業組合中央金庫のオフィスがたっていた。今、このふたつは一体化されている。そして、その上には、旧館を三倍ほど高くしたビルが、そびえたつ。DNタワー21（ケビン・ローチ設計、一九九五年竣工）がそれである。

さいわい、どちらの旧館も、ファサードは保存されている。路上からながめれば、ありし日の姿はしのべなくもない。

旧第一生命館は、さきほどものべたが、略式の新古典主義でまとめられた。正面には、キャピタルをはぶいたドーリア式の角柱が、ならべられている。旧様式の規範は、このころに解体期をむかえていた。そのことを、おおはばな省略という形でしめす、ちょうどよい事例である。

保存、再構成された旧産業組合中央金庫事務所のファサード

すぐ横の旧産業組合中央金庫も、古典系で形はととのえられている。一九三三年に竣工した、旧第一生命館とはほぼ同時代の建築である。

こちらのほうに、しかし略式のあしらいは見いだせない。かなりおりめ正しいイオニア式で、そのかまえはできている。ややいかめしい旧第一生命館とくらべれば、その印象はたおやかである。イオニア式の優美なつくりが、そのままいかされているせいであろう。

じつは、この建築も、設計は渡辺仁にまかされていた。古典系の略式だけを、渡辺がてがけていたわけではない。渡辺には、オーソドックスなそれをまとめる腕も、そなわっていた。どちらもこなせるてだれぶりを、この二棟ははからずもしめしている。

最初にとりあげた長野宇平治のことを、想いだしてほしい。古典の解体期を生きた建築家である。ほろびゆくだろう古い形式をいつくしみ、よりいっそうみがきあげてゆく。そうして古典に殉じようとした建築家のいたことを、はじめに紹介した。

渡辺に、それと同じようなこころざしが、あったわけではない。しかし、外にあらわれた形を、その方向でまとめる技はもっていた。やはり、古典の形式でトレーニングをうけた世代のひとりに、ほかならない。

その渡辺が、戦前期にモダンデザインの住宅を、たてている。北品川にある旧原邦造邸・現原美術館（一九三八年竣工）が、それである。

白くてキュービックに見えるから、そう言っているのではない。船をしのばせるシルエットがそれっぽいというのとも、またちがう。

この建築は、そもそも光のとりいれ方が、旧来の様式建築とはちがっていた。階段室で、プロムナードへいざなうしつらいも、たいそう新しい。そう、空間そのものもふくめ、渡辺はモダンデザインへむかおうとしていたのである。

まあ、ややだらしなくのびきった廊下がおしいなと、私は思う。いわゆる洋館風の間取りが、まだ頭からぬけきってはいなかったような気もする。そこは、旧様式の建築家であったということか。

しかし、渡辺がヨーロッパのモダンデザインをまなぼうとしたことは、うたがえない。じっさい、この住宅からは、バウハウスの形がはっきり見てとれる。ここはコルビュジエ、あそこはミースというふうに、ネタさがしでもたのしめる。

施主の妻は、「コンパクトで明るい家」を、渡辺には注文したらしい（『東京人』二〇〇四年六月号）。その「明るい家」を、建築家はモダンデザインでこなすことにした。ヨーロッパの建築雑誌などをあれこれとりよせ、勉強をしたのだと思う。

旧様式のコンペでは、一時代をきずきあげた。王道をゆくような古典建築も、こなしている。そんな建築家が、五十の歳をむかえ、モダンデザインにとりくんだ。今より、平均寿命はずっと短かかった時代の五十男が、そこにいどんだのである。

若僧のはねあがったやり方だと、新しい建築を馬鹿にするのではない。様式闘争の保守派として、若い世代の前に、たちはだかろうともしなかった。旧様式のベテランは、あえて新時代にとびこむ心意気をしめしたのである。古いきまりごとへよりかかり、ふんぞりかえっていてもよかったはずの人が。

旧原邸の外壁には、正方形の白いタイルがはられている。その点では、逓信省のモダンデザインとも、つうじあう。ここまで書きそびれてきたが、渡辺は一時期逓信省につとめていた。一九一七年から二年半ほ

旧原邦造邸・現原美術館

ど、同省の技師になっている。

新しいこころみを、前むきにうけいれてきた職場ではあった。タイルばりのモダンデザインにも、のちには省をあげてとりくむこととなる。吉田鉄郎や山田守をはぐくんだのも、逓信省である。

短いあいだではあっても、そこで仕事をしたから、モダンデザインにとびこめた。以上のようにみなすむきも、なかにはいるかもしれない。しかし、この見方は逓信省の存在を、大きくみつもりすぎている。また、かりにそういう側面があったとしても、渡辺のあくなき好奇心は、あなどれない。

古いやり方で功なり名とげた建築家が、若い世代の新しいうごきにまなぼうとする。古典主義できたえられた建築家が、バウハウスをものにしようとした。そのかろやかなふるまいに、私などはおのずと頭《こうべ》がたれてくる。にもかかわらず、そんな渡辺に、後世は反動の烙印をおしてきた。前川國男のひきたて役として、古めかしい守旧派という建築家像を、わりふっている。古い世代としては、例外的に新しくあろうとした渡辺へ。

戦前のモダニズムをふりかえるこころみが、旧原邸に言いおよぶことは、あまりない。これを紹介する読みのも、その多くはアール・デコの住宅として、位置づけてきた。モダンデザインではなく、アール・デコである、と。

おそらく、これをモダンデザインにしてしまうのはまずいという判断も、あったのだろう。

戦後のモダニストにしてみれば、渡辺は「日本趣味」をこころみた反動であった。戦犯めいた建築家としても、とらえている。そして、昭和戦前期のモダニズムは、それらとたたかったことになっていた。それも、英雄的な闘争をくりひろげたことに、されてきたのである。

渡辺が、モダンデザインをこころみていた。それをみとめれば、モダンデザインの英雄的な物語が、かがやかない。モダンデザインには、反動的で戦犯じみた建築家も、かかわったことになってしまう。それはこまる。旧原邸は、モダンデザイン以外の何かであったということに、しておきたい。

アール・デコという位置づけは、そうした心のうごきをへて、うかびあがってきた。その証明にはおもむけないが、私は事態をそんなふうに見すかしている。

もちろん、アール・デコの定義をひろくとれば、旧原邸の意匠もそちらへふくませうる。略式の新古典主義も白いコルビュジエも、みんなアール・デコ。ともに、キュービックなかまえと平滑なしあげを良しとする、両大戦間期の様式である。と、そうきめてしまえば、旧原邸もそこへ位置づけてかまわないことになる。

ついでに言えば、旧第一生命館もアール・デコのひとつとなろう。旧帝室博物館の壁部も、同じ枠組のなかへくみこめる。つまり、渡辺じたいを、アール・デコの建築家だとしてしまえる。まあ、旧日本劇場などは、せまい意味でのアール・デコにもなっているが。

とにかく、アール・デコという様式をひろくとらえれば、説明がずっとらくになる。アール・デコの建築家であった渡辺が、アール・デコの旧原邸もてがけていた。そんなまとめ方で、話をおさめてしまうことができる。

しかし私はこういう語り口で、ことをすませたくない。

渡辺は古典の解体期にふさわしい設計もしたが、ととのった古典系の建築もたてていた。旧産業組合金庫に、そのあざやかな技を見せている。まちがいなく、旧様式に生きた建築家であった。そういう建築家が、モダンデザインへとびこんだのである。その飛躍ぶりが、アール・デコという説明をもちだせば、あいまいになる。

また、渡辺は前川國男らより、ずいぶん前に生まれていた。のみならず、堀口捨己らの分離派世代より、七、八年年をとっている。そういう古い世代の建築家が、モダンデザインへたどりついたことを、私は重んじたい。

じっさい、旧様式の晩期にいた建築家の多くは、たいてい古い様式の内にとどまった。新しい方向へ足をふみだした建築家は、ほとんどいない。五十歳をすぎてバウハウスにまなぼうとした渡辺が、私にはまぶしくうつる。

そのきらめきをきわだたせる意味でも、アール・デコというくくり方は、ひかえたい。

松室重光

まつむろ　しげみつ

コロニアリズムと建築家

かがやくホテル

中国の大連《だいれん》にある大連賓館というホテルを、ごぞんじだろうか。イオニア式の柱をならべた、ネオ・ルネッサンス様式の建築である。意匠的なみだれやふぞろいなところは、どこにもない。すべてがあざやかなつりあいのなかに、ととのえられている。

たてられたのは、一九一四年である。まだ、モダンデザインの建築が、街のなかへ姿をあらわす時代ではない。いわゆる歴史様式が、大勢をしめていた時代の建築である。

そして、このホテルは東アジアにたった古典系建築のなかでも、とりわけよくできている。腕のたつ建築家の仕事であることは、うたがえない。東アジアというひろがりで、近代建築の通史を書く場合には、はずせない作品である。

設計者は、旧満鉄、南満州鉄道につとめていた建築家であった。旧植民地の建築史にくわしい歴史家の西澤泰彦は、太田毅の作品であろうとのべている（『図説大連都市物語』一九九九年）。あるいは、そうかもしれない。

いずれにせよ、それは植民地へおもむいた日本人の手によって、たてられた。本社を大連においた満鉄が、てがけたホテルなのである。

今の大連賓館という名が、そのころからあったわけではない。この名は、あとでホテルをまかされた中国人によって、そえられた。できあがった当時は、満鉄の日本人たちが、いかにも日本的な名前をつけている。大連ヤマトホテル、すなわち大連でいとなまれる日本《ヤマト》のホテルである、と。

植民地時代の満鉄は、沿線の四都市でホテルの経営をてがけていた。旅順、奉天、長春、大連の四市である。ヤマトホテルは、そんなホテルの総称にほかならない。奉天にできたものは奉天ヤマトホテル、長春にたてられたそれは長春ヤマトホテルとなる。

しかし、日本《ヤマト》のホテルと名のりながら、日本的な建築様式でできたものはない。みな西洋の歴史様式で、設計はなされている。満鉄は、西洋式のホテルをこしらえた。そして、それらを日本《ヤマト》のホテルとして、現地の人々にはアピールしていたのである。

とはいえ、旅順ヤマトホテルについては、べつの説明もおぎなわなければならない。もともと、この建物は、帝政ロシアが同地を占領していた時に、たてられた。日本人が設計をしたものではない。

日露戦争の講和（一九〇五年）後に、日本は長春以南の東清鉄道を獲得した。それまではロシアが経営していた鉄道を、我が物とするにいたっている。のちに南満州鉄道、満鉄と名づけられたのは、これである。

また、日本は旅順などをふくむ関東州の租借権も、手にいれた。この時に旅順で接収したロシア側のある建築を、満鉄は改修させている。そのうえで、旅順ヤマトホテルとして、これをつかいだした。一種の戦利品を、日本《ヤマト》のものだと言いはじめた施設なのである。ねんのため、のべそえる。

いずれにせよ、四つのホテルは、みな西洋建築の流儀でできていた。数寄屋づくりの日本旅館などは、ひとつもない。のみならず、それらは表面に日本的な装飾を、あしらってもいなかった。まじりけのない西洋の様式こそが日本《ヤマト》なんだというかまえを、ヤマトホテルはあらわしている。

なかでも、大連ヤマトホテルは、どうどうたるつくりとなっているところが、群をぬく。本格的な古典形式に、それはのっとっていた。工事をはじめてから竣工へいたるまでに、四年の月日をかけている。設計にも施工にも、満鉄は本腰をいれていた。

旧大連ヤマトホテル（設計：太田毅〈推定〉）

満鉄が、ここに全力をそそぎこんだ事情は、わからなくもない。

大連は、十九世紀末から、帝政ロシアによって都市建設がすすめられた街である。その都市的な骨組も、ロシアがここを占領していた時期に、ととのえられている。

ロシア人たちは、この街で、すでに数多くの西洋建築をたてていた。パリのそれをほうふつとさせる放射状道路とロータリーまで、彼らはもうけている。それだけロシア側は、ここを西洋化させることに力をつくしてきた。そんな都市を、日本はうばいとった、あるいはゆずりうけたのである。

ヤマトホテルは、このロータリーへ面したところに、たてられている。帝政ロシアが、パリを手本としていとなんだ。そんな都市の、一番はなやかな場所で、建設はじめられている。

帝政ロシアがのこしたロータリーとくらべ、位負けするような建築は、たてられない。彼らが占領時代にもうけた建築より、りっぱなものをこしらえる必要がある。みすぼらしいものをつくれば、大連でくらす中国人たちから馬鹿にされてしまう。彼らに軽く見られてはいけない。

満鉄の幹部たちは、こういう想いを沿線都市の全域でいだいていただろう。なかでも、大連では、そんな負けん気が強くはたらいたはずである。とりわけ、このロータリーに面したあたりでは。

「軍事衝突は終わっても『建築の日露戦争』は続いていた」。西澤泰彦は、そう言いきっている（『海を渡った日本人建築家』一九九六年）。ロシアをむこうにまわして、きそいあう気持ちは、おさまらなかったというのである。私もこの見解にしたがいたい。

じじつ、ロータリーをかこむ一画には、建築の力作がならべられた。当時の大連市役所、横浜正金銀行大連支店、関東逓信局などである。このあたりは、日本の建築的な実力をしめす、ショーケースめいた地域になっていた。まあ、日本《ヤマト》の建築として名のりをあげたのは、ヤマトホテルしかなかったが。

いや、ことはロータリーのまわりにかぎらない。ここ以外の場所でも、大連で仕事をする建築家は、大なり小なりロシアとはりあっていた。ロシアの建築に負けて、中国人にみくびられてはいけない。この想いを、わかちあっていたのである。

大連を日本がおさめてからは、おおぜいの日本人がここへあつまった。そして、彼らは彼らなりの家をたてている。

それが、大連軍政署の幹部には、しばしばみすぼらしくうつったらしい。同署は、体裁の悪い彼らの家屋を、強制的にうちこわしてもいたという。「外国人に対する面目も悪い」と、それらをみなしていたからである（前田松韻「大連市に施行せし建築仮取締規則の効果」『建築雑誌』一九〇八年二月号）。

大連軍政署のこういう姿勢は、日本家屋を大連の市中からおいだすことになる。一般人の家も、彼らの指導でレンガだてにかわりだす。木造の場合でも、漆喰いぬりを余儀なくされた。そのため、いかにも日本家屋らしい家は、大連から姿をけしていくのである。

例外は、神社や仏閣ぐらいであったろう。宗教的な施設には、当局も和風からの脱却をもとめなかった。あと、風俗営業の店なども、日本的なかまえをとどめていたらしい。一九二九年に、評論家の長谷川如是閑《にょぜかん》が、こんなことを書いている。大連の街をあるいての感想である。

「市街を歩いて、もし外観上からも日本的なるものが目にふれたら、それは必ず準犯罪的の遊廓、待合、料理店の類である……一言でいえば、満州に於ける日本人は、性的生活に於てのみその国粋を発揮しているのだ」（「支那大陸に於ける『外国』の運命」『思想』一九二九年七月号）

住区からも、和風はとりのぞかれていた。だが、性風俗がらみの店だけは、「国粋」的であったという。それは、風俗営業であることをしめす建築的な記号にも、なっていたらしい。

大連軍政署は、木造の日本家屋を追放しようとした。しかし、セクシュアルな面では、日本情緒をよろこんでいたようである。

中国人にたいしては、完成度の高い西洋建築を見せつけることで、見栄をはってきた。そんな大連の当局者も、粋筋のお姐さんたちには、相好をくずしていたらしい。

数寄屋めかした料亭などで、和服に日本髪の女たちと、たわむれる。あるいは、三味線にのせた小唄や都々逸《どどいつ》で、心をとろけさす。植民地統治者にとっても、それは息がぬけるこたえられない時間となっていたのだろう。

王宮と総督府

第二次世界大戦の敗北で、日本はいわゆる連合国に占領された。一九五〇年までは、占領軍の管理下におかれている。

とはいえ、当時の日本に、あらかじめ彼らをうけいれるべくもうけられた施設はない。そのため占領軍は、有無を言わさず、いくつかの場所や建物をとりあげている。そして、彼らの施設や宿舎として利用した。なかには、彼らの都合で勝手に改装させたものもある。

京都へやってきた占領軍は、京都御所のひきわたしをもとめてきた。その敷地に宿舎をならべ、兵士たちがくらせるようにしようとしたのである。

京都府をはじめとする日本側は、この要求をいやがった。皇室の御所だけは、なんとしてもまもりとおさねばならない。そう考え、陳情に陳情をかさね、けっきょくこれをはねつけた。このさわぎは、京都における国体護持問題として、今も語りつがれている。

御所をゆずらなかった京都側は、かわりに植物園をあけわたした。そのため、二〇世紀のなかごろには、園内に占領軍の宿舎群が出現する。

彼らの生活水準は、当時の平均的な日本人より、よほど高い。そして、そんな彼らの消費生活をまかなう高級な店が、あたりにはたちだした。園の北側をとおる北山通には、そういう店がいくつもできたと聞いている。そのため、北山通界隈は、洋風のぜいたく品が売られる地域として、浮上した。戦後に東京で、六本木がうかびあがったのと同じように。のみならず、北山通ぞいには、とんがった現代建築もたつようになってきた。安藤忠雄、磯崎新、そして高松伸の建築などが、むらがりだしたのである。

その根っ子は、このあたりが占領軍のくらしとむきあっていたことにある。京都御所へもぐりこめなかった彼らが、ここへおしこめられた。そのことが、ひき金となって、北山通はバタくさいこじゃれたストリートになりおおせる。この延長線上に、現代建築の展示場めいた地区は出現したのだと考える。

磯崎のコンサートホールは、一九九五年にできた。その東側には、例のモンロー・カーブとおぼしき壁面が、おどっている。

私はここをとおるたびに、マリリン・モンローを想いおこす。占領軍兵士のピンナップになっただろうモンローを幻視する。彼らのモンローにたいするあこがれが、磯崎のモンロー・カーブをよびよせた。そんな地霊めいた気配があったのだとすれば、なかなかあじわいぶかい。まあ、本気で言っているわけではないが。

くりかえすが、京都の旧王宮は、占領軍がはいってくることをくいとめている。しかし、二〇世紀初頭のソウルには、それができなかった。ここの王宮は、この時同地を支配した異民族に、てわたすことを余儀なくされている。のみならず、宮城内の諸施設を、こわされたりとりのぞかれたりもした。

いうまでもなく、ここでいう異民族とは、日本人のことである。当時の大日本帝国は、一九一〇年に韓国／朝鮮を、自分たちの領土とした。いわゆる日韓併合を、なしとげたのである。

ねんのために書くが、李氏朝鮮時代のソウルは、漢城とよばれていた。日本統治時代には、その名が京城へかえられている。ソウルは、日帝からの解放後にできた、新しい市名である。

ここでは、叙述の手間をはぶき、今のソウルという名で旧時代のこともあらわしたい。

さて、占領者としてのりこんだ大日本帝国は、李氏朝鮮以来の王宮を占拠する。そして、その敷地に朝鮮総督府の巨大な庁舎をいとなんだ。そこにあった興礼門をこわし、その跡地へりっぱな建築をたてたのである。

ソウルの王宮は、北岳山の南側、その裾野に立地する。さらに南へひろがる市街とは、北側からむかいあう。低いところにある市街から北をながめれば、王宮の背後に北岳山が見えてくる。そして、王宮のなかでは、まず正面の門が目にはいった。かつての光化門である。

朝鮮総督府庁舎は、そのすぐうしろ側にたつかっこうとなる。市街から見あげても、その全貌はおがめない。前にたちはだかる門が、視線をさえぎってしまう。そのことをにがにがしく感じたせいだろう。総督府は、この光化門を庁舎の前から撤去させ、王宮の東側へ移築した。

総督府庁舎の威容を、ソウル市民に見せつけたい。そのごたいそうな輪奐で、大日本帝国の力を思い知らせてやろう。以上のようないきごみが、じゃまになる光化門をその場からたちのかせたのである。

庁舎のうしろには、王宮の旧施設である勤政殿と勤政門が、のこされた。しかし、こちらは、前にそびえたつ巨大庁舎のせいで、市街からはうかがえない。自分の姿をおおきくあらわした庁舎は、古い王宮をおおいかくしてもいたのである。

外国からやってきた支配者が、現地の人々を前にしてふんぞりかえる。占領統治のそんなおごりが、この庁舎からは、たやすく読みとれる。典型的な植民地建築であったというしかない。

旧朝鮮総督府庁舎（設計：G·デ·ラランデ、野村一郎、國枝博）

大日本帝国の統治がおわったあとも、しばらくこの庁舎はたもたれた。国立中央博物館の建物として、つかわれている。しかし、二〇世紀末には、その解体がきめられた。

李氏朝鮮以来の古い王宮を、昔の姿にもどすためである。旧総督府がとりのぞいたり、うつしかえたりした施設を、もとどおりにしよう。王朝時代の姿をよみがえらせ、往時をしのべるようにしておきたい。そんな金泳三政権の意向もあって、旧庁舎はとりこわされた。

解体工事は、一九九五年八月十五日にはじめられている。周知のように、八月十五日は日本の敗戦記念日である。韓国では、大日本帝国の支配がおわった日としても、意識されている。この日がえらばれたのは、日帝支配からの解放をことほぐためでもあったろう。

総督府の旧庁舎は近代建築の傑作であり、なんとか保存してほしい。日本の建築史家には、韓国政府へそんな要望書をとどけた者もいた。その知らせを聞いた時は、なかなかのつわものだなと感心したことを、おぼえている。いい根性しているな、と。まあ、日帝支配の象徴としてのこしたいという声が、韓国にもなかったわけではないが。そんな庁舎だが、しかし意匠は、大連ヤマトホテルほどととのっていない。私の好みをもちだせば、なかほどの塔屋がでしゃばりすぎている。

とはいえ、大日本帝国時代の近代建築に、これだけの規模をほこる庁舎はない。東アジアのなかでも、その点では指おりの事例にあげられる。この地域で近代建築の歴史をふりかえるさいには、見すごせない遺構であったろう。まあ、台湾の旧総督府庁舎も、じゅうぶん大きいが。

政治的な気くばりができず、保存をねがいでる建築史家がいたことも、よくわかる。ついうっかり、そんなこともたのんでしまうぐらいに、りっぱな建築なのである。

それだけ、大日本帝国はこの建築にかけていたのだというしかない。ソウルでは、目に物を言わせてやろう。韓国の、朝鮮の人たちよ、たまげるがよい。大日本帝国は、これだけの西洋建築をたてられるんだというところを、見せてやる。そんな想いも、これにはこめられていたはずである。

設計は、当初、ドイツ人のゲオルグ・デ・ラランデにゆだねられた。二〇世紀のはじめごろに来日し、横浜を拠点としながら仕事をした建築家である。だが、デ・ラランデは総督府の工事がはじまる前に、なくなった（一九一四年）。そのため、あとの作業は野村一郎と國枝博に、まかされている（砂本文彦『図説ソウルの歴史』二〇〇九年）。

いずれにせよ、総督府の当局は、西洋建築の設計ができる者へ、注文をだしていた。日本建築をてがける棟梁たちに、これをたのもうとはしていない。朝鮮建築である王宮のむこうをはって、日本建築をぶつける手はえらばなかった。東大寺の大仏殿や姫路城めいたつくりで、国粋ぶりをうったえはしなかったのである。

ソウル市民のどぎもをぬく。そのためには、西洋建築のほうがいい。建築面では洋風をうちだしたほうが、現地でもうやまわれる。そう総督府当局がみきわめていただろうことは、うたがえない。植民地統治にあたって、洋風近代建築がになった役割は、見すごせないだろう。

総督府はこの旧王宮で、朝鮮博覧会をもよおしてもいた（一九二九年）。当地の物産をならべるパビリオンも、そのさいにはたてられている。そして、それらはみな朝鮮の民俗風に、デザインされていた。西洋的な総督府庁舎の脇には、土着的な地元の建物がならべられたのである。

支配者の日本人は、すすんだ西洋の建築をかまえている。そのことを民俗的な建物との対比で、あざとくしめす博覧会場であったと、私は考える。

なお、総督府庁舎の建設工事は、一九一六年にはじめられた。できあがったのは、一九二六年である。完成までには、一〇年間をついやしている。その作業中にも、工事現場の様子は、ソウルでくらす人々の耳目をあつめたと思う。

大きなものをこしらえるんだな。日本人にはかなわない……。とまあ、そんな想いも、彼らにはあたえていただろうか。建築がもつ政治的な力は、やはりあなどれないのである。

ただ、ソウルでは大連ほど、住区の脱日本化がはかられていない。南山あたりの日本人が多くすんだ地区には、日本家屋もたくさんたてられた。もちろん、新町遊廓などでも、日本情緒にあふれた店が軒をならべている。ソウルでは、脱日本化の力が、大連ほどにはいきおいづかなかった。大連でロシアとはりあったような力学が、ソウルでは作動しなかったようである。建築面での植民地対策では、やはり大連こそがその檜舞台になっていたということか。

建築自慢

十九世紀になって、東アジアの国々は、西洋の列強といやおうなくむきあわされた。そして、西洋の文明とはどうつきあえばいいのかを、それぞれの国なりにさぐりだす。

なかで、いちはやく西洋化へのりだしたのは、日本である。もちろん、中国や韓国/朝鮮にも、それをこころざす人々は、すくなからずいた。しかし、国をあげて西洋化へむかう力強さでは、日本がぬきんでていたと言うしかない。

日本はアジアの国であることからぬけだし、ヨーロッパのような国になっていく。そんなかけ声も、明治期にはひろくとびかった。脱亜入欧という言葉が、一種の国民的なスローガンになったのである。

そして、日本はじっさいにその方向へあゆみだした。二〇世紀初頭には、国力で西洋の列強ときそいあえるようなところへ、たどりつく。帝国主義的な覇権あらそいでも、そうはひけめを感じなくてもすむ国に、なりおおせた。文字どおりの大日本帝国になったのである。

そんな日本からながめれば、アジア大陸はおくれた地域に見えてしまう。中国も韓国/朝鮮も、まだまだ西洋化されていない。日本とくらべれば、古くさいアジアの軛《くびき》にとらわれている。よどんだ国々として、うつりだす。

十九世紀末には、それらの国々からやってくる留学生が、ふえている。もちろん、古い日本文化をまなびにきたわけではない。日本がはやくからとりいれている西洋文明を、てっとりばやく学習するためである。遠くの欧米までいかなくても、近くの日本でそれはならえるとみなされた。建築の設計についても、その例外ではありえない。

植民地支配へのりだした大日本帝国は、西洋的な日本像をおしだそうとする。支配とじかにかかわる施設などは、本格的な西洋の様式でいろどることを、こころがけた。いちはやく西洋化に成功したその姿を、支配される側にも見せつけようとしたのである。建築という、見える形にうったえて。

大連は、そんな思惑が、とりわけ強くあふれだした都市である。ロータリーをとりまくあたりは、大日本帝国が建築自慢におもむいた一画でもあった。ヤマトホテルが、内地のどんなホテルよりりっぱであったことも、ゆえなしとしない。

植民地で数多くたてられた大日本帝国の建築には、神社もある。だから、植民地建築の研究にいどむ者は、しばしば海外の神社へ目をむけた。海のむこうで普及した神社に、帝国の欲望を読みとろうとしたのである。そういう仕事に、意味がないとは思わない。私じしん、外地では神明造の社殿が普及したことに、興味をもっている。

だが、海外へひろがった日本的な何かだけに、大日本帝国の意志があったわけではない。帝国の威信は、西洋化をなしとげつつあるところに、より強くかかっていた。植民地で国家が自慢気に見せつけたがったのは、西洋化した日本の姿なのである。

そして、帝国がえらぶる現場では、建築家たちもおおいにはたらいた。その職能も、じゅうぶんいかされたのである。建築史研究でコロニアリズムへわけいるのなら、そこをおろそかにはしてほしくない。学界につどう研究者たちにも、わきまえてもらいたいところである。

時代は下るが、一九四〇年代にもなると、事情はちがってくる。戦争の激化により、鉄やコンクリートをたくさんつかう建築は、たたなくなった。もちろん、石やレンガで本格的な洋館をたてるゆとりもない。

そんな時期に、バンコックへ日タイ交流の記念となる施設をもうける話が、もちあがる。大日本帝国の大東亜共栄圏構想を、タイだけは前向きにうけとめた。その外交的な好意に、帝国としてもこたえようとしたのである。交流をことほぐ建築の企画がうかびあがったのも、そのためであった。

一九四三年には、コンペもおこなわれている。これで、丹下健三と前川國男がはりあったことも、建築家にはよく知られていよう。

丹下や前川のみならず、たいていの応募案は伝統的な日本建築の翻案を、めざしていた。バンコックで、大日本帝国が見栄をきる。そういう側面もある建築なのに、西洋式でいどんだ者はひとりもいない。みな、寝殿造りや書院造りといった形に、よりそっていた。

さきほどものべたとおり、鉄やコンクリート、石やレンガがつかえなかったからである。当時の帝国が、こういう文化施設のために用意することができたのは、材木だけであった。施設は木造、木でこしらえなければならなかったのである。日本の歴史的な建築がかえりみられた一因として、このことは見すごせない。

もちろん、近代の超克をとなえる知的な流行も、そこには影をおとしていただろう。素材の話だけで、ことがかたづくとは思わない。

しかし、いずれにせよ、それを帝国にとっての常態だとみなすのは、無茶である。東アジアで見栄をきる日本の建築は、ながらく西洋的な見てくれをまとってきた。あるいは、近代的なよそおいを。日本の伝統や民族性へ目がむけられたのは、ようやく一九四〇年代になってからであった。大日本帝国が、このどんづまりともいうべき最末期をむかえてからなのである。

こういう段階でしめされた民族形式だけを、帝国の意匠だとみなすのはまちがっている。これは、例外的な一時期の現象でしかないのである。

日本的な表現ばかりをとやかく言いやすい建築界に、くどいがのべそえたい。大連ヤマトホテルや朝鮮総督府庁舎にも、もっと目をむけるべきである。帝国が西洋的な、そして近代的な建築の姿でいばってきたことにも、気をとめてほしい。

旧満州の建築について、ひとつおぎなっておきたいことがある。

満鉄は、沿線の付属地にたつ建築を、西洋的なそれでととのえようとした。しかし、そこからはなれた敷地では、かならずしもこの考え方にこだわっていない。中国の民族様式をとりいれた建築も、たてている。吉林にできた東洋医院(一九三二年竣工)のように。

旧満州国は、一九三二年に成立した。首都にさだめられた新京(現長春)でも、この年から官庁街の建設がはじまっている。そしてそこでも、中国の伝統的な建築様式が、多くの庁舎にあしらわれた。大きな瓦屋根が、鉄筋コンクリートの建物へかぶせられたりもしたのである。

沿線の付属地からはずれたところでは、中国の民族性にあゆみよる。西洋的な姿を見せつけて、えらそうにはふるまわない。中華世界との融和に、心をくだく。そんな考え方が、新京の官庁街でもいかされた。五族協和をとなえた旧満州国は、それで現地の人々にもとりいろうとしたのである。

旧朝鮮総督府庁舎などのおしつけがましい姿を、すこしでも中和させたかったのだろう。そして、じっさい新京の伝統的な建築形式は、中国系の官吏によろこばれもしたらしい。姑息なおためごかしにも、あるていどの効果はあったということか。

しかし、これも植民地統治の一般的な姿ではない。旧満州国成立後の新京でくりひろげられた、例外的ないとなみである。西洋的な建築でいばってきた、その基本的なあり方から目をそむけるべきではない。

ここで、もういちど磯崎新にふれておく。かつて、磯崎はつくばセンタービルの設計という国家的な仕事を、なしとげた。そのハイライトとなるところへは、西洋の歴史様式がしのべるモチーフをあつめている。ポストモダンの手法にあゆみよる設計であったと、とりあえずみなしうる。

これが完了したのは、一九八三年である。その折に磯崎は、こんなことを言っていた。自分は日本という国の国家像を相対化する方向で、この仕事にいどんでいる。「日本的と呼ばれる様式の流入を排除」したのも、そのためである、と（「都市、国家、そして〈様式〉を問う」『新建築』一九八三年十一月号）。

だが、近代日本の国家的な建築は、本格的ともくされたものほど、西洋をむいていた。内地では日本銀行本店、赤坂離宮など。そして、外地では朝鮮総督府庁舎、大連ヤマトホテル……。西洋と互角にならびうることこそを、大日本帝国はあかしだてたがっていたのである。

「日本的……を排除」したつくばセンタービルも、その延長上にながめられなくはない。近代日本の国家的な夢とあこがれを、磯崎もまたひきずっていた。そう見ることも可能である。

反体制的なすかしたかまえを、磯崎は若いころからとってきた。だから、国家的な事業にかかわったことを、とりつくろいたく思ってはいただろう。つくばセンタービルでは、国家像をあいまいにぼかしてやったんだ。そう言葉をあやつりたくなる気持ちも、わからないではない。

しかし、「日本的……を排除」すれば、国家色がうすまるというものでもないだろう。つくばの形は、それが西洋のトップモードとともにあることを、しめしていた。日本にも、世界にひらかれた建築家がいることを、あらわしていたのである。たとえば、ジェームズ・スターリングのシュターツギャラリーに、さきがけていたことも。

それもまた、国家の威信につかえる途ではあったろう。満鉄の建築家が、世界へだしてもはずかしくない仕事を、こころがけたのと同じように。

なお、磯崎と国家のかかわりについては、磯崎を論じる章で、もういちど考えなおしたい。

海のむこうの祇園祭

話を、もういちど大連のロータリーにもどす。ヤマトホテルのすぐとなり、むかって左側にたつ建築へ、目をむけたい。

今は、中国工商銀行の大連分行としてつかわれている。もともとは、大日本帝国がここへ進出した時に、大連市役所の庁舎としてたてられた。一九一九年にできた建築である。

中央に塔屋をもつ、ネオ・ルネッサンス風のかまえになっている。内地でもよくあった庁舎建築の常套から、そう大きくはずれてはいない。表面の装飾は、セセッション風で、やや幾何図形的にあしらわれている。アールデコにさきだつ建築の一例だと言えようか。

注目しておきたいのは、中央玄関のすぐ上にすえられた庇の形である。これが、むくりとそりをあわせもつ唐破風のかっこうに、なっている。また、庇を玄関でささえる二本の柱も、上部に斗栱状の突起物があしらわれていた。ここでは、玄関における庇まわりが、和風をただよわせているのである。

こう書けば、大連にも被支配者へ和風をおしつける建築はあったと、考えられようか。しかし、この庇まわりに和風を読みとれる人は、そういまい。建築の勉強をしたことのあるむきならともかく、たいていの者は見すごしてしまうだろう。

私じしん、旧満州時代の植民地文化を研究している中国人から、こう言われたことがある。そんなところ、誰も気がつかないよ。見つけておもしろがるのは、井上さんしかいないんじゃない、と。

もちろん、そんなことはない。西澤泰彦も、そこには目をつけ、自分の本に書きとめている。建築の心得さえあれば、わかるはずである。しかし、街をまんぜんとあるく人々の目には、まずとまらないだろう。ちなみに、今紹介した中国人は、文学畑の研究者である。

くりかえすが、旧大連市役所には、日本的な意匠がさしはさまれた。しかし、これ見よがしにかかげられたわけではない。それは、ほのめかすていどに、しめされた。わかる人だけに気づいてもらえれば、それでいい。そのていどの、たいそうひそかな和風なのである。

これをもって、大日本帝国のおしつけがましい意匠だとみなすことは、できないだろう。ロータリーのまわりでは、質の高い西洋建築を見せつける。そういうたけだかな国家意志のかたすみに、この和風はささやかな居場所を見いだした。帝国のおめこぼしで存在をゆるされた、ごくひかえめな民族表現なのである。

部分的に挿入された和風もふくめ、この設計をてがけたのは松室重光であった。大連の関東都督府につとめる建築家である。大陸へは、一九〇八年にわたっていたことが知られている。

もともとは、京都で生まれそだっていた。建築の技は、東京帝大の造家学科（現建築学科）で、おさめている。一八九四年に入学しているから、武田五一の同期生ということになる。卒業後は京都へもどり、古社寺保存の仕事などに、力をつくしていた。

そんな松室が、しかし一九〇四年からは、京都での仕事をやめている。汚職のうたがいをかけられたためである。そのため、松室はつとめ先の京都府で、辞職においこまれた。

部下のひとりが、広隆寺の修理工事にさいし、工費をこっそりくすねていたらしい。それがあかるみにだされ、上司の松室もあやしまれたのだという。

裁判では、無罪を勝ちとった。しかし、いちどしりぞいた京都府には、もどれていない。あるいは、自分をうたぐった元同僚のいる職場には、

旧大連市役所庁舎

かえりたくなかったためか。

翌一九〇五年には、つてをたよって九州鉄道に身をよせた。博多駅舎の新築工事などに、たずさわっている（石田潤一郎・中川理「松室重光の事績について」『日本建築学会大会学術講演梗概集（関東）』一九八四年一〇月）。その三年後に大陸へわたったのは、より大きな仕事をもとめたせいかもしれない。

いずれにせよ、松室は京都から大連へおもむいた。その遍歴をながめていると、ふるさとの京都には未練もあったろうことが、うかがえる。大陸でくらしていても、しばしば京都の想い出にはふけっていたような気がする。

そう思ってながめるせいだろうか。旧大連市役所のささやかな和風も、京都へのなつかしさにねざしていると、思えてくる。望郷の念こそが、建築家にああいう表現をうながしたのではなかろうか、と。

旧大連市役所の塔屋を、もういちどじっくり見てほしい。

そのてっぺんには、すえひろがりの土台にささえられたポールが、しつらえられている。これが、祭でつかう山車《だし》の頂部へすえられた真木《しんぎ》を、想いおこさせる。庇の唐破風といっしょにながめれば、ますます山車めいてうつる。あるいは山車の唐破風と真木が、塔の上と玄関へべつべつにわりふられたと見るべきか。

ひょっとしたら、松室は祇園祭へのノスタルジーに、ひたっていたのかもしれない。図面をえがきながら、その脳裏には祭の山車、山と鉾《ほこ》をよぎらせていたのではないか。京都をにぎわす「コンチキチン」の音も、頭のなかにはひびいていた可能性がある。

一九二三年には、大連での仕事をやめ日本へもどっている。しばらくは、大阪で片岡安《やすし》の設計をてつだった。そして、一九三〇年からは、京都で松室建築事務所をひらいている。以後、一九三七年になくなるまで、京都ぐらしをつづけることとなる。

最後は、京都に骨をうめる。この晩年も、さきほどの空想を、いやおうなくふくらませる。旧大連市役所の設計には、やはり京都の想い出がしのびこまされていた。と、そうますます考えたくなってくる。

くりかえすが、ロータリーのあたりは、日本の西洋化をしめす舞台となっていた。大連軍政署あたりは、なによりも正統的な西洋建築をもとめていたはずである。それこそ、大日本帝国の国是として。

松室も、おおむねその意向にしたがってはいた。基本的にはオーソドックスな形で、設計をまとめている。セセッションがかったネオ・ルネッサンス式に。

しかし、当局からは見とがめられない範囲で、松室はこの国是に背をむけている。日本がたどりついた西洋化の、その達成度だけをしめすことにつくしきっていない。個人的と言っていい京都への追憶に、設計の一部をさいていた。

和の表現が、ここでは大日本帝国の欲望から距離をおいている。西洋化をこころざした帝国は、京都からきた建築家に、どこかでうらぎられていた。和風が国家をあざむく、その典型例を、私は松室の旧大連市役所に感じとる。

松室や彼の部下たちがてがけた建築は、まだ大連にけっこうのこっている。共産党政権下の大連市によっても、保存はこころみられてきた。そして、それらのなかには、ささやかな和の意匠をとどめたものも、いくらかある。京都への郷愁をにじませた松室や部下たちの建築が、市中に点在する。

大連観光のおりには、それらをさがしてあるくことも、また一興であろう。まあ、そう言ってしまえば、植民地支配への反省がないと、しかられるかもしれないが。

ロシア正教でつなぐ糸

十九世紀末から二〇世紀初頭にかけて、松室重光は京都で古社寺の保存にあたっていた。

これは、奈良で長野宇平治にあたえられる可能性のあった仕事でもある。長野もまた、十九世紀末には奈良へおもむいていた。だが、設計をやりたい長野は、この役目を関野貞にかわってもらい、東京へかえっている。

関野が奈良県で技師に任じられたのは、一八九七年からである。その同じ年に、松室は京都へ赴任する。ただし、京都の技師として正式に採用されたのは、翌一八九八年からであった。とはいえ、ふたりはほぼ同じころに、似たような仕事へかかわりだしたとみとめてよい。

一八九七年には、古社寺保存法がととのえられ、公布された。首都東京では、伊東忠太が建築方面から、この仕事にたずさわっている。京都の松室は、奈良の関野、東京の伊東と、トリオを形成していたことになる（鈴木博之「松室重光と文化財保存事業」前掲『日本建築学会大会学術講演梗概集（関東）』）。

松室も、長野と同じように、設計で腕をためしたいとは思っていた。しかし、古社寺保存の仕事にも、使命感はいだいている。そのため、長野のように、そこからにげだしたりはしなかった。

ただ、西洋建築の設計依頼がほとんどなかったことでは、さみしく感じていただろう。腕におぼえのあるそちら方面の注文は、ほしがっていたにちがいない。なにしろ、当時の京都に、大学で建築をおさめた者は、松室しかいなかったのだから。

そんな松室にも、一九〇〇年ごろには西洋建築をたてる話が、よせられた。当時京都にいたロシア正教の宣教師たちから、教会設計の注文をもらったのである。

石やレンガの本格的な礼拝堂を、たのまれたわけではない。松室にたくされたのは、木造での設計である。それでも、建築家はこれをよろこんで、ひきうけた。勝手な想像だが、ロシア人、つまり西洋人からたのまれたことでは、意気に感じたと思う。

また、ロシア正教の側でも、松室の経歴は買っていたにちがいない。西洋建築の様式をわきまえている数少ない人材として、白羽の矢をたてたのだろう。

そして、松室はこの仕事を誠実にしあげている。けっこう、勉強もしたのだろう。なれてはいなかったにちがいないロシア・ビザンチン様式も、こなしきっていた。一九〇三年に完成した教会は、今もそのまま京都にのこっている（現京都ハリストス正教会）。そして、この建築は、ながらく同教団がいとなむ木造教会の、手本とされつづけた。

さて、この教会ができあがる前ごろから、日露のあいだは雲ゆきがあやしくなる。一九〇二年には、ロシアがシベリア鉄道を完成させた。この年に成立した日英同盟のむこうをはって、露仏宣言をぶつけている。一九〇三年には、ロシア帝国が満州を占領した。

そんなロシアをけむたがる気運が、日本でも高まりだす。ロシアへの嫌悪感を口にする人々も、ふえてきた。対ロシア戦争へふみきれとするかけ声も、強くなってくる。もちろん、京都でも事情はかわらない。そして、一九〇四年には、日露戦争がはじまった。

工事中の教会を見あげるロシア人たちは、反ロシア熱の高まりをどうけとめたろう。できあがったばかりの教会では、肩をよせあいはげましあっていたかもしれない。戦端がひらかれてからは、そこがちょっとした避難所にもなっていたろうか。

ロシアとたたかう覚悟を日本側がかためたのは、一九〇三年であったという。元老の山県有朋が京都にこしらえた別荘の無鄰庵で、その決定はなされていた。二階の洋間で、その決断へといたる会議は、くりひろげられたらしい。まあ、ここだけですべてがきまったわけではなかろうが。

無鄰庵じたいは、一八九八年にできている。開戦の歴史的なふんぎりがここでつけられたのは、その五年後ということになる。おびえるロシ

京都ハリストス正教会

ア人たちが、教会の完成をむかえたその年に、ことはきめられた。

その無鄰庵から西へ三〇分ほどあるけば、ロシア正教の教会にゆきあたる。この短いあいだに、二〇世紀はじめの歴史が凝縮されている。そう思ってこの二点をむすぶ道、仁王門通と二条通をあるけば、なかなかあじわいぶかい。京都を舞台にした歴史小説のひとつも、書いてみたくなってくる。

日露戦争がはじまったその年に、松室は京都府の職からしりぞいた。そして、戦争が終わった年に、京都をさっている。大陸へわたったのは、終戦の三年後である。

ロシア人がつどう教会を、京都ではたてていた。そんな建築家が、ロシアから勝ちとった大連で、京都に想いをはせている。「建築の日露戦争」がつづいたとされる大連で、京都にこだわっていた。表面では、建築面での「戦争」にもつくすよう、よそおいながら。

大連でくらしだした松室には、ハルビンへ足をのばす機会もあったろう。京都でロシア正教の教会をてがけた建築家である。本場のどうどうたる教会がたちならぶこの街に、関心をいだかなかったとは思えない。そして、ここでもまた、かつてたずさわった京都での仕事を、想いだしていたろうか。

歴史小説の逸話となりそうな情景が、つぎからつぎへとうかんでくる。まあ、じっさいに、そんなものを書きだすことは、なかろうが。

余談だが、故内井昭蔵は、ロシア正教会の信仰をもった建築家としても知られている。晩年の何年かは、京都大学につとめていた。ひょっとしたら、京都の教会へ足をはこんだことも、あったかもしれない。松室についても、あれこれ想いをめぐらせたろうか。

つとめ先の国際日本文化研究センターを設計してもらった縁で、内井とは面識があった。だが、教会のことや松室のことなどは、たずねそびれている。アスプルンドやライトのことは、語りあえたのに。そこへふみこめなかった自分を、今はふがいなく思っている。

妻木頼黄

つまき　よりなか

オリエンタリストたちの夢の跡

日本橋の下、江戸はながれるか

東京の日本橋にふれることから、今回は話をはじめよう。

といっても、銀座、京橋につづく界隈としての日本橋をとりあげたいわけではない。論じておきたいのは、川にかかる橋のほうである。日本橋川の上を、中央通りがとおっていく。このふたつがかさなりあうところへかけられた日本橋とよばれる橋を、問題にしたい。

周知のとおり、あそこでは上をとおる首都高速環状線のせいで、空が見えなくなっている。日本橋の路面じたいが、高架道路という橋の下へおかれているようにも感じられる。

路上からながめれば、いやおうなく高架道路の裏側が、目にとびこむ。「頭の上からのしかかってくる鉄骨のむきだしの高速道路」が、見えてしまう（開高健『ずばり東京』一九七七年）。そして、その不粋さをなげくことが、東京ではここを語るさいの常套句になっている。環状線のコースをかえてしまえというかけ声も、しばしば聞こえてくる。

しかし、そこへ話をすすめることも、ひかえよう。ここでは、川をまたぐ、そして中央通りにそってかけられた橋だけを、あつかいたい。

この橋は、石のアーチをふたつくみあわせるかっこうで、できている。様式的には、ネオ・バロックといったあたりで、くくれようか。その形からもわかるように、これができあがったのは、けっこう古い。まだ、モダンデザインが世にあらわれる前の、一九一一年である。

二〇一一年は、そのちょうど百年後にあたっていた。日本橋にとっては、節目となる年である。まあ、それがらみのもよおしが東京でひらかれたのかどうかは、知らないが。

話を、その一九一一年、百年前にさかのぼる。かけられてまもない日本橋を、当時の建築家、佐藤功一が強い口調で非難した。

この橋では、路上から見えないところにまで、りっぱな花崗岩がはってある。「舟からで無くては見え無い橋の裏側」にも、ぜいたくなしあげがほどこされている。まことに「無駄な費用」のつかい方である。これでは、「溝の中へ金を投げた」ようなものだと、佐藤は言いきった(「新日本橋批評」『時事新報』一九一一年四月十二日〜十四日)。

佐藤のそんないちゃもんを、六二年後になってひろいだした建築評論家がいる。長谷川堯である。『建築』という雑誌で、一九七三年に長谷川は「日本の中世主義」を連載した(一月号〜十二月号)。のちには、これが『都市廻廊』(一九七五年)として、まとめられている。そのなかで、長谷川は佐藤の言い草に目をむけた。そして、そこをてがかりとしつつ、おもしろい日本橋像を、うかびあがらせている。

日本橋の設計をまとめたのは、大蔵省の建築部につとめる妻木頼黄《よりなか》であった。その妻木には、橋の裏側までみがきあげたいという想いが、あったろう。水上からの見かけ、船からどう見えるかという点にも、こだわっていたのではないか。

明治政府は、陸上の交通網をととのえることに、力をつくしてきた。江戸期以来の水運からは、しだいに手をひきだしている。この明治から見すてられつつある江戸的なものに、妻木は心をよせた。だからこそ、川をゆく船からの見かけにも、心をくだいたのではなかったか。

妻木の家は、江戸幕府に、代々旗本としてつかえてきた。頼黄の代には、明治の官僚機構へはいっていく。しかし、そんな家系の男だからこそ、心のどこかには、江戸への想いを秘めていた。

橋の形を考えるおりにも、川面にうかぶ船はないがしろにしない。江戸以来の水運をになう人々のことも、気にかける。それが、水上からのまなざしをもおろそかにしない造形へ、つながった。これが、長谷川のくりひろげた日本橋論であり、妻木論のあらましである。

「妻木頼黄は明治社会の官僚機構の真中に居て成功しながら、実はひそかに明治という時代と文明を無意識にあるいはかくれた意識において憎みつづけていた」(前掲『都市廻廊』)

長谷川は、妻木のことをそう位置づけている。なんとも、おもしろいとらえ方である。若いころにこれを読んだ時は、心がわきたったことを、おぼえている。

建築や都市からも、胸のおどる歴史は語りうる。長谷川の妻木論は、私にそうおしえてくれた。私を建築史へむかわせるさそい水のひとつにも、なっていただろう。私が、今でも長谷川の仕事でいちばんひきつけられるのは、妻木を論じたところである。

長谷川は、けっきょく早稲田の建築家たちに、エールをおくっていただけだ。それとのかねあいで、東大系の建築家には、つらくあたった評論家である。いわゆる神殿批判も、雌の視角論もそう考えれば、よくわかる。建築家たちのなかには、長谷川の仕事をそうみくびるむきも、けっこういる。

私も、そういう一面がなかったとは、思わない。しかし、それだけでかたづけてしまうのは、長谷川を小さくとらえすぎている。

じっさい、今紹介した妻木論は、早稲田対東大という見取図におさまらない。それとはべつの枠組で、長谷川は話をくりひろげている。早稲田が江戸的なものにつうじており、東大が明治的であったなどとは、言っていない。

それに、長谷川が否定的にとりあげた佐藤功一は、早稲田をひきいる建築家であった。しかも、早稲田で建築教育のはじまった、その最初から教鞭をとっている(一九一〇年)。早稲田の建築をささえたパイオニアのひとりにほかならない。

そんな佐藤のことを、見る目がないと言わんばかりに、長谷川は論

日本橋(竣工時)

じていた。早稲田閥がかわいいというだけの評論家では、けっしてない。長谷川のことを、早稲田派というくくり方では、まとめてほしくないものである。

まあ、佐藤が学生として建築をまなんだのは、東京帝大だったのだが。

ねんのため、のべそえておく。私はさきに、日本橋と妻木へよせた長谷川の読みときを、おもしろく感じたと書いた。しかし、それがただしいとは、言っていない。今の私はこれにしたがうのを、ためらう。

水上からの目にも気をつかって、橋の形をあんばいしよう。できれば、橋の裏側まで、デザインはおろそかにしたくない。そんな心がまえは、西洋で橋の設計をてがけた建築家たちも、いだいてきただろう。様式建築の考え方じたいは、あちらでも水運がさかんだった時代にできたのだから。

じっさい、ヨーロッパの古くてりっぱな橋は、みな川からの見かけにも気をつかっている。水の上から見あげた時の姿にも、配慮はおこたらなかったはずである。裏側までていねいにしあげられた橋も、けっしてすくなくない。

ひょっとしたら、妻木は、それらを見ならっただけかもしれないのである。江戸的な情緒などをふりかえらなくても、あの日本橋を形づくることはできた。水上からのながめを重んじた橋は、ヨーロッパを手本にしても、想いえがきうる。そして、妻木は若いころから、欧米をあるきまわった建築家なのである。

江戸へは想いをはせずに、ヨーロッパをまねることで、あの日本橋はなりたちえた。その可能性もしりぞけきれない以上、長谷川説をうのみにすることはできない。私がとまどいを感じるゆえんである。

また、江戸の旧幕臣には、ひらけた考えをもつ者も多かった。明治の新時代に世をすねて、江戸情緒をなつかしむ者も、もちろんなかにはいただろう。しかし、欧米の新知識をとりいれ、新しい時代を生きぬいた旧幕臣も、おおぜいいる。

アメリカで建築をまなび、ドイツでも設計にたずさわったことがある。そんな妻木に、うちのめされた側の江戸にたいするこだわりが、どのていどあったのか。そこのところも、うたがわしく思う。やはり、私には、長谷川説をうけいれるふんぎりがつかない。

ただ、日本橋が裏側の見かけにも気づかったことをおしえてくれたのは、長谷川であった。その根っこがヨーロッパにあったのか、江戸までのびていたのかは、わからない。しかし、水運の時代とひびきあう形であったことは、たしかだろう。

われわれは、これを「鉄骨のむきだし」(開高健)となったのちの環状線と、くらべうる。橋の下をゆく人々にも、心をくだく。その余裕があった時代から、そういうゆとりのない時代へ、世のなかがうつりかわる。その推移と対比を、ここでかみしめることができる。それは、長谷川のおかげだと、今でも思っている。

「和三洋七の奇図」に書きかえて

妻木頼黄がドイツへおもむいたのは、一八八六年の晩秋からであった。以後二年間、ベルリンで、エンデ・ベックマン事務所に籍をおき、つとめている。また、まなびもした。日本へかえってきたのは、一八八八年の秋である。

エンデ・ベックマン事務所は、ふたりのパートナーシップで運営される設計組織であった。ヘルマン・エンデとヴィルヘルム・ベックマンのふたりである。ベルリンではけっこう名のしれた、仕事も多い設計事務所のひとつにあげられる。

この事務所に、日本政府は首都東京の官庁街計画を、たのみこんでいる。そのいきさつは、藤森照信が、くわしくほりおこしてくれた(『明治の東京計画』一九八二年)。ここからは、その仕事によりそいつつ、話をすすめていく。

当時の日本政府は、欧米諸国との条約改正をめざしていた。幕末にむすばれたいわゆる不平等条約を、あらためたい。西洋列強とは対等の外交関係をうちたてる。そんなことに、国をあげてとりくんだ。

欧米とかわらぬ日本像、これなら対等だという印象を、西洋人にもいだかせる。その演出にも、当時の日本政府は力をいれていた。鹿鳴館をこしらえ、西洋式のパーティをひらいたのも、そのためである。

官庁街の計画も、その延長上にもくろまれた。ヨーロッパの都市とよく似た街並みを、東京にもこしらえる。そうして、日本がすっかり西洋化したことを、都市と建築の面でも西洋人に見せつける。鹿鳴館の拡大版とでもよぶべきそんな街区計画を、政府はみのらせようとしたのである。

一八八六年の二月には、その計画をこなす臨時建築局が、外務省の主導でもうけられた。といっても、当時の日本人建築家に、それだけの仕事をまかせきれる者はない。ドイツのエンデ・ベックマン事務所に、臨時建築局が声をかけたのは、そのためである。

注文を聞いたベックマンは、四月二八日に来日した。当時は船旅《ふなたび》になるから、これでもおおいそぎで日本へきたことになる。

最初は、遠い国からの依頼にとまどったらしい。それでも、一国の表玄関をつくるという話は、ことわりきれなかった。今の建築家たちが、産油国の国家的なもとめにおうじるのと、似たようなものだろう。

来日したベックマンは、外務卿の井上馨に日本人建築家の育成を、もちかけている。臨時建築局がとりかかるのは日本の仕事だから、日本人の建築家たちにもてつだってほしい。そのための人材を、自分たちはベルリンでそだてるつもりである。ついては、その留学にふさわしい人材を、そちらでえらびだしてほしいというように。

井上も、この申し出をうけいれた。臨時建築局からは、都合二十名のものがベルリンへおくりこまれている。石工、大工をはじめとする職人たちと、三人の建築家が海をこえることとなった。

建築家として、事実上の団長役をおおせつかったのは妻木頼黄である。あとふたりの建築家は、工部大学校、のちの東大をでた渡辺譲と河合浩蔵であった。妻木は工部大学校を卒業していないし、年もそのふたりより若い。にもかかわらず、彼らより高い立場で遇された。河合などは、職人の世話係というあつかいで、ようやく参加をみとめられている。

じつは、妻木も工部大学校へ入学してはいた。しかし、卒業の前に、やめている。中途退学にふみきった。アメリカのコーネル大学へ転学し、あらためて建築をまなぶためである。そして、一八八二年の八月に、二三歳の妻木は、同大学の三年へ編入された。

二年後にはコーネル大学を卒業し、一年間、ニューヨークの設計事務所につとめている。一八八五年には、ヨーロッパ諸都市の見学もへて、日本へかえってきた。そのキャリアが買われたのだろう。翌年にできた臨時建築局に、妻木はむかえられている。

そして、ドイツ留学組のなかでも、いちばん高く評価されていた。日本の工部大学校をでた者より、てあつくもてなされている。妻木のほうが若いのに。洋行がえりは、それだけかがやいて見えたということか。

妻木らの一行二十人は、一八八六年十一月に日本をたっている。翌年一月にはドイツへたどりついた。そのまま、エンデ・ベックマン事務所で、製図の仕事をてつだいだしている。官庁街計画の図面類は、彼らもかかわりながら、しあげられた。

一八八七年五月には、それらをたずさえ、こんどはエンデが日本をおとずれる。いわゆる古典様式の、ややバロック風にいかめしくかまえた官衙の図面を、さしだした。五月十二日には、国会議事堂と司法省、裁判所の図案を、天皇の前でもしめしている。

これを、当時の政治家たちがどう感じたかについての、直接的な記録はどこにもない。だから、日本政府内のうけとりようを、実証的に論じることは、不可能である。

その後、エンデは七月のなかばまで、日本にとどまった。そして、京都や奈良のいわゆる古建築を見てまわることに、時間をついやしている。日本建築史の勉強をしたのだと、みなしてよい。

エンデはベルリンの事務所へもどり、設計の変更を所員たちにつげている。妻木たちは、そのため、たいそうくるしめられることになった。徹夜のつづく作業で、新しい図案をまとめさせられている。そして、事務所は、おおいそぎでしあげた再提案の図を、東京へおくりつけた。

それらが、建築史家にはよく知られている「和三洋七の奇図」である。最初の図面では、どの庁舎もバロックぶくみの古典系で、形がまとめられていた。しかし、こんどは、主に屋根から上のところが、和風にしあげられている。国会議事堂、仮議事堂、裁判所、そして司法省の庁舎案が、である。いったい、どうしてこういうことになったのか。

エンデが日本をおとずれたころ、臨時建築局は、ある危機をむかえていた。条約改正に反対する声が、このころ政府内では勢力を強めだしていたのである。外務省が音頭をとった都市計画も、経費のむだづかいだと批判されていた。

いきおい、官庁街の計画も、当初の壮大さはたもてなくなっていく。計画は縮小を余儀なくされた。エンデ・ベックマン事務所には、いくつかの庁舎設計だけがまかされることとなる。

けっきょく、当時の政府は一八八七年七月二九日に、条約改正をあきらめた。エンデが日本をはなれたその十日後には、新条約の調印をたなあげとするにいたっている。九月には、失敗の責任をとって、井上も外務卿のつとめからしりぞいた。臨時建築局も規模をちぢめ、内務省に吸収されている。

ただ、政府とエンデ・ベックマン事務所の契約は、きえていない。そのため、司法省をはじめ、いくつかの建築設計は、仕事として彼らの手にのこされた。エンデによる設計変更は、そうした情況のもとですすめられた

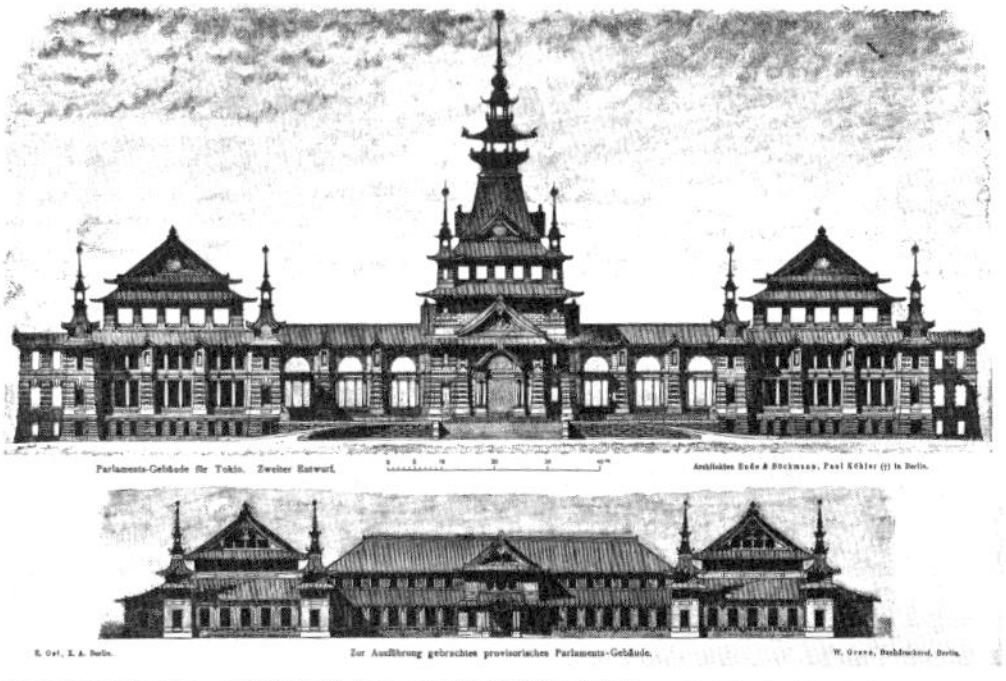

国会議事堂(上)、仮議事堂(下)、和様折衷案(設計:エンデ・ベックマン)

のである。

エンデが、和風化へ舵をきった裏には、日本側からの要請があったろう。エンデだけの想いつきで、方針をかえたわけではあるまい。と、そう長谷川堯は事態をとらえている。この問題にふれた長谷川の語り口を、ねんのため紹介しておこう。

「日本側からの何らかのプレッシャーがあったのではないかと考えてみるのも自然なことであろう」

「エンデが五月に来日した時に提示したデザインに対する日本側の反応——天皇をふくめての——が、彼が期待したほどよくはなかったのではないか、その局面を打開するためにエンデは説得力のある別のデザインを用意せざるを得ず、そこで日本屋根を提案することになったのではないか」

「日本政府の関係者の誰かから……『いっそ日本風にしたら』という意見が出て、そのことがエンデの大幅な設計変更に結果としてつながったのではないか」（長谷川堯「議事堂への系譜」『日本の建築［明治大正昭和］第四巻』一九八一年）

オリエントとたわむれる建築家

一八八七年五月に、来日したエンデは政府の首脳たちへ、庁舎案をしめしている。天皇もふくむ要人たちの前で、古典系のネオ・バロック的な建築図面を、提示した。ヨーロッパ流の、ややおおぎょうな建築案を、まずはさしだしたのである。

これらを見て、首脳たちがどう思ったかは、さきほどものべたとおり、わからない。記録がないので、つきとめようがないのである。

「日本風にしたら」という声がでたかもしれないと、長谷川は言う。しかし、それも想像でしかありえない。

あとで、和風化させた図案を、エンデらがおくってきた。そこから逆算をして、そういう要請のあったことを、想いえがいているだけである。

臨時建築局のもくろみは、反対派から、批判をされてもいた。これも、日本側からの圧力として、長谷川はうけとめただろうか。しかし、彼らの書いたものを読むかぎり、日本的な形をもとめる声は見あたらない。新しい官庁街の計画がぜいたくにすぎるという意見は、しばしば見かけるが。

ここに、「最初の議院建築の設計者エンデと其《その》貢献」という文章を、紹介しておこう。建築史家の関野貞が、臨時建築局の時代をふりかえって書きとめた論文である。今はうしなわれてしまった資料を、たくさんつかっているところが、ありがたい（『新旧時代』一九二六年六月号）。

このなかに、東京からエンデ・ベックマン事務所へあてた電報が、紹介されている。一八八八年そうそうの電報であったという。そこには、こう書きとめられていたらしい。「一月二七日の内閣会議に於て諸官衙建築には一切日本式を混用すべからずと決定」。

閣議で、日本的な建築の形はつかわせないときめた。そうエンデ・ベックマン事務所には、つたえられている。前年の九月から和風化へつっぱしっていた同事務所には、つらい知らせであった。それでへとへとになった妻木たちは、がっかりもしただろう。

関野が何にもとづいて、その通知があったことを書けたのかは、わからない。だが、そこにしるされた内容はおおむね信じられる。なぜなら、その後、司法省などは、じじつ西洋の古典様式でたてられていったからである。また、関野のような歴史家が、ありもしない電文をでっちあげたと考えるべきでもない。

一八八八年の内閣からは、条約改正をすすめたがった一派が、しりぞいていた。鹿鳴館をこしらえ、都市の欧化をこころざした勢力が、身をひいている。しかし、それでも閣議は、日本的な伝統へのあゆみよりを、エンデらに禁じていた。正統的な西洋の形でまとめることを、もとめている。

一八八七年五月段階の政府は、まだ条約改正をあきらめきっていない。都市の欧化をめざす人々も、のこっていた。そんなおりに、政府から和風化の要請をエンデがうけていたとは、思えない。欧化のゆきすぎに否定的な新しい内閣でさえ、「日本式」はしりぞけたのだから。

私は、エンデが自分自身の判断で、日本的な形をおもしろがったのだと考える。エンデは、極東の造形にエキゾティシズムをくすぐられた。そこで、「和三洋七の奇図」は、うかびあがったのだと、とらえたい。

そして、そのぐらいのことなら、長谷川にもわかったはずである。じっさい、この問題を論じた長谷川は、関野の論文にもふれていた。のみならず、「一切日本式を混用すべからず」という決定の電文も、ひいている。なのになぜ、一八八七年五月にエンデが和風をおしつけられたと、考えてしまったのか。おそらく日本的な建築様式についての、常套的なある想いにとらわれていたせいだろう。いわゆる日本趣味は、国家主義にねざしている。建築界にながらくはびこったこの考え方で、目をくもらされたのだと見るしかない。

最初、エンデは、おりめただしい西洋風の図案を、日本政府にだしていた。なのに、とちゅうで「和三洋七の奇図」へ、これをあらためている。なぜか。きっと、明治の国家主義者たちから、国粋的な日本の造形をもとめられたためだろう。そう長谷川も、短絡的に考えてしまったのではないか。

ねんのため、堀内正昭の研究からおぎなっておこう。堀内はエンデ・ベックマン事務所の所員であったハルトゥンクの回想記を、見いだした。『ベルリン建築界《ベルリーナ・アルヒテクトゥーアヴェルト》』の一九〇八年一〇月号によせた一文が、それである。そして、そこにはこんなことが書いてあったという。

「図面は、日本政府の断固とした希望に基づいて、西洋建築の形態で仕上げなければならなかった。しかし、それに加えて、エンデは個人的な動機から西洋式に対抗する図面をつくった。それは、独特の効果的なやり方で日本の建築思想と形態を応用したものだった」(『明治のお雇い建築家　エンデ&ベックマン』一九八九年)

これも、一八八七年五月の様子を、じかにつたえる記録ではない。一級史料とは、言いかねる。しかし、ほかにエンデ・ベックマン側のうごきを、つたえる記録はない。とりあえずは、これにしたがうべきだろう。

エンデは和風への傾斜を、「個人的な動機」にもとづくと、所員に知らせていた。西洋のオーソドックスな形式を、日本政府はもとめている。しかし、自分は日本的な表現にもいどみたいのだ、と。

一八八九年に政府は、大日本帝国憲法を発布した。西洋にならった憲法をさだめ、西洋流の議会をもうけるようになる。そこへとむかう近代国家がほしがったのは、「西洋建築の形態」であった。「断固とした希望」を、この点についてはいだいていたのである。

「個人的な動機」で、エンデはオリエンタリズムへまよいこむ。それを、日本政府ははっきりしりぞけた。「一切日本式を混用すべからず」という返答を、エンデにはつきつけたのである。

日本的な建築の形には、国家の欲望がぬりこめられている。それを設計にとりいれることは、国家主義につながる。そうこれまでうけとめてきた建築史家たちには、考えをあらためてもらいたい。大日本帝国へといたる国家は、「日本式」の「混用」を「一切」禁じてもいたのである。

話はかわるが、ベルリンの動物園をごぞんじだろうか。まだ知らないというむきには、ぜひおとずれるようすすめたい。

とくに正面の門と、そこへつらなる管理棟は、見ておいて損がないだろう。それらは、唐破風をあしらった偽似日本風の姿で、たっている。ベルリンの市街に、ややあくどい日本的な姿がぬっとあらわれる。その唐突さが、ここではあじわえる。

この動物園は、一八四四年にひらかれた。だが、その人気は思うように高まらない。一八六〇年代には、入場者数がへりだした。

人気をもういちど回復させるため、動物園は思いきった手だてにうってでる。動物がはいる小屋を、オリエンタルにかざりたてていったのである。異国からきた動物を、異国風の建物で紹介する。そんな口実で、エキゾティックなパビリオンによる客あつめを、はかったのである。まるで、遊園地のように。

端緒をきりひらいたのは、エンデ・ベックマン事務所であった。彼らは、一八七三年に大きな象小屋を、古いインド風の形でたてている。異国趣味の建築をたてるならわしが動物園ではじまったのは、彼らの設計からなのである。

一八九七年には、ベックマンが動物園の理事長になっている。その二年後には、正面の門と管理棟を設計するコンペが、おこなわれた。日本的な造形がえらばれたのは、その時である。

エンデとベックマンに「和三洋七の奇図」があったことは、ドイツでも知られていた。それらは、建築の雑誌で、おおきくとりあげられている。コンペで一等になった偽似日本風は、それをあてこんだ図案だったのかもしれない。

ざんねんながら、当初の施設は第二次世界大戦で、すっかりこわされた。今見られるのは、戦後にあたらしくたてなおされた門である。それでも、エンデとベックマンのオリエンタリズムが、ここでいくらかはしのべよう。

もちろん、彼らは正統的な設計も、数多くこなしてきた。ベルリン市内でも、公的な施設をたくさんたてている。教科書的なととのった形に、建築をまとめるてぎわも、おてのものだった。だからこそ、日本政府からもさそわれたのである。

だが、そのいっぽうで、エキゾティシズムに興じるあそび心も、なかったわけではない。遊園地などにふさわしいくだけた形も、またおもしろがれる事務所だったのである。

「和三洋七の奇図」にエンデがおもむいた「個人的な動機」も、おそらくそこにある。せっかく極東の日本から注文をもらったのだから、日本的な形で設計をたのしもう。かたくるしい古典系ばかりやっていると、息がつまる。とまあ、そういった心の綾から、偽似和風をひねりだそうとしたような気もする。

あんがい、はじめから日本での実現には、それほどこだわっていなかったのかもしれない。ドイツのメディアで、図案だけを発表する。机上の企画だった可能性もある。オリエンタルな建築をこなしてきたエンデが、こんどは日本に挑戦したというような。じじつ、ドイツのある建築雑誌は、「奇図」の紹介におおきくページをさいていた。

それだけのために、図面製作の手間をかけるのは、ばかばかしいと思われようか。しかし、エンデの事務所には、日本からきた安あがりのドラフトマンたちもいた。妻木をはじめとする、ドイツ人よりは日本建築につうじているだろうアシスタントらが。論証はできないが、けっこうありえる話だと私は思っている。

エンデらは、たとえば動物園の施設で、オリエンタリズムをみのらせてきた。そして、その手法を、日本の官庁建築にも投影しようとする。むろん、日本人のことを、動物園の小屋にふさわしい人種だと、見ていたわけではないだろう。しかし、いっさいの和風を禁じた政府首脳は、そううけとめてしまった可能性もある。

エンデ君が、われわれをおとぎ話の住民としてあつかおうとするのなら、それはこまる。われわれも、西洋の人々と同じように、本格的な庁舎建築で執務にあたるつもりである。そこのところは、わきまえておいてほしい。「一切日本式を混用すべからず」。そう彼らが釘をさした背景には、今のべたような心模様があったのかもしれない。

夢ふたたび

日本的な形を日本政府から封じられたエンデ・ベックマン事務所は、設計をやりなおした。「和三洋七の奇図」から、もういちど和風の部分を、とりのぞいている。あらためて、ネオ・バロックの古典的な庁舎図をととのえた。

その基本設計にしたがい、東京では仮国会議事堂、司法省、裁判所がたてられだす。いずれも、外観からは、日本的な表現が見いだせない。西洋の歴史様式にしたがった庁舎ができたのだと、とりあえずはみなしうる。

しかし、裁判所（一八九六年竣工）だけは、内部に和風をとどめていた。ホールの上に、海老虹梁や蟇股があしらわれるしあがりと、なっている。「一切……混用すべからず」と命じられたはずの和風が、まぎれこんでいたのである。

そして、ここでの仕事は、ドイツから帰国した妻木頼黄にゆだねられていた。むろん、設計のおおまかなところは、エンデ・ベックマン事務所がきめている。純西洋風へもどされた新しい提案に、妻木もしたがわざるをえなかった。ただ、現場をまかされた者の裁量で、若干は内部に和風をしのばせたまでである。

なお、ここの施工監理には、エンデ・ベックマン事務所の所員も、おくりこまれていた。ハルトゥングが日本までやってきて、これにはあたっている。エンデの和風を「個人的な動機」によると書きとめた、あのハルトゥングが、である。その回想も、そこそこには生証人であった人物の記録だと、みとめてよい。

くりかえすが、裁判所のホールには、和風の飾りつけもほどこされていた。司法省（一八九五年竣工）や仮議事堂（一八九〇年竣工）に、そういう細工は見られない。どうして、裁判所だけが、日本の伝統的な形にこだわったのか。長谷川堯は、ここにも妻木の江戸幻想を読みとっている。江戸的なものへの想いが日本橋の設計をささえたように、裁判所でも作動したのだ、と。

「私がいつも感じるのは、江戸旗本の長男、妻木頼黄の『血のさわぎ』といったものである。妻木にとって〈江

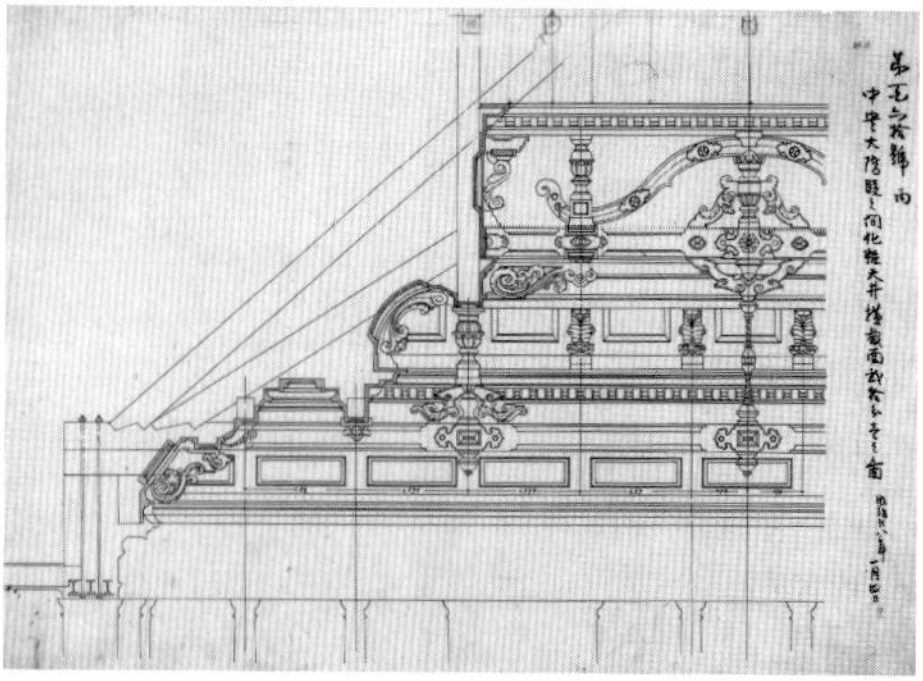

大審院（後の最高裁判所）、中央階段の間 化粧天井縦截図

戸〉は、いわば失われた故郷であり……『裁判所』のインテリア・デザインにおいても、私は妻木の内面の奥からやってくる『江戸の小爆発』を目撃する」（前掲「議事堂への系譜」）

私は、大連の松室重光を論じたおりに、京都へのノスタルジーを読みとってみせた。その私が妻木の江戸幻想をしりぞければ、話にかたよりがあると言われるかもしれない。どうして、京都への想いはみとめたのに、江戸へのそれはうけいれないのか。けっきょく、地元の京都をひいきにしているからだろう、などと。

そうなじられそうなことを覚悟したうえで、あえて書く。ホールの海老虹梁や蟇股ぐらいで、旗本の血を語るのは、おおげさにすぎる。明治が抑圧した側へよりそいたい気持ちは、わからないでもない。しかし、それで歴史の説明をしてしまうのはこまる、と。

長谷川は、妻木と裁判所を論じるくだりで、ある回想をひいていた。ながらく妻木の下ではたらいてきた小林金平の想い出話を、紹介している。そのなかに、つぎのようなくだりがある。

「エンデー、及《および》ベックマンが、最初日本に来て各地の建築を観て故国に帰り、其《その》写真やスケッチを、ドラフトマンに示し、大に日本建築の美点を推賞した。それ等の事が洋行中の博士の心を動かしたものであらう。西洋建築の中に日本建築の美を加味する事を考へて居った」（「編集子による談話筆記」『建築雑誌』一九一二年十二月号）

エンデらが、日本建築のおもしろさを、ドイツで妻木たちにふいちょうした。それで、妻木も和風へ心をよせるようになったと、小林は言う。旗本としての江戸追慕については、何も語っていない。

上司の往時をふりかえるこの回想談話は、まだ妻木が生きている時にあらわされた。ちょうど、日本橋が完成してまもないころの記録である。ねんのため書きそえるが、妻木がなくなったのは五七歳の時、一九一六年であった。

小林の回想は、とうぜん妻木の目にはいる。自分がつかえる妻木も読むだろうことを、おりこんだうえで語られたはずである。そうそうまちがったことは、しゃべれまい。エンデらの感化をうけて日本にめざめたという話も、信じうる。

余談だが、妻木も同じ『建築雑誌』の十二月号に、論文をよせていた。小林の談話がのった同じ号に、「建築材料としての本邦石材(一)」を書いている。妻木がこの号を手にとっただろうことは、うたがえない。かつての部下である小林が語ったことへも、目はとおしていたと考える。

小林の回想をつづけよう。妻木がドイツからかえって、裁判所の仕事をひきうけた。そのあたりのことを、小林はこうも想いだしている。

「丁度《ちょうど》エンデー、ベックマンの設計の裁判所が工事中に帰られて、直ちにその方に携はる事になったが、其《その》建築に日本建築の手法を加味してある。ホールの上部に海老虹梁、太平束、蟇股等もあしらってある」(同前)

エンデらにふきこまれた日本熱が、裁判所のホールで実をむすぶ。小林は、そういうものとして、ここの日本的な装飾をとらえている。そして、私もそれでいいと考える。江戸まで話をふくらまさなくても、かまわないと思っている。

外国へ留学した者が、ふるさとの魅力をあちらで発見する。欧米人のエキゾチシズムにふれ、日本への好奇心をつのらせながら、かえってくる。われわれは、そういう人をよく見かける。日本的な建築にめざめた妻木も、そうした人々のひとりにあげてかまわない。

妻木は、工部大学校を卒業することより、アメリカでまなぶ途をえらんでいた。そうさきほど書いたが、もっと前にも渡米をこころみたことはあったらしい。工部大学校へ入学する四年前、十五歳のおりにもアメリカへわたっていたという。

日本をはなれ、ひろい世界とであいたい。そんなこころざしを、若いころからいだいていたことが、おしはかれる。幕臣としては、勝海舟あたりとひびきあう人であったような気がする。

ひょっとしたら、はやくから立身の糸口をさぐっていたのかもしれない。西洋の新しい知識をしいれれば、明治の世をのりきることができる。旧幕臣の家に生まれた自分でも、東京へ田舎からでてきた出世組より上にたてる。そんな想いも、いだいていたのではなかろうか。

旗本の血という長谷川のこだわりも、そういう枠組のなかでなら、うなずけなくはない。明治の世を見かえしてやろうと、幕臣の血がさわぐ。東大＝工部大学校ではあきたりなく感じ、とちゅうでやめて渡米した。こういう情熱も、その延長上に位置づけうる。

いずれにせよ、日本政府は、裁判所から日本色があふれだすことを、ゆるさなかった。西洋とかわらぬ庁舎のたつことを、建築家にはもとめている。そして、その方針にすこしあらがい、妻木は裁判所へ和風をにじませた。

そう、ここでも日本的表現は、国家意志をうらぎるそれとして、あつかわれている。その背後に、私はドイツでふくらまされた日本建築熱があったと思う。いっぽう、長谷川は江戸へのノスタルジーを、強くうちだした。だが、そのいずれであっても、大日本帝国の欲望からそれていたことは、いなめない。

裁判所ができた三年後、一八九九年に妻木は、日本勧業銀行の建築を竣工させた。たてられたのは内幸町、今の日比谷公会堂とは道をはさんでむきあう敷地である。三年前にてがけた霞が関の裁判所からは、なにほどもはなれていない。ごく近いところに、この銀行は姿をあらわした。

外観には、唐破風や千鳥破風も、そえられている。平面は凹型で、窓も縦長にうがたれており、その骨格は西洋式だとみなしうる。しかし、

旧日本勧業銀行本店

見かけにただよう印象は、和風のそれだというしかない。

銀行の川島総裁が日本的な建築をもとめたのだと、のちに曾禰達蔵が書いている（「妻木博士に対する諸家の追憶」『建築雑誌』一九一六年十一月号）。しかし、部下の小林金平は、妻木の提案で和風になったとのべていた（前掲「編集子による談話筆記」）。

当事者でもない曾禰の言葉より、小林がのこした想い出のほうを、信頼するべきだろう。「一層《いっそ》木造の日本風に仕様ではないか、と云ふ博士の発案」で、ことはきめられたという。私としても、妻木の存命中になされたそんな小林の談話を、信じたい。なお、曾禰の言及は、妻木の没後に追悼文としてよせられたそれである。

建築史の研究者は、この和風を民族主義の高揚という文脈で、しばしば語ってきた。たとえば、藤原惠洋がこんな説明を、この建物によせている。

「日本勧業銀行本店（明治三二年竣工）は、背後にあった伝統意識の高揚なくして登場することはなかった。時あたかも日清戦争を大きな磁場として民族主義が唱えられた頃」（「伝統の発展」松村貞次郎、近江栄編『近代和風建築』一九八八年）

しかし、当時の建築家たちが、和風へとむかう民族主義をいだいていたとは思えない。

さきほどの曾禰も、勧銀の建物ができた時はいやな感じがしたと、のべている。「奇異怪異の念が起って不快に感じた」、と（前掲「妻木博士に対する諸家の追憶」）。こちらは、当人じしんの気持ちをふりかえる懐古談であり、うたがう必要はないだろう。

「其《そ》の当時は大に論争の的となった」（前掲「編集子による談話筆記」）。部下の小林もまた、往時をそうふりかえっている。日本勧業銀行の和風をよろこぶ高揚感が、建築界にあったとは考えにくい。私は民族主義うんぬんというこれまでの説明を、うたがっている。

さきほどもふれたが、この銀行は裁判所のちかくにできていた。エンデ・ベックマン事務所が官庁街をととのえようとした、そのエリアにたっている。

敷地をしめされた妻木は、エンデやベックマンのことを、ふりかえったにちがいない。エンデの指示で、「和三洋七」の官衙図をしあげたことも、脳裏をよぎったろう。そして、この場所でなら、もういちどあれをこころみたいと思ったのではなかろうか。

国家は、官庁の建築に「一切日本式を混用すべからず」と、命じてきた。裁判所の設計でも、「日本式」は内装のごく一部にしか、もぐりこませられていない。だが、民間の建物でなら、それもゆるされるのではないか。「一層木造の日本風に仕様」と銀行側へもちかけたのも、その可能性にかけたせいだろう。

場所は、オリエンタリズムにのぼせたエンデが、「和三洋七」をもくろんだ夢の跡である。その夢をともに生きた妻木が、あらためてかつての夢をよみがえらせようとした。内幸町の銀行に日本的な見てくれがうかびあがったのは、そんな筋道からだと考える。

あふれるジャポニカ

ヘンリー・キリアム・マーフィーという建築家を、ごぞんじだろうか。二〇世紀初頭の中国で仕事をした、アメリカの建築家である。

エンデやベックマンらと同じで、マーフィーもまた、オリエンタリズムにひかれていた。中国では、西洋建築に中華風があしらわれた作品を、たくさんたてている。今でもその作風は、たとえば北京大学の主だった校舎などをとおして、うかがえる。

他にも、ブレナン・アトキンソンが、同じような仕事で知られている。ハリー・ハッセイも、西洋と中国の建築をかけあわせようとしたひとりに、あげられよう。中国へわたった西洋の建築家もまた、しばしばエンデのような想いをいだいていた。

さて、マーフィーである。彼の事務所では、中国人の建築家たちも、おおぜいはたらいていた。そのなかに、呂彦直《りょげんちょく》がいる。あと、董大酉《とうだいゆう》が籍をおいていたことも、見おとせない。のちに、ふたりは、蒋介石の国民党政権でも仕事をした。のみならず、国家的なプロジェクトをまかされてもいる。

たとえば、一九二九年には中山陵の、工事がはじまった。中山陵は、孫文を記念する陵である。南京郊外にいとなまれた、国民党政権の正統性をうったえる、一大モニュメントであった。

その中心施設である祭殿には、中華風の民族様式がとけこまされている。政府は漢民族の伝統的な様式を建築にまとわせつつ、人民へあゆみよろうとした。そして、その意匠をほどこしたのは、今紹介した呂彦直である。

政権は上海でも、壮大な行政区画計画をはじめている。その立案は、董大酉にまかされた。もちろん、計画どおりに新しい大都市がいとなまれたわけではない。それでも、いくつかの記念碑的な建築はたてられ、今日につたえられている。

市の図書館（一九三五年竣工）と市庁舎（一九三三年竣工）を、その例にあげておこう。今はそれぞれ、同済中学校図書館、市立体育学院校舎として、つかわれている。どちらも中国風の屋根におおわれた、董大酉のてがけた建築である。

オリエンタリズムをおもしろがる西洋人の建築事務所で、若いころははたらいた。そんな中国人の建築家たちが、中国の国民党政権に重んじられている。オリエンタリズムの手法を、ナショナリズムの喚起に転用する。そういう建築的な人材として、彼らは登用されていた。

明治維新をなしとげた国家も、エンデのもとでまなんだ妻木頼黄を、重用してはいる。官庁営繕の頭という役割を、けっきょく彼にはあたえていた。

しかし、エンデらが想いえがいたオリエンタリズムを、いかそうとはしていない。近代日本の国民国家は、それを民族精神の鼓吹へ、回路づけようとしなかった。

妻木がひきついだエンデの夢は、国家の建築にいかされない。裁判所の設計では、国家の目をぬすむかのように、まぎれこまされている。公的な施設ではなく、ようやく民間の銀行で実をむすぶに、とどまった。

中国国民党政権とは、建築にこめた想いが、まったくちがっている。日本の近代国家は、アジアからぬけだし、ヨーロッパ並みになることをこころざした。その点では、中国などより、よほど思いきった舵をきっている。日本が西洋へむかおうとするこころざしの強さは、建築からも見てとれよう。

一九一〇年一月号の『建築雑誌』に、妻木の自邸が紹介されている。外壁をハーフ・ティンバーでまとめた、カントリーハウス風の館である。基本的には、洋館のかまえでできていると、みとめてよい。

だが、伝統的な日本建築の要素も、そこにはおりこまれていた。変形の花頭窓、斗栱風の持ち送り、千木、唐破風などが、ちりばめられている。それぞれが、おさまるべきところにおさまっているという印象はない。日本的な要素は、ほんらいあるべきところからきりはなされ、ばらばらにあつめられていた。長谷川堯は、その様子をつぎのように、とらえている。

「和風の建築の伝統も何も知らない異国人が日本風《ジャポニカ》のデザインを行ったかのように、いわば恥も外聞もなくまとめてみせているのだ」（前掲「議事堂への系譜」）

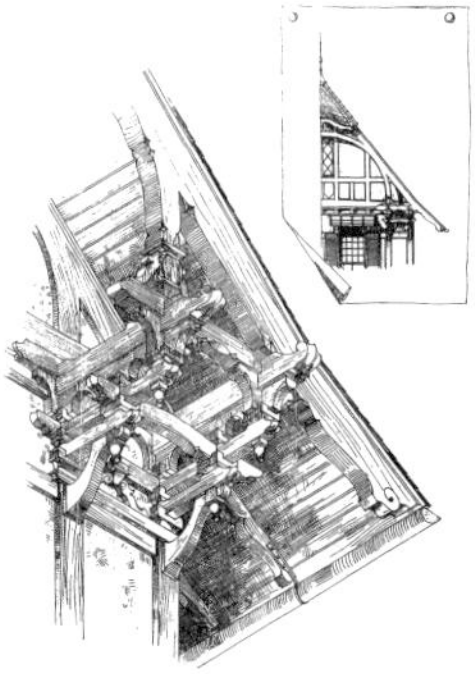

妻木自邸

そうであるからこそ、この意匠を、長谷川はこんなふうにも読みこんでいく。

「約二十年前のエンデ・ベックマン事務所に留学していた時代に見た図面の残像が……なお生きのびつづけ……彼の自邸で花ひらいたのである」（同前）

この点は、私にも異論がない。今まで長谷川説に注文をあれこれつけてきた私も、ここのところはうなずける。エンデらにふくらまされたオリエンタリズムへの夢は、この自邸にもながれていただろう。

ただ、妻木は官僚機構のなかで、たいへんな地位にのぼりつめていた。役所の営繕をたばねる、その元締めいたところにいたのである。

中国の国民党政権でなら、えらくなりおおせた建築家でも、中華風をあつかいえた。オリエンタリズム経由の民族性を、大きな公共建築に投影することが、できている。また、政権の側も、それで国民があおられることをのぞんでいた。

しかし、明治の日本で官界に君臨した妻木は、それをゆるしてもらえない。おりめただしい、きちんとした様式建築の仕事ばかりが、彼にはもたらされた。オリエンタリズムとたわむれるには、えらくなりすぎたのである。

自邸の設計が、そんな彼には、肩をほぐせる機会となっていただろう。エンデ・ベックマン事務所じこみの「日本風《ジャポニカ》」が、どうどうとおしだせる。自分の私的な家が、その例外的な場所として、位置づけられたにちがいない。

そして、そこしかないと思いこむからこそ、「日本風」はあられもなくあふれでた。その濃密な流露ぶりは、ふだんの自制を陰画のかたちでしめしているような気がする。あるいは、官衙建築に「一切日本風を混用すべからず」と命じた国家の姿をも。

武田《たけだ》五一《ごいち》

軽く、うすく、たおやかに

茶室語りの世紀末

茶室の研究といえば、たいていの建築家は堀口捨己のそれを想いうかべよう。一九三〇年代にはいって、堀口は建築家という立場から、茶室の歴史を論じだした。その道をきわめた人物として、千利休のことを紹介してもいる。おかげで、茶室のなりたちや利休の仕事ぶりも、ひろく知られるようになった。そう建築界では、うけとめられている。

これにたいし、十九世紀末の武田五一をそのさきがけとしてもちあげる声もある。武田の研究で知られる足立裕司は、こうのべる。

「はじめての茶室建築の研究、これは武田五一が最初です。以前は堀口捨己が茶室研究のはじまりだといわれていたのですが、今ではようやく評価も安定し、武田五一がはじめたということになっています」（足立裕司「武田五一とフランク・ロイド・ライト」二〇〇七年）

じっさい、武田は帝国大学の卒業論文（一八九七年）を、茶室論でまとめている。そして、それは『建築雑誌』に、とりあげられた。十一回にわけて、紹介されている（一八九八年一月号〜一九〇一年七月号）。たしかに、堀口捨己が茶室を論じだすより、三十年ほどはやい。

のみならず、武田もまた利休のいとなんだ茶室を、歴史のいただきに位置づけていた。茶室の平面、プランがうつりかわっていく様子も、ていねいにおいかけている。のちに堀口がしめすような見取図を、おおざっぱにはえがいていたのである。

武田のほうが、ずっとはやい。武田のことをおおきくとらえたがる足立が、そんな口吻《こうふん》をもらすのもよくわかる。

しかし、その武田にさきんじた茶室論の書き手も、いなかったわけではない。たとえば、橋本尚四郎に『天下茶室案内』(一八九五年)という本がある。本多錦吉郎は、『茶道要訣 茶室構造法』(一八九三年)を、一冊にまとめている。

一八八九年には、『国華』という美術雑誌で「茶室考」の連載がはじまった(一〇月号)。年末の十二月号まで、美術史家の今泉雄作がこれをつづけている。そして、この論考も利休の傑出ぶりを言いつのり、平面計画の変化をたどっていた。武田の卒論に、七、八年ほどさきがけて。

ざんねんながら、私はまだ江戸時代の茶道書を、きちんと読んでいない。江戸期からの論じっぷりが、明治になってどうかわったのかは、たどれないでいる。まあ、どちらも『南方録』の歴史観を、なぞっているような気はするが。

ただ、一八八〇年代末期には、茶室語りがふえだした。そこに、同時代の知的な好奇心がむかいだしていたことは、うけあえる。

「茶室建築の研究」は、「武田五一がはじめたということになってい」る。そうとなえたがる人にはもうしわけないが、あえて書く。武田の先駆性は、もうすこしひかえめに、語らねばならないようである。たとえば、大学で西洋の建築をまなんだ建築家のなかでは、はやかったというていどに。

では、どうして、茶室語りが一八八〇、九〇年代の言論界に浮上したのだろう。美術家や美術史家が茶室を論じ、ついには建築家の武田もそこへ目をむける。何がきっかけとなって、こういう時代の流れは形づくられたのか。とりあえず、教科書的な説明をこころみる。

一八八〇年代末、明治二〇年代は、国粋保存論が高まった時期である。民権運動が挫折したあとに、国権主義を言いつのる。ゆきすぎた欧化政策を反省して、伝統的な日本文化をかえりみる。そんないきおいにはずみがついた時期である。茶室語りのふえたことも、なにほどかはそういう時流のせいであろう。

ならば、なぜ、建築としては茶室がえらばれたのか。巨大な前方後円墳は、お国自慢の対象に、この時期なっていない。東大寺の大仏殿や姫路城にも、そういう意味での脚光はあたらなかった。にもかかわらず、茶室をことあげする言辞は、ふえている。

十九世紀末の国粋保存精神は、どうしてちっぽけな茶室をもてはやしたのだろう。建築方面の文化財では、もっと大きくてりっぱなものも、たくさんあったのに。

この疑問をとく糸口となりそうな文章を、三宅雪嶺が書いている。明治の言論史にくわしい人なら、だれでもその名はわきまえていよう。十九世紀末以後の日本で、国家主義をとなえつづけたジャーナリストである。

その三宅に、『真善美日本人』（一八九一年）という本がある。日本人の性質を肯定的にえがいた、いわゆる日本人論の読みものである。その最終章で、三宅は日本と西洋の建築をくらべ、つぎのように論じていた。

西洋人は日本へきて、日本の粗末な家屋におどろきやすい。石やレンガの家になじんでいる彼らは、木造の日本建築にあきれてしまう。「児童の玩物」、つまり子供だましのような建物として、ながめるきらいがある。なるほど、日本家屋がみすぼらしく見えるというのは、そのとおりであろう。彼らの目も、まちがってはいない。しかし、と三宅は言葉をつづける。

「我が家屋の構造、器物の製造、其《そ》の簡略は著《いちじる》しき事実なりと謂《い》ふと雖《いへど》も、此《こ》の簡略なる構造製造の間、自ら巧《ろう》を弄したるの痕《あと》歴然として見るべきあり」

日本家屋を、ちいさいからといってさげすむのは、あたらない。つくりはこぶりであっても、われわれの家にはさまざまなたくみがほどこされている。そこを、見おとすべきではない。

「寺院の構造の如きは原《もと》明らかに外邦の風を模擬せしものにして、頗《すこぶ》る宏大雄麗、人を粛然たらしむるなきにあらざるも、漸次《ぜんじ》に其《そ》の風を移して、普通民人の家屋を造築するに至れば、大なるものは変じて細となり、雄なるものは変じて繊となれり」

雄大な寺院は、もともと外国からきた建築である。そして、それをうけいれた日本は、建築の技を住宅において《ママ》みがきあげた。「大なるもの」をより「細」に、「雄なるもの」をより「繊」に。三宅は、そんな言いまわしで、日本家屋のたおやかさをことあげする。

「欧米の建築法は頗《すこぶ》る堅牢なり」と、三宅は言う。そして、その点では、日本建築がたちうちできないことを、みとめていた。だからこそ、ある種負けおしみめいた言辞が、口をついてでる。技のさえや芸のこまやかさでは、負けないぞ、と。

茶室について、三宅はここでふれていない。しかし、茶室などに見うける日本家屋の質《たち》が、美化されていることはたしかである。

明治二〇年代に、茶室語りがふえていく背景も、私はそこにあったと考える。寺院などをもちだしても、スケールの大きさでは、西洋にかなわない。そういう土俵できそいあうことは、あきらめる。そして、小粒でも気のきいたものをもちだし、そちらではりあおうとする。以上のような心の機微が同時代的にわかちあわれて、茶室には光があてられたのだと思う。

幕末以後に日本へきた西洋人たちは、しばしば日本見聞の記録を書きとめた。それらを読むと、日本建築の貧相な様子にがっかりしたという記述を、よく見かける。日本に建築芸術はないと書ききったものも、なかったわけではない。

彼らとであった日本人たちも、そういう話をしばしばふっかけられていただろう。だからこそ、国粋保存がさけばれる時代に、多くの書き手が茶室を論じだした。

ちいさいといってなめるな。日本建築は、小体《こてい》ななかに技巧をこらしてきた。お前たちも、目を皿のようにして、よく見ておけ……。以上のような想いも、秘めながら。

武田の茶室論も、どこかではそんな時代相にささえられていたのだと考えたい。

奈良と東京をむすぶ糸

東京の日比谷に、妻木頼黄の設計で日本勧業銀行本店がたてられたことを、前回のべた。一八九九年に竣工した、和風もどきの建築である。

この設計を、じつは武田五一もてつだっていた。まだ、帝国大学の大学院へかよっていた武田が、である。のみならず、製図の監督までまかされている。

和風をあしらった銀行の設計にさいしては、長野宇平治の先行例が参考になった。武田は長野をしのぶ追悼文で、そうのべている。

一八九四年から二年三カ月ほど、長野は奈良県で建築の仕事にあたっていた。県の嘱託としてつとめている。そして、和風が表にでた建築の設計に、この間いくつかたずさわった。奈良県庁舎（一八九五年竣工）や奈良県師範学校（一八九六年竣工）などである。

奈良では、一八九四年にできた帝室博物館の評判が悪かった。ネオ・バロックの威容が古都奈良の景観には、ふさわしくないとみなされたせいである。

そのため、この同じ年に奈良へやってきた長野は、和風のよそおいにたよりだす。木造の洋館を、日本的な見てくれでおおってしまう。そんな設計で、奈良の景観問題とは、おりあいをつけようとしたのである。

のみならず、新しい景観上の規則も、さだめている。奈良公園内に今後たつ建築は、みな外観に和風をあしらわなければならない、と。

その長野を奈良県にあっせんしたのも、じつは妻木である。

長野がかかわった奈良での仕事に、妻木のみちびきがあったのかどうかは、わからない。しかし、その和風表現は妻木のオリエンタリズムとも、つうじあう。妻木からの薫陶が、あったのかもしれないと、いやおうなく思えてくる。ふたりのつながりについては、だれか専門の建築史家にしらべてもらえれば、ありがたい。

話を妻木と武田の日本勧業銀行本店にもどす。武田は長野をふりかえる文章で、奈良の和風にこだわった仕事ぶりへ、言いおよぶ。そして、こうつづけた。

「余の初めて設計した東京の日本勧業銀行の建物も、長野博士のこの様式に大いに刺激されてやったものであった」(「工学博士長野宇平治君を弔う」『建築雑誌』一九三八年三月号)。

和風でいく決断じたいは、妻木が下していた。その具体化をまかされた武田は、奈良の長野作品を見て、設計のヒントにしたという。ひょっとしたら、長野の和風については、妻木から示唆をうけていたのかもしれない。奈良にいい手本があるよ、と。

やはり、三人の間には、和風をつうじたつながりが、できていたのだろうか。とはいえ、かりにそういう接点があったとしても、長野はのちにそこからはなれている。一八九七年に辰野金吾のさそいで、日本銀行へつとめだしてからは、それをたちきった。

辰野といっしょに仕事をしだした長野は、かつてのロマンティックな作風を、すてている。辰野が期待する以上の古典主義者に、なりおおせた。

辰野と妻木が、たがいにいがみあっていたことは、よく知られていよう。

その妻木に、若いころはあゆみよったことがある。奈良県での仕事を妻木にあっせんされ、そちらへおもむいている。それなのに辰野は自分をひきたて、日本銀行へまねきいれてくれた。ありがたい。辰野の恩には、心からむくいよう。こんな想いも、あの厳格な古典主義者・長野宇平治を、そだてたかもしれない。

少々、空想がすぎたような気もする。長野の心模様を、これ以上ほじくりかえすことは、ひかえよう。

私は今、奈良の県庁舎と師範学校、そして東京の日本勧業銀行を、ならべてみせた。木造の西洋館が和風の意匠を身にまとった例として、ひとくくりにとらえている。

そして、建築史の読みものも、よくこれらをひとつにまとめてきた。民族意識の高まりという筋道で、それらをひとしなみにとらえた言及も、なくはない。

日本勧業銀行の和風が、こういう文脈におさまらないことは、すでに書いた。もう、くりかえしたくはない。だが、私はさきほど、一八八〇年代末期から国粋保存熱が高揚したことに、ふれている。その気運が茶室語りをあおったことも、論述ずみである。これと同じ熱気が、日本勧業銀行などの和風をあとおししたのではないか。めざとい読者のなかには、そう考えをめぐらせるむきも、いるかもしれない。

ねんのため、そういう歴史の見方もなりたたないことを、ことわっておく。

十九世紀末の国粋保存熱が目をむけたのは、ちいさい日本建築であった。西洋建築と、その容量できそいあうようなことはしない。西洋とはりあうためにえらばれたのは、たくみな技できわだつ茶室である。

当時の国粋論は、奈良県庁舎や日本勧業銀行のような形を、もとめていない。木造の西洋建築を和風によそおわせ、西洋へたちむかうことは、のぞんでいなかった。

それらの出現は、それぞれべつの事情で説明されるべきである。奈良県庁舎の場合は、古い都の跡地にたつことがおもんぱかられ、和風になった。日本勧業銀行の和風は、ドイツでまなんだ妻木のオリエンタリズムにねざしている、と。

それに、奈良県庁舎も日本勧業銀行も、基本的なつくりは西洋館である。じっさい、そのどちらでも、はたらく人々は靴をはいたまま床の上へあがっていた。机を前にしながら、椅子にすわるかっこうで、つとめにはあたっている。

靴をぬいで畳にすわりながら、仕事をしてはいない。それらは、西洋流の執務形式を、ほぼまるごとうけいれた。その意味では、まじり気のない西洋館なのである。

旧幕時代の県庁舎にあたるところ、つまり代官役所などは、書院造でできていた。武家がかまえる公的な空間は、書院の形にととのえられていたのである。文書をしたためるのも、評定をおこなうのも、そういう場所であった。役所のつとめがなされたのは、畳の上なのである。

銀行の前身にあたるのは、両替商であった。それらの店でも、執務の場所は書院風を、すくなからずとりいれている。外観は町家建築、あるいは土蔵造になっていた。そして、そういう店でも、事務的な仕事は畳の上でおこなわれたのである。

江戸時代の世俗的な建築は、書院造と数寄屋造に大別できるとする歴史家がいる。こういう見方は、庶民住宅をないがしろにしているような気もする。しかし、建築美が語れるようなそれは、このふたつにかぎられよう。公的なハレの場は、書院もしくはそれに準じたしつらいで、ととのえられた。いっぽう、遊びの空間は数寄屋風にしあげられている。花街や遊里の施設、宴会場、別荘、茶室などが、である。数寄屋造は、日頃のうさをわすれる非日常の場にこそふさわしいつくりだと、されていた。

日本近代の西洋化は、オフィスの場という役割を、書院からうばいとっている。そして、西洋建築に、その機能を肩がわりさせた。おかげで、書院は実用的な意味をもたない施設になっていく。

もちろん華族屋敷の一部では、しばらく書院がたもたれた。城郭の御殿書院は、今でも文化財としてのこされている。しかし、書院で仕事をするならわしは、ほぼついえさった。

奈良県庁舎や日本勧業銀行に、書院はない。どちらも、つとめの場としては、西洋のオフィス風をえらんでいる。書院はかえりみなかった。それらは、書院を用ずみにしていく近代化、西洋化の産物なのである。どれほど、外面《そとづら》で和風をよそおうとも。

これにたいし、遊興空間では、西洋化がゆっくりとしかすすまない。もちろん、カフェーのように、二〇世紀そうそうから洋風化へむかいだした施設もある。しかし、数寄屋の料亭や旅館は、まだ現役で生きている。やや形骸化はしたが、茶室だって文化財になりきったわけではない。

日本の建築家は、しばしば数寄屋をてがけることがある。しかし、本格的な書院の仕事があたえられることは、あまりないだろう。それは、近代化が書院を無用の長物にするいっぽうで、数寄屋は温存させたからである。

数寄屋と書院

今日的な茶室の祖型は、十六世紀の堺、そして京都でかたちづくられた。市中の山居とよばれた庵《いおり》が、そのさきがけとなる。

当時の都会人は、わざわざ街のなかに、田舎びた小亭をいとなんだ。そこで、俗世のしきたりからひとときはなれ、心身のこりをほぐそうとする。ただそのために、山小屋めいた施設をもうけたのである。そういうものをほしがるほどに、この時代は都市化がすすんだということか。

これが、のちには茶室という形に発展する。茶室が草庵風につくられるのは、山居に源流をもつせいである。生の丸太、あるいは面皮材で、ひなびたよそおいを演出する。土壁の表面へ藁寸莎《わらすさ》のうかぶ様子を見せつけ、わざわざ田舎家風にしてしまう。このみやびな心づかいによるひなぶりは、茶室という場をえていっそうとぎすまされた。

数寄屋造のしつらいが、その形をととのえたのもこの時である。それは茶室というせまい空間のなかで、十六世紀末にできあがった形式であった。

数寄屋風の形は、時代が下ると、書院にもおよびだす。ほんらいは格式ばった建築であるべき書院をも、しばしばいろどるようになっていく。草庵風にくだけた書院の出現も、うながした。十七世紀の桂離宮や修学院離宮は、その好例である。

もちろん、すべての書院を、数寄屋のしつらいがおおいつくしたわけではない。たとえば、二条城の大広間に、丸太や面皮材はいっさいつかわれなかった。草庵風の土壁も、そこでは相手にされていない。公式の儀式ばった空間は、数寄屋風をはねつけている。およびではない、といったところであったろうか。

さきほどものべたように、数寄屋造は非日常的な遊びの場でよろこばれた。浮世ばなれをめざす空間では、型をくずしたおもしろさが、もとめられたのである。正統的な書院造の側からながめれば、だらしなくうつる面皮材などが。

江戸期の書院造は、数寄屋造との葛藤にさらされていた。数寄屋風にながされ、格式をうしなうか。あるいは、あくまでもそれをくいとめ、おりめただしい書院の姿をまもりとおすか。そういう緊張をはらみつつ、明治の近代化をむかえる時まで、生きのびたのである。

武田五一が卒業論文でいどもうとしたのは、ある意味軟派な造形であった。肩肘はった書院造の形を、ゆるがしてしまう。しゃっちょこばったつくりのたがを、はずそうとする。そんな数寄屋の力に魅せられ、茶室の歴史にせまっていったのだと、私は考える。数寄屋造の源流をおいもとめて。

もちろん、武田が茶室論をまとめようとした、ほんとうの心づもりはわからない。執筆にいたる心のうごきを、武田は書きとめてこなかった。今のべたことも、私がそうおしはかっているというにとどまる。

ただ、そう考えをめぐらせるにたる材料が、まったくないというわけではない。

武田は、二〇世紀のはじめごろに、二度欧米へでかけている。はじめは、一九〇一年三月から、二年四ヶ月ほどをかけて、ヨーロッパをへめぐった。二度目は、一九〇八年六月から九ヶ月間を、アメリカもふくむ西洋諸国ですごしている。

第一回目の渡欧では、アール・ヌーヴォーに目をうばわれた。武田のスケッチには、この流行をとらえようとしたものが、たくさんある。

といっても、パリの濃厚なそれには、なかなかなじめない。いっぽう、マッキントッシュらグラスゴー派の、より直線的な造形には、したしめた。あと、ウィーンのセセッションも、好んでいたようである。

二度目の旅行をおえてからは、セセッションへの共感を、おおっぴらに語りだす。「日本的セセッション式の出来上る」ことへ、期待をよせるような文章も、書いていた(「アール・ヌーボーとセセッション」『建築と装飾』一九一二年六月号)。

西洋建築の王道、古典の形式に心をたかぶらせた様子は、うかがえない。型にはまってはいるが、りっぱでととのった建築へ関心をよせたりはしなかった。そんなのには、大学の授業でうんざりしていたのかもしれない。アール・ヌーヴォーもセセッションも、十九世紀末に浮上した新しい様式である。どちらも、オーソドックスな古典の形式をつきくずす側に、位置していた。

ゆえに、どうどうとしたかまえをもとめられる仕事では、あまりいかされない。目抜き通りの大規模な公共建築では、つかいづらくなる。こういう建築では、アール・ヌーヴォーなどの新様式にそまることが、さけられた。軽はずみなはやりもので、古典の規律性がゆがむことは、いましめられたのである。

ただ、もうすこしおてがるにあつかえる建築では、とりいれられる機会も多かった。商業建築やレジャー施設では、かたくるしい印象がむしろきらわれる。そういうところでは、新様式がよろこばれることも、ままあった。あるいは、住宅などにおいても、しばしばうけいれられている。

そして、武田が近づいたのは、流行している新様式のほうであった。正統的なクラシックの規律を、ないがしろにしかねない。りっぱな古典の型を茶化すような意匠へ、とびついた。古典を重んじる側からは、うわついているとみなされた意匠に、である。

西洋のオーソドックスな古典形式は、江戸期の書院造になぞらえられなくもない。アール・ヌーヴォーなどは、数寄屋造に見たてて、位置づけたくなってくる。数寄屋もまた、正統的な書院造を、腰くだけにさせてしまう造形であった。その点では、反古典的で軽やかな新様式と、つうじあう。

そして、武田には規範性をいやがるやわらかさが、そなわっていた。古典主義からずれていく自在ぶりに、武田の個性はあったのだと思う。

茶室研究へいどみたくなったのも、そのせいではなかったか。書院造を解体しかねない数寄屋造の、その起源にせまりたかったのだと、私は考えたい。ヨーロッパでは、古典に背をむけ、セセッションへなびいたように。十九世紀末の国粋保存熱が、小さな建築、茶室の存在感を高めたことは、すでにのべた。武田の茶室論も、そのいきおいとともにあったと思う。

だが、他の論客とはひとくくりにしづらい建築家としての想いも、武田はいだいていた。より自由で闊達な表現をもとめるこころざしにも、つきうごかされていたと思う。当時の国粋熱だけで話はかたづかないだろうことも、ここではつけくわえておきたい。

武田は、一九一二年に芝川又右衛門邸をたてた。テラスとベランダをそなえた、バンガロール風の洋館である。今は明治村にうつされ、保存されている。

今、これを洋館として紹介した。たしかに、外観のかっこうは、あちらふうである。とくに日本的な伝統をおしだしてはいない。しかし、その外壁には杉皮がはられている。数寄屋造ならではの素材が、そこにはあしらわれているのである。

内部の一階広間には、暖炉がもうけられている。その両脇へ、壁にそってつくりつけられた椅子は、マッキントッシュを想わせる。だが、その腰壁には、数寄屋の網代がめぐらされた。天井でも、網代や簾が市松模様風にくみあわされている。

ここでは、マッキントッシュと数寄屋の融合がこころみられたと、みなしてよい。武田のいう「日本的セセッション式」の一例であったろうか。

芝川又右衛門邸

言うまでもないが、正統的な書院造に、舶来の意匠をかさねることはむずかしい。書院造は、ゆるがしにくい形のきまりをもっている。そこへ、異物をさしはさむのは、困難である。というか、そういうものをまぜれば、もう書院造ではなくなってしまう。

古典主義のととのった建築に、和風の要素をまぎれこませるのも、たやすいことではない。古典の建築にも、また形のさだめはある。みょうな折衷は、つつしまざるをえない。

だが、ともに型をくずそうとするセセッションと数寄屋なら、その工夫もほどこせる。細工いかんによっては、「日本的セセッション式」がなりたちうる。

書院造を数寄屋の意匠で、ほぐしてしまう。そのうえでなら、アール・ヌーヴォーなどを混入させることも、できないわけではない。セセッションで古典の軸が骨ぬきにされた洋館ならば、数寄屋風もからませうる。

武田は、茶室や数寄屋をまなび、西洋の新様式へあゆみよっている。今のべたような東西の融合へ、おもむきやすいところにたっていた。芝川邸の「日本的セセッション式」は、そんな武田ならではの作品だったのだと、考える。

様式建築に期待されるもの

京都府立図書館は、一九〇九年にたてられた。今は改築され、竣工当時のつくりは、ごく一部にしかとどめられていない。それでも、外壁の様子などは、あるていどうかがえる。また、写真なども数多くのこされており、当時の姿はじゅうぶんしのびうる。

これも設計は、武田五一がてがけていた。ほんらいなら、古典的な列柱、オーダーを前へおしだすべき公共建築であったろう。だが、武田は、そういうえらそうなかまえにしてしまうことを、いさぎよしとしない。古典系の柱に関しては、付柱《つけばしら》としてそえつけることさえ、いやがった。外観の骨組じたいは、古典的にできている。縦と横の比例配分も、クラシカルな安定感をそなえていた。だが、オーダーだけは、これ見よがしにはぶかれている。

おかげで、古典系の建築としては、めりはりのない外観になった。ほりはあさく、翳もない。いかにも軽やかに見える。

しかし、これは当時の京都府を代表する図書館である。ここまで軽くしてしまってもいいのかと、武田じしんもためらっていただろう。

五年前に竣工した大阪府立図書館(野口孫市設計)と、これを見くらべてほしい。大阪の先行例は、京都とちがい、パラディオ風の古典形式で形がまとめられている。京都の場合は、古典のきまりをふみはずしすぎていると、設計者の武田も感じただろう。

だからこそなのだと思う。武田は京都府立図書館の屋根を、麗々しくルネッサンス風にあしらった。壁部にただよう軽々しい気配を、屋根の威容でおぎなおうとしたのである。

やはりこの五年前に、同じ京都で京都府の府庁舎がたてられた。こちらは、じつにおりめただしいつくりとなっている。ネオ・ルネッサンスの様式で、細部までふくめ、ていねいにととのえられた。のちにはこれが、庁舎建築のあるべき手本として、あおぎ見られることとなる。

設計をまかされたのは、前にもとりあげた松室重光である。そこではふれなかったが、今あらためて、のべそえよう。松室と武田は、とも

京都府立図書館

に京都の旧第三高校を、同じ一八九四年に卒業した。帝大の造家学科でもいっしょにまなんだ、同級生である。

かつての級友が、ごく近くでこしらえた庁舎の屋根を、武田も見てはいただろう。ひょっとしたら、自分が設計をうけおった図書館でも、参考にしたのではないか。

この空想をあかしだてる記録は、もちろんない。しかし、ついついそう考えたくなるくらいに、ふたつは形がひびきあっている。

図書館の屋根は、あっさりしすぎる壁部の意匠と、つりあいがとれていない。全体のなかではうきあがっているように、どうしても見えてしまう。とってつけたような印象が、いやおうなくただよってくる。級友の作品から、そこだけつまみぐいをしたのではないかと、考えてしまうゆえんである。

今、武田の図書館と松室の府庁舎をくらべた時、私の軍配は松室のほうにあがる。同じ図書館どうしで、大阪の府立図書館ときそわせた場合も、この値ぶみはかわらない。武田の図書館は、それらよりおとって見える。壁部と屋根のとりあわせが、ちぐはぐにうつるからである。

武田のひいき筋からは、鑑賞眼のかたよりが、問いただされようか。ねんのため、私なりの言いぶんも、書きとめておこう。

様式建築をながめる場合、私は今だとありえない調和のとれた様式美を、良しとする。いびつなおもしろさや、ゆらぎのあやうさなどは、現代建築でじゅうぶんたのしめる。歴史的な遺産となった建築には、古き良き姿をこそおがませてほしい。

いかにも現代人らしいわがままというべきか。だが、私は以上のような鑑賞眼をいだきつつ、古い建築をながめている。破調をしめす様式建築には、いきおい点がからくなる。武田の京都府図書館をながめても、心がわきたたないのは、そのためである。

ひょっとしたら、ととのった古典系建築は、あんがいたやすく設計できたのかもしれない。教科書どおりにまとめればいいわけだから、形はきめやすかったような気もする。施主からもとめられた条件を、古典の形におさめきるのは、骨がおれたかもしれないが。

ついでに言えば、武田がこころみた設計にも、気苦労はあったろう。古典の骨格をくずしつつ、なお見るにあたいする新しい表現をなりたたせる。それは試行錯誤の失敗例も生みおとすだろう、茨の途であったかもしれない。

じじつ、同時代の建築界は、武田の才能を高く買っていた。たとえば、武田は帝大の大学院をおえたその年に、二七歳で帝大の助教授となっている。のみならず、帝大の辰野金吾とはりあう妻木頼黄からも、その腕を見こまれていた。ひく手あまたと言っていい、とびぬけた人材だったのである。

まあ、妻木にひきたてられたせいで、武田は辰野のおぼえが悪くなったかもしれないが。

くりかえすが、松室は高い水準の古典系建築である京都府庁舎を、てがけている。しかし、その能力が武田以上にみとめられていたとは、思いにくい。当時の建築界は、新しい可能性のうかがえる武田に、より大きな光をあてていた。

そう、私はそこまでわきまえている。武田のほうが新しい時代へとむかう力を、秘めていた。そのことをじゅうぶん知りつつ、私の目は京都府庁の安定感を、よりよろこぶ。自分の眼が、現代の価値観でくもらされていることを、思い知る。

ずいぶん、武田にたいしては、ひどいことを書いてきた。ひとつぐらいは、その肩をもつようなことも、のべておこう。

武田は、はやくから鉄筋コンクリートに、目をつけていた。レンガや石の建築より、壁をうすくすることができるからである。

また、壁の表面をグラフィカルにあしらうことも、前よりやりやすくなる。旧様式のきまりにとらわれない新しい表現も、いろいろためせるだろう。武田がこの新しい素材にひきつけられたのは、そのためである。

現代建築の世界では、伊東豊雄が軽くてうすい表現を得意とする。妹島和世も、それをよりいっそうおしすめたことで、注目をあつめてきた。武田は、旧様式という枠のなかで、同じようなことをめざした建築家だったのだと思う。

旧様式は、石やレンガでたてられることを前提として、なりたった。そして、今の伊東らがひねりだしている形を、それらの素材がもたらすことは、ありえない。

それでも、鉄筋コンクリートは、表現の自由度を高めてくれた。そこに武田は見いだしたのである。旧様式のしばりから、軽やかにうきあがる、その技術的なよりどころを。伊東らが、曲面鉄板や強化ガラスにたよって、その浮遊感を勝ちとったように。

一九二〇年に、武田は京都帝大からまねかれ、建築学科の教授となった。その二年後に、タイルばりの鉄筋コンクリートで、同学科の校舎をたてている。

古典系の柱らしいものが、そこにいろどられていないわけではない。しかし、それらがささえるべき頂部は、壁のうしろにしりぞいている。古典形式のセセッション化をつきつめ、ついにはその骨格をとろけさせた作品だと言える。

京大の構内でははじめての、鉄筋コンクリートでできた校舎であった。その軽やかな表現が、新鮮にうつったせいだろうか。これが竣工したその年に、建築学科は同学科への志願者を、飛躍的にふやしたらしい。

京都帝国大学建築学教室棟

この年に建築学科へはいった東畑謙三が、つぎのような回想を書いている。

「当時の荒木寅三郎総長は大学は学問専一、いやしくも流行にしたがって学を志すことはよくない、例えば工学部建築学科に志願者が殺到するが如きは感心すべき事ではないと名差しで訓示されたのを覚えている」(「武田五一先生の思い出」一九八七年)。

建築の意匠が、人々をうごかす。「美しきもののみが機能的である」。そんな丹下健三の言葉を、さきどりするかのような事態である。武田にとっても、建築家のひとりとして、ほこらしく思えることではあったろうか。もっとも、当時の京大総長は、はやりの建築意匠になびく学生を、うれえていた。学問にいどむ気がまえができていない、と。

今でも新しい校舎の写真をパンフレットにかかげ、受験生をふやそうとする大学はある。しかし、それでつられる学生をあつめても、せつないなという気がしないではない。パチンコ屋の新装開店にむらがる人々のことを、想いうかべてしまう。

建築家たちは、こういうことを、どう考えているのだろう。建築でそそられる受験生には、建築を見る目がある。すくなくとも、建築学科にはふさわしい人材だと、前むきにうけとるのか。機会があれば、彼らの意見を、たずねてみたいものである。

もうひとつの数寄屋に目をむけて

建築の古典主義には、大きくわけてふたつのきまりがある。

はじめに、比例配分のそれをあげておこう。建築の各部を、黄金比やピタゴラスの和声比でおさまるように、わりつける。そうしてつりあいのとれた様子をかもしだすことが、古典系ではもとめられる。古典主義をきゅうくつに感じた武田五一も、このきまりにはおおむねしたがった。

武田がそっぽをむいたのは、もうひとつのほうである。古典主義は、古代のギリシアやローマでできた建築形式を、まもらせようとする。たとえば、型どおりの柱がつかわれることを、建築家にはもとめる。これに関しては、すなおにうけいれようとしなかった。

もちろん、正面へ列柱をならべる、ややいかめしい仕事も、武田はひきうけている。しかし、その柱に地中海でできた形、古典主義の形を、とりいれようとはしなかった。セセッション、あるいは自己流のやりかたで、武田は柱の形をつねにくずしている。

なかでも、旧山口県庁舎（一九一六年竣工）の正面入口にある柱は、おもしろい。柱頭部が、インドか東南アジアあたりで見かけそうな形に、まとめられている。日本建築の舟肘木《ふなひじき》をふくらませたような形にも、見えなくない。いずれにせよ、地中海起源の意匠を、アジア風にかえさせたことは、たしかである。

ユーラシアのなかほどに、ヒントをさぐる。日本の建築を西洋化させる、そのてがかりをインドやアラブあたりから、ひろいだす。伊東忠太もまた、そんなこころみをくりかえしていた。ほぼ同時代の武田も、こういう模索ぶりを、伊東とわかちあっていたのだろうか。

伊東は、いわゆる日本趣味をもとめる競技設計で、審査員の役をつとめている。一九二〇年代末期から、そういうコンペをひきいた老大家のひとりに、ほかならない。

応募者に日本趣味をおしつけるコンペでは、武田も審査にしばしばくわわった。武田もまた、その推進役をつとめる建築家だったと言ってよい。

クラシックの形式を、セセッションなどでつきくずす。武田は、そんなこころざしとともに、建築家としての途をあゆんできた。旧様式のアカデミックなよりどころを解体する、その旗ふり役でもあったろう。

日本趣味建築は、「芸術的アカデミズムの没落期を最も端的に象徴する」。かつて、批評家の板垣鷹穂はそう言いきった。日本的な瓦屋根をいただく建築が、今いきおいづき、ひろがっている。その様子は、旧様式がくずれゆく当代にふさわしい。いかにも、「没落期」らしい現象である、と。

そして、武田は旧様式のデカダンスを生きぬいた建築家であった。いずれは日本趣味の建築を派生させる途に、すすんでいったのである。「アカデミズムの没落期」に、日本趣味の普及をはかるつとめが、まわってくる。それは、武田にとっても、まことに似つかわしい役まわりであったと、評せよう。

一九二〇年代末期には、モダンデザインも、台頭しだしている。旧様式のアカデミズムをのりこえた形が、うかびあがってきた。若い世代の建築家たちは、なだれをうったように、そちらへとびこみだす。

武田は、旧様式をくずしていくその先駆者でもある。しかし、この段階では、没落していくアカデミズムの側に、ふみとどまっている。モダンデザインのいきおいにたいしては、それをせきとめるべく、たちはだかった。

一九三〇年に、京大の設計演習で、新入生の西山夘三は武田の講評を聞いている。そのおりに、武田は学生がもてはやすコルビュジエなどを、こうくさしていたという。

「座談の中で、武田先生は、最新流行の無装飾の新しいスタイルを、『あれは君！工場建築ですよ！』といい、工場建築は『建築』ではないといわぬばかりであった」（『建築学入門』一九八三年）。

一九三一年には、旧東京帝室博物館の競技設計が、もよおされている。日本趣味の図案をもとめ、瓦屋根を

旧山口県庁舎

いただく案ばかりが入選したコンペである。前川國男が陸屋根のモダンな案でのぞみ、しりぞけられたことでも知られていよう。

モダンデザインの肩をもつ岸田日出刀も、このコンペでは、審査の役をあたえられていた。だが、岸田のおす前川案は、全体の審査会で歯牙にもかけられなかったという。

審査ではねつけられた前川は、のちにこんな回顧談をのこしている。「武田さんが一番苦手だったね。岸田さんなんか小僧っ子扱いでどなられたっていうしね」、と(前川國男・宮内嘉久『建築家の信条』一九八一年)。

モダンデザインをおしつぶそうとする、反動の牙城ぶりがしのばれよう。かつての一般通念にしたがえば、建築界におけるファッショ勢力の巨魁といったところか。

さて、日本趣味＝旧様式のデカダンスへむかう武田は、セセッションにささえられていた。と同時に、数寄屋造への共感によっても、その途をあゆんでいる。書院造をなしくずしにしてしまう数寄屋、草庵茶室へ心をよせていく。そこを足がかりにしつつ、武田は旧様式を解体していった。

通説的な建築史は、今でもこうつげる。国家主義がもりあがり、軍人会館式の日本趣味建築が、一九三〇年代にははびこった。この時期に、モダニストは、しばしば数寄屋や茶室とむきあうようになる。それらは、日本趣味へとむかう時流から、身をかわす避難所になっていた、と。

しかし、日本趣味をおしすすめたほうの武田もまた、じつは数寄屋とともにいた。日本趣味にまでいたる古典の解体へと、武田をかりたてたのも、数寄屋への情熱である。また、一九三二年には、名古屋で数寄屋風の大広間をこしらえている(藤山雷太邸)。そもそも、建築界で茶室研究へむかった、そのパイオニアは武田なのである。

私は、伊東にだって、数寄屋への好奇心があったと思っている。ためしに、熱海の白石別邸(一九三四年竣工)を見てほしい。あるいは、箱根の久米別邸(一九二〇年竣工)も。

数寄屋をおもしろがる精神は、日本趣味建築を普及させた側にも、いきづいていた。そこから目をそむけるべきではない。日本趣味からにげた側だけに、数寄屋があったと見るのは、まちがっている。数寄屋の性格を見あやまる危険性もあると、私は考える。

武田は、コルビュジエ流のモダンデザインをきらっていたと、さきほど書いた。しかし、最晩年の武田は、そちらへあゆみよってもいる。おずおずとではあるが。

京都駅前にたつ旧京都電燈社屋、現関西電力京都支店を、見てみよう。武田の指導で、一九三七年にたてられたビルである。

全体的なかまえはクラシカルにできている。しかし、装飾はすっかりそぎおとされた。モダンデザインからの感化があったことは、うたがえない。のみならず、屋上でくりひろげられるキュービックなゲームにも、それは読みとれる。

モダンデザインならではの軽やかさは、しかし見られない。軽技めいたあぶなっかしい魅力を、さがしだすことは困難である。

旧様式のなかでは、うすっぺらさをおそれず、古典のきまりごとをくずしていった。そんな武田も、モダンデザインへ手をそめるにあたっては、重厚な安定感をもとめている。旧様式そだちの建築家に、「工場建築」は軽すぎたのだろうか。

そう言えば、京都府立図書館では、ルネッサンス風の屋根もかけていた。軽妙でありすぎる軀体部の、その威厳不足を屋根でおぎなわせている。旧京都電燈社屋のどっしりしたかまえも、それと似たような工夫だったのだろうか。

旧藤山雷太邸和館

とはいえ、この建築は往時の姿をとどめることができている。戦前期のモダンデザインを、ともかくも今日につたえているのである。作者が旧様式そだちだったからこその長寿だと、みなせよう。

実験的なこころみの多くが、のちにはくちはててしまったことを、かみしめてほしい。ながつづきのするかがやきを、尖端的なモダンデザインが勝ちとることは、まずなかった。

それらは、武田も言うように、その場かぎりの「工場建築」だったような気がする。その意味では、武田の毒説にも妥当性はあったということか。まあ、短命だったからこそ、記憶のなかでは光ったりもするのだが。

いずれにせよ、武田は六十歳台のなかばへさしかかったころから、かわりだす。おとなしく、また無難なそれではあるが、モダンデザインに手をだした。こういうスタンスのやわらかさは、見なおさなければならないだろう。

日本趣味建築をてがけた建築家でも、モダンデザインをこころみることはある。前に渡辺仁をとりあげつつ、そう論じたことがある。どうやら、武田のことも、そんな顔ぶれのひとりにくわえなければならないようである。「工場建築」にふみだせないところを、くいたりなく感じるむきは、いるかもしれないが。

旧京都電燈社屋

堀口捨己

ほりぐち すてみ

メディアの可能性ともむきあって

和辻先生の桂離宮

哲学者の和辻哲郎に『桂離宮――製作過程の考察』(一九五五年)という本がある。桂離宮が、どのようにしていとなまれたのかを、さぐろうとした本である。

そのこころみがうまくいっているとは、思えない。想いつきだけがさきばしっている。できの悪い本である。

和辻は、桂離宮を見て、曲線的な意匠と直線的な意匠がかさなりあう様子を、読みとった。庭にも建物にも、さまざまな形で、曲線と直線がおりあわされているという。和辻はそこへわけいり、両者のもつれあいをときほぐす。そして、つぎのようにそのからまりあいを、読みといた。

古書院と、それにつらなるところは、曲線的に形づくられている。いっぽう、中書院、およびそれがらみのところは、直線でととのえられた。古書院と中書院では、意匠のまとめかたが、まったくことなっている。

このちがいは、それらがそれぞれべつの時期につくられたことを、物語る。古書院は一六二〇年代なかごろに、中書院は一六二〇年代末にできただろう、と。

和辻はこの見方で、ほかのところもとらえている。その一例として、松琴亭についての論じっぷりを、紹介しておこう。

松琴亭には、曲線的な要素と直線的な要素が、ともにある。そして、前者は曲線的にできた古書院と同じころに、たてられた。いっぽう、後者は直線的なつくりの中書院にあわせて、あとからつけたされている。中書院をもうけだしたころの増築部分である。そう和辻は、松琴亭のことをえがききっている。

私は、和辻が言うような曲線と直線のちがいを、桂離宮に感じない。そのとらえ方も、ピントがずれていると思う。しかし、和辻がそういう印象をいだいたことじたいは、みとめよう。和辻の目にはそう見えただろうことまで、しりぞけるつもりはない。

ただ、その個人的な印象を、「製作過程」の話にまであてはめるのは、こまる。歴史の分析まで、自分の想いつきでおしきってしまわれては、たまらない。

三百数十年前の歴史へいどむさいには、その時代の史料にもさぐりをいれるべきだろう。八条宮ら、桂離宮の創造にかかわった人々が、それぞれ何をどう考えたのか。できるかぎり、そこへはせまらなければならない。和辻も、そこそこにはそれらしいことをしている。庭園史家の森蘊が、宮内庁の御文庫などでほりあて、紹介した史料をながめてはいた。

しかし、それらをいかしきっているとは、思えない。史料にも目はとおしているという。そのかっこうをつくろっただけにとどまっている。話のかんどころは、自分のいだいた印象で、まとめきったというしかない。にもかかわらず、和辻は史料発掘者の森を、そこかしこで否定的にあつかった。森の指摘は、ここがまちがっている、あそこは筋がとおらない、と。

そのせいだろう。和辻の『桂離宮』を、森はこっぴどく批判した。『新版桂離宮』（一九五六年）という自分の著作で、にくまれ口を書いている。

いわく、和辻の『桂離宮』は「書き流し」の「際物《きわもの》的著書」である。和辻じしんも、「糊と鋏で名を売るジャーナリスト」にほかならない、と。

和辻に悪く言われたので、言いかえしたのだと思われようか。まあ、そういう面もあったろう。しかし、それだけではあるまい。

和辻は、見た目の印象によりかかって、桂離宮を論じようとする。そんなやつに、えらそうなことを言われたくはない。すくなくとも、「製作過程」に関するかぎり、お前はだまっていろ。そんな想いも、森はいだいていただろう。

森のさぐりあてた史料を読みこんだうえで、森が気づけなかったことに光をあてた。そういう仕事にたいしてなら、森にも腰を低くする気持ちはいだけたろう。たとえ、自分の見おとしなどが、批判をされたとしても。

私は、和辻に悪態をつきたくなる森の気持ちが、よくわかる。自分では、ろくにしらべてもいない物書きふぜいが、大きな口をたたくな。そう腹をたてただろう庭園史の碩学《せきがく》には、同情的である。

なお、和辻は森の非難に、なにも言葉をかえしていない。だまったまま、にぎりつぶして、やりすごすつもりだったのだろうか。

そんな和辻をかばって、森をしかりつけたのは、建築家の堀口捨己である。堀口は森の『新版桂離宮』を論評する文章で、こう書ききった。


「ジャーナリスト、際物的著書と云うような言葉は、凡《およ》そ和辻先生とは縁遠いもので、先生の人柄や著書を知っている程の者は、この言葉を聞いても、和辻先生について云われているとは思えないであろう」（「桂離宮を思ふ――森博士の著書を読んで」『建築史研究』第二四号、一九五六年）

森の言いようは、「和辻先生」にたいして失礼である。「和辻先生」は、森がけなすような人じゃあない。堀口は、そう森を難じている。沈黙をまもった和辻にかわり、用心棒よろしくふるまったのだと、私には見える。

なるほど、森の言葉づかいには、ゆきすぎたところがあったろう。しかし、和辻の本もしごくおてがるに書かれている。「際物的著書」とよばれても、しかたのないしろものではあった。学術的な水準をくらべれば、森のほうがずっと高い。まあ、森の著書にも、どうかと思うところが、ないわけではないが。

なのに、堀口は和辻のいいかげんさを、問いただそうとしていない。森のことだけを、無礼であると、せめている。

建築家の堀口に、歴史研究のねうちがわからなかったわけではないだろう。堀口は建築家であるとともに、茶室研究へいどむ歴史家のひとりでもあった。和辻の桂離宮論がとるにたらないことも、気づいていたはずである。

にもかかわらず、堀口は和辻をまもろうとした。和辻をあざけった森にばかり、きびしい言葉をつきつけている。堀口のことが、和辻のボディガードめいてうつるゆえんである。

和辻は、読書界でもてはやされた著述家であった。書くものの多くは岩波書店から、だされている。二〇世紀なかごろまでの、岩波文化を代表する書き手のひとりにほかならない。教養のある多くの読書人たちからも、うやまわれていただろう。『桂離宮——製作過程の考察』は、中央公論社からでているが。

人文諸学の専門家たちからは、しろうとくさい書きっぷりが見下されることもあった。私も、和辻の『古寺巡礼』や『風土』などは、一種のトンデモ本だと思っている。

とはいえ、専門分野の枠におさまらないまなざしを、ありがたがるむきはいた。教養主義がまだたっとばれていた時代に、かがやいたスターではあったろう。私は、和辻をたてまつった読書界のからくりも、分析の対象たりうると思っている。

いずれにせよ、堀口がなびいたのは、そういう意味での覇権をそなえた著述家であった。文化と教養の世界で、ひろくあおぎ見られる人物を、外敵からまもろうとしたのである。

けっきょく、堀口は長い物にまかれたのだと思う。読書界では力があった側へついたんだな、と。森のことを気の毒であったと考える私には、いやおうなくそう見える。

墓と家

くりかえすが、和辻哲郎の『桂離宮——製作過程の考察』は、一九五五年にだされている。そして、この同じ年に、和辻は和辻家の墓を、北鎌倉の東慶寺にいとなんだ。

和辻がなくなったのは、一九六〇年である。墓をこしらえたのは、その五年前であった。そして、生前の和辻は自分の墓を、建築家の堀口捨己に設計させている。

和辻と堀口が、いつどのようにして知りあったのかを、私はよく知らない。ただ、ふたりはどちらも京都で、西川一草亭のサロンに顔をだしていた。サロンがたもたれていた一九三〇年代のはじめごろには、であっていたろうか。

横浜で一九三〇年代末までつづいた原三渓の茶会にも、ふたりはおもむいた。和辻とは、そこで何度か顔をあわせたことがある。のちに堀口は、そう書いている（「茶人随想――原三渓先生」『茶道雑誌』一九七一年十一月号）。おそくとも、そのころから、たがいに面識はあったらしい。

そういう場で顔つなぎのできた哲学者から、建築家は墓の設計をたのまれている。堀口にとって、和辻は大事なクライアントのひとりであった。しかも、同じサロンや茶会におもむく、気心の知れた依頼者だったのである。

一九五〇年代のなかごろまで、ふたりはしばしば、墓の形を語りあったろう。そして、墓ができたそのすぐあとに、和辻は桂離宮のことで森蘊から非難された。

堀口が森にいきどおったのは、そのせいでもあっただろうか。私の大事なクライアントに、言いがかりをつけるなということだったのかもしれない。

堀口が和辻の件で森をたしなめたのは、『建築史研究』という雑誌であった。建築史をきわめようとする学術雑誌で、堀口は和辻をかばったのである。

和辻家墓所

そういう雑誌であっても、学術的とは言いがたい思惑がうごめくことはある。クライアントを傷つけたくないという配慮が、あふれだしたりもしてしまう。学術雑誌も、そう思ってながめれば、けっこうあじわいぶかい。堀口が森にいきどおってみせたのは、クライアントをまもるためであった。と、そうあかしだてるきめては、もちろんない。だが、そう考えれば、堀口が学術雑誌で「和辻先生」をもちあげた事情は、よくわかる。

逆に、そうみなさなければ、堀口は本気で和辻の駄本をみとめていたことになる。つまり、歴史研究者・堀口の目は節穴だったと、そう言わざるをえなくなってしまう。

私は堀口の書いた『桂離宮』(一九五二年)も、それほど買っていない。この本で、堀口は自分の審美眼をおしとおすために、あちこちで無理をした。歴史研究として値ぶみをすれば、けっこうあぶなっかしい読み物だと言える。建築史家の藤岡洋保は、「堀口のプロパガンダ」をしめした本として、これを位置づけた(『表現者・堀口捨己——総合芸術の探求』二〇〇九年)。この点については、異存がない。

しかし、堀口は自分が無理おしをしたことも、わきまえていただろう。いくつかの書きっぷりが、歴史研究の枠をふみはずしていることは、わかっていた。そこは承知のうえで、しかし確信犯的に「プロパガンダ」へはしったのだと思う。

いっぽう、和辻の書いたものは、無邪気に曲線と直線の物語へのめりこんでいた。自分のいだいた印象で、脳天気に歴史の読みときへ、いどんでいる。こまった本である。哲学者たちはそれを、歴史へむかう「イデアの目」が書かせたと、ほめるかもしれないが。

とうぜん、堀口も和辻の本に歴史学的な値打ちのないことは、のみこんでいただろう。室町時代の書院造と数寄屋造というテーマで、堀口は一九四四年に学位をとっている。和辻のいいかげんさについては、見きわめもついていたはずである。そんな堀口が、心の底から和辻の桂離宮論を、みとめていたとは思えない。

クライアントの立場をおもんぱかって、堀口は和辻を擁護した。私がその可能性もあると、あえて言いつのるゆえんである。

とはいえ、あとひとつ、べつの事情も思いつかないわけではない。岩波書店につどった書き手たちとのつながりも、あなどれないような気がする。

といっても、今の岩波をさして、そう言っているわけではない。私が問題にしたいのは、二〇世紀なかばごろまでの岩波である。この出版社が、当時、教養書の世界で勝ちとっていた威信のほどを、想いおこしてほしい。また、その常連執筆者たちがいだいていただろう選民意識へも、想いをはせてみよう。

堀口は、一九二〇年に、大学の同期生らと語らい、分離派建築会をたちあげた。自分たちがえがいた建築の図面を、百貨店の展覧会場などにかかげ、世に問うている。

のみならず、それらを書物という形で、出版してもいた。『分離派建築会宣言と作品』(一九二〇年)など、合計三冊の作品集をだしている。そして、それらはみな岩波書店から刊行されていた。

岩波を出版界の雄として世に知らしめたのは、一九一七年の『漱石全集』である。教養書の一大銘柄になりおおせたのは、一九二七年に岩波文庫をはじめてからであろう。分離派の面々が岩波とであったのは、同社があげ潮へとむかう時期だったことになる。

分離派の誰が岩波にわたりをつけたのかは、わからない。しかし、同社とのつきあいを、ずっとあとまでたもちつづけたのは、堀口ひとりである。

一九二七年に、堀口は同社から『現代オランダ建築』を、だしている。戦後になっても、そのつながりはとだえない。『利休の茶室』(一九五一年)と『利休の茶』(一九五二年)を世におくりだしたのも、岩波であった。

のみならず、堀口は岩波関係の建築も、いくつかてがけている。たとえば、一九三八年に岩波書店の倉庫を設計した。敗戦直後の一九四六年には、初代の社長である岩波茂雄の墓を、こしらえている。

なお、この墓も北鎌倉の東慶寺にもうけられた。九年後に和辻家の墓がいとなまれる、その同じ寺を、岩波は墓所としてえらんでいる。また、その設計は、どちらも同じ堀口にまかされた。

一九五七年に堀口は、二代目・岩波雄二郎の邸宅を完成させている。岩波家からは、建築家としてもたよられていたことが、よくわかる。

一九五五年に和辻家の墓が、堀口の設計でできたことを、ここまでは強調してきた。しかし、一九五〇年代のなかごろには、岩波邸の設計でも、堀口は心をくだいている。こちらも、見すごしてはいけないのかもしれない。岩波家と岩波書店も、堀口にとっては、たいせつなクライアントなのである。

「和辻先生」を悪く言うな。「和辻先生」は、お前ごときがとやかく言えるかたじゃあない。そう堀口が森にくってかかったのは、岩波邸の図面にとりくんでいた時期でもあった。

さきほどもふれたが、和辻は岩波の看板執筆者である。同社の声望をささえる、教養主義の大立物にほかならない。岩波文化の周辺にいた堀口は、この点でも森の和辻批判をにくんだろう。岩波邸の設計をすすめていた時期だけに、その怒りはより強まったと思う。

想いは、作品集にたくされて

庭園史家の森蘊は、和辻哲郎をあなどっていた。しかし、堀口捨己には、敬意をはらっていたようである。「和辻先生」に非難がましいことを言うな。そう自分をしかった堀口のことも、つぎのようにあとでふりかえっている。

「その交際範囲もひろく、戦前から、われわれの近寄り難い階級や各方面の文化人との親交もあったので、そういうところに秘蔵された庭園資料も閲読しておられ……そういう資料を駆使しての研究であるから、いつも私たちを驚かすようなものばかり書かれた」(『日本庭園史話』一九八一年)。

堀口には、森のような学究だとちかよれない、名門とのつきあいがあった。岩波書店につどった執筆者をはじめとする文化人とも、たがいにゆきぎしあっている。そのひろがりを、森はあおぎ見ていたという。

そして、堀口のそういうところを買っていたのは、庭園史家だけにかぎらない。建築家たちのあいだでも、一目《いちもく》おかれていただろう。堀口のきらびやかな人脈は、彼らの世界でもかがやかしくうつったはずである。あるいは、その文筆活動も。

それは、建築家・堀口捨己の威信を形づくるのに、どれほど役立ったのか。建築界におけるその光背効果を、社会学的に見きわめる。建築史の研究者たちには、そんなところへも、さぐりをいれてもらいたいものである。

もちろん、堀口の人脈づくりが、世わたりの打算だけで論じきれるわけではない。処世術ではかたづけられない、俗事をこえたこころざしも、あったと思う。

しかし、いっぽうで、堀口がその維持管理に心をくだいたことも、まちがいない。和辻をかばおうとしたふるまいに、そういう気くばりの一端は、見てとれる。

ついでに書くが、今の磯崎新が勝ちとった声望にも、似たような一面はある。磯崎もまた、尖端的に見える他分野のさまざまな人々と、まじりあってきた。そして、そのつみかさねは、建築界での威光に、まちがいなくつながっている。

ふたりの関心が、かさなりあっているとは思わない。たがいのずれは、ちいさくないだろう。しかし、建築界の枠をこえて、知的なつきあいがたもたれた点は、つうじあう。そして、それが建築界での立場をおしあげただろうところも、よく似ている。

磯崎がしばしば堀口をふりかえり、心をよせてきたことは、よく知られる。好きな先輩なんだろうなと、そう思う。今のべた共通点も、堀口へのしたしみを、あとおししているのだろうか。

じっさい、堀口以前に、こういうかがやきをはなった建築家は、いない。堀口からなのである。領域をこえた好奇心や交際で、箔をつけた建築家がうかびあがったのは。

こう書くと、伊東忠太のことをわすれるなという声が、あがってくるかもしれない。なるほど、伊東も文筆をてがけ、超領域的なつきあいをたもってきた。

しかし、それゆえに建築家としての威信が、伊東の場合高められているとは思えない。その建築作品は、おもしろがられている。しかし、とうとばれてはこなかった。堀口や磯崎の作品とは、建築界でのあつかいがちがっている。

やはり、堀口の登場こそが画期的であったのだと、そう位置づけたい。

あとひとつ、堀口をもってさきがけとしなければならないことに、ふれておこう。作品集の刊行に、堀口が力をつくしたことも、のべそえておかなければならない。

堀口は、仲間といっしょに、一九二〇年から分離派建築会の展覧会をはじめている。その図面集を、都合三冊彼らがだしたことは、さきほどふれた。

それらに、堀口たちは文章もよせている。自分たちは、どのようなこころざしで、この図をえがいたのか。そこでは、何がめざされているのかといったことを、書いていた。

仕事の良し悪しを、作品だけから判断してほしいというのではない。彼らは、自分たちのねらいを言葉にたくしつつ、作品を世に問うた。けっこう、したたかにふるまってもいたのである。

写真や図面へ趣旨説明の文章をそえて、雑誌をはじめとするメディアに発表する。写真と図面だけでは、ことをすまさない。今、建築雑誌で活躍する多くの建築家たちは、その作文にも気をつかっている。

じつは、こういうならわしを日本にもちこんだのも、分離派の面々にほかならない。今あたりまえになっているあのやり方も、はじめだしたのは堀口たちなのである。

分離派につどった他の建築家たちは、だんだんこういうことを、おざなりにすましだす。しだいに、かまわなくなっていった。だが、堀口はあとあとまで、この作業に力をいれている。

紫烟荘と双鐘居は、それぞれ一九二六年と一九二七年にたてられた堀口の住宅作品である。そして、堀口はこのふたつを出版という形で、世に知らしめた。『紫烟荘図集』（一九二七年）と『住宅双鐘居』（一九二八年）が、それである。一軒の住宅を一冊の作品解説本にまとめて、上梓したのである。

双鐘居では、玄関にフランク・ロイド・ライトの影響が見られると、よく言われる。しかし、ライトからの感化は、そこだけにとどまらないかもしれない。

ライトは一九一〇年に、ヴァスムート社から、その作品集を出版した。これが、ライトの名をヨーロッパ中にひろめたことは、よく知られていよう。そんなライトがたどった途も、堀口には影をおとしているような気がする。

作品の評価は、作品のできふできだけできまらない。それを本で知らせるてぎわにも、左右される。写真や図版のわりつけ、解説文の巧拙、編集のさじかげん、装幀の妙……。作品集のしあがりには、細心の注意をはらわねばならない。以上のような想いも、堀口の脳裏にはきざみこませた可能性がある。

まあ、ライトからどのていどの刺激をうけたのかは、わからない。しかし、とにかくそういったところにも、堀口は神経をそそいできた。自分を浮上させるメディアのあり方に、心をくだく。日本では、そのさきがけをなした建築家なのである。

紫烟荘

日本美と脱亜論

一九二〇年代末期からの建築史を、ふりかえりたい。この時期には、いわゆる日本趣味の建築が、はやりだしている。和風の瓦屋根をいただくビルが、競技設計でえらばれだしたのは、このころからである。この点については、これまで何度もふれてきた。

堀口捨己がそれらをきらったことは、よく知られていよう。堀口は岩波の『思想』という雑誌で、その意匠がまやかしであることを、論じたてている(「現代建築に表はれたる日本趣味について」『思想』一九三二年一月号)。

これを書いた同じ年に、堀口は茶室研究の論文も、発表しはじめた。日本趣味建築のもりあがりに背をむけ、茶室研究へのめりこんでいく。堀口の年譜をながめていると、以上のような身すぎの様子がうかんでくる。

この見えかけが、後世の堀口像を、ねじまげた。堀口は、日本のファッショ化や民族主義の高まりに、そっぽをむいている。当時の時流からは距離をおき、茶室の歴史をさぐる途へにげこんだ。堀口がしめした身のふり方は、そんなふうにもながめられてきたのである。

しかし、堀口があらわす茶室史や建築史は、たいそう国粋的である。これが時流から身をそらした人の書く歴史だとは、とうてい思えない。むしろ、日本美をとなえる時代精神に、どっぷりつかっていたような気がする。

堀口は、中国からの感化でなりたった建築を、低く見る。その影響をこうむらなかったと思われる建築を、高く評価した。なかでも、初期の神社や利休の茶室などを、ほめちぎったのである。それらは、まじり気のない日本的な美質をあらわしている、と。

じっさいには、初期の神社も東南アジア島嶼部の民族建築と、ひびきあう。日本で茶室をはぐくんだ文化も、中国の江南文化とつながらないわけではない。また、中華趣味のしつらいも、煎茶のたしなみをつうじて、日本の茶室にはとどいている。

しかし、堀口はそういうところに目をつむった。茶室などを、日本だけの、アジアとはかかわりがない建築として、うたいあげたのである。そして、中国からの影響がしりぞけきれぬ場合は、それを不純な要素としてあつかった。

戦時下にあっては、ヒトラーを礼讃するような文章も、つづらなかったわけではない。イタリアのファシズムがなしとげつつあった建築国策にも、共感の言葉をよせている。堀口もまた、全体主義にあこがれた建築家のひとりに、ほかならない。

だが、戦後の建築史は、もっぱら日本趣味の建築に、そういう面での罪をなすりつけた。あれこそが、日本における建築のファッショ的なあらわれである、と。そして、日本趣味の建築家たちを、戦犯めいた存在にしたてあげたのである。渡辺仁を論じたところでも、のべたように。

逆に、日本趣味から遠ざかった堀口は、無垢な建築家としてあつかわれた。その建築史や茶室史も、戦時の高揚とは、きりはなして考えられるようになる。じっさいには、日本趣味の建築家などより、ずっと当時の民族主義へよりそっていたのに。

堀口に磯崎新がしばしば言いおよぶことを、さきほど書いた。じつは、その語り口にも、堀口への気づかいはうかがえる。磯崎も、堀口の民族主義的なところは、できるだけひかえめにしめすよう、つとめている。

たとえば、磯崎は堀口の「日本的」という言葉を、「和様化」としてうけとめる。伊勢神宮などの起源まで日本だと、堀口がとなえているわけではない。海のむこうからつたわったものを、うけいれ日本風にあらためる。堀口が「日本的」という場合は、そのありようをさしているのだ、と(「イセ——始源のもどき」一九九五年)。

しかし、堀口は明白にこう書いている。「日本的なもの」は、「根源的に我々日本民族の所産と考えるべきもの」である、と(「建築における日本的なもの」一九三四年)。

尊敬する先輩のことを、こりかたまった民族主義者としては、えがきたくない。堀口のそういうところは、なるべく臭みをぬきとって、読者につたえよう。以上のような心くばりを、私は磯崎の書く堀口論に感じる。

今、堀口のことを、一九三〇年代からの民族主義へよりそった建築家として、位置づけた。しかし、堀口のひねりだした日本建築史像は、べつのゆがみももっている。私はそこに、近代日本じたいの知的なかたよりも、見てとらないわけではない。

日本は、おくれたアジアからぬけだすんだ。中華文明圏には、くみしない。そういうものは、おきざりにしてしまおう。アジアのなかでは、日本だけがヨーロッパのようになっていく。

日本の近代化は、以上のようなこころざしを、多くの知識人にうえつけた。植民地における建築政策から、その一端がのぞけることは、すでにのべたとおりである。

また、この想いは、日本の歴史や文化を読みとく場へも、もちこまれるようになっていく。いわく、日本にはヨーロッパ的な封建制があった。中国史にはあらわれない、武士や騎士たちの社会制度ができている。親鸞や日蓮の登場も、プロテスタンティズムの出現につうじあうと、しばしば語られた。中国史は、そういう信仰をもたなかったのにという比較も、そえられて。

利休の茶室に、ヨーロッパのモダニズムを幻視する。そんな堀口の茶室史も、近代日本がはぐくんだ脱亜論のひとつに、かぞえうる。

茶室は日本のなかだけでなりたった。中国をはじめとするアジア諸国とは、まったくかかわらない。そんな日本固有の建築が、西洋の尖端的な動向と、じつはかさなりあう。堀口がひねりだしたこの見取図に、脱亜論の典型を読むことは、たやすい。私が堀口の茶室史に、近代日本の知的な縮図を感じとるゆえんである。

近世以前の日本に、建築論の伝統はないと、よく言われる。また、史上に名をとどめる建築家も、日本の歴史は輩出しなかったとされてきた。

西洋の建築家はアルベルティやパラディオを語りながら、数百年前の建築史をふりかえる。しかし、日本建築史では、そういう歴史展望がなかなかできにくい。その点をさみしく感じる建築家は、すくなくないだろう。

だが、堀口は利休を、建築家たちが参照しやすい人物に、したてあげた。建築論にも言いおよぶ、建築家としての利休像を、えがいたのである。あるいは、織部や遠州のことも。

作家としての建築製作者が語れるその領域は、茶室史だけにかぎられるかもしれない。建築史の本流である仏寺堂塔史だと、あいかわらずそれは論じにくかろう。しかし、たとえせまい範囲であっても、堀口は建築家好みの人物像を、歴史にもたらした。日本建築史のなかであっても、アルベルティのようにあつかえる人物を。

じっさい、今の建築界には、自分をたとえば遠州へなぞらえ、悦にいるむきがいる。そういうことができるのも、堀口がのちの世へのこした茶室史のおかげである。建築家たちにしてみれば、よいおくりものをとどけてもらったということにもなろう。

日本建築史のひとこまに、ヨーロッパ的な逸話をもたらした。その意味でも、堀口の茶室研究は脱亜論的な歴史を、後世へつたえていたのだと考える。のちの建築界から、堀口がありがたがれつづけたのは、そのせいでもあったろう。なんといっても、建築家たちは、欧化という国是にしたがう忠実な僕《しもべ》でもあったのだから。

出版にかけた建築家

茶室史へいどむ研究者としての堀口捨己に、ここまではページをさいてきた。建築家としての堀口にも、おそまきながら、ふれておく。

戦前の堀口がてがけた住宅で、もっともかがやかしいのは、なんといっても若狭邸である。はじめて写真でこれを見た時は、目のさめるような印象がいだけたことを、おぼえている。昔の日本にも、こんなかっこいい建築があったんだ、と。

まず、白いキュービックなたたずまいが、すっきりして見えた。南側へのびるプールとのかねあいも、おもしろい。

西の方へのぼっていく斜路のかたむきも、ほどよいアクセントになっている。コルビュジエのガルシュ邸が、ほうふつとしてくる。屋上庭園の庇は、ちょっとしたテラーニじゃあないか。とまあ、若いころの私は、以上のような感想をいだいていた。舶来品にたちうちできる国産品のあったことを、うれしく思ったということか。

この建物は、一九三九年にできている。日中戦争のせいで、鉄材をふんだんにつかうことが、ゆるされなかった時期である。そのしばりは、もちろんここにもおよんでいた。若狭邸の場合も、二階は木造でできている。もともとは、鉄筋コンクリートで全体がくみたてられるはずだったのに。

木造で屋根を平《たいら》にしてしまうことへのためらいが、なかったわけではないらしい。また、そのことをとがめる建築家たちも、まわりにはいたという。だが、堀口は陸屋根でおしきった。二階の木造部分も、鉄筋コンクリート風の外観にしてしまったのである。

構造的なつじつまあわせより、見てくれを重んじたのだと、みなしうる。建築の形は、素材にあわせてととのえなければならない。ふだんの堀口は、そうとなえていた。いかにも、あの時代を生きたモダニストらしく。しかし、若狭邸では、日頃のそういう言い草をうらぎったのである。

堀口は、日本趣味の建築を、構造的な合理性がないと非難した。木造にこそふさわしい傾斜屋根で、鉄筋コ

若狭邸

ンクリート造の建物をおおってしまう。瓦までのせるそのつくりを、理にかなわないいかさまだときめつけた（前掲「現代建築に表はれたる日本趣味について」）。

だが、堀口も似たような手口で、若狭邸の形をまとめている。当世風のさっそうとしたかまえを、ここではうかびあがらせたい。そんな思惑にかられ、当時の木造技術ではあつかいきれない形を、えらんだのである。

けっきょく、このこころみは、あまりいい結果につながらなかった。雨もりがひどくなったりしたせいだろう。施主はこの建物に、切妻の傾斜屋根をかぶせている。木造にふさわしい形の屋根を、あとでおぎなったのである。

屋根のあつかいで、堀口は途をあやまった。モダンな見かけにこだわり、寿命の短いものをたてている。と、そう堀口を批判的に論じる建築史の読み物は、しかしあまりない。

和風の屋根をいただく日本趣味の建築は、その後もながらくつかわれつづけてきた。今も多くのものが、活用されている。若狭邸のように、おおはばな改修を余儀なくされた例はない。それだけもちがよかったにもかかわらず、日本趣味は悪しざまに語られつづけている。非合理だという、堀口あたりからかりてきた言葉を、あびせられながら。

それだけ、後世の建築史は日本趣味につらくあたってきた。堀口にたいしては、見方が甘かったと言うしかない。

建築史家の藤森照信も、『昭和住宅史』（一九九〇年）の取材で、若狭邸をおとずれた。しかし、その現状へ言いおよぶことは、さけている。「あまりに改造が激しいので今回は取り上げないことにした」。若狭邸のことは、そんな言葉で、おざなりにあつかっている。

あのかっこよかった若狭邸が、今はかわりはてた姿になった。写真ではかがやいて見えた陸屋根が、切妻にかえられている。藤森なりにそのことを、いたましく感じたのだろう。武士の情で、言葉をにごしたのだと思う。

若狭邸だけではない。モダンデザインでたてられた初期の作品は、がいしてもちが悪かった。よごれやすく、いたみやすい。すくなからぬ作品が、くちはてている。何度も書くが、それだけちゃちくさくできていたのである。そして、モダンデザインの魅力もまた、そのはかなさとともにある。うすっぺらくておてがるな建築に、軽やかなきらめきは付与された。耐久性の欠落こそが、あぶなっかしい美しさをなりたたせたのである。

ファッション・ショーでしめされる衣裳のありかたとも、その点ではよく似ている。そういえば、どちらも、二〇世紀の両大戦間期に浮上した。あんがい、このふたつは、つうじあっているのかもしれない。そこは、ちょっとした意匠史研究のテーマに、なりそうな気がする。

もし、モダンデザインの建築が、老朽化しやすいのなら。竣工時のかがやきがなかなかたもてず、すぐにくすんでしまうのだとすれば。後世の人々が、当初の魅力をあじわうさいには、映像記録がかかせなくなる。写真や映画、そして図面などが、不可欠な資料になるだろう。

モダンデザインの方向へ、先駆的に足をふみいれた。そんな堀口が、作品集づくりにこだわったことは、たいへん暗示的である。写真のうつりやレイアウトに、堀口は心血をそそいでいた。それも、どこかでは、モダンな作品のうつろいやすさに、気づいていたせいか。

堀口がモダニストとして位置づけられるか否かについては、いろいろ議論があろう。やや古い表現派風の色合もとどめていた。そうみなす史家は、いるかもしれない。

しかし、堀口は誰よりもはやくから、写真の力に気づいていた。作品のしあがりをしめす出版物の可能性に、かけている。モダンデザインのたよりなさを、堀口なりに見ぬいていたからだろう。その弱点もよく知っている、つまりはモダニストだったのだと、うけとめたい。

岡田邸を堀口が完成させたのは、一九三三年であった。その概要をあらわす『一住宅と其庭園』は、一九三六年に刊行されている。本として世にだす時期を、堀口は三年間おくらせた。

それだけ出版がずれこんだのは、庭の草木がほどよくのびるのを、まったためだろう。じじつ、堀口はこの本に「草庭の試み」という一文を、よせている。写真のなかで、庭が住宅の姿をひきたてる。そういう庭づくりにも、堀口はこだわっていたのである。あんがい、この本を世に問えた時点こそが、堀口にとっての竣工日だったのかもしれない。

きらめく截金を、どう読むか

一九七〇年代のおわりごろであったと思う。たまさか知りあった京都の老婦人から、じつに印象的な言葉を聞かされた。どういうやりとりがあっての物言いだったのかは、もうおぼえていない。しかし、彼女の語る数寄屋像は、その後も脳裏にきざまれている。

——数寄屋ゆうたらあんた、お妾《めかけ》さんのおうちやおへんか。

数寄屋のしつらいは、愛人をかこう家、いわゆる妾宅にこそふさわしいという。大学の建築学科では、ついぞ聞かされないうんちくである。

あとでしらべ、彼女の言ったことはまちがっていないことが、わかってくる。ひとかどの男が妾をもつ場合は、数寄屋風の小邸をいとなまなければならない。それこそが、粋人としてのあらまほしきふるまいである。かつては、たしかにそうみなされていたことが、のみこめるようになってきた。

いや、妾のすまいだけではない。芸妓たちとたわむれあう茶屋にも、数寄屋のかまえはとりいれられていた。数寄屋は、けっこう艶っぽい意匠であったことを、私は了解したのである。

前に、数寄屋は俗世をはなれるためのしつらいであったと、書いたことがある。仕事の場にはふさわしくない。別荘や遊びの場にこそなじむ造形だったのだ、と。妾や芸妓をめでる舞台としてとらえられていたことも、その延長上に考えればうなずける。

では、なぜそのことに、若かった私は気づけなかったのだろう。

学生時代の私は、もっぱら堀口捨己をとおして、数寄屋を想いえがいていた。堀口が戦後になっててがけた和風建築を、数寄屋の典型だと思いこんでいたのである。あのじつに端正な、悪く言えばかたくるしい堀口作品を。

年をへて、花街などの数寄屋もいくつか見てきた今、あらためて思う。堀口が設計した数寄屋は、一般的なそれからけっこうずれている、と。

まず、どれもこれも線がほそい。壁土や木肌のおりなすあじわいを前面へおしだすことは、ひかえられている。なによりきわだつのは構成、プロポーションのあんばいである。

陰翳のコントラストが、空間にドラマをもたらすことはない。ぜんたいに、明るくしあげられすぎている。ひとことで言えば、堀口の数寄屋は、モダンデザイン風に加工されたそれなのである。

芸妓が男たちをとろけさす舞台には、なかなかなりえない。そういう色気は、注意深くぬぐいさられている。あるいは、デオドラント化されたと言うべきか。

ことは、性的な方面だけにかぎらない。堀口は、数寄屋らしい綺想にも、あまり手をそめようとしなかった。造形的なくすぐりにも、はしってはいない。

一九七三年に堀口は、清恵庵という茶室をたてた。これは、旧佐賀城の跡地にもうけられた、佐賀県立博物館の公共施設である。ひろく、市民に茶の湯をたのしんでもらう。社会教育的な行政サービスのために、いとなまれた茶室である。

堀口にそういう注文がまいこんだのも、よくわかる。禁欲的な堀口の作風は、自治体にもうけいれやすかった。吉田五十八あたりとはちがい、妙な色香が、堀口の数寄屋からただよう心配はない。だから、地方公共団体としても、安心してたのむことができたのである。

堀口の茶室史研究は、利休にモダンデザインとつうじる美を、読みとっていた。のちの建築家たちも、これをまなび、茶室や数寄屋をその文脈でとらえだす。色気ぬきの、現代的なコンポジションをさきどりした造形として、うけとめた。また、堀口じしんも、そういう枠組のなかで、和風建築を設計しつづけたのである。けっきょく、それらが色好みの道にたいする私の無知を、もたらしたのだと思う。数寄屋は、「お妾さんのおうちやおへんか」。この世間知から私を遠ざけたのも、堀口と堀口にねざす建築知識であったろう。

堀口じしんが、数寄屋のそういう側面を知らなかったわけでは、もちろんない。その茶室論には、こんなくだりもある。

「茶室の数寄屋から影響された待合茶屋や、会席料理屋等の数寄屋建築の中にはいわゆる『いき《粋》』な即ちエロティシュな性質が入り、特殊な方面へ発達した茶室を見ることが出来る」(「茶室の思想的背景と其構成」『建築様式論叢』一九三二年)。

しかし、堀口は「エロティシュ」な数寄屋を、「特殊」なものとしてあつかった。社会史的には多数派をなしていただろうそれらを、例外的なものとして位置づけている。今の私は、モダンデザインでそめあげられた数寄屋のほうを、より「特殊」だと思うが。

戦前の堀口がてがけた白いモダンな住宅に、妾宅があることはわりあい知られている。さきにとりあげた岡田邸や若狭邸が、たとえばその例にあげられる。

当時のブルジョワたちは、しばしば流行の白い家を、新手の妾宅形式としてうけとめた。本宅ではともかく、妾宅としてはおもしろい、と。施主のなかにも、それを数寄屋の現代版、国際版として理解するむきはいたのである。

若狭邸では、かこわれた妾が、はやりの水着でポーズをとったりもしたろうか。南へのびるプールで水とたわむれる彼女に、施主はときめいたかもしれない。あの住宅は、当時のややエロティックなモダン風俗にも、供されたのだと思う。

しかし、堀口の手際《てぎわ》は、そうした気配をふうじこめている。作品として発表された写真のなかでも、そこはおさえこみきった。プールのあつかいでも、本体との対比による構成の妙を、ひきたたせるようつとめている。

堀口の数寄屋では、八勝館みゆきの間（一九五〇年）に、いちばん華がある。とりわけ、主室と次の間をしきる四枚のふすまは、あざやかにしあげられている。江戸時代にもたらされたという截金《きりかね》でいろどられた布地が、ここにはあしらわれた。

そのあでやかさに舌をまく建築家は、おおぜいいる。ざんねんながら、私は写真でしか見たことがない。しかし、そこがきらきらしているだろうことは、よくわかる。

この八勝館も、モダンデザイン風に室内はしあげられている。きらめく截金は、いつもどおりのきちょうめんなつくりのなかに、もちこまれた。これがくらべあわせの妙をなして、截金をよりいっそうかがやかせている。その点も、建築家たちをうならせることに、役立ったはずである。

おさえ気味の空間を、截金のひきたて役にする。いかにも数寄屋らしいそういうたくらみが、堀口にははじめからあったのだろうか。

八勝館の施主は、最初ふすまの絵を、日本画の横山大観にえがかせようとしていた。そのもくろみをしりぞけたのは、設計者の堀口である。堀口はふすま絵に変わる代案として、截金の布地であしらわれたふすまを、ひねりだした。おそらく、大観の絵にまけない綺羅をたもたせ、施主を納得させるために。

はじめから、堀口に数寄屋ならではのけれん味があったわけでは、たぶんないだろう。モダンぶりがまさったみゆきの間は、いつもどおりの調子でまとめられたにちがいない。

余談だが、八勝館は名古屋の料理旅館である。そして、男女の密会に部屋がつかわれることも、なかったわけではない。

ここに、舟橋聖一がえがいた『白磁の人』(一九五七年)という小説を、紹介しておこう。この作品では、社長秘書をつとめる美貌のヒロインが、社長にしばしばくどかれる。同衾をせまられ、あわやというタイミングで、彼女が身をかわす。そのスリルも、話の薬味にとりいれられている。

社長の中峯は、ある日名古屋へでむく出張に、秘書の鹿子をともなった。宿は「八事の八勝館」を、おさえていたという。「中峯は残月亭という部屋が好きだったが、その日は……松の間に通された」とある。まちがいなく、堀口の八勝館が、その宿になっている。なお、秘書には梅の間、つまり「松の間の隣」が、あてがわれた。

その晩、八勝館の女中は、ヒロインに社長と同じ風呂へはいるよう、うながしている。

「奥様もどうぞご一緒に」

とすすめるので、奥様ではない、社長秘書ですよと訂正した。

「でも御風呂位は――」

「とんでもないことよ……」

「秘書の御婦人で、御一緒におはいりあそばす方は、よくいらッしゃいますよ」

「それはほんとの秘書ではないンでしょ」

鹿子は後日、前秘書の黒木から問いつめられた。社長にだかれたろう、と。そうやりこめる黒木と、あらがう鹿子のやりとりを、以下にひいておく。

「寝たことなんかないって言うの……名古屋へ二人ッきりで旅行して、八勝館へ泊った以上は、逃れぬ証拠じゃありませんか」

八勝館みゆきの間。一の間と二の間を仕切る截金の襖

「あら……だって別々のお部屋よ」

「梅の間と松の間でしょう」

「黒木さんも行ったことあるの?」

「ありますよ。やっぱり社長のお供でさ」

「驚いたわ」

「そりゃア、はじめは、社長と秘書の触れこみだもの、別々にお床《とこ》はとるわよ。でも、あの二間は、廊下が共通でしょ。いつだって、あんた、はいって来られるわよ」

「社長は、誰彼なしに、八勝館へつれてくのかしら」

「そのほうが、社長には便利だものね」

「いやらしい——」


八勝館が、どういう料理旅館であったのか。その一端を『白磁の人』はおしえてくれる。

だが、堀口の仕事から、八勝館のそういうふくみを感じとることは、むずかしい。堀口はここでも、エロティックな雰囲気をかくしとおすようつとめている。例のきちょうめんな作風で。

いくつかの堀口作品は、そういうエロスとの葛藤で、質を高めているのかもしれない。おさえてもおさえきれない艶が、端正にすぎる作品へ、かすかな媚態をそえることになる。そんなからくりが、若狭邸や八勝館に、ある種の美質をもたらしているのではなかろうか。

前川國男

まえかわ　くにお

コルビュジエかラスキンか

戦時下の「前川さんは、京都学派の論理をそのまま採用している」。「前川さんは、間違いなくこの時期、右翼だった」。藤森照信は、一九四〇年代前半の前川國男について、そう語りだしている(「戦時下に育まれたものとは何か」松隈洋編『前川國男 現代との対話』二〇〇六年)。

戦後の読みかえ

戦後しばらく、前川は戦前の反動化にはむかった建築家として、語られてきた。日本趣味をおしつける帝室博物館のコンペに、しっぺがえしをくらわせたからである。前川は和風の屋根をのぞんだ主催者になびかず、モダンな陸屋根の案で挑戦した。落選覚悟のこういう反骨ぶりで、抵抗者だとみなされてきたのである。

しかし、その言動をていねいにおいかけていくと、べつの前川像もうかんでくる。戦時下の前川は、当時の全体主義的ないきおいにあゆみよっていたことが、見てとれた。意外なことに、前川は「右翼」だったのだと、そう藤森はとなえだしたのである。

八束はじめも、二〇〇五年には、前川をファシストめいた建築家として、えがいている(『思想としての日本近代建築』)。前川のそういう一面が、藤森や八束には目新しくうつったのだろうか。

私などは、一九七〇年代のおわりごろから、前川は時局よりであったと考えてきた。一九八〇年代には、日本のモダンデザイン総体を、戦時体制よりだったと位置づけている(『アート・キッチュ・ジャパネスク』一九八七年など)。今ごろ何を言っているんだという想いを、彼らにたいしてはいだかなくもない。

ここでは、前川が戦時下に書きとめた言葉を、いちいち検討するのはやめておく。ただ、一九三七年末に書かれた次の一文だけは、やはり、くりかえし紹介しておきたい。建国記念館のコンペへよせた説明文だが、そこで前川はこう言っていた。

「所謂日本趣味建築は実に当時の商業建築家達を育んだ極端な自由主義的資本主義的建築思潮の生んだ私

生児であり、かかる〈日陰の花〉は断じて今日国民精神総動員の健康な烈々たる時代の光の下にその生長は絶望である」

一九三〇年代はじめごろまでのコンペは、日本趣味の建築図案を、しばしばえらんでいる。しかし、ああいう不健康な形がまかりとおる時代は、もうおわった。日本趣味は、自由主義があやまって生みおとした、今の時勢にあわない表現である。

一九三七年一〇月には、国民精神総動員中央連盟が、たちあげられた。いわゆる総力戦へむけての統制が、はじまりだしている。

今は、のんきに日本趣味をもてあそぶことが、ゆるされない時代である。むしろ、自分たちがかかげてきたモダンデザインこそ、総動員の時代にはふさわしい。渡辺仁を論じたところでもふれたが、前川はそううったえかけている。

日本趣味は、緊迫の度を高める戦時の日本になじまない。今は、ただの日陰者である。時局には、モダニズムのほうこそ似つかわしい。前川は、日本趣味の建築と、自分たちのめざす建築を、以上のように色分けした。

戦後の評価は、これをひっくりかえしている。前川が戦時体制からとりのこされたと見た日本趣味を、ファッショ的だときめつけた。前川が時局むきだと自負したモダンデザインを、その抵抗者にまつりあげている。

両者を最初にいれかえたのは、評論家の浜口隆一であったろう。敗戦直後の浜口は、日本趣味建築を次のような文脈のなかで、とりあげた。

「戦争の進展と共に軍国的国家主義の暴圧は最大の強度に達し、文化のあらゆる面において日本的様式は至上命令ともなったのである」(『ヒューマニズムの建築』一九四七年)。

「軍国的国家主義」は、しかし、日本趣味の建築などもとめていない。国家総動員へとむかういきおいは、前川の言うとおり、そういうものを用ずみにした。にもかかわらず、浜口はそれを「軍国主義」の目印めいた建築にしてしまう。日本趣味とたたかっただけの前川を、「軍国主義」総体への抵抗者にしたてあげて。

戦時下の一九四一年から浜口は、前川の設計事務所に席をおきだした。とはいえ、設計の仕事をこなすスタッフとして、やとわれたわけではない。前川は、浜口なら自立した建築評論家になりうると、その学識を見こんでいた。そして、目をかけるだけではなく、自分の事務所でやしなおうとしたのである。

前川は、論客・浜口にとっての、言わばスポンサーであった。戦後に浜口が書いた『ヒューマニズムの建築』も、そう思ってながめれば、よくわかる。この本は、前川らがおしすすめたモダンデザインの歴史をかがやかしく、えがいていた。のみならず、前川個人への心くばりも、そこかしこににじませている。

モダンデザインを信じた前川は、総動員体制へ心をよせていた。その意味では、前川もファッショ的であったろう。しかし、そういう話はしないほうがいい、と戦後の浜口は見きわめた。

だからこそ、浜口は、「軍国主義」へよりそった建築という役割を、日本趣味におしつける。前川があらがった日本趣味を、悪役にしたのである。前川と前川があとおしをしたモダンデザインは、善玉にしておいて。

前川は、日本のファシズムに抵抗した。およそ的はずれなこの物語は、こうしてうきあがる。自分が世話になった建築家のことは、かばいたいという想いにも、ささえられ。

一九四七年の四月から、浜口は東京大学第二工学部の講師となっている。前川じしんも、そこへは設計のてほどきに、しばしばおもむいた。そのためもあるのだろうか。日本趣味を悪役とみなす歴史観も、まずここへつどった学徒におよびだす。

一九四九年まで第二工学部にいた神代雄一郎を、感化のおよんだひとりにあげておく。「日本でも重々しい瓦屋根をいただく帝冠様式がつくられた……ファシズムの強権発動は日本もドイツも同じであったと思う」。『建築学大系』の第六巻(一九五八年)で、そう書きつけたのは、二工《にこう》出の神代なのである。なお、「帝冠様式」は、戦前期の日本趣味建築をしめす、戦後に普及した呼称である。

こういう歴史の読みかえに、前川が加担していたかどうかは、わからない。

しかし、前川も敗戦から八年をへた一九五三年には、日本趣味を悪役としてあつかった。旧帝室博物館などのことを、こう論じるにいたっている。「二十年前のかの恐るべき国粋主義的建築」、と(「日本新建築の課題」『国際建築』一九五三年一月号)。

戦時下には、まったく逆で、時局にそっぽをむいた有閑建築として、ながめていた。戦後には、その同じ建築を、「恐るべき国粋主義的建築」であったという。自分がうしろだてとなった浜口らの口車に、のせられたのだろうか。

ムンダネウムの日本版

大東亜建設記念営造計画のコンペがおこなわれたのは、一九四二年であった。もう、対米戦争もはじまっている。建設資材は、みな軍需方面にまわされた時期である。

総力戦のまっただなかにいる国家は、国民にたえしのぶことをもとめてくる。建築家たちには、軍需施設をてっとりばやく安くたてることだけが、期待された。

和風などの表現を、国家が建築界にせまったことはない。当時の国是は、戦争とむきあうことにあった。建築の表現などが問われる時代ではなかったのである。

帝室博物館コンペ前川案

もちろん、建築家たちには、不満がたまる。建築の色、形、美しさを、戦時であってもさぐりたい。そんな想いをつのらせた者も、すくなからずいた。

大東亜建設記念営造計画が建築学会のなかでひねりだされたのは、そのせいである。建築の表現にかかわるところで、腕をふるいたい。戦時のたいへんな時だが、美しさへむかう姿勢も、どこかではたもっていこう。会員たちのそういう気持ちにこたえるかっこうで、話ははじまった。

「大東亜共栄圏確立ノ雄渾ナ……記念営造計画案」を、建築学会によせてほしい。学会の建築展覧会で、そのコンペをもよおそう。以上のようなよびかけで、会員に空想図面をつのったのが、この企画である。

かけ声はいさましいが、その内情はややせつない。建築美から遠ざけられた戦時下の建築家たちが、せめて図面でうさをはらそうとする。架空の世界で、建築の夢を見ようとした。ヴィジオナリー・アーキテクチュアをならべることで。

国家がもとめた総動員という方向からは、あきらかにずれている。建築家たちは、反国家的な息抜きの場をもうけ、たわむれあった。非国民的と言われてもしかたのない世まいごとに、うつつをぬかしている。

「大東亜共栄圏確立ノ雄渾」な記念施設を、えがいてほしい。表面的な字面だけをながめると、この募集文は雄々しくうつる。

だが、それは企画の遊戯性をかくすために、つくろわれた修辞でもあったろう。ひまつぶしではないのだと、戦時動員をすすめる当局者の前でも、言いくるめたい。そのあせりが、こういうおげさな文句につながったのだと考える。

大東亜共栄圏への幻想が、建築家たちになかったと言いたいわけではない。そういう想いも、当時の世間なみには、いだいていただろう。しかし、彼らをいちばん強くつきうごかしたのは、建築美へのこだわりであった。

コンペの審査幹事をひきうけた前川國男も、募集の前にこう言っている。今は、時局むきの仕事に、力をつくさなければならない戦時である。それなのに、「なお建築の形を想い美しさを論じ……ずにはいられない」。「建築家商売の悲しさ」で、そんな「身の因果を骨身に徹して思い知る」、と(「覚え書・建築の伝統と創造について」『建築雑誌』一九四二年八月号)。

また、前川はこの企画が「絵空事とそしられかねない」ことも、わきまえていた(同前)。国家総動員体制から背をむけている面のあることも、自覚はしていたのである。日本趣味の建築を、同じような理屈でなじった、その当人でもあるのだから。

よく知られるとおり、このコンペでは丹下健三の案が、一等にえらばれた。巨大な神社、あるいは家型埴輪を想わせる施設が、富士山麓にたつ提案である。

そして、戦後にはこれこそが日本のファシズム建築だと、しばしば語られた。丹下を、戦犯めいた建築家としてあつかう読みものも、けっこうある。

なるほど、丹下は神がかった図案で、国家をことほごうとした。丹下のみならず企画にたずさわった建築家たちも、大東亜共栄圏構想をうけいれている。すくなくとも、表面的にはもちあげた。その点で、ファッショ的な思想にはよりそったと、言えなくもない。

しかし、くりかえすが現実の状況から、彼らはにげている。国家総動員の途をつきすすむ戦時体制には、そむいていた。

丹下を戦犯よばわりする戦後の議論に、私はなじめない。この企画へつどった建築家たちは、みないそがしい戦時に、「絵空事」を生きていた。アンビルトの世界にとじこもっている。そのことでは、戦争から身をかわす忌避者でもあったと考える。

すくなくとも、国家は建築家に、こういう「絵空事」をもとめていなかった。そして、「絵空事」へおもむくことを、ファシズム体制への加担だとみなすべきではない。そううけとめてしまえば、ファシズムそのものの性格を、とらえそこなうことになる。まあ、日本に「ファシズム」とよべる体制があったかどうかは、うたがわしいのだが。

さて、「絵空事」としてあつめられた図面のなかでは、丹下案がいちばん高く評価された。それも、群をぬく評価で、一等にえらばれている。二等以下は差がつけづらく、えらぶのに骨がおれたという。

けっきょく、図面の制作努力を買われた案が、二等になっている。田中誠、道明栄次、佐世治正の共同提案が、それである。上海市を舞台とするモニュメンタルな都市計画案が、そこにはえがかれていた。

前川事務所のなりたちにくわしい人なら、すぐピンとくるだろう。田中も道明も佐世も、みなそのスタッフであった。これを提案したのは、事実上前川事務所なのである。もちろん、前川に審査をしてもらう図案である以上、応募者名に前川の名はないが。

この計画案は、コルビュジエと似ていることが、審査会でとがめられた。ピロティにささえられたオフィスが、コルビュジエの亜流だとみなされたらしい。前川は、審査の講評でそう書いている（「競技設計審査評」『建築雑誌』一九四二年十二月号）。

しかし、コルビュジエへの追随という点で問われるべきは、オフィスだけにかぎらない。この計画は、その全体像そのものが、コルビュジエのムンダネウム計画をまねていた。グラウンドやオフィスの配置、ピラミッド状のモニュメント等々、その類似はうたがえない。

ムンダネウムの図案化にコルビュジエがいどみだしたのは、一九二八年からであった。一九二九年には、都市計画図もそえた拡大版を、ととのえるにいたっている。

時期的には、ちょうど前川がコルビュジエのアトリエにいたころである。当時の前川は、ムンダネウムの図面がしあがっていくのを、まのあたりにしていたろう。

審査幹事の前川は、田中らの案がムンダネウムに似ていることを、見ぬけたはずである。うちのスタッフは、あれをまねたな、と。しかし、前川の審査評はその点にふれていない。そこは、すこしずるかったかなと思う。

大東亜のコンペでは、コルビュジエのムンダネウムを手本とする手もある。ひょっとしたら、前川じしんが、田中らにそうほのめかしていたかもしれない。あれは、けっこうモニュメンタルだから、こんどのコンペにもいかしやすい、と。まあ、証拠はないので、深追いはひかえるが。

ただ、この二等案でしめされたピラミッドの形を、前川が好んでいたことはたしかである。この三年前、一九三九年の忠霊塔案でも、前川はピラミッド状の施設を、えがいていた。

戦後にも、この好みはたもたれる。レオポルドヴィル文化センターのコンペ案(一九五八年)を、たとえば見てほしい。そこでは、さまざまな傾斜をもつピラミッド状の施設が、ならべられている。学習院大学の校舎(一九六〇年竣工)でも、この形はとりいれられた。

戦時下のモニュメントとして考えられたピラミッドが、戦後も前川のなかで生きつづける。それもまた、戦時と戦後をつらぬく前川好みの一例であったということか。

田中たちは前川のそんな好みを知ったうえで、例の二等案をまとめたのかもしれない。

屋根のかたむきをいやがって

タイ国は、ながらくフランス領インドシナと、国境あらそいをつづけてきた。そのいさかいに、つけこむかっこうで、日本はタイとのつながりを深めだす。一九四一年の年末には、日タイ同盟条約をむすばせた。翌年一〇

学習院大学

月二八日には、日タイ文化協定の成立へと、そのあゆみをすすめている。
そのことを目に見えるかたちでしめす建築計画が、日タイ両政府のあいだでもちあがる。タイのバンコクに、日タイ文化会館をたてることが、きめられたのである。設計者は、コンペでえらばれることとなった。一九四三年には、その図案がつのられている。

一等の座をいとめたのは丹下健三案、そして二等には前川國男の案がえらばれた。前者は寝殿造風、後者は書院造風に、その外観がととのえられている。どちらも、和風の傾斜屋根をいただく、伝統的なかまえでできていた。

前年の大東亜建設記念営造計画で、日本的な形を強くうちだしたのは、丹下だけである。だが、こんどの日タイ文化会館では、前川もふくめ、みなあからさまに和風をあらわした。すべての入選案が、あられもなく日本色をあふれさせている。

一九四三年には、それだけ日本的な形をもとめる時代のいきおいが、強くなった。前川のようなモダニストでさえ、傾斜屋根をうけいれなければならない時勢になっている。これまでの建築史はそう語り、そこにファッショ化のいきおいを、しばしば読んできた。

しかし、一九四二年と一九四三年のコンペを、ひとつづきの流れでとらえるべきではない。大東亜建設記念営造計画と日タイ文化会館は、その性質がことなる。そのちがいから、目をそむけてしまうのはよく

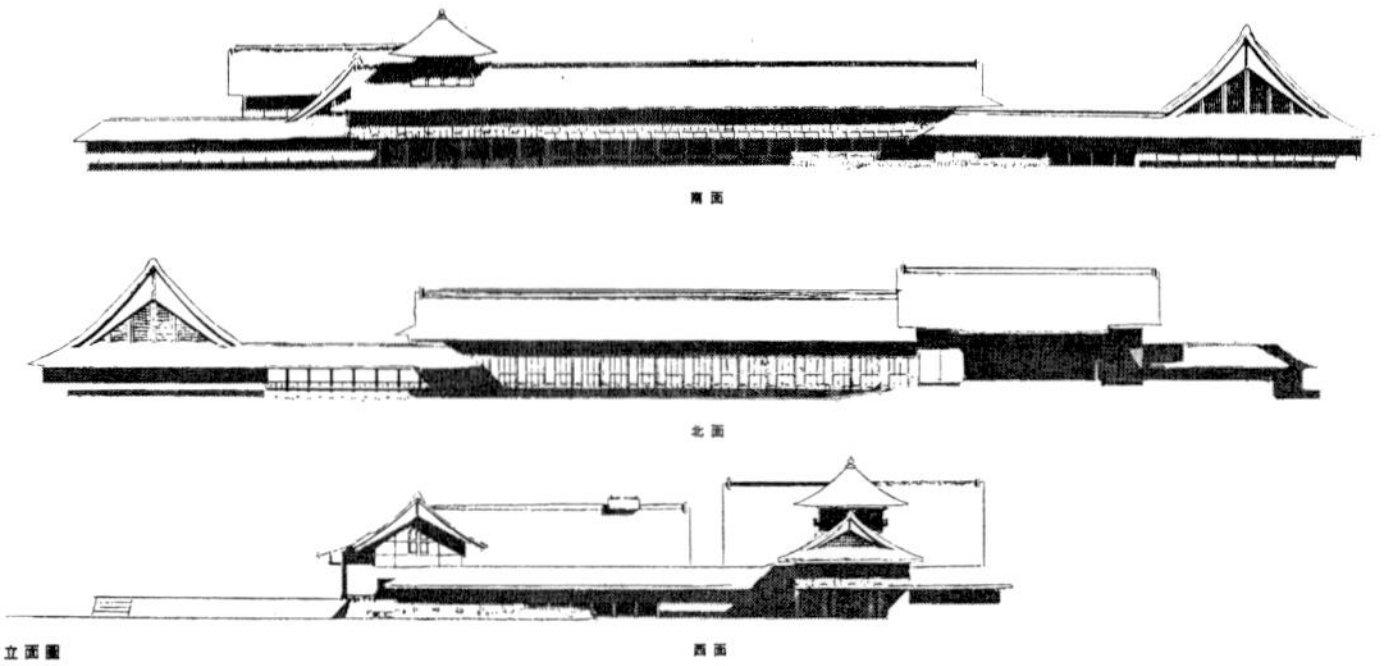

日タイ文化会館コンペ前川案

ない。日本色をもとめる時流が強まったと、このふたつから判断をすれば、事態を見あやまる。

大東亜建設記念営造計画は、リアリティをもとめていない。建築家たちは現実的な条件などかまわずに、ただ夢をおいかければよかった。しかも、審査には幹事の前川をはじめ、モダンデザインをへてきた人々がかかわっている。それは、若い世代の新しい表現に可能性をたくした、アイディアコンペだったのである。

日タイ文化会館も、じっさいにはたてられていない。計画だおれにおわっている。しかし、こちらはぎりぎりまで建設がはかられた。大東亜建設記念営造計画の場合とはちがい、現実味をおびた企画だったのである。

タイのバンコク、つまりアジアの都市に、この施設はもうけられるてはずとなっていた。ほんらいなら、西洋化に成功した日本の姿を、あらわしたいところであったろう。台湾や朝鮮の総督府などが、現地民へ見せつけてきたあのかまえを。

だが、一九四三年の日本に、その余力はない。鉄やコンクリートを、平時の文化事業にまわすことはできなかった。日タイ文化会館の場合も、チーク材でしあげることを余儀なくされている。

とはいえ、日タイ文化会館の設営は、国の面子をかけた仕事である。まだ、中堅の域をでない前川らに、審査の大役はまわってくるはずもない。学会のなかで、若い建築家たちに夢をえがいてもらったコンペとは、位と格がちがう。じじつ、審査員には、伊東忠太をはじめとする大御所たちがえらばれた。

「我が国独自ノ伝統的建築様式ヲ基調ト」する。日タイ文化会館の募集要項には、あらかじめそうしるされていた。木造の建築で、タイの人々に日本文化のありがたみを感じさせる。そのためには、「伝統的建築様式」しかありえないと、伊東らは見きわめた。丹下や前川も、それをうけいれ、寝殿造や書院造に設計の範をもとめたのである。

一九四三年になって、日本的な形をよしとするファッショ化が、強化されたわけではない。大半の建設作業は、あいかわらず戦時むきの急ごしらえで、かたづけられている。モダンデザインの、経済性や合理性を重んじるたてまえも、矮小化はされつつたもたれた。日タイ文化会館の和風は、日タイ文化協定ゆえにうかびあがった、例外的な意匠である。

戦後の論客には、一九四三年の前川をなじる者もいる。どうして、和風によそおい、屋根までかけたのか。帝室博物館のコンペにいどんだ前川は、フラットルーフでおしきった。あのさっそうとしていた前川は、どこへいったんだ。なぜ日タイ文化会館では、和風にながされたのか、と。

しかし、戦前戦時の前川も、つねに傾斜屋根をしりぞけていたわけではない。木造住宅の笠間邸（一九三八年竣工）や自邸（一九四一年竣工）には、りっぱな屋根をかけていた。

一九三六年には、「屋根の有無」を「枝葉な問題」だときりすてている。そんなのはどうでもいいことである、と。また、「私の計画もまた勾配屋根をもっている」とさえ、のべていた（「一九三七年パリ万国博覧会日本館計画所感」『国際建築』一九三六年九月号）。

じじつ、前川は建国記念館のコンペ（一九三七年）に、傾斜屋根のかかる案をだしている。自分たちのめざすモダンデザインこそが、国家総動員の方向にそっている、と書きながら。傾斜屋根じたいを、前川がそれほどきらっていたわけではないことが、読みとれよう。もちろん、どちらかといえば、フラットルーフにひかれてはいたろうが。

帝室博物館のコンペを、フラットルーフでおしとおしたことが、かがやかしく語られる。その度合いは、敗戦後によりいっそう高まった。フラットルーフへのこだわりが、ファシズムへの英雄的な抵抗だともちあげられて。また、和風の傾斜屋根が、ファッショ的な意匠であるかのよ

自邸

うに、論じられながら。

こういうあやまった戦後の歴史観で、戦前の前川をながめるべきではない。前川は、傾斜屋根なんかぜったいにいやだと、思っていなかった。そう思っていたはずだという人は、戦後の前川語りに毒されている。

もっとも、戦後には前川じしんが、この新しくできた前川像にからめとられていった。モダンデザインの闘将という、まわりからあたえられた役目を、うけいれている。のみならず、それをいやがりもせず、こなしてもいった。

なお、前川が「闘将」とよばれだしたのは、一九五二年からであったという（宮内嘉久『前川國男 賊軍の将』二〇〇五年）。以後、めだつ傾斜屋根は、前川作品から姿をけす。それがもういちどうかびあがったのは、ようやく最晩年になってからである。

弘前市にできた緑の相談所（一九八〇年竣工）は、大きな傾斜屋根をかけている。史跡である弘前公園にたつことから、文化庁にそれをもとめられたらしい。これにたいしては、「前川さんがしようがなく『うん』といった」のだという（仲邑孔一談話 日本建築家協会『素顔の大建築家たち ○二』二〇〇一年）。

国会図書館の新館（一九八六年竣工）にさいしても、前川は傾斜屋根をいやがった。「フラットルーフにすることに拘った」と、つたえられている（中田準一「最晩年の前川さん」前川國男建築設計事務所OB会有志『前川國男・弟子たちは語る』二〇〇六年）。

最晩年になって、ようやくうけいれることができた。とはいえ、それもしぶしぶみとめたということであったらしい。

帝室博物館のコンペで、英雄的に傾斜屋根を拒絶した。戦後に増幅されたこの物語を、前川はのちのちまでいつくしんだようである。伝説にふさわしい建築家でありつづけたいという想いは、なくならなかったらしい。すくなくとも、屋根に関しては。

建築部材生産の工業化

前川國男が敗戦後にまずいどんだのは、木造住宅の量産化であった。プレモスとよばれる工場生産の部材で、戦後の住宅不足をのりきろうとしたのである。

鉄筋コンクリートがつかえる時代になっても、この姿勢はかわらない。量産化しうる工業製品で、建築をくみたてようとするいきごみは、かわらずたもたれた。工場生産のサッシュ、プレキャスト・コンクリートなどに、前川は執着したのである。

日本相互銀行本店（一九五二年竣工）は、その記念碑的な作品だとされている。

これのできた時代に、しかし工業製品のサッシュが、ひろくでまわっていたわけではない。日本相互銀行本店で前川は、アルミサッシュをもちいている。しかし、アルミサッシュの量産化がすすむのは、一九六〇年代にはいってからである。この時代だと、まだ建築家たちが思うぞんぶんつかいこなせるようには、なっていない。

じっさい、そのことで前川は現場の処理をあやまっている。

アルミサッシュのカーテンウォールを、くみあわせる。そのつぎめを、どうあつかっていいのかが、当時はよくわかっていなかった。前川はそこをモルタルのパテでうめている。しかし、これでは雨水がふせげない。そのため、屋内をぬらせてしまうこととなった。

けっきょく、前川はアメリカから、値のはるコーキング・コンパウンドを買っている。これでつぎめの処理を、すべてやりなおした。それをつぐなう出費も、前川はひきうけている。コストダウンをめざしたはずの

日本相互銀行本店

設計で、かえって高くついたことになる。

建設工事のふえた高度成長期には、建築部品の工場生産化にもはずみがついた。現場もそのあつかいに、なれてくる。こういう失敗も、おのずとふせぎやすくなる。だが、日本相互銀行本店を前川がてがけた時は、まだそこまで時代がたどりついていなかった。

前川にも、もっと手仕事にたよった設計ですます手は、あっただろう。それこそ、逓信省の吉田鉄郎が東京と大阪の中央郵便局を、てがけた時のように。

だが、前川はそれをいさぎよしとしなかった。工業化され規格化された建築部品に、あくまでもこだわったのである。まだ、時代はそこまでとどいていないのに。

工業化へいどむことで、建築家がもがく。あれこれなやみくるしむ。おそらく、当時の前川は、そこに建築家としての生きがいを、見いだしたのだろう。その試行錯誤こそが、自分にあたえられた使命だと思ったのではないか。

そんな前川も、一九六〇年代以後、しだいにこういうこだわりをなくしていく。高度成長期には、建設にかかわる産業がそだち、部品の量産化を実現していった。サッシュのカタログも、ととのえるようになっている。建築家は、そこからえらべばすむようになった。そんな趨勢のなかで、情熱をうしなっていったのだろう。

一九五〇年代のなかごろまでは、まだ建築家がこの問題でわずらわされた。だからこそ、そこにいどむ気概もいだけたのだろう。試行錯誤こそが前川をふるいたたせたのだと、私は考える。まあ、錯誤をつきつけられた施主には、気の毒な話だが。

建築部材の工業化と量産化は、モダンデザインがめざした目標のひとつでもあった。前川も、それをおしすめたがったのだと、とりあえずはみなしうる。

プレモスに前川がいどんだのは、敗戦直後であった。日本相互銀行本店の設計も、戦後まもない時期にすすめられている。

工業化や量産化への情熱を、いかにも戦後らしいそれとしてとらえるむきは、おられよう。戦後の開放感が、モダンデザインを開花させた。工業化へのこころざしまでふくめ、全面的にときはなったのだ、と。

しかし、ことはそう単純でもない。私はべつの見取図を、想いえがいている。

帝室博物館のコンペへいどんだころの前川に、工業化への意欲はさほど見られない。前川の書いた文章から、それが読みとれるのは、もうすこしあとになってからである。

私は、一九三七年がその変わり目にあたると、にらんでいる。周知のように、日中戦争がはじまったのは、この年からである。国民精神総動員のかけ声が高まったのも、これをきっかけとしている。

その一九三七年に、前川は建国記念館のコンペへ挑戦した。これからは総動員の時代だと、応募説明文に書きつつ、いどんでいる。この時流を、「建築運動に転化」したいとも言いながら。

総力戦体制下には、あらゆる部門で、生産力の増強がさけばれた。統制経済による量産化も、いろいろなところでこころみられている。前川も、けっきょくこのかけ声に、心をうばわれたのだろう。それこそ、ファッショ的な高揚感もあったかけ声に。

戦時下の前川は、国策工場の設計もこなしていた。旧満州におもむき、そういう仕事をひきうけたこともある。たとえば、飛行機の増産がめざされた、満州飛行機製造の工場などを。

そうしたところで、前川は量産化がくりひろげられる光景を、見せつけられただろう。あるいは、クライアントたちから、そういう話を熱っぽく聞かされたはずである。

プレモスの住宅部材を、前川の指導でつくったのは、鳥取の工場であった。戦時中に、この工場は木製グライダーの量産化へのりだしている。まちがいなく、軍需工場のひとつであった。

前川は、そこの木工機械が、住宅生産にいかせると判断したのである。その意味では、軍需産業の平和利用へ途をひらいたのだと、言ってよい。だが、量産体制という戦時のしくみは、かわらずにたもたせようとした。前川のプレモスは、戦時総力戦体制の副産物、派生品なのである。

敗戦後の開放感が、前川を量産化までふくむモダンデザインへと、はばたかせた。もし、そううけとめている人がいるのだとすれば、その見方は甘い。

量産化へとむかう前川の情熱は、総力戦体制によっても、はぐくまれていた。前川は、国民精神総動員のこころざしを、戦後になっても、いだきつづけたのである。おそらくは、日本相互銀行本店の設計にあたっても。

高度成長期には、建設産業が量産化の途にはずみをつけた。前川は、もうこの問題でなやまなくてもすむようになる。この時ようやく、前川は総力戦体制のしばりから、ときはなたれた。これが私の想いえがく前川と、そしてモダンデザインの歴史である。

クラシックやゴシックには、かなわない

何度もくりかえすが、帝室博物館のコンペは、前川國男のモダンな提案をしりぞけた。前川は、その敗北が英雄的に語られることで、戦後に伝説の人となった建築家である。

その前川が、一九七〇年代には、かつての敗北を肯定的に語りだした。あのコンペは、まけてよかったのだ、と。

「もしあれが逆に立って今残っているとしたら、上野の山は目をあけて歩けないだろう」（前川談「歴史的体験者からみた設計者のための制度」『建築雑誌』一九七三年一〇月号）

「実現しなくてよかった、と思うよ、つくづく……ディテールがないから」（前川國男・宮内嘉久『一建築家の信条』一九八一年）

前川の帝室博物館案には、建物を長もちさせるだけの工夫がない。自分の案でそのままたてられていたなら、すぐにいたんでしまったろうという。

案じたいは、コルビュジエのセントロソユースを、下じきにしていたろうか。そして、そのセントロソユースと同様、永続性への準備があったとは思えない。「ディテールがない」と前川が言うのも、よくわかる。

一九三四年に前川は、弘前で木村産業研究所を竣工させた。白いキュービックな外観の、コルビュジエをしのばせる作品である。

これが竣工後まもなく、いたみはじめたらしい。バルコニーがまずくずれ、パラペットがこわれていったという。今はバルコニーがない、そして屋根をブリキがおおった状態でたっている。

「いろいろと実際にぶつかってみるとね、これはだめなんじゃないかなという気がしてきてね。近代建築の限界というかな、そういう疑いを持ち始めたのはそのころからだね……」(同前)

有名なこの昔語りが、木村産業研究所のことをさしているのかどうかは、わからない。ただ、自分の作品だけを、うたがいだしたわけでもないことは、うけあえる。前川はモダンデザイン総体を、信じきれなくなっていた。この途でよかったのだろうかと、かなり早いころからなやみだしていたのである。

戦後の前川が、建築部材の量産化にこだわったことを、さきほどのべた。その背後には、総力戦体制の精神をひきずっているところもあるだろうと、書いている。

しかし、それだけではないかもしれない。技術面の向上で、建築をより永続性のあるものにしていこう。テクニカルなアプローチで、ディテールをいっそう充実させていきたい。そんな想いも、前川をあとおししていたような気はする。

いずれにせよ、前川はモダンな表現にうってでることを、あきらめた。一九七〇年代からは、コンクリートを焼き物の打ちこみタイルで、おおいだす。見ようによっては中世趣味と言えなくもない外装を、まとわせだした。

そのころからであったろう。前川が、モダンデザインより古い時代にできた建築の美しさを、語りだしたのは。モダンデザインの限界を言いつのるだけに、とどまらない。クラシックやゴシックには勝てないという想いも、おおっぴらに公言しはじめた。たとえば、こんなふうに。

「クラシック建築とかゴシック建築とかね、あるいはルネサンスとかいう大建築がありますね、ああいうものと今日われわれが造っている建築と同じレベルで考えることはおかしいんじゃないかという気がするの」(前川國男談「建築家としての展望はあるか」『続・現代建築の再構築』一九七八年)。

「工業というものが始まってから以後の建築とね、それ以前の建築との截然たる区別があるでしょう。つまり美しい建築ってものは、工業化の時代にはないんだ、と考えてしまったほうがいいんじゃないかという気もするのね」(同前)

「石というのは古くなればなるほどよくなるのに対して、鉄は逆だし、コンクリートは風化に耐えられない。だからね、美意識の上で、昔の建築と今の建築とを同日に談ずることはできないと思うんだな」(前掲『一建築家の信条』)

この認識は、私もわかちあえる。私は、一九七七年にはじめてヨーロッパへでかけた時から、そう感じていた。モダンデザインにはおもしろいところもあるが、おしなべてちゃちくさい。クラシックやゴシックのほうが、ずっとりりしくりっぱに見える、と。

自分にひきつけてもうしわけないが、前川にもそんな想いはよぎったろう。コルビュジエの白い家は、さっそうとして見えるが、つくりはけっこうそまつである、と。じじつ、一九二〇年代に見たコルビュジエの白い作品群を、前川はこうふりかえっている。

「みんなフレームの中にブロックを積んで白く塗るのです。ですから、そのブロックと軀体との間に必ず亀裂が入るのです」(前川國男談話 佐々木宏編『近代建築の目撃者』一九七七年)

だが、前川は自分があこがれたモダンデザインの欠点に、しばらく目をつぶった。そして、自分にはこう言いきかせつづけてきたのである。

でも、これは新しい時代の表現だ。そのめざすところは、国家総動員体制の方向にも、つうじあう。建築部材の量産化をはじめとして、技術がととのえば、事態は改善されるにちがいない。そう自分をはげましつつ、モダンデザインで戦前戦後をつらぬいてきた。

そして、とうとう二〇世紀の後半に、そのあゆみをとめたのである。どうやら、これはほんとうにうまくいかないらしい、と。焼きものの打ちこみタイルへいたるまでには、それだけの道のりがあったということか。

しかし、モダンデザインの作品には、メディアのなかで生きのこるという手がある。竣工した時のかがやきが写真にうつされれば、本体はくちはててもいい。近代建築史を語る書物のなかで、くりかえしその写真が引用されれば、ことたりる。そちらのほうで永続性をたもたせることだって、のぞめないわけではない。

コルビュジエのサヴォア邸は、早くからいたみがひどくなっていた。だが、アンドレ・マルローの声がかりで、文化財になりおおせる。フランス政府が、それなりのコストをかけて、竣工時の姿をまもることになった。のみならず、コルビュジエの全作品を、世界遺産として登録しようといううごきもある。「必ず亀裂が入る」。そう前川がなげいた白い家も、世界遺産として、今後は保存されるかもしれない。

メディアに君臨すれば、そういうてだてがはかられることも、ありうる。建築家は、建築の永続性などという考えに、とらわれなくてもいい。竣工時のおもしろさこそが、建築のねうちを左右する。それで建築史上に登録されれば、あとは後世が保存の途を、さぐるだろう。建築家がそう考える度合いは、まちがいなく高まっている。

だが、前川はそういう考えに、ふみこまない。ひたすら、建築じたいの耐久性をもとめ、うちこみタイルの使用にまでいたっている。「建築で一番大切なものは永遠性だよ」。事務所のスタッフにも、よくそうつげていた（河原一郎「前川國男」前掲『前川國男・弟子たちは語る』）。

また、建築家としての作品集を、あもうともしていない。『現代日本建築家全集』にとりあげられることも、ことわった。写真で作品がとりざたされすぎることを、いさぎよしとはしなかったのである。わりつけや編集の技に、作品をゆだねることも。

そのあたりは、おおよそモダンデザインの「闘将」らしくない。堀口捨己のほうが、よほど時代にさきがけている。けっこう古い価値観とともにあった建築家かな、とも思う。

ブリュージュに魅せられて

一九六六年にできた埼玉会館は、一種の複合文化施設である。ホールや集会室、そして資料室などが、くみあわされている。

多くの部屋は、地下へおしこめられた。その屋上を、公開の庭としてつかう設計になっている。前川國男は、埼玉県側に、けっこう強引なこの提案を、うけいれさせたのである。

もちろん、地上にもいくつかの施設は、顔をだしている。そして、それらはさきほどふれた庭をとりかこむかっこうで、ならべられた。また、それらには、焼き物の打ちこみタイルがはられている。前川は、そこにタイルの壁でかこわれた中庭を、つくりだしたのである。

この中庭を、一九七〇年代の前川は、よりいっそうみがきあげていく。市民を心地よく散策へさそうよう、建築をくみあわせる。タイルの壁や大きなガラス窓、そして樹々などを、もっぱらそのためにあんばいする。そんな手法を、洗練させていった。

この前川流に、回遊式庭園の日本的な伝統を読みとるむきが、いないわけではない。埼玉県立博物館（一九七一年竣工）の配置などを見ていると、私もそう思う。前川じしん、「『日本の心』をもって」仕事にあたると、のべている（同館竣工パンフレット）。近代文明のゆきすぎに、「日本の心」で歯止めをかけるのだ、と。

しかし、この物言いに、リップサーヴィスめいた匂いが、ただよわないわけではない。いかにも行政、そして善男善女のよろこびそうな臭さを、私はかぎつけてしまう。建築家としての世わたりで、こういう文句もひねりだしてみせたのだろう、と。

じじつ、建築家たちのつどいにでた前川は、ちがうことを言っている。埼玉会館の設計には、どんな想いであたったのか。そのことを、コルビュジエからあたえられた示唆にふれつつ、前川はこう語る。

いわく、一九二〇年代末のコルビュジエは、ルーヴルの庭をほめていた。チュイルリ公園につながるところを、絶賛したらしい。

「コルビュジエが僕にね、このスペースがとてもいいんだという。つまり、物があるんだけどその物を感じさせない、しかもなにか包みこまれているような感じがここにはあるだろう。こりゃあいいなってことを、しきりに僕に言うんだ。なるほどと思ったんだな、……だから埼玉会館を頼まれたときに……なにかで囲まれた空間ができた方がいいんじゃないかと思って、それで思いきってあれを出しちゃったんですよ」（前掲『続・現代建築の再構築』）

どうやら、パリの、ヨーロッパの庭や公園を、前川は想いえがいていたらしい。

フランスにあこがれ、オペラをたのしみ、パリぐらしを満喫してきた前川である。日本の地方都市に、ヨーロッパの空間をもちこむことも、ねらっていただろう。それを壁でかこい、日本の都市景観からきりはな

埼玉会館

す。そこにも、ひそかなよろこびを見いだしていたかもしれない。

打ちこみタイルの色を、前川はしばしば「枯葉色」とよんでいた。シャンソンの「枯葉」もよく口ずさんだという前川は、そこにもこめていただろう。パリの想い出を。

埼玉会館の屋上庭園、中庭を、前川はエスプラナードと名づけていた。これは、フランス語の〝空間《エスパース》〟と〝散策《プロムナード》〟をくっつけた言葉である。二〇世紀のフランスでできた、〝散策空間〟をさす新造語にほかならない。

私は「日本の心」より、舶来説、いやおフランス導入説の肩をもつ。まあ、回遊式庭園のように見えるところなんかない、とまで言いきるつもりはないが。

話をコルビュジエにもどす。コルビュジエは、意表をつく形で、世界にうったえかけてきた建築家であった。にもかかわらず、「物を感じさせない」良さに敏感であったという。この回想は、じつにおもしろい。コルビュジエの意外なふくらみに、ふれたような気がする。

いっぽう、晩年の前川は、「物を感じさせない」方向へと、すすんでいった。きわだつ形で、見栄をはるのではない。建築の姿は、あたりさわりのない形におさめておく。樹々のなかへ、また可能ならば地下にもうめてしまう。そうして、作品を後景へしりぞけてしまうような仕事ぶりが、晩年は目についた。

建築作品としてのはったりには、もう気持ちがむかわなくなったのだろうか。現代建築なんかに、力をこめてもしようがない。クラシックやゴシックには、とうていかなわないのだから。そんな想いも、晩年の前川を、ひかえめな建築家にしていったような気はする。

一九五八年に前川は、ヨーロッパへでかけている。ブリュッセル万博の日本館をまかされ、その現場を見にいった。ついでに、ほかの街もいろいろ見てまわったらしい。

なかでは、中世都市ブリュージュのたたずまいに、心をうたれたようである。レンガの家屋がたちならぶこの街で、「感動」におそわれた。中世以来の景観に、そう酔いしれたことを、前川はあとで正直に書いている（「一枚のレコード」『朝日新聞』一九六二年六月二八日付)。

若いころは、ジョン・ラスキンの本に心をうばわれたこともあった。中世を生きた、無名のひとびとがおりなす街並みには、もともと共感をいだいている。

あとで、コルビュジエの感化をうけ、この中世趣味は、心の奥へひっこんだ。前川の心は、モダンデザインでおおわれる。しかし、そこにひびがはいれば、話はちがってくる。もともと、心をよせていた中世趣味が、うかびあがる可能性は、じゅうぶんあった。

私はタイルのはられた晩年の作風を、そういう見取図でもながめている。

かつて、長谷川堯は、前川を大正期の中世主義に敵対した側へ、位置づけた。前川じしん、長谷川に言及し、大正建築は「ぼくらに何の影響も残さず」と言っている(前掲「歴史的体験者から見た設計者のための制度」)。

しかし、大正期にもちこまれたラスキンは、前川のなかでほそぼそと生きつづけた。それが、半世紀ほどの時をへて大きくよみがえる。晩年にタイル壁がうかびあがったのは、そういう筋道からでもあったと、私は考える。コルビュジエとのであいは、けっきょく前川にまわり道をしいたのか。しかし、コルビュジエにまなばなければ、帝室博物館がらみの名声はありえまい。東京文化会館(一九六一年竣工)の力技も、そのたまものではあったろう。

あの「闘将」=前川が、晩年は地味な作風に沈潜していった。それがなにほどか意味ありげに語れるのも、「闘将」としての時代があったからである。はじめから、「物を感じさせせな」かったら、前川國男という名前の浮上もありえまい。

東京文化会館

坂倉準三

さかくら じゅんぞう

モダンデザインに日本をにじませて

万国博の日本館

万国博覧会は、十九世紀中葉の西洋にはじまったもよおしである。そして、日本もこれには、早くから顔をだしていた。一八六二年のロンドン万博には、漆器や磁器、そして錦絵などがおくりこまれている。

一八六七年のパリ万博には、江戸幕府が公的な使節を派遣した。日本政府として正式に参加をしたのは、この万博が最初である。出品されたのは、やはり伝統的な工芸品などであった。

なお、この博覧会では、ささやかながら、日本館とよんでもいい建物までたてられている。六畳敷の茶室と土間をくみあわせた、檜づくりの茶店がもうけられたのである。三人の芸妓がコンパニオンとして接待にあたり、そのことでもパリでは評判になった。

今の政権につながる明治新政府がでむいたのは、一八七三年のウィーン万博からである。

この時は、そのころから製作されだした洋式機械の展示も、検討されたらしい。しかし、それらは西洋へもちこめばまだ未熟にうつるということで、出展がみおくられた。けっきょく、新政権も手づくりの工芸品を、幕府と同じようにおくっている。

日本にあたえられた場所では、神社風の小屋と日本庭園がいとなまれた。そのエキゾティックなたたずまいは、ウィーンでも注目をあつめている。大工たちの作業風景も、好奇の目でながめられたという。

なお、ウィーン博の日本関連施設は、その後イギリスに売却された。十九世紀後半の同国で、極東趣味にわきたつ人々を、それらはよろこばせている。

ジョサイア・コンドルは、そうした精神風土でそだった建築家のひとりである。明治の日本で建築教育にたずさわり、建築家としてはたらき、日本に骨をうずめた。そんなコンドルの日本熱にも、万博の日本展示であおられた部分は、あったろう。

日本からおくられる工芸品が、西洋人の異国情緒をかきたてる。伝統的な工法にのっとった施設も、しばしば喝采をあびた。

この経験が、よほどうれしく、またほこらしく思えたのだろう。これ以後も、日本は西洋の万博へ、同じかまえでのりだすようになる。エキゾティックな日本像をおしだす方針が、かためられていった。それが、通商や外交にかかわる当局者の、申しおくり事項になっていく。

一八九三年のシカゴ博でも、古めかしい形に日本館はととのえられた。平等院鳳凰堂の平面をなぞった鳳凰殿が、ここではたてられている。この建物も現地ではおもしろがられ、一九四六年に焼失するまで、同じ場所に保存された。フランク・ロイド・ライトがこれに興味をよせていたことも、よく知られていよう。

一九〇〇年のパリ博では、法隆寺の金堂をまねた日本館がたてられた。そして、日本の古建築にもとずくこのやり方は、二〇世紀にはいっても、たもたれる。

一九三七年のパリ万博では、しかしこれまでのそんな慣例がやぶられた。日本館の設計をまかされた坂倉準三が、このならわしをしりぞけたのである。鉄とガラスの構成を全面にうちだす、モダンなたたずまいのパビリオンをたてさせて。

坂倉に設計をたのんだ日本側の博覧会事務局は、この日本館をいやがっている。どうして、これまでのやり方をないがしろにするのかと、坂倉にはつめよった。そのいきどおりぶりからも、エキゾティシズムにたいする当局のこだわりは、読みとれる。

パリ万国博覧会日本館

いっぽう、坂倉の斬新な日本館を、パリの建築界は高く評価した。パビリオンのできばえをきそう建築コンクールでは、これがグランプリをいとめている。コンクールで審査をしてもらうためには、もちろんそれに応募をしなければならない。しかし、日本側の事務局は、その手続きをおこたった。彼らのしきたりにそむく坂倉の日本館を、推薦する気にはなれなかったのである。だから、この日本館に、コンクールへの正式な参加資格はない。にもかかわらず、それには一等の栄冠がもたらされた。資格の有無にかかわらず、建築としてはぬきんでていると、そうみなされたのである。日本側の事務局としては、面目をうしなう事態であったろう。しかし、彼らはエキゾティシズムをうちだす姿勢に、その後もこだわった。たとえば、一九四〇年のニューヨーク万博でも、神社の形に日本館をまとめさせている。ニューヨーク万博は、「明日の世界《ワールド・オブ・トゥモロウ》」をうたいあげた博覧会である。そして、日本館のあり方は、あきらかにそこから背をむけている。その自覚もあったせいだろう。日本館を現地でアピールするポスターには、こんな宣伝文句もはさみこまれていた。

「変わることのない《チェンジレス》、時をこえた《タイムレス》日本……博覧会の現代的な世界《モダーンワールド》に当惑したときは、日本館を思いだし、そしてたのしんで下さい」

未来を問う万博のなかで、あえて過去からつづく日本の姿を、うったえようとする。西洋人がいだくエキゾティシズムにおもねる方針を、かたくなにおしとおす。

第二次世界大戦後には、こういうこだわりがいくぶん弱まった。しかし、それがまったくなくなったのかというと、そうでもない。一九六四年のニューヨーク博では、城壁の石垣をしのばせる日本館がたてられた。一九六七年のモントリオール博に、日本は校倉風のそれでのぞんでいる。

西洋でひらかれる万博にでる場合は、エキゾティックにうつるようふるまう。幕末明治初期にできたこの慣例は、そうとうあとまで尾をひいたということか。

東アジアの旧植民地に、大日本帝国は西洋化された姿を、建築で見せつけようとした。大連のヤマトホテルや、朝鮮と台湾の総督府などが、そのことをはっきりしめしている。エキゾティックな日本像を、この地域にもちこもうとはしていない。

一九三三年の満州博覧会にできた日本館は、現代的なかまえをおしだしている。満州の人々に、古くさく見える日本的な建築を、しめそうとはしていない。

一九四〇年には、今のソウル、京城で朝鮮大博覧会がひらかれた。その日本館、当時のいわゆる内地館は、モダンなつくりになっている。東京館や京都館なども。ふだんの内国博では、名古屋城と金鯱をおしだす愛知館でさえ。しかし、朝鮮館や台湾館は民族風なかまえで、いろどられた。

こういう意匠のわりふりに、どのような裏面史があったのかを、私はよく知らない。しかし、植民地に大日本帝国は、博覧会をつうじて、近代化された日本の姿を見せつけた。西洋には売りこんできた日本らしさを、ながめてもらおうとはしなかったのである。

西洋にたいしては、エキゾティシズムをくすぐり媚びを売る。だが、東アジアにたいしては、西洋化をなしとげたかのような姿で、いばって見せた。博覧会の日本館は、以上のような大日本帝国の姿勢を、かいま見せてくれる。まあ、帝国消滅後の今でも、こういうスタンスで仕事をする建築家は、いるかもしれないが。

一九三七年のパリ万博にさいしては、坂倉の設計で、日本館がたてられた。さきほどはそうのべたが、そこへいたるまでには、ちょっとした前史がある。はじめから、坂倉が設計者だときめられていたわけではない。

海外の博覧会に参加をする場合は、外交および通商関係の組織が、あとおしをする。この博覧会でも、四つの団体があつまって巴里博覧会協会を構成した。商工省、日本商工会議所、日本貿易協会、そして国際文化振興会の四団体が。ここまで、日本側の博覧会事務局として紹介してきたのは、巴里博覧会協会のことである。

日本館の設営をうけもったのは、国際文化振興会という外務省の外郭団体であった。そして、同振興会は東大教授の岸田日出刀に、設計者えらびをたのんでいる。

人選をまかされた岸田は五人の建築家に声をかけ、日本館の設計案をえがかせた。それらを見くらべ、岸田は前川國男の図案がよいと考える。のちの坂倉案とはちがう形で、鉄とガラスをきわだたせた、モダンデザインの案である。岸田はその図面もそえつつ、前川のことを日本館の設計者として、推薦した。

しかし、巴里博覧会協会はこれをはねつける。エキゾティックな日本色が、まったくうかがえないことに、難色をしめしたのである。そのため、前川は選からはずされている。

岸田がよびかけた五人のなかでは、前田健二郎が協会の意向にあう図案をえがいていた。「塔の屋根は瓦ぶき……白壁に日本独特のナマコ壁仕上を施」す提案であったという(「パリ博日本館」『建築世界』一九三六年九月号)。前川案をあきらめた岸田は、協会の意をくみ、こんどはこの前田案をさしだした。

こちらのほうは、幕末明治期以後の方針にもそっている。商工省や外務省の官僚、あるいは財界筋の面々にも、異存はない。けっきょく、パリ万博には、この前田案でのぞむことがきめられた。

おわかりだろうか。この時、官界と財界で構成された組織は、前川のモダンデザインを、しりぞけている。そして、建築家たちには、日本色をはっきりうちだすよう、要求した。国家の体制側は、それを建築家側におしつけ、モダンデザインをねじふせたのである。

しかし、それを、昭和戦前期の軍国主義にねざした強制だとは、みなせない。民族主義の高まりが、こういう事態をもたらしたわけでもないのである。

それは、西洋へ日本を売りこもうとする、幕末明治期以来の商売気に、ささえられていた。西洋人の歓心を買いたいという打算こそが、この強制をなりたたせたのである。

くりかえすが、ニューヨーク万博(一九四〇年)の日本館も、日本色をうちだしている。そして、そこにも軍国主義めいた想いは、いっさいこめられていない。翌年には対米戦争がはじまるけれども、あったのは、逆の思惑である。

古風でエキゾティックな日本の姿を、アメリカ人にはおもしろがってもらおう。同時に、日本は無難な国であるという印象もいだかせる。それが対米戦争をさけることにつながれば、いいのだけれど……。平和をねがうそんな想いも、日本館にはたくされていたのである。

アメリカのグルー駐日大使は、日米の友好をうたう演説で、この日本館にふれている(一九三九年一〇月)。その展示と建築は、アメリカ側の反戦論をかざる修辞にもなった。そのていどには、和平への効果を発揮したのである。いずれにせよ、昭和戦前期の日本的表現をめぐる通説は、あやまっている。ミリタリズムやナショナリズムの時流に、それらはささえられていない。

建築家が、日本色を当局におしつけられることは、ままあった。しかし、強制の背後にあったのは、西洋への媚態である。国をあげて欧米におもねろうとする想いこそが、ああいう表現をもたらしたのである。

モダンデザインの、その次は

話を一九三七年パリ万博の日本館にもどす。自分の案をにぎりつぶされた前川國男は、その不当性を世にうったえた。帝室博物館の時と同じように。そして、こんどの告発も、さまざまな反響をよんでいる。

なかでも、美術評論家の森口多里がしめした反応は、おもしろい。『東京日日新聞』(一九三六年一〇月三日付)によせた「博覧会の建築」で、森口は言う。建築家たちは、これからモダンデザインを、のりこえていかなければならない、と。

今は、「合理主義乃至《ないし》機能主義が日本の建築界を風靡し」ている。そのため、「建築家の想像性は益々貧しくなって行った」。博覧会の事務局から「皮相な日本的設計を要求される」のも、これではやむをえない。そう話をすすめたうえで、森口はつぎのような結論をみちびきだす。

「日本の建築界はすでに合理主義の洗礼を受けたのであるから、これを飛び越えて逆戻りする必要はない……合理主義によって歴史的様式の無自覚な繰返しを否定されたのであるから、その浄化の上に今度は新しく想像性の豊かな活動を喚び醒まし、建築に創造的精神の具現を求むべきであり、それには今回の日本館の設計の如きは最もよい機会だった筈である」

旧様式をよしとする立場から、モダンデザインを批判しているのではない。モダンデザインが、旧様式の退嬰的な反復をしりぞけたことは、評価している。そこをみとめたうえで、「想像性」のある新しい表現はないのかと、問うているのである。

モダンデザイン以後の造形をさぐれと、森口は建築家たちをあおっている。のちには、レイト・モダニズムをへて、ポスト・モダニズムへいたる。そのさきがけとなる声を、この美術評論家はあげていたのである。

また、「日本の歴史的様式」についても、森口は興味ぶかいコメントを、のこしていた。「日本の歴史的様式も、西欧の急進的様式も……想像性によって利用され消化される」。どちらも、その「『要素』であるに過ぎない」、と。森口は、「日本の歴史的様式」とモダンデザインの融合をも、見すえていた。

これも、たいそう予言的な物言いである。じじつ、のちの建築界は、森口がここでしめした方向へと、すすんでいく。

森口の文章が新聞に発表されたその二週間後、一〇月十六日のことであった。建築学会は、若手から中堅どころの建築家をあつめ、座談会をひらいている。某美術評論家は、モダンデザインを「想像性」でのりこえろという。こんな発言をみとめてもいいのか、というようなことを語りあうために。

その記録は、『建築雑誌』(一九三六年十一月号)に、おさめられている。「日本建築の様式に関する座談会」と題されたものが、それである。

これを読めば、モダンデザインにくみする建築家たちのいだいた違和感が、よくわかる。堀口捨己が山田守が、そして藤島亥治郎が、森口発言にいらだつ様子をさらけだしていた。あんなことを言われたらこまる。あいつは、建築のわからないしろうとだ、等々と。

一九三〇年代なかばの建築界は、モダンデザインの時代をむかえていた。旧様式の規範的な力は、よほど弱くなっている。そちら側からのモダニズム批判は、もうあまり聞こえてこない。たとえ耳にしたとしても、モダニストの側には、聞きながすゆとりができていた。

だが、モダンデザイン以後をもとめる言葉には、まだ免疫ができていない。おおげさな反応をしめしてしまったのも、そのためであったろう。

モダンデザインには、ようやくたどりついたばかりのころである。まだ、そんな時期なのに、これをのりこえろと言われても、こまってしまう。それが、一九三〇年代なかごろの建築情勢であったことを、この座談会はおしえてくれる。

グリル格子とナマコ壁

日本館は瓦ぶきの屋根をもつ、ナマコ壁もあしらった前田健二郎の案でいく。巴里博覧会協会はそうきめたが、設計者の前田をパリの現場へおくりこんではいない。

パビリオンの建設工事については、フランス側がさまざまな条件をつけてきた。パリ経験のない前田が、それらをうまくのりこなしていけるとは思えない。現場の施工監理などには、現地の事情にあかるい建築家をあてたほうがいいだろう。以上のように協会は考え、けっきょく前田の派遣をみあわせた。

かわりに白羽の矢がたったのは、坂倉準三である。

坂倉はコルビュジエにあこがれ、一九二九年からパリにわたっていた。その二年後にはコルビュジエのアトリエに入り、そこで五年間つとめている。そして、一九三六年の四月には、日本へかえってきた。ちょうど、協会が日本館の実施設計者を誰にするかで、頭をなやませていた時期である。帰国したばかりの、パリ事情をよく知る坂倉に、協会はとびついた。前田案で日本館をたてる、その陣頭指揮を現地でとるよう、坂倉にたのみこんだのである。

坂倉はこれをひきうけている。そのため、もういちどパリにもどり、九月からは日本館の仕事にあたりだす。トロカデロ庭園にあたえられた同館用の敷地も、くわしく検分しはじめた。

フランス側の当局は、トロカデロ庭園の形をかえないよう、念をおしてくる。植栽や土地の形状を、もとのままたもたせろというのである。そして、前田案では庭園の木々を伐採しなければならないことが、わかってきた。あるいは地形の変更を余儀なくされることも。

坂倉は、そのため前田案を御破算にし、自分で日本館の案をねりなおしている。敷地の高低差をいかし、木はきらなくてもすむような建築計画を、ひねりだした。スロープとピロティがとりいれられた、新しい日本館を設計したのである。

巴里博覧会協会は、現地で輪郭をあらわしだした坂倉の日本館に、おどろいている。前田案にあった日本色はどこへいったんだと、とがめだした。鉄骨とガラスで構成されたその姿には、大きなとまどいをしめしている。

一見モダン風にうつる建築である。しかし日本色の表現にも、坂倉は坂倉なりに心をくだいていた。たとえば鉄骨の架構に、木造の伝統的な構成美がうかぶよう、気をつかっている。手すりの形状も、まちがいなく日本建築のそれに、範をおいていた。内装の彩色も、伝統的な日本の色で、しあげている。

協会の官僚に、しかしその日本色は、物たりなくうけとめられた。もっとわかりやすく、はっきり日本の姿がおしだされることを、彼らはもとめたのである。

とはいえ、坂倉がデリケートに日本色をにじませたことは、まちがいない。その日本館は、モダンデザインの構成に、伝統的な日本の形をとけこませていた。

これからは、「西欧の急進的様式」に「日本の歴史的様式」を、「消化」させればよい。森口多里のそんな提言を、坂倉は実践してもいたのである。

もちろん、森口の言葉に坂倉がうごかされたわけではないだろう。協会のもとめる日本色と、自分がまなんだコルビュジエ流の間で、おりあいをつけた。その結果があの形になったのだと思う。しかし、その結果が森口の示唆とつうじあっていたことは、いなめない。

のちに、丹下健三らがこの方向へあゆんでいったことは、よく知られていよう。森口の言葉と坂倉の作品は、そちらへと建築界がむかうとば口に位置していたのである。

さきに、森口の物言いをきらったモダニストたちの座談会記録があることを、紹介した。彼らの反応とくらべれば、坂倉の新しさがよくわかる。坂倉は、モダンデザインの次を、もとめている。モダンデザインと日本色を融合させる途も、さぐりだしていた。その点では、同時代にさきんじていたのである。

さて、坂倉の日本館は菱形状のグリル格子を、ところどころにあしらっていた。木造の格子で、これもどこか日本的な気配をただよわす。前田案にあった、「日本独特のナマコ壁」をいかしたデザインだと、よく言われる。

パリ万国博覧会日本館、内観

この一般的な理解をうたがう声に、このごろでくわすことがある。

坂倉は、コルビュジエのところで、レ・マトゥの住宅設計にあたっていた。一九三五年に竣工する建築だが、その図面に菱形格子のスタディが、しるされている。

日本館には、それが転用されたのだろう。「前田健二郎案にあったなまこ壁の単純な翻案ということではなかった」。そう論じる建築史家もいる（松隈洋『坂倉準三とはだれか』二〇一一年）。

だが、坂倉は巴里博覧会協会から、もともとこう釘をさされていた。「最終案たる前田健二郎氏の設計図を参考」にしてほしい、と（『東京日日新聞』一九三六年九月二二日付）。

坂倉は、けっきょく協会の意向を、うらぎることになる。だが、できれば、いくぶんなりともあゆみよりの途はたもっておきたいと、思ったろう。そんな思惑もまた、坂倉の心を菱形のグリル格子へと、むかわせたにちがいない。これをもちこめば、「前田健二郎氏の設計図を参考」にしたと、とにかく言えはするのだから。

ひそかなアイディアの源流は、レ・マトゥでのこころみにあったのだろうか。しかし、それがとりいれられた経緯を考えれば、ナマコ壁からという筋道は見すごせない。

「このグリル壁は、坂倉さんに言わせると、いわゆるナマコ壁です」。長年坂倉の事務所で仕事をしてきた駒田知彦も、そう語っている（『素顔の大建築家たち　〇二』二〇〇一年）。どうやら、坂倉じしんが、まわりの人々には、ナマコ壁の翻案だとつたえていたらしい。私はいままでの通説どおりで、かまわないと思っている。

いずれにせよ、この建築は西洋でも高く評価された。グランプリの栄光だけをさして、そう言っているのではない。その後も、あちらの建築界では語りつがれてきた。

アルフレッド・ロートの『新しい建築』（一九四七年）も、これには高い点をあたえている。レイナー・バンハムも、一九八四年には、坂倉の日本館をこうふりかえった。

「桂離宮、それに坂倉準三による一九三七年のパリ万国博の日本館……一九五〇年頃の欧米で建築家が強い関心を示した日本の建築は、ほぼこの二つに限られていた」(「世界の建築の日本化」鈴木博之編『日本の現代建築 一九五八〜一九八三』一九八四年)。

また、バンハムは「I型鋼のオープン・ウェブが露出されてい」たことも、重んじる。「これはミース・ファン・デル・ローエの同様の手法に一〇年以上も先んじていた」(同前)。ミースより、はやい。そこに光をあて、坂倉の先駆性を、国際的なひろがりのなかでも大きくみつもった。

今は、日本の建築家や作品が世界でとりざたされることも、さほどめずらしくない。諸外国で仕事をする建築家も、おおぜいいる。そして、そういう舞台で脚光をあびる、その先陣をきったのも坂倉であった。その点では、記憶にとどめられてよい建築家だと思う。

ただ、ミースにさきがけていたと、そう言いきることには、ためらいをおぼえる。むきだしの鉄骨で、建築躯体をくみたててしまうのは、コルビュジエ派の常套でもあった。博覧会や展覧会の仮設建築をてがける時、彼らはよくそうしていたのである。コルビュジエ当人のみならず、ホセ・ルイ・セルトらも。

坂倉も、グループのそんな流儀にならったのだと、みなしうる。坂倉だけがミースに先行していたとは、言いきれまい。バンハムの言葉には、すこし買いかぶりもあったかと考える。

六角形のテーブルで

柱と梁で骨組をこしらえ、それを土台としつつ、建築の表現をまとめたい。建物をささえる役目から、壁をときはなち、自由な平面計画を勝ちとろう。二〇世紀のモダンデザインは、そんなこころざしによっても、みちびかれてきた。

伝統的な西洋の建築は、石やレンガをつみかさねた壁で、軀体をささえている。そういう組積造、壁構造の枠からぬけだすことも、モダンデザインはめざしていた。

いっぽう、伝統的な日本建築は、もともと柱と梁で建物をなりたたせている。壁には、それほど大きな構造上の役目をおわせていない。木造ではあったが、モダンデザインにもつうじるしくみを、以前からもってきた。だから、モダンデザインの手法で建築をこしらえれば、おのずと日本的になる。日本的な建築の伝統は、ほうっておいてもモダンな建築にいかされる。日本的な表現の可能性を問われたモダニストは、よくそうこたえてきた。

鉄とガラスとコンクリートのモダンなかまえは、なかなか日本的に見えないかもしれない。しかし、建築をくみたてるこころざしでは、日本の伝統をついでいる。この上に、わざとらしい日本色をくわえる必要はない。みょうなものをくっつけると、かえって日本的な建築精神の伝統を、うらぎることになる。

そんな理屈で、モダニストたちは、コスモポリタンな表現をなぞりつづけてきた。

坂倉準三の日本館は、そうしたこれまでの常套的なモダニスト流に、したがっていない。ナマコ壁や手すりという形で、日本色をわざわざとりいれていた。あくどくはない範囲で、具体的な伝統の形にもあゆみよっていたのである。

モダンデザインでつっぱしれば、自然に日本風となる。これまでのそんな考え方に、自分はとどまらない。あるていどは明示的な日本色もださないと、日本的には見えないだろう。坂倉の日本館は、そんな想いも言外にしめしていた。まあ、巴里博覧会協会の人々には、つうじなかったのだが。

「西欧の急進的様式」に「日本の歴史的様式」を、「消化」させていく手もある。そんな森口多里の注文を、一九三〇年代なかばのモダニストは、うけつけない。けんもほろろにしりぞけた。

だが、一九三〇年代末期の彼らは、坂倉の日本館を高く評価するようになっていく。森口の言葉がそのままみのったようなところもある日本館を、肯定しはじめる。

じじつ、一九三九年の『現代建築』は、創刊号(六月号)で、これを大きくとりあげた。表紙にもその図面をつかっているし、写真もたくさん紹介させている。「巴里万国博日本館について」という文章を、坂倉に書かせてもいた。『現代建築』を世に問うたのは、岸田日出刀を肝入りとする日本工作文化連盟である。そして、このグループは、一九三五年の座談会をきっかけとしつつ、形成されている。森口の発言を、あの時にはねつけた建築家たちが、中心となって組織された。そんな面々の雑誌が、森口発言にもつうじる日本館を、あたたかくまねきいれている。四年間のあいだに、それだけ時代はかわっていた。日本色がしめせる目に見える形を、モダンデザインにとりこむ手もある。既成のモダニストも、その途をさぐるようになりだしたのである。

意地の悪い見方だが、坂倉のグランプリもこの変化をあとおししたと思う。ヨーロッパの本場では、モダンデザインにとけこむ日本の形が、たたえられた。ああいうやり方に、世界はエールをおくっている。そう思えたことも、建築界をつきうごかしたのではないか。とりわけ、若い世代の建築家たちを。

一九四〇年に、前川國男の事務所は、岸記念体育館を竣工させた。設計を担当したのは、当時同事務所ではたらいていた二七歳の丹下健三である。造形のおおもとは、秋田日満技術協会技術工養成所本館(一九三九年竣工)に、さかのぼれる。同じ前川事務所の先行作品を手本にしたのだと、みなしうる。

だが、岸記念体育館の一階をいろどるななめの格子は、この先行例にない。これは、担当の丹下が、つけくわえた意匠であろう。

そして、それをそえたおりには、坂倉の日本館がヒントになったはずである。ナマコ壁を翻案したグリル格子が、岸記念体育館にも飛火をしたと見て、まちがいない。前川事務所の作品は、この時丹下の手で、坂倉風にそめあげられたのである。

一九四一年には、建築学会が「国民住宅」のコンペをおこなっている。一等には、内田祥文と谷内田二郎の共同提案が、えらばれた。そして、この一等案も、菱形の格子を大きくとりいれている。

坂倉はグリル格子で、モダンデザインに日本色をふりかけた。その手法を、若い丹下や内田がまねている。若い世代に、坂倉のアイディアがつたわっていく様子を、読みとれよう。坂倉のグリル格子は、世界にみとめられ凱旋帰国をとげたのだと、言ってよい。

「巴里万博日本館について」を坂倉が書いたことは、さきほどふれた。そこで坂倉は、これまでのコルビュジエ理解をあらためるよう、注意をうながしている。

日本では、コルビュジエのことが誤解されてきた。グロピウスらと同じように、「合理主義的国際建築運動」をすすめた建築家だ、と。

しかし、この見方はまちがっている。コルビュジエは、それをのりこえる「新建築樹立運動」に、力をつくしてきた。グロピウスらの後をゆく、より新しい建築家である。また、「合理主義的国際建築運動」の時代は、もうおわった。そううったえ、新しい方向へコルビュジエとともにむかうよう、よびかけている。

坂倉がコルビュジエのアトリエにいたのは、一九三〇年代であった。そして、このころのコルビュジエは、たしかに新しいうごきをしめしている。その作風は、コスモポリタンな色合いをうすめ、地中海の地方色へあゆみよりだしていた。それをじかに見ていたから、こういう新しいコルビュジエ像も、まよわずに語れたのだろう。

このコルビュジエ解釈が、ひろく同時代の建築界でうけいれられたとは、思えない。たいていの建築家は、あいかわらずモダンデザインのリーダーとして、うけとめていた。しかし、若い丹下の反応はちがっていたようである。

丹下は、一九三九年に「MICHELANGELO頌」を書いている。そして、そのなかで「ひからびた合理主義」への訣別を、つげていた。既成モダニズムからの脱却を、宣言したのである。コルビュジエについては、こう書きそえて。

「不等辺六角形のあたたかい卓子を囲んで坂倉氏は私達に語り聞かせるのである。Le Corbusier は今や現代の classic を創りつつあるのだ、と」（『現代建築』一九三九年十二月号）

ムンダネウムと輝く都市

戦時期のモダニストたちが、大陸の都市計画に情熱をかたむけたことは、よく知られる。坂倉準三も、岸田日出刀にさそわれ、旧満州での仕事にかかわった。たとえば、「新京南湖住宅地計画案」(一九三九年)の図面を、しあげている。

しばしば言われるように、この計画案は、コルビュジエのそれとよく似ている。「輝く都市」(一九三五年)を、そのままひきうつしたようにも見えなくはない。

坂倉はコルビュジエのアトリエで、アルジェの都市計画にたずさわったことがある。それを、大日本帝国がいとなむ都市にもあてはめたがったのだと、みなしうる。

旧満州の国都である新京に、都市計画顧問としてコルビュジエをまねけないか。そう坂倉がシャルロット・ペリアンに打診したことも、この図を見ればうなずける。師をまねく、その露払いめいた図面を、この時坂倉はえがいていたのである。

南湖住宅地にたてられる個々の住宅案も、コルビュジエのそれをほうふつとさせる。とりわけ、彎曲させられた壁の、そのまがりぐあいは、師のそれにつうじあう。

同じコルビュジエ門下の前川國男は、こういう壁を日本にもちこもうとしなかった。画家でもあったコルビュジエの、手すさびとしてうけとめている。あの壁には、こまったものだと思いながら。

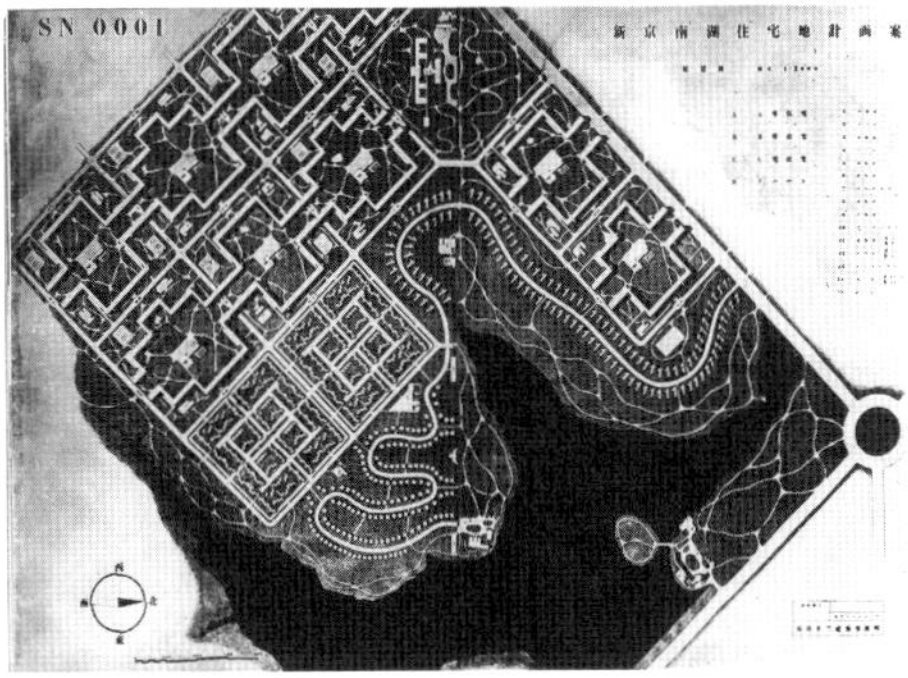

新京南湖住宅地計画案

いっぽう、坂倉はそこまでふくめ、コルビュジエにならっていた。坂倉のほうが、よりすなおに師の建築を、日本へつたえたがったのだと言うしかない。

当時の丹下健三は前川事務所につとめながら、坂倉の仕事もてつだっていた。「新京南湖住宅計画案」の図面作成にも、力をかしている。そんな丹下に、半世紀ほどたってから両者をくらべた、つぎのような懐古談がある。

「前川先生の場合には、コルビュジエの影響をかなり自分なりにそしゃくして、前川先生独自の考え方になっていたと思います。坂倉さんはもっと端的に、コルビュジエそのものみたいなところを、自分の中に持っておられたように思います」(「コンペの時代」『建築雑誌』一九八五年一月号)。

坂倉は、忠霊塔のコンペ(一九三九年)に、自分の案をだしていた。それじたいは選にもれている。だが、坂倉はひるまず、第二案も作成した。列柱廊とピラミッド状のモニュメントを、くみあわせた提案である。そして、その形状は、コルビュジエのスケッチを手本としていた。ムンダネウムの素案となったピラミッドの図を、とりいれている。

ムンダネウムについては、前川事務所もこれをまねたことがある。大東亜建設記念営造計画のコンペ(一九四二年)には、その翻案めいた案をおくっていた。書類の表には、田中誠らの名をだして。

だが、中心施設となるピラミッドの形は、コルビュジエの原案にならっていない。より直線的な四角錐に、あらためられている。前川好みのピラミッドに、である。

くらべれば、坂倉のあらわしたそれのほうが、コルビュジエの原形に近い。この点でも、坂倉のほうが、より強く師をまねようとしたことは、おしはかれる。

ついでに書くが、丹下は戦後の一九五〇年に、広島平和総合公園計画案をまとめあげた。そこにも、ムンダネウムをしのばせる諸施設は、ならべられている。もちろん、ピラミッド状の建物も、そえられた。その形は、ジッグラド風になっており、ムンダネウムの最終案とひびきあう。坂倉同様、丹下もまた、ここではコルビュジエにならっている。

けっきょく、丹下は坂倉をとおして、コルビュジエにあゆみよっていた。前川ではなく坂倉こそが、丹下に「コルビュジエそのもの」をつたえていたのである。

三者がムンダネウムを手本にする。そのあやかりぐあいからも、丹下と坂倉が建築観をわかちあっていたことは、感じられる。ふたりはある時期、コルビュジエという甘い蜜をなめあっていたのだと、私は考える。不等辺六角形のテーブルにむきあって。

もっとも、そんな蜜の味が、日本の建築家たちに知れわたっていたわけではないだろう。「コルビュジエそのもの」を語りあう建築家の数は、かぎられていた。坂倉にそういう話をせがむ者も、丹下とその周辺にいた者ぐらいしかいなかったろう。

さらに、坂倉は建築の設計を、日本ではまなんでいない。東大を卒業したが、坂倉が籍をおいていたのは文学部である。そこでとりくんだのは、美学と美術史であった。建築家としてのトレーニングをうけたのは、パリへでかけてからなのである。

もちろん、グランプリを手に入れてからは、傍流の坂倉も日本の建築界にうけいれられた。はじめのうちは、岸田にも、ひきたてられている。『現代建築』誌では、特等席をあたえられもした。しかし、学閥上の外様意識は、いだきつづけたと思う。

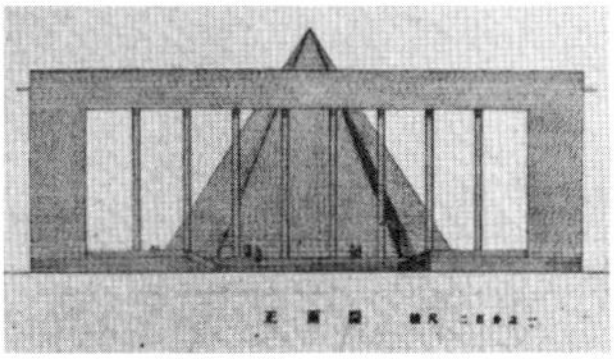
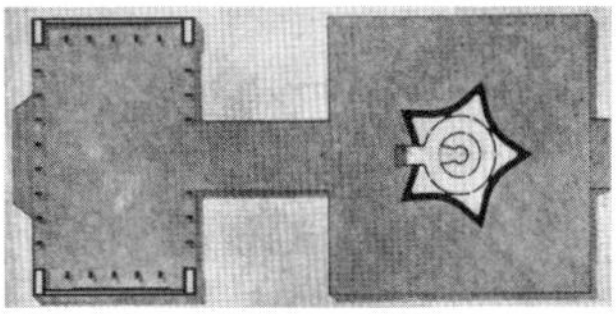

忠霊塔計画(大日本忠霊顕彰会主催設計競技応募案)正面(上)、同平面(下)、忠霊塔都市計画模型(右)

また、坂倉は二八歳から三八歳までの十年間を、ほとんどパリですごしている。その間、日本には五ヶ月ほどしか、かえっていない。一九三九年に日本へもどってから、すぐ日本社会にとけこめたとは思えないのである。坂倉が「コルビュジエそのもの」にしがみついたのは、そのせいでもあったろう。師を新京にまねきたいとねがったことも、新帰朝者の孤立感と無縁ではあるまい。あるいは、シャルロット・ペリアンの日本招聘に奔走したことも。それだけパリの師友がなつかしく、日本はいづらかったのだと思う。なによりも、建築家・坂倉準三は、フランスそだちなのである。

坂倉が東京でひらいた設計事務所は、パリ時代を共有する人々のサロンにもなった。スメラクラブ、あるいはクラブ・シュメールと称されたつどいが、それである。そして、そこには、たがいにパリをたのしみあった面々があつまった。日本社会になじみきれない部分を、なにほどかはのこしただろう人々が。

彼らは、やはりパリ留学組の哲学者・小島威彦にあおられ、思想的には右傾化した。超国家主義めいた方向に、そまってゆく。おそらくは、なかなか同化しきれない日本と、むりやり一体化するために。あるいは、実感面でうずめきれない日本との溝に、抽象的な思考で蓋をしようとして。

帰国後の坂倉は、とんでもない国粋主義者になったと、よく語られる。神がかりの、おかしい人だったという話も、しばしば耳にする。まあ、当時の時流に、それだけながされたせいではあったろう。くわえて私は、パリがえりのせつない心模様も、これにはあずかっていたと考える。

東京市忠霊塔第二案正面

パリでできた洋行体験者とのつながりは、しかし坂倉の財産にもなった。もちろん、スメラクラブではぐくんだ人脈も。坂倉のビジネスは、ここを足がかりとしながら、のちには開花するのである。いずれは各界をひきいる洋行がえりのエリートたちから、仕事をもらうというかっこうで。

ざんねんながら、今の私にその詳細をおいかけるゆとりはない。この点については、言いっぱなしで筆をおく。奇特な研究者がくわしくしらべてくれるのを、まちたい。

メディアのなかでは、かがやいて

パリ万博日本館の話をつづけよう。

木造の日本的な架構がもつあじわいを、これがかもしだしていることは、すでにのべた。ここでは、細い柱がいかにもきゃしゃな印象を建築へあたえていたことにも、ふれておく。それが、こまやかな気配をただよわせ、来館者に感銘をあたえたろうことも。

これと同じ設計が、地震の多い日本でみとめられるとは思えない。細い鉄骨の柱には、ブレースなどの補強をほどこすことが、もとめられるだろう。

一九五一年に坂倉準三は、神奈川県立近代美術館を、竣工させた。十四年前の日本館と同じように、骨組は鉄骨でできている。パリでこころみた手法を、日本にも応用したのだと、とりあえずはみなしうる。

そして、神奈川県立近代美術館では、あちこちに鉄骨のブレースが、はさみこまれていた。パリでのケースとはちがい、日本では構造上の弱点がおぎなわれたのである。もっとも、坂倉は不細工なブレースを、大谷石の壁でおおいかくしたが。

じつは、パリ万博の会場でも、日本館に構造的な難点のあることは、指摘されていた。たとえば、R・フランソワという人が、意匠面はほめつつ、こうのべている。

「日本家屋の木造構造の繊細さと軽快さをその侭《まま》鉄骨で再現する事が意図され、構造的には稍々《やや》無理があろうが、骨組は細く美しく組み上げられて居る」(D.B.Z. 1937-9『現代建築』一九三九年六月号に訳出)。

構造的には、やや無理がある。そのことは、フランス側にも見すかされていた。

たてることをゆるされたのは、それが博覧会のパビリオンだったせいだろう。いつまでも、つかわれるわけではない。博覧会がおわれば、とりこわされる。そういう期間限定の建物だから、設営をみとめられたのだと思う。数十年間使用されつづける施設であったなら、許可はおりなかったにちがいない。

菱形のグリル格子は、ブナ材でできていた。そして、それは雨風のあたる外壁へ、あしらわれている。何年かたてば、いずれはくちはてるだろうしつらいであった。これも、期間のかぎられたパビリオンだから、もちいられた細工のひとつにほかならない。

神奈川県立近代美術館

神奈川県立近代美術館の設計にあたっては、耐久性もいくらか考慮されている。すくなくとも、パリの日本館とくらべれば、長もちすることが期待された。

それでも、竣工の十七年後、一九六八年には、おおはばな改修工事がほどこされている。雨もりをふせぐためである。

これで、防水対策はととのったが、「外観は改悪」されたとなげくむきもいる。「雨仕舞のために、形の重要なプロポーションを犠牲にして了った」と（阪田誠造「六週間の秀作」『大きな声 建築家坂倉準三の生涯』二〇〇九年新装版）。

竣工当初は、雨じまいよりプロポーションに、こだわったということか。そして、そんな美術館とくらべてさえ、日本館は耐久性をおろそかにしていた。これが、長く使用しつづけられる建築であったとは、とうてい思えない。たとえ、博覧会終了後の解体をまぬがれたとしても、寿命は短かかったろう。

一九三七年のパリ万博では、トロカデロ庭園の西北端に、広い展示会場がたてられた。こちらは、シャイヨ宮となり、博物館としてつかわれつづけている。新古典主義の本格的な建築であり、今も現役である。しかし、坂倉のひ弱な日本館に、そういう息の長さをもとめることは、できないだろう。

モダンデザインに日本色をとけこませた、そのさきがけとなる建築であった。きゃしゃな柱で、こまかな印象をかもしだそうともしている。坂倉の日本館については、ここまでそう肯定的に語ってきた。

しかし、それらも、しょせんは博覧会建築ゆえの達成でしかありえない。うたかたのような臨時建築がはなった、あだ花のようなかがやきなのである。

にもかかわらず、その写真と図面は後世にもひろくつたえられた。近現代建築史の読みものをとおして、知れわたるようになっている。この建築は、建築メディアのなかで、生きのこる途を勝ちとったのである。

モダンデザインの建築は、現物がのこらなくてもかまわない。写真や図面のほうで、建築界の文化遺産になりおおせることも、じゅうぶんある。

私はここまで、いくどとなくそう書いてきた。そして、坂倉の日本館を、ひそかにその典型例であろうとにらんでいる。

博覧会のパビリオンが、モダンデザインの歴史に、たしかな爪痕をきざんでいた。あるいは、モダンデザイン以後へとむかう、その入口にも、足跡をのこしている。私はそのことを、いかにもモダニズムにふさわしい

神奈川県立近代美術館

エピソードだと考える。

あるいは、こうも言えようか。モダニズムの建築は、みな大なり小なり博覧会のパビリオンめいたところをもつのだ、と。

坂倉の仕事を紹介する読みもののなかで、藤森照信はこう書いている。

「昭和十二年、〈パリ万国博覧会日本館〉という坂倉生涯の最高傑作がある。この作品は、万博の会期の後、取り壊されてしまったが、もし今に残っていれば、坂倉の評価は二一世紀建築史上にその名を刻んだだろう」（「坂倉準三の木造モダニズム」『建築家坂倉準三 モダニズムを住む』二〇一〇年）

尊敬する建築史家の指摘だが、この見方にはうなずけない。私は、今あれがのこっておれば、逆にこまった点のほうがめだったと思う。耐久力がない建築なので、みじめな姿をさらすことにもなっただろう。

ああいうものは、写真と図面で往時をしのべば、それですむ。また、坂倉の名前も、もうじゅうぶん建築史上にきざまれていると思うが、どうだろう。

丹下健三

たんげ けんぞう

ローマへ道はつうじるか

国賊的な建築家

丹下健三は、ル・コルビュジエにあこがれて、建築をこころざすようになった。大学をでてからは、前川國男の事務所をえらび、そこで設計の仕事をはじめている。前川はパリへおもむき、コルビュジエのアトリエではたらいたことがあった。丹下が前川事務所の門をたたいたのも、前川のそんな経歴にひかれたせいだろう。

前川のところに籍をおいた丹下は、坂倉準三の事務所にも、しばしばでかけていた。坂倉もまた、コルビュジエのもとで建築をまなんできたひとりに、ほかならない。コルビュジエにあつい想いをよせる丹下は、そんな坂倉にも魅せられた。

そして、前川と坂倉をくらべれば、坂倉のほうがよりコルビュジエそのものに近い。すくなくとも、丹下にはそう見えた。丹下の気持ちが、前川から坂倉へとかたむいていったのも、そのせいだろう。

坂倉は一九三七年のパリ万博日本館で、新しい表現にたどりついている。伝統的な日本建築の構成を、モダンデザインへとけこませることに、成功した。

また、日本へかえった坂倉は、スメラクラブというつどいをはじめている。そこには、神がかった国粋主義でまいあがる人々が、あつまった。戦時下の右傾化する時流に、坂倉はのみこまれてしまったのである。

丹下もまた、戦時下に民族精神をたかぶらせた建築家のひとりであった。のみならず、坂倉にならって、新しい日本建築の途をさぐりだしてもいる。そこへふみだせない既成のモダニストを、批判するようにもなった。

それでも、坂倉ののぼせようには、とまどったらしい。人のふりを見て、我がふりをなおすような気にもなったという。建築史家の藤森照信に、丹下は当時の心模様をふりかえり、こう語っている。

「その頃の坂倉さんの国粋ぶりは激しくて、それに接して昇りかけた私の血も下がってしまいました」（丹下健三　藤森照信『丹下健三』二〇〇二年）

丹下の国粋熱が、いつどうさめたのかは、わからない。いずれにせよ、一九四二年の大東亜建設記念営造計画で、丹下は神域計画にうってでた。巨大な伊勢神宮風の建築が、富士山麓にたたずむ図案を、えがいている。

坂倉の感化で、明示的な日本の形を、自分の作品へとりいれるようになった。そのいきおいにはずみがついて、よりあからさまな表現へむかったのではないか。「坂倉さんの国粋ぶり」で、かえって熱をさまされたとは思いにくい。すくなくとも、大東亜のコンペへいどんだ時点では、よりあつくなっていたように見える。

このコンペがおこなわれるすこし前に、丹下は前川を問いつめたことがあるという。なぜ、既成のモダニストたちは、日本的な形をさけるのか、と。そのことを想いだしつつ、前川と丹下は戦後に、つぎのような言葉をかわしあっている。

大東亜建設記念営造計画

前川　……戦争中に、浜口、丹下両君には共同責任が多少あると思うんだけれども、非常に責められたんですよ……

丹下　学会で日本建築様式の確立についてという委員会があった。

前川　その委員会があって「これだけ設計やっていて日本建築様式がいまだにできないとはおかしい。いったいどうしてくれるんだ」と居直られたんですよ。

（座談会「国際性　風土性　国民性」『国際建築』一九五三年三月号）

当時のモダンデザインは、旧様式をおいおとし、建築界の中枢をにないだしていた。前川はその旗頭だと、もくされた建築家である。かつてのボスでもあったそんな前川を、若い丹下はつきあげた。

どうして、モダニストたちは、「日本的建築様式」をつくれないのか。そうくってかかられた前川は、つぎのようにこたえている。

「それで言ったんですがね——当時の日本の巡洋艦があったんですよ——古鷹とか青葉とか……僕は、青葉・古鷹が日本的であるといわれる意味においてのみ『日本的』はあり得るのだという答をした。そうしたらどうも工合が悪いんですね。殆ど『国賊』(笑声)といわれんばかりの言い方をされたことがあるんですよ」(同前)。

日本の技術をあつめてこしらえた巡洋艦こそが、「日本的」であるという。前川はそうこたえつつ、建築も最新の技術でつくられるべきだと、のべている。もっとわかりやすく言えば、コスモポリタンな造形でよいのだ、と。言外に、ことさらな日本色はいらないと、丹下らをいさめながら。

当時は、多くのモダニストたちが、同じように考えていただろう。一九三〇年代には、たとえば瀧沢真弓も、こう書いている。

「日本的なものとは単なる『型』ではない。日本精神はあの軍人会館の様式に在るのではなくて、あのわが海軍の軍艦の様式にある。メートル法を最も早く採用した陸軍が最も日本的な存在となった。重ねて言ふ、日本的なものとは型ではない。況《いわ》んや祖先の『創造』した完成形態を現代に於て『模倣』する事ではない」(『日本的なもの』とは何か」『国際建築』一九三四年一月号)。

前川も、当時のそんなモダニスト流にしたがい、わざとらしい日本色をしりぞけた。それを、丹下は「国賊」よばわりで、いたけだかに批判したらしい。日本的な形へふみこめないことが、当時の丹下には非国民めいて見えたのだろうか。

どうやら、丹下も戦時下の時流に、そうとうたきつけられていたらしい。坂倉の国粋ぶりにあきれだしたのは、もうすこしあとになってからだったようである。

さて、丹下は前川に「国賊」という言葉をなげつけた。しかし、前川の言辞を、私は「国賊」的だと思わない。じっさい、前川は日本海軍の巡洋艦に、新しい建築がめざすべき目標をおいていた。軍艦こそが「日本的」だと、おくめんもなく軍国主義をふりかざしていたのである。「国賊」などではありえない。前川もまた、雄々しい大日本帝国のしもべであったと、みとめうる。

戦時下で、言葉には気をつけねばならないから、軍艦をもちだしたのだと思われようか。しかし、前川は平和憲法の時代、つまり戦後にどうどうとしゃべっているのである。軍艦こそ建築の理想だ、あの時は丹下君にもそう言いかえしていたんだよ、と。前川の言いまわしに、時代をおもんぱかる偽装があったとは思えない。

さらに、瀧沢もまた、見ならうべきは「わが海軍の軍艦の様式」だと書いていた。モダンデザインにくみする建築家たちも、海軍びいきの気持をいだいている。彼らもまた、帝国の臣民たちと、軍国主義をわかちあっていたのである。

そして、日本趣味へ手をそめた建築家に、こういう文句をのこした者は、ひとりもいない。当時は、モダニストのほうが、より好戦的にふるまった。軍人会館などの建築家に、軍国主義者というレッテルをはるのは、あたらない。その呼称にふさわしいのは、むしろモダニストのほうなのである。

戦時と戦後の五重塔

第二次世界大戦で、日本の都市は、その多くが焼けおちた。戦後には、その復興をめざした都市計画が、各地でねられている。丹下健三は、一九四六年に東大で、都市計画講座の助教授となった。そのため、丹下もいくつかの都市で、それらの計画にかかわりだす。一九四七年には、自らもとめ、広島の仕事をひきうけている。

ほぼ同じころ、その広島には占領軍の復興顧問もやってきた。オーストラリアのジャービィという建築家である。そして、広島では丹下といっしょに、復興計画をねることとなった。じつは、そのジャービィと丹下のあいだに、ちょっとしたいさかいがおきている。

広島市と占領軍は、戦災の慰霊施設を新たにもうけようとしていた。その施設を五重塔めいたものにしようと、当初ジャービィは考えていたらしい。そして、丹下にも、そのもくろみをもちかけている。

しかし、丹下はこれをはねつけた。古建築のまがいものを、今つくってもしようがない。ジャービィには、そうつげている。のみならず、こんなふるまいにもおよんでいた。

「わたしは氏の構想を打ち破るために深川の震災慰霊堂を二人で訪れて、それがいかに醜いか……を実証するために永い討論をしなければならなかった」(丹下健三「広島平和記念都市に関連して」『建築雑誌』一九四九年一〇月一一月合併号)。

伊東忠太の震災慰霊堂(一九三〇年竣工)には、三重塔がそえられている。それをジャービィには、悪い見本として見せつけた。こういうみにくいものは、たてたくないだろうという。ただそのことだけを、納得させるために。

オーストラリアの建築家が、五重塔を想いえがいた事情はよくわかる。海外の万国博覧会場にできた日本館は、みな日本の古建築を手本にしてきた。西洋側のエキゾチシズムをくすぐることに、つとめてきたのである。

一九〇〇年のパリ万博にさいしては、地元の旅行業者が「世界の塔」を設営した。インドの寺院めかした建築に、五重塔まがいの塔をくっつけたパビリオンである。万博会場の日本館と同じことを、あちらの業者もこころみたのだと、言うしかない。

このパリにできた五重塔は、その後ブリュッセルのレーケン宮へうつされた。今もそこにたっている。

五重塔は、西洋人が日本を想いおこすさいの、代表的な建物である。ジャービィが、まずこれを考えたのも、うなずける。

いっぽう、丹下がしめしたゆるぎのない態度も、注目にあたいする。わざわざ、ジャービィを深川までつれていき、五重塔案をとりさげさせようとした。そのこだわりには、ジャービィもたじろいだと思う。けっきょく、占領軍の建築家は丹下にときふせられ、この案をあきらめている。

さて、丹下は一九四三年に、在バンコック日本文化会館のコンペで、一等を勝ちとった。戦時下の仕事だが、この案で丹下は五重塔をいちばんめだつところにおいている。他の入選者は、みなバンコック市街からはなれたところに、これをもうけていた。だが、丹下案は、市街からよく見わたせそうなところに、たてている(前掲『丹下健三』)。

戦後の広島ですすめられた、五重塔をもうけようという話に、丹下はあらがった。しかも、たいそういらだちながら、この案をつぶしにかかっている。在バンコック日本文化会館の五重塔についても、不本意だったと思っていたにちがいない。

戦後の建築界には、戦時下のコンペを悪く言う声がおこっている。とくに、浜口隆一は『ヒューマニズムの建築』(一九四七年)で、深く反省してみせた。しかし、丹下はそんな戦後の浜口的な語り口に、そっぽをむいている。以下のように。

「僕はこのことに対して浜口ほどにはザンゲもしないし、悪業だったとも思っていません」(前掲「国際性 風土性 国民性」)。

私も、これらのコンペが戦争犯罪につながるとは、思っていない。むしろ、総力戦体制に背をむけた、非時局的なくわだてだとして位置づけている。ことごとしい懺悔も、いらないと考える。浜口の語りにならった戦後の建築史を、むしろ批判的にながめている。

大東亜建設記念営造計画とバンコックの日本文化会館では、日本の伝統建築とむきあえた。あれで自分は古い日本の伝統をまなぶことができたとも、丹下は考えていただろう。

だが、五重塔を前へおしだしたことでは、くいていたような気もする。ジャービィにしつこくくいさがる様子を見ていると、どうしてもそう思える。

もともとは、坂倉準三にみちびかれ、モダニズムへ日本色をにじませだした。だが、時代にもあおられ、一九四〇年代前半には、それをもろにあらわしだす。そのことについては、当人としてもゆきすぎを感じていたろう。内心では、「ザンゲ」をしていたぐらいかもしれない。

じじつ、戦後の丹下作品があらわす日本色は、どれも戦時中のものよりひかえめである。そうあからさまにはしめさず、ほのめかすていどにとどめている。この点では、坂倉のパリ万博日本館があらわした水準にもどったのだと、思えなくもない。

桂離宮か、テラーニか

今、戦後の丹下作品に見られる日本色を、坂倉準三のパリ万博日本館へなぞらえた。日本的な形をおさえ気味に表へだす、その抑制ぶりがつうじあっている、と。

しかし、両者のあいだには、大きなずれもある。

なるほど、坂倉の日本館は、柱と床が伝統的な日本建築の気配を、かもしだしていた。手すりも、そこによりそうよう、あしらわれている。だが、柱と梁のくみあわせを、はっきりおしだそうとはしていない。コルビュジエと同じで、梁の多くは天井にかくされ、あいまいにあつかわれている。

いっぽう、戦後の丹下は、しばしば柱と梁を外観へはっきりうちだした。木造の架構がしのばれる外観を、鉄筋コンクリート造の建築にあたえている。広島平和会館の本館（現平和記念資料館東館　一九五五年竣工）に、その典型が見てとれよう。あるいは、倉吉市庁舎（一九五七年竣工）あたりにも。

広島平和記念館本館は、よく桂離宮にかまえがつうじあうと、はやされる。桂離宮から屋根をとってしまえば、広島の本館になるという声さえ、しばしば耳にする。

日本の木造建築には、柱と梁で構成の妙をあらわす伝統があった。桂離宮でも、書院の広縁をささえる部分に、たとえばそれはうかがえる。この伝統が、丹下の鉄筋コンクリートを桂離宮風にくみあげさせた。広島の本館については、よくそんなふうに語られる。

なるほど、フランスやドイツのモダンデザインに、柱と梁をおしだす先行例はない。日本建築の伝統とともにあった丹下こそが、世界にさきがけそれをみのらせた。ついつい、そう言ってしまいたくなる気持ちも、よくわかる。

しかし、イタリアのモダンデザインへ目をむければ、またちがった光景が見えてくる。

たとえば、ジュゼッペ・テラーニにカサ・デル・ファッショ（一九三六年竣工）がある。この作品は、柱と梁のおりなす格子を、ほぼ全面的におしだしている。ホールの吹き抜けには、力強い梁がとおされた。ヨーロッパのモダンデザインも、梁の魅力には戦前期からめざめていたのである。

EUR会議場計画の第二次案（一九三八年）でも、テラーニは柱と梁にこだわった。ここでは、そのコンポジションだけで、全体の形がととのえられている。

テラーニひとりにかぎらない。イタリア文明館のコンペ（一九三七年）に

広島平和記念資料館東館

も、そういった図案はよせられた。ＢＢＰＲやフランコ・アルビーニの案を、見てほしい。それらの計画では、柱と梁の骨組こそが、表現をなりたたせているのである。

広島の本館をひねりだした丹下の脳裏にも、イタリアのそうした例はよぎっていただろう。この建築は、テラーニらが下地となって、できたのかもしれない。桂離宮めかした外観も、あとから、しあげの味つけていどに、そえられたのではなかったか。

建築家の磯崎新も、こう言っている。

「テラーニのＥＵＲの国際会議場のコンペの落選案と広島の本館のデザインには共通性が多いように思うんです。最初に目にしたときから、広島のデザインというのは、どこかで見たことあるような気がしていたんですが、どうもそれは桂離宮じゃない……丹下さんの桂離宮を美学的に柱梁の構造に還元するという方法は……そこにはテラーニなんかが介在しているんじゃあないかと思うんです」（『磯崎新の思考力』二〇〇五年）。

もちろん、この想像にたしかなあかしはない。しかし、じゅうぶんありうることだと、私は考える。以下に、そうおしはかるよりどころとなることどもを、書きつけたい。

一九三七年に日本は、ドイツやイタリアと防共協定をむすんでいる。日本人以後、この三国は枢軸国として、連合国へむきあうようになる。日本人のあいだにも、ドイツやイタリアへの連帯感がひろがりだす。建築家たちも、独伊両国へ気持ちがむかう、その度合いを強めていく。

当時のドイツやイタリアは、全体主義体制にひきいられていた。新

倉吉市庁舎

しい国づくりをになう目印として、建築をひろく活用する体制に、支配されている。建築家たちの仕事に、この両国では国家的な期待がかけられていたのである。

そのことを、多くの日本人建築家は、うらやましがった。ドイツやイタリアのはなやかな様子とくらべ、日本のさむざむしい建築状況をなげく。当時の建築雑誌をひもとくと、そういう声によくでくわす。

ただ、ドイツの建築界は、バウハウス流のモダンデザインをしりぞけた。ナチス体制は、新古典様式やハイマート様式に、建築の形をおいこんでいる。そして、日本のモダニストたちは、そういうドイツの新傾向をよろこばない。建築家の高い社会的な地位にはあこがれたが、表現じたいはきらったのである。

いっぽう、イタリアのファシズム体制は、モダンデザインをひろく普及させている。すくなくとも、日本のモダニストたちは、そううけとめた。そして、前衛的な表現が国是とされるイタリアには、あついまなざしをおくっている。イタリアは、建築家の地位のみならず、表現の面でもうやまわれたのである。

国家が「現代建築を奨励する……イタリアの建築家は恵まれている」。蔵田周忠は、一九三九年にそう書いた（「《国際建築》一九三九年」『国際建築』一九三九年十二月号）。

谷口吉郎も、こうのべている。イタリアには、「日本の現状と思い合せ、多大の羨望を覚える」。そして、「イタリアの素晴らしい将来を……予感せずにはいられなかった」、と（「イタリアの意匠」『改造』一九三八年六月号）。

イタリアに、「我等の進むべき途は既に示されている」。そう書きつけたのは、薬師寺厚である（「新日本建築の待望」『建築世界』一九三九年一月号）。

以上のように、多くのモダニストが、イタリアの同時代建築を高く買っていた。これをくさした記録は、当時の文献にひとつも見いだせない。ドイツの造形を見下す文章は、よく見かけるが。

当時のモダンデザイン陣営が、ファシズムに魅了されていたことは、うたがえない。そして、丹下もまた、こういう状況のなかにいたのである。

イタリアでは、ファシズム体制下に、モダンデザインの建築が数多くたてられた。そのため、いささか爛熟《らんじゅく》気味に、多様な表現がこころみられている。たとえば、柱と梁を前へ強くおしだす、それまでにはなかったような形も、ためされた。

丹下が既成のモダンデザインをあきたりなく感じていたのは、たしかだろう。日本的な形もふくめ、新しく、そして力強い表現をさぐりだしていたのである。

イタリアでくりひろげられるさまざまな工夫に、心がむかわなかったとは思えない。柱と梁でくみたてられる新しい表現にも、とうぜん興味はかきたてられたろう。丹下が籍をおいた東大の図書館には、イタリアの建築雑誌もとどいていたのだから。

広島で平和記念公園のコンペがおこなわれたのは、一九四九年である。その一等にえらばれたのは、丹下であった。この入選案では、慰霊碑にあたる施設が、今のものよりはるかに大きくえがかれている。当初は、巨大なアーチを軸線の上にもうけることが、もくろまれていた。

アーチじたいの源流をさかのぼれば、コルビュジエのソヴィエト・パレスにたどりつく。これを建築軀体からきりはなす案は、ＥＵＲの計画案がヒントになっていた。

ＥＵＲは、ファシストがローマ郊外にいとなんだ新都市である。そして、その当初計画案では、独立したアーチが都市のゲートになっていた。アダルベルト・リベラが、その構想をまとめている。

丹下が考えたアーチの形は、リベラのものよりコルビュジエに近い。しかし、アーチのあつかいでは、ファシストの都市計画にしたがっている。コルビュジエとリベラの、その両者を下じきにしたアイディアであったろう。

いずれにせよ、広島のアーチはイタリアのモダンデザインと、ひびきあう。であるならば、平和記念館の本館にも、それはひそんでいると見たほうがいい。私が磯崎の読みときを、たぶんあたっているだろうなと考えるのは、そのためである。

ミケランジェロへの想い

丹下健三は、まだ若いころに「MICHELANGELO頌」という文章を書いている。その副題には、「Le Corbusier論への序説として」とある。ミケランジェロにことよせながら、コルビュジエへ言いおよぶ論考である。丹下はこれを、『現代建築』の一九三九年十二月号に発表した。

コルビュジエを論じる文章なのに、ミケランジェロをうたいあげる。ミケランジェロを、ルネッサンス史のいただきに、位置づける。そういう文章を、どうして丹下はこの時書いたのか。

もちろん、この巨人をうやまっていたからではあったろう。しかし、そういう素朴な憧憬だけが、丹下を執筆にむかわせたのだとは、言いきれない。私は、イタリア文化をもちあげる時代のいきおいも、これをあとおししていたと思う。

くりかえすが、日独伊三国の防共協定がむすばれたのは、一九三七年であった。そしてこのことは知識人たちの関心を、すくなからずイタリアへとむけさせている。

大類伸の『ルネサンス文化の研究』は、日本で最初の本格的な研究書として名高い。そして、これが出版されたのは一九三八年の一月であった。防共協定の翌年である。

京都帝大が、「イタリア文学科」という講座をもうけたのは、一九四〇年であった。イタリアの文学をあつかう講座は、この時はじめて日本の大学に設置されたのである。

一九四二年には、上野でレオナルド・ダ・ヴィンチ展がひらかれた。坂倉準三が会場の設計をてがけたことで、知られる展覧会である。スロープなどのかまえに、坂倉はパリ万博日本館で見せた技の片鱗を、のぞかせた。じつは、これも、イタリアとのつながりをことほぐもよおしのひとつなのである。

歴史家の羽仁五郎に『ミケルアンジェロ』という本がある。一九三九年の三月に、岩波新書の一冊として刊行された。たいへんよく読まれた、教養書としてはベストセラーに数えうる書物である。読書人たちの間に、ミケランジェロのブームをひきおこしたことでも、知られている。

丹下の「MICHELANGELO頌」も、羽仁の本と時代をわかちあう。羽仁を『ミケルアンジェロ』へ、むかわせた。その同じ時代精神に、丹下もささえられていたと考える。もちろん、それがすべてだと言いきるつもりは、さらさらないが。

国粋主義や帝国主義だけで、戦時下、一九三〇年代末以後の時代相は、語りつくせない。イタリア文明を見なおす気運の高まりも、知的な世界では見のがせないのである。

なかでも、建築家たちには、強くその感化がおよんだと思う。なんといっても、彼らが身につけてきた建築的教養の根っ子は、古典古代にあった。また、ルネッサンスからバロックへといたる展開も、イタリアをおもな舞台としている。防共協定をいわう世相で、ラテン建築への興味が高まったことを、あやしむ必要はない。

丹下は、一九四一年に東大へもどっている。大学院生として、建築や都市計画の勉強をしはじめた。大学の図書館で、「ギリシャ、ローマ時代の都市」をしらべたりもしたという（『一本の鉛筆から』一九八五年）。

当時のイタリア熱は、ラテン文明にたいする丹下の好奇心も、あとおししただろう。あるいは、丹下の学友であった浜口隆一の、ルネッサンス建築へむかう情熱も。

「ギリシャ、ローマ時代の都市の復元図を見ると、ほとんど中心に広場がある」（同前）。丹下は、とりわけそこにひきつけられたらしい。ギリシアのアゴラやローマのフォラムが、自分の心をいとめたのだという。

さて、ファシズム体制下のモダンデザインである。それらは、おしなべて新しく見える。しかし、イタリアの伝統をないがしろにしていたわけではない。

いくつかのモニュメンタルな計画は、古代ローマのフォラムに形をちかづけている。バロックの広場にならった空間演出も、しばしばこころみた。ローマ大学やＥＵＲの広場に、その典型例はうかがえよう。

ローマの広場に魅せられた丹下が、これらに無関心であったとは思えない。テラーニらの作品からは、目がはなせなかったはずである。私はこの点からも、丹下作品の下地には、イタリアのモダンデザインがあったと考える。もちろん、ローマからつづくイタリア建築の伝統も。

大東亜建設記念営造計画のコンペで、丹下は神社めかした建築を巨大化してみせた。それを、つづみ状の平面をもつ広場に、おいている。そして、広場をかこむ回廊も、神社の玉垣がしのばれる形にまとめあげた。この広場と回廊を、コンペの審査にあたった前川國男は、つぎのように評している。

「神社の玉垣の平面は恐らくローマのサンピエトロかカピトルの広場からの示唆であった事と思はれるけれど、此の場合果して此の形が妥当かどうか? 私はむしろ作者の芬々たる体臭を強く感じる」(「競技設計審査評」『建築雑誌』一九四二年十二月号)。

サンピエトロの広場は、ローマにあるバチカン宮殿前のそれをさす。楕円形平面の列柱廊でかこまれた広場である。ここは、バロックを代表する巨匠ベルニーニの計画にしたがって、空間がととのえられた。

「カピトルの広場」は、ローマのカピトリーノ丘広場にほかならない。カンピドリオ広場ともよばれる、ミケランジェロがてがけた都市造形の作品である。前川はフランス語になじんだ建築家であった。それで、イタリアのカピトリーノを、フランス語風にカピトルと書きあらわしたのだろう。

いずれにせよ前川は、神社をよそおった丹下の図案から、イタリアの広場を読みとった。そして、そこに丹下の「体臭」を感じとっている。

私はこの指摘を、図星であったろうと考える。じっさい、カンピドリオ広場の平面は、つづみ状になっていた。丹下のえがいた神域計画の広場も、これにあやかっていただろう。ミケランジェロの構成が、下じきとなっていたにちがいない。

丹下の広場は、列柱廊で三方をかこまれていた。そして、こちらはサンピエトロ広場のそれが、手本になっていたのだと思う。

丹下案には、ベルニーニとミケランジェロがひそんでいる。そう見ぬいた前川には、眼力があったというべきか。もちろん、丹下が、前川事務所にいるころから、イタリア熱を口にしていた可能性もある。事務所にのこった浜口から、イタリアへ傾斜する丹下の近況は、聞いていたかもしれない。いずれにせよ、前川は丹下案の裏側に、ローマの影を見てとった。

ぱっと見は神社風で、日本的に見える。そんな丹下案も、深いところではローマをめざしていた。ミケランジェロとベルニーニへのあこがれが、計画の根っ子にはひそんでいる。

だとすれば、神社風の見てくれは、一種の偽装であったのかもしれない。日本的な表現はまだできないのかと、丹下は前川を難じ、つきあげてきた。いきおい、前川らが審査をするコンペでは、日本風をよそおわねばならなくなる。そうしなければ、これまでふりまいてきた言動との帳尻が、あわなくなってしまう。

本音ではイタリアにひかれていた。そんな丹下が、大東亜のコンペで神社めかした表現にふみきったのは、そのためか。まあ、偽装であったとしても、前川には見ぬかれていたのだが。

「国粋ぶり」から、自分は目をさましていた。当時のことを、丹下はそうふりかえっている。私はさきほど、この回想をうたがわしいと、書いた。

しかし、自分は国粋熱からはなれていたと、丹下が本気で考えていた可能性はある。自分のこころざしは、ローマにむかっていた。日本のなかには、とどまっていない。それが本心であったのなら、自分は距離

東京都庁舎、都民広場

をおいていたと言いたくなる気持ちも、わかる。速断はできないが、検討してみるねうちはある問題だと、私は考える。

大東亜のコンペで、丹下は自然とよりそえる記念性を、うたいあげた。そのいっぽうで、ゴシックのカテドラルや、現代のスカイスクレーパーを、くさしている。人を威圧するような表現であり、それらを自分はうけいれないというのである。

新東京都庁舎の設計者をきめるコンペは、その四三年後、一九八五年におこなわれた。指名をうけた丹下は、ゴシック風によそおわせたスカイスクレーパーの図で、応じている。これが今の都庁舎（一九九〇年竣工）となったことは、記憶に新しい。

四三年前に、自分がゴシックとスカイスクレーパーを否定したことは、わすれていただろう。にもかかわらず、半楕円形の都民広場は、サンピエトロ広場のようにととのえられた。イタリアの広場にたいするあこがれだけは、かわらずにたもたれたことが、うかがえる。

一九六〇年代後半から丹下は、世界各地で都市計画にかかわりだす。その多くで、都市軸にそった建築群の配置を、こころみた。おそらく、それらの都市軸も、古典的な広場の延長上に位置づけられていただろう。現代的な都市交通にそぐうよう、形をあらためた広場として、考えられていたはずである。

今、世界各地と書いた。しかし、丹下が都市計画の依頼をうけ、こたえてきた地域には、あるかたよりがある。たとえば、ヨーロッパでは、もっぱらイタリアからの注文を、こなしてきた。ボローニャ、トリエステ、ナポリ、カターニャで。まあ、フランスやマケドニアの例も、ないわけではないが。

ボローニャの仕事がはじまったのは、一九六七年からであった。丹下は自分の年譜にそのことをしるし、こうつづけている。「以後、イタリアでの仕事を多く手がけることになる」、と（前掲『一本の鉛筆から』）。

自分があこがれたイタリアの広場に、たちよれる機会をもちたかったのか。あるいは、草葉の陰でねむる建築史の巨匠たちに、見せつけたく思ったのかもしれない。彼らの伝統を礎《いしずえ》としつつ、新時代の交通網にあわせた広場を、今自分はいとなんでいる。ミケランジェロらが生きたイタリアに、そのことをきざみつけたかったのだろうか。

一九七〇年に丹下は、ローマ法王庁から聖大グレゴリオ騎士賞を、もらっている。この時、法王庁前のサンピエトロ広場では、どんな想いが去来しただろう。ベルニーニやミケランジェロに、心のなかで語りかけるようなこともあったのだろうか。

丹下は六〇年以上にわたり、建築家としてはたらいた。その間に、何度となく自分の作風をかえている。しかし、「中心に広場がある」ラテン都市へのこだわりは、ゆらがなかった。それこそが、丹下のいだきつづけた初心だったとは言えまいか。あるいは、いつまでもぬけない「芬々たる体臭」だというべきかもしれないが。

当初は、防共協定でラテン熱をあおられたようなところが、あったと思う。きっかけは、底があさかったような気もする。しかし、それでめざめた想いは、しだいに心の奥でふかめられた。丹下の血となり肉ともなったのではなかろうか。

そう言えば、丹下はローマ・カトリックの信仰をもつまでにいたっている。サンピエトロ広場へ心をよせてきた。そんな建築家が、都市と建築の形にもみちびかれて、受洗へふみきったのかもしれない。

都市をめざして

丹下健三の建築作品は、都市的な配慮もともなってできていると、よく言われる。あたえられた敷地と、まわりの都市環境がどうかかわりあうかを、つねに考えてきた。そのうえで形をあんばいしてきた建築家だと、みなされることがある。

旧東京都庁舎を例にあげて、丹下のそんなこころざしを検討してみよう。指名コンペ(一九五二年)でえらばれた丹下の建築計画を、じっくりながめたい。

そのコンペ案で、丹下は東京全体の都市事情を、おもんぱかっている。都市交通のありよう、人口の移動、自動車や歩行者、通勤者の動線に、気をくばった。

もちろん、丹下ひとりにそれだけの調査ができたわけではない。都市計画的なデータは、東大丹下研へあつまった面々のはたらきで、ひねりだされている。

それらをまとめあげ、丹下は都庁舎案の説明をくみたてた。自分の案は、そうした研究をへたうえで、おのずからうかびあがってきたのだ、と。二層分をしめる巨大なピロティと吹き抜けも、その必然的な帰結として位置づけている。あるいは、軀体をおおうルーバーも、日照計画を検討した結果として、提示した。

じっさいには、建築の見てくれこそが、もっとも重んじられたはずである。ルーバーも、外観をかっこよくととのえたかったから、とりつけられたのだろう。日照うんぬんは、おためごかしのような理屈であったと思う。

大都市のモビリティが、ピロティを高くおしあげたという話も、にわかには信じがたい。丹下は、はじめから高くてひろびろとしたピロティを、つくりたがっていた。あるいは、吹き抜けのなかを、さっそうとのぼっていく階段も。都市交通の話は、その造型をおしとおすための弁論

旧東京都庁舎

術でしかなかったろう。

三階より上のオフィスは、天井までの高さが、二メートル二六センチしかない。空調のスペースが予想をこえてふくらみ、オフィスにしわよせがきたためだとされる。

オフィスの天井をもっと高くして、執務の場をひろくしてほしい。ピロティの容積をけずって、オフィスへまわしてくれという声も、おこりうる設計である。だが、人々のゆききするピロティと吹き抜けは、丹下建築の見せ場になっていた。ここが矮小化されることに、丹下がうなずけたとは、思えない。

ピロティが、都市のモビリティをうけいれる。この論じっぷりは、丹下の建築家らしい思惑を、はしなくもあらわしている。ここは空間のハイライトだから、おおぜいの人に見せつけたいとするいきごみを。

この庁舎をおとずれるとされた人々も、けっきょくはその見物客として認識されていた。モビリティを丹下が言いつのったのも、そう考えればよくわかる。ピロティと吹き抜けへの、観客動員を高めたい。そんな想いが暗々裡にあって、むらがる人々のことを強調したのだろう。

丹下は、ピロティに民主主義をたくしたような物言いも、しばしば口にした。そういうおりに言及される「民」も、丹下にとっては丹下建築の観客だったろう。広場に市民がむれつどい、そこをかこむ建築へ目をむける。そういう広場の建築として、丹下は自分の作品を想いえがいていたにちがいない。

ともかくも、丹下は都庁ではたらく人々に、せまくるしい執務の場をおしつけた。そして、庁舎の一、二階へあつまる都民には、ひろびろとした空間をあたえている。その意味では、都の役人などより都民を重んじた建築家であったと、言ってよい。まあ、それを都民がどううけとめたのかは、またべつの問題になるが。

東京についての都市論は、自作のハイライト部分を正当化するためにつかわれた。旧都庁舎のコンペで審査にあたった人々が、そこに気づかなかったわけではないだろう。

だが、それまでの建築コンペに、こういう説明をもちこんだ建築家はいなかった。社会科学っぽくよそおわれた丹下チームの説明は、新鮮にうつったと思う。ケムにまかれた審査員もいただろう。もちろん、みがきあげられた意匠で、彼らの心をつかんだことも、見おとせないが。

旧様式の時代に、社会科学めかした建築の解説が、必要だとされたことはない。多くの建築家は、様式上の説明で施主には応じてきた。この建物は風格がもとめられており、おりめただしくクラシカルにまとめねばならない。こちらについては、遊戯的なところもあるから、ゴシックを加味しよう、等々と。

そんな旧様式は、しかしモダンデザインの登場で、息の根をとめられた。様式の規範で建築家が自作を語ることも、それ以後は必然的にありえなくなる。そこで、あらたにうかびあがったのが、たとえば機能性という理屈であった。この建物には、かくかくの用途があるから、しかじかの形になるのだという論法である。

丹下は、そこへ都市論的な説明、社会科学で武装した物言いをもちこんだ。自分の作品を、施主からもとめられた個別の条件だけでは、語りつくさない。市民が、社会が、そして都市がこういう形をほしがっているのだと、話をふくらます。施主からつきつけられた条件をぼかす効果もある、新しい説得術をあみだしたのである。

この手法は、丹下以後の建築家たちにも、うけつがれている。自作を都市論的なひろがりのなかで語る建築家が、二〇世紀の後半からはふえだした。シンクタンクの研究員をほうふつとさせる物言いが、一時期は建築界を席捲したのである。

せまい機能主義には、しばられたくない。施主がほしがるちっぽけな条件をのりこえたところで、自分の作品をくみたてよう。それをいやがる施主も、丹下のような論法をぶつければ、言いくるめられるかもしれない。以上のような思惑もあって、建築家たちは都市語りになびいたのである。

もっとも、つねに社会科学的な説明をととのえるのは、わずらわしくもある。そういう言い訳がいらない注文に、建築家なら誰しもひかれよう。きっぷのいい依頼主から、とにかく見せ場のたっぷりある建築をたててくれと、たのまれる。そういう話のまいこむことをまっている建築家は、すくなくない。

そして、世界的な建築家となった丹下のところには、それがきはじめた。一九六〇年代のおわりごろには、丹下の形をもとめる海外からの依頼が、ふえている。社会科学的な作文などは、それほどていねいに書かなくてもかまわない。丹下流に形をととのえてもらえれば、それでけっこうというような注文が、あいついだ。

もちろん、丹下はそうした仕事を、いくつもひきうけている。東京を調査した密度では、とうていしらべきることができない。そんな土地で、建築や都市計画を、こなしてきた。たとえば、産油国の王族などからたのまれた設計を。

そういうところでくりひろげられる形の乱舞を見ていると、ある感慨をいだく。ああいった形は、社会科学的なうらづけなどなくても、たやすくひねりだせるのだな、と。ついでに、そのこととは裏腹になるべつの想いも、いやおうなくわいてくる。社会科学の言葉にともなわれて、日本各地にあらわれたあれらの形は、何だったのか、と。

とはいえ、丹下の作品でうならされるのは、やはり一九六〇年代までの国内作である。世界で活躍するようになってからの仕事は、あまり私の胸をうたない。産油国の宮廷建築家めいた存在となってからの丹下作品には、心がわきたたないのである。

社会を相手に、必死で説得をこころみた。詭弁めいた都市論も語りつつ、なんとか自分の仕事を世にみとめさせようとする。そのころの丹下は、意匠をみがきあげることにも、全力をつくしていた。

エスキースも、数かぎりなくつみかさねられただろう。これだという形がでてくるまで、妥協はしなかったと思う。手品師の口上をほうふつとさせるような都市論にも、よりかからざるをえない。そんな状況こそが、丹下作品にりりしさや張《は》りを、あたえていたのではなかったか。あるいは、ねりあげた作品だからこそ、あの手この手で世をときふせようとしたのだろう。

しかし、世界からひっぱりだこになれば、もうそういう切迫感はたもてまい。タガがゆるみ、しまりのない仕事でながしてしまうことも、ふえるだろう。くりかえすが、私は世界にひろがった丹下作品を、あまり買っていない。

その意味では、社会科学っぽくよそおった言辞にも、効用はあったのだと考える。説得力のある文句をひねりだそうと、もがきくるしむ。その苦闘もまた、建築家をきたえ律することに、つながったのではなかろうか。たとえ、それらの言葉が、はったりめいたよまいごとであったとしても。

空間はけだかく、おごそかに

「戦後モダニズム建築の軌跡・丹下健三とその時代」という読みものがある。藤森照信が磯崎新から丹下の想い出をひきだした、インタヴューの記録である。二〇世紀末の『新建築』に書きつがれ、その後は磯崎の著書におさめられた（前掲『磯崎新の思考力』）。

これが、ずいぶんあけすけとした回想になっており、なかなかおもしろい。この一文を書くさいにも、けっこう手がかりをもらっている。

さて、藤森も大部な丹下の評伝をまとめあげた（前掲『丹下健三』二〇〇二年）。磯崎へのインタヴューを藤森がこころみたのは、これをものするためでもあったろう。評伝の資料にしたいと考え、話を磯崎に聞いたのだと思う。藤森が世に問うたこの評伝は、しかし磯崎の声をいかしきっていない。いくつかの刺激的なところが、はぶかれている。藤森じしんに、とまどいがあったのだろうか。あるいは、当の丹下から、掲載をとめられたところだって、あったのかもしれない。

磯崎が、丹下はインテリアを気にとめなかったと、このインタヴューでのべている。そして、そのくだりは藤森の本も、おおむねひろいあげていた。おそらくは、丹下じしんもみとめていたところなのだろう。

「インテリアをごちゃごちゃやるとか、飾りをつけるというのは、女々しくはしたない行為だという認識があったということです……それが一九五〇年代における当然の発想だったのです。建築とはスケルトンそのものだったのです。それはもう徹底していました」（前掲『磯崎新の思考力』）

丹下の間近にいた磯崎は、丹下チームの仕事ぶりをそうふりかえっている。

たしかに、そのとおりであろう。丹下のかがやかしい作品は、みな外観をととのえることに、力をつくしている。コア・システムも、けっきょくは、すかっとした外観をもたらすための手法であった。

もちろん、ピロティや吹き抜けの造形にも、丹下はこだわっている。しかし、それらは、一般市民が日常的にながめつづける場所である。建築の内部にはぞくしているが、まあ外観の延長上にあるところだと、言っていい。そして、そういうところになら、丹下の彫琢力はじゅうぶんおよんだのである。

だが、行政庁舎の事務室になどは、気がまわらなかった。ホテルの設計で、客室の調度を考えたりすることも、おっくうだったろう。そういうところは、ほったらかしておくか、あるいはべつのデザイナーにゆだねてきた。けっきょく、おおむこうへ見せるところにしか、ファイトがわかなかったのだと思う。

内部空間を問う作品が、丹下になかったわけではない。たとえば、ＷＨＯ（世界保健機構）本部庁舎コンペへの応募案がある。一九六〇年にまとめられたものだが、庁舎のなかはたいそう劇的にできている。巨大な吹き抜けに、天井から光のふりそそぐ空間が、そこでは提案されていた。

国立屋内総合競技場（現国立代々木屋内総合競技場、一九六四年竣工）も、その延長上に考えうる。あるいは、東京カテドラル聖マリア大聖堂（同年竣工）も。どちらも、けだかいと言っていい空間が、その内側にはひろがっている。あのプールで、とびこみ台へあがった者は、一種の高揚感におそわれもするだろう。

「インテリアをごちゃごちゃやる」ことは、好まない。そんな資質、あるいは資質の欠落も、こういう空間演

国立代々木屋内総合競技場

出には、つながっていただろう。けっきょく、丹下は内部があしらえるほかの手法を知らなかった。ただ、おごそかにもりあげていくことしか、できなかったのだと思う。

難癖をつけているわけではない。インテリアをてがけるたっしゃな腕があれば、ああいう空間はできなかった。丹下のように、崇高さの一点へむかって、全体をまとめたりはしなかったと思う。もっと、あちこちで愛想をふりまくような空間に、してしまったのではなかろうか。

丹下の屋内総合競技場は、二〇世紀の日本建築をかざる、その最高傑作だとされている。私も、その評価に異存はない。インテリアをあつかえない不器用さが、凛とした空間をもたらした。そのことを、皮肉ではなく、めでたいことであったと思っている。

東京カテドラル聖マリア大聖堂

谷口吉郎
たにぐち よしろう

ファシズムかナチズムか

一揆への途

作家の島崎藤村は、一九四三年に神奈川の大磯でなくなった。その五年後、一九四七年には、藤村記念堂が長野の馬籠《まごめ》にできている。藤村が生をうけたという本陣の建物が、かつてはあったという更地の上に。

文学者の仕事をたたえ、その生涯をふりかえるための施設は、すくなくない。そして、それらはたいてい、遺族や文学関係者のよびかけで、いとなまれる。

しかし、藤村記念堂の場合は、事情が違う。こういうものをこしらえようと、藤村ゆかりの人々が言いだしたわけではない。

彼らは、そもそもそういうことを、想いつきもしなかったろう。当時は敗戦のすぐあとで、建設資材は当局の管理下におかれていた。多くの人が、自分の寝起きをするところさえ、さがしあぐねている。文学者の記念館など、考えつくゆとりもない。そんな時代に、藤村記念堂はたちあがった。

郷里の生んだ文豪・藤村がことほげる施設を、地元にもうけたい。できれば、本陣の跡地につくれないか。そう言いだしたのは、馬籠の住民、とくに農民たちであった。

そのいきさつについては、藤村に師事していた菊池重三郎が、くわしくしるしている。『木曽馬籠』（一九七七年）と題された読みものが、それである。建設へといたる足どりについては、この本をなぞりつつふれておく。

藤村の死後、菊池は師のふるさとである馬籠へ、しばしばたちよるようになる。一九四五年の四月には、とうとうそちらへ居をうつした。米軍機の空襲からのがれる、その疎開先にこの地をえらんだのである。そして、戦後もしばらく、そこにとどまった。

そんな菊池に、地元の青年たちは相談をもちかける。

「戦争には負けたし、どちらをみても暗いイヤなことばかりだ。だからせめて何か一つ善いことが、自分たちの手でやれないものだろうか」（前掲『木曽馬籠』）。

馬籠の農民たちは、そんな想いをいだいていたという。具体的には、藤村がらみの記念事業がやれないかという話も、うかびあがっていた。

本陣跡に文庫や道場をつくる。あるいは、記念碑をたてる。そんな声も、地元ではかわされていた。しかし、彼らは、それをひとつの計画にまとめあげることが、できない。いろいろな案がでては、たちぎえになることが、つづいていた。

菊池は、そのアイディアを一本化するよう、たのまれている。また、その頭役《かしらやく》をつとめることも、依頼された。けっきょく、この依頼を菊池はうけいれている。そして、つきあいがあった編集者の野田宇太郎にも、そのことをつげた。

ちょうど、野田が『文芸』（河出書房）という雑誌をてがけていたころであったという。その『文芸』に、ついこのあいだまで連載をつづけた建築家が、ひとりいた。ドイツでの滞在記を、「雪あかり日記」としてあらわした谷口吉郎が、その当人である（一九四四年十一月号〜一九四五年三月号）。

菊池は『文芸』の野田をつうじて、谷口にたのみこんでいる。藤村を記念する施設をたてたいのだが、設計をひきうけてはもらえないか、と。

工事はみな、馬籠の有志ですすめる。資材もすべて、地元の産品でまかないきる。専門の建設業者にやってもらうだけの、経済的なゆとりはない。それでも、村の住民には強い意欲がある。どうか、てつだってはくれまいか、と。

意気に感じるところがあったのだろう。谷口はこの申し出を快諾した。一九四七年の三月三日には、助手をつれて敷地の測量にでむいている。

その晩は宴会になった。谷口も、村人たちの唄やおどりにつきあっている。村では大工仕事が得意だとされた男たちとも、言葉をかわしあった。そんなであいの場で、谷口は見きわめたのである。どのくらいの工事なら、彼らにもまかせられるのかを。

東京へかえった谷口は、さっそく設計にとりかかった。三月下旬には図面をしあげ、馬籠におくりとどけている。村の有志たちは、これにしたがい手弁当ではたらいた。素人仕事で、十一月十五日の落成式にもまにあわせたのである。

戦後建築史の書物は、しばしばこの藤村記念堂に言いおよぶ。そして、尖端的なモダニストであった谷口が、和風へふみきったことを強調する。日本の伝統へ、藤村記念堂の谷口は後退した。そのことを、転向めいたふるまいとしてえがく本だって、なくはない。

だが、藤村記念堂の谷口は、モダンデザインでつっぱしる途を、とざされていた。そういう建築の図面をしめしても、馬籠の村人はうけつけない。腕がたつという評判の男でも、集落の民家ぐらいしかてがけたことはなかったのである。そんな彼らにものみこめるよう、建築の形をととのえる。谷口には、その選択肢しかのこされていなかった。

それに、藤村記念堂のかがやきは、何よりも村人たちの熱意にある。素人がよってたかって、藤村のために何かをたてたいとねがう。みなが気持ちをよせあい、とにかくことをなしとげた。そういう一体感とくらべれば、意匠の良し悪しなど、私の目にはかすんでうつる。

こころざしをわかちあう村人たちが、一味《いちみ》を形づくる。そこには、かつての一揆ともつうじあう共同体の絆が、うかがえる。

今の町内会をはじめとする自治会に、こういう連帯はありえない。成員たちが力をあわせて、自分たちのモニュメントをこしらえる。石や材木をはこび、地ならしをする。そんな共同体は、もうなくなっている。

しかし、二〇世紀のなかごろまでは、そういう絆をのこした共同体もあった。一揆をもしのばせるつながりを、たとえば馬籠はたもっていたのである。ほんの六、七十年ほど前までは。

藤村記念堂の話で、私がいちばん胸をうたれるのは、そこである。谷口のことも、そんな共同体に希望をたくされた建築家として、私はとらえている。建築家冥利につきる仕事だと、谷口もこれをうけとめていただろう。

「野蛮ギャルド」へいたるまで

谷口吉郎が建築家として世にでたのは、一九三二年のことであった。この年に、東京工業大学の水力実験棟を発表し、その名をあげている。いわゆるモダンデザインの建築だが、表現の完成度は高い。妻側の立面処理などは、たいへんあざやかである。縦長の窓と横長の窓、階段、庇、露台の壁が、じつにいいあんばいで配されている。モダンデザインの、その手本と言ってもいいような作品だと言える。

東京工業大学水力実験室

敗戦後の谷口は、しかしこういう典型的なモダンデザインから、はなれだす。クラシックの形や日本の伝統を、自分の作品へにじませる方向に舵をきる。
おそらく、秩父セメントの第二工場（一九五六年竣工）ぐらいであったろう。戦後の谷口が、いかにもモダンデザインらしいかまえを、前面へおしだしたのは。そして、それは工場建築ゆえの、例外的な表現だったのだと思う。
建築界のなかには、そんな谷口の変わり身にとまどいをしめす者もいた。そこに保守化、あるいは反動のしるしを読みとる者さえ、いなかったわけではない。

たとえば、藤村記念堂である。

さきほどは、この施設をささえた村民たちの情熱に、力点をおいた。和風かモダンかというような問いかけを、私はみくびっている。ちっぽけな問題だ、と。

しかし、ここではあえて、その小さな問題にむきあおう。藤村記念堂の、和風としか言いようのないかまえを、あらためて検討してみたい。まず、入り口の冠木門と板塀が、日本的な印象をかもしだす。門をとおしてうかがえる土塀も、その気配をうらぎらない。両者があいまって、城か砦へでも入っていくかのような雰囲気を、かきたてる。

記念堂の本体も、基本的には伝統的な日本建築の要素で、できている。白い漆喰の壁と障子、そして手摺のほどこされた縁側で、外観はあしらわれた。そこにモダンデザインや洋風のおもかげは、まったくうかがえない。だが、それらの要素をならべる配列法は、異様である。通常の日本建築ではありえない、たいそう風変わりな配置がとりいれられた。

記念堂の本体は、土足であるく、細長い通路状の建物になっている。その通路を庭からさえぎる部材として、八枚の障子がもちこまれた。そして、障子が、土間の通路と庭をへだてるとりあわせは、かなりめずらしい。日本建築としては、あまり類例がないだろう。

そもそも、この横へ長くのびきったたたずまいじたいが、奇妙である。内部の奥行きを、きわだたせようとする想いが、勝ちすぎている。そのため、立面の処理では、けっこう苦労をさせられることになった。

秩父セメント第2工場

奥へ配された障子四枚分の外側には、縁側と手摺がそえられている。そして、それらは通路＝土間のレベルより高いところに、もうけられた。外側からはもちろん、内側からもつかいようのない縁側であり、手摺である。庭側からの見かけ、立面をととのえるために、くっつけられたのだとみなしうる。手前側の四枚障子がかたちづくる外観とは形をかえ、全体にめりはりをつけたい。実用的に意味のない手摺は、そのためだけにとりつけられている。立面にいろどりをそえることで、建物を横へのばしすぎたつじつまを、あわせたのである。

冠木門のむこうに土塀があると、さきほど書いた。しかし、その土塀は両端がとぎれている。それは、何もかこっていない。ただ、表の道をあるく人々から、庭を見せなくするためだけに、おかれている。視線だけをとざし、人のゆききはさまたげない塀である。これも、土塀としては異例であろう。

くりかえすが、ここは全体が和風の気配につつまれている。あつめられたさまざまな要素も、みな日本的なそれである。ただ、それらのならべ方やつなぎ方は、日本建築の慣例にそぐわない。

日本建築には、長い歴史のなかで、つちかわれたしきたりがある。大工棟梁たちは、そのなかで建築の工事にあたってきた。

そして、西洋の建築術をまなんできた建築家は、ほんらいそちらに手をださない。そういった方面の仕事は、徒弟修行をつんだ工匠たちに、まかせてきた。自分たちは、石やレンガ、そしてコンクリートでたてる建築を、てがけてきたのである。

しかし、幾人かの建築家たちは、伝統的な日本建築の世界にもはいっていく。たとえば、吉田五十八が数寄屋にいどんでいる。そして、それまでの数寄屋師では考えつかないような手法を、あみだした。

徒弟修行をうけない建築家は、古くからあるきまりにしばられない。そのため、おもしろい工夫を、くったくなくひねりだすことができたのである。

藤村記念堂の谷口も、そうした建築家の一例にくわえうるだろう。彼もまた、大工棟梁たちのならわしからは、ときはなたれている。日本建築をあつかうさいにも、自由にさまざまな要素をくみあわせることができた。

記念堂本体の玄関にある西側の漆喰壁を、その内側からながめてほしい。壁のなかほどに、柱がとおっている。柱のでっぱりが、はっきり見てとれる。

しかし、この同じ柱が、壁の外側では見あたらない。漆喰壁のなかにうずめられ、庭からは見えなくなっている。一本の柱が、内側では真壁の、そして外側では大壁の手法であしらわれた。表と裏の処理をかえてしまうという、掟破りの策が講じられたのである。庭からの見てくれをととのえるために。

さきにものべたが、藤村記念堂の造営に専門の建設業者は、くわわっていない。基本的には、素人たちがよってたかって、こしらえた。

仮定の話だが、工事に名のある棟梁がくわわっておれば、どうなっていただろう。設計者の谷口も、そう好き勝手な図面はえがけまい。同じ柱を、裏と表で真壁と大壁にわけてしまう。そんな禁じ手が、どうどうとうちだせたかどうかは、わからない。

たとへ、そういう奥の手を図面でしめしても、棟梁からはいさめられたような気がする。設計士の先生、このやり方はあんまりですよ。これだけは、やめてもらえませんか、と。

しかし、この工事に、建築家をさとせる棟梁は、いなかった。素人たちの手によって、ことはすすめられている。日本建築のしきたりからそれていく谷口を、おしとどめようとする者はどこにもいない。そのこともまた、日本建築としてはルーズにすぎる谷口の設計を、あとおししただろう。

専門の職人がいないことは、はじめからわかっていた。また、最初の宴会でも、思い知らされている。劣悪な施工条件については、おりこみずみであった。と同時に、いっぽうでは、自由な設計への展望も、いだくことができただろう。

谷口だけにかぎったことではない。時代が下るにつれ、日本建築の世界へ足をふみいれる建築家は、ふえて

藤村記念堂

いく。そして、彼らは、以前からのならわしを解体させていく方向に、斯界《しかい》をうごかした。

とうとつなようだが、藤森照信のいわゆる「野蛮ギャルド」建築を、想いうかべてほしい。藤森の作品は、伝統的な工法の断片を自在にくみあわせることで、できている。藤森以前の建築家たちが、日本建築のしきたりをこなごなにくだいてきた。その瓦礫とたわむれつつ、藤森は作品をつくっている。素人くささも魅力のひとつに、にじませて。

藤森建築は、あんがい藤村記念堂の延長上にあるのかもしれない。まあ、藤森はこういう見方を、いやがるかもしれないが。

いずれにせよ、藤村記念堂は日本建築の因習的なしきたりを、つきくずしにかかっていた。その点にかぎれば、谷口のふるまいも、じゅうぶんモダニスト的であったと、みとめうる。あるいは、前衛、アヴァンギャルド的であったのだ、と。藤村記念堂については、モダニズムからの退行面ばかりが強調されやすい。そのため、ここではあえて逆の見方に、こだわった。

ついでに書くが、藤村記念堂には、どこか芝居の書割じみたところがある。あるいは、映画のセットめいたつくりになっている。日本建築の骨法に背をむけ、見かけばかりがととのえられたせいだろうか。

工事を見まもった菊池重三郎も、たちあがった冠木門を目のあたりにして、感じたらしい。「まるで芝居の門構えのようなものが出来上った」、と。そして、村人のひとりも、こんな感想をよせていたという。「おら、何だかここでひと芝居をば演《や》りたくなったよ」、と（前掲『木曽馬籠』）。

ヒトラーへのプレリュード

谷口吉郎が「雪あかり日記」を書いたことは、すでにのべた。それがドイツ滞在の紀行文であることも、説明ずみである。

谷口は一九三八年の一〇月に、ドイツへ旅だっている。ベルリンにできる新しい日本大使館の設計を、てつだうためである。

もっとも、大使館じたいは、現地の規則でドイツの建築家がてがけることになっていた。当時はナチス体制の時代である。都市部の新しい建築は、いわゆる「第三帝国様式」にしたがうことが、きめられていた。大使館の造形も、その枠からはずれることはゆるされない。谷口が口をはさめる余地は、ほとんどなかったはずである。

谷口の仕事は、日本側の要望をドイツの建築家へつたえることぐらいに、かぎられた。ただ、ナチス体制も、庭園については施主の自由をみとめている。ドイツの庭師をおしつけようとはしていない。そのため、谷口も庭の形状に関しては、いろいろ心をくだいている。

とはいえ、毎日の事務に頭をなやましつづけるというようなつとめでは、そもそもない。自分で自由にすごせるあまった時間も、けっこうあたえられていた。

じじつ、谷口は余暇をつかって、ドイツ各地をめぐっている。「雪あかり日記」は、そんな旅のつれづれなどを書きつづった連載である。のちには、シンケル論をおぎない、てなおしもして、一冊の単行本にまとめあげた（『雪あかり日記』一九四七年）。

なお、谷口はドイツ国内のみならず、ほかのヨーロッパ各国にも、足をのばしている。そちらの紀行文は、『せせらぎ日記』（一九八〇年）として、谷口の没後に刊行された。

谷口が、ドイツとヨーロッパにいたのは、おおよそ一〇ヶ月ほどであったろう。第二次世界大戦のはじまった一九三九年九月には、ドイツからぬけだした。日本には、一〇月のおわりごろにたどりついている。ほぼ一年間におよぶ旅行であり、滞在であった。

さて、大使館の設計をまかされたドイツ人の建築家は、モースハマーとピンナウである。谷口はそのピンナウにいざなわれ、ヒトラーの総統官邸を見学したことがあるという。連合軍の空襲で、今はもうあとかたものこっていない官邸を。

この建物ができたのは、一九三九年の一月であった。谷口がベルリンにやってきて、まだ間もないころである。どうやら、ピンナウには、できたてほやほやのところを、案内してもらったらしい。

とにかく、横に長い建物である。フォス通りの北側で、エーベルト通りからウィルヘルム通りにとどく区画を、しめている。南側の立面が一街区の全域におよぶこととなる。

来客は東側の玄関口からはいって、ヒトラーの執務室へむかう。そこへといたるまでに、二二〇メートルほどをあるかされる。設計者のシュペーアは、その長さをつぎのような言葉で、しるしている。「贅をこらした象徴建築であり、一つの『効果芸術』であった」、と（品田豊治訳『ナチス狂気の内幕』一九七〇年）。

「第三帝国様式」は、一九三〇年代における新古典様式の一種だとされている。古典主義建築の骨格をとどめるが、細部装飾はそぎおとす。そうして、古典系の骨組だけをうきたたせた新古典様式が、そのころには普及した。ナチズムがうたいあげた建築様式も、けっきょくはそのひとつであったと、言われている。

だが、第三帝国の象徴的な建築は、古典的な比例のきまりを、しばしばおろそかにした。黄金比やピタゴラス比にとらわれない建築も、けっこうたてている。おりめただしい新古典の構成を、つねにまもっていたわけではない。

ニュルンベルグの党大会会場は、横へひろがることで古典美学を、ないがしろにした。一九三七年パリ万博のドイツ館は、縦へのびつつそれをうちやぶっている。

どちらも、シュペーアの作品である。そして、彼はボザール流の古い美学に、しばられていなかった。見えがかりの都合いかんによっては、古典のしきたりをしりぞけてもいたのである。

その意味では、「第三帝国様式」も、新しい時代の波をかぶっていると、言ってよい。シュペーアも、モダンデザイン以後の、若い建築家であった。古典の比例をまもろうとする側の、保守的な価値観からはぬけだしていたのである。

ヒトラーの総統官邸は、そうあからさまに、古典的な比例をふみにじっていない。シュペーアも、それとのおりあいをつけるよう、ここではつとめている。多様な立面をくみあわせ、うまく解決をはかろうとはしていた。それだけ、この建物には、格式ももとめられていたということか。

しかし、総統執務室までの距離をのばしたいという要請は、それ以上に強かった。執務室の前に、全長一四〇メートルの廊下＝ロビーをもうけて、荘厳化をはかる。そうきめた以上、比例配分の破綻はやむをえなかったのである。

谷口も、この廊下＝ロビーをとおり、総統執務室へたどりついていた。『雪あかり日記』の巻末には、こうしるされている。「奥に、豪華なヒトラーの書斎があ」る。「テーブルの上に、彼の著書『わが闘争』が一冊のせてあった」、と。

古典系の建築としては、横へのびすぎていることに、谷口も気づいていただろう。そこへの言及はないが、何も感じなかったとは思えない。

いずれにせよ、谷口はヒトラーの部屋を見たことで、本の全体をしめくくった。たどりつくまでに、ずいぶんあるかされる。そんな部屋の話を、一冊の末尾にすえている。そして、この本をだしたころに、藤村記念堂の依頼はまいこんできたのである。

ふたたび書く。藤村記念堂の本体は、細長い通路状の建物になっている。そこをあるききった、いちばん奥のところで、おとずれた客には藤村の彫像とであわせる。そんな平面計画で、藤村像までの道のりに、もったいをつけた建築だと言える。

この長い廊屋で、外観をととのえるために、谷口はあの手この手をつかっていた。単調になりかねない横長の立面へ、むりやりアクセントをつけている。日本建築のしきたりではありえない禁じ手も、とりいれた。どうだろう。そのとりくみ方は、総統官邸の設計方針と、どこかでかさならないだろうか。

もちろん、両者の規模はまったくちがう。工事にかけられたコストだって、くらべものにならない。ビルディング・タイプという見方にたった場合でも、ふたつのちがいはあきらかである。

しかし、建築をなりたたせる根っ子のところで、両者はつうじあう。御本尊へいたるまでの道のりを長くのばし、前奏曲よろしく期待をもりあげる。そのためには、古い建築のきまりごとをないがしろにしても、かまわない。このふたつは、どちらもそんな考え方にしたがって、設計されている。

ベルリンでは、ヒトラーの総統官邸にも感銘をうけた。こんなやり方もあるのかと、心にきざみつけている。そのことを、『雪あかり日記』の校正で想いだしたころに、藤村記念堂の注文はきた。

文豪・藤村を記念する施設であるという。ここはひとつ、総統官邸のつくりにあやかってみるか。島崎藤村をアドルフ・ヒトラーのように、まつってやろう。敷地のなかで、ぎりぎりいっぱいまで、導線をのばしてみることにしようか。

私は、谷口がいだいたであろう心づもりを、そのようにおしはかる。もちろん、証明はできない。反証がだされれば、すなおにひっこめる。だが、今はそう想像することを、自分のなかでおさえきれない。ここにもあえて、書ききった。

のちのある座談会で、谷口は藤村記念堂へいどんだころの想いを、こうふりかえっている。

「藤村の文学には家だとか、人間の絆とか、信州の暗さとか、そんなものが、渦巻いている……しかもあそこには狂気の条件がひそんでいる……それを意識し、それをくぐりぬけようとした藤村の詩魂を記念堂に私は結晶したかったのです」(伊藤信吉・谷口吉郎・栗田勇「座談会 人間・歴史・風土――新しき共同体のために」『現代日本建築家全集 六』一九七〇年)。

藤村がくぐってきた世界の、その暗さをあらわしたかったという。ヒトラーの官邸が、着想の下地にもぐりこんでいた可能性は、やはりある。私としては、この空想説をもうしばらくたのしみたい。

ティブルティーナをふりかえり

一九四〇年代末から五〇年代初頭にかけてのことであった。谷口吉郎は慶応大学で、三田キャンパスの復興をてつだうことになる。校舎の設計も、いくつかうけおった。

木造では、第三校舎の四号館や学生ホール(以上一九四九年竣工)が、知られている。鉄筋コンクリートの萬來舎(一九五一年竣工)も、近代建築史の本ではおなじみである。

それぞれ素材はちがうが、建築の形はよく似ている。いずれも二階建てで、一、二階とも、壁には縦長の上げ下げ窓がずらりとならべられた。二階の一部、または全部が、一階よりすこしはりだしている。建物の頂部は、ゆるやかな寄棟の屋根でおおわれた。谷口がこの同じ形式で、キャンパスに一体感をあたえようとしたことは、まちがいない。

問題は、その形式である。

縦長の窓を整然とならべる手法は、ナチス体制下の建築でも好まれた。屋根のかぶせ方も、ナチス時代に数多くたてられたハイマート様式のそれを、しのばせる。

そう思ってながめるせいだろうか。玄関の直線的な列柱も、「第三帝国様式」の列柱をほうふつとさせないわけではない。まあ、ナチスの列柱とくらべれば、よりモダンによそおわれているような気もするが。

この類似は、できあがったころから、建築家たちの噂になっていた。評論家の神代雄一郎も、「昭和建築小史」で、こう書いている。「当時は……谷口の慶応大学の縦長窓にナチの残滓を……いう人たちがあった」、と(『新建築』一九五九年一〇月号)。

ドイツの建築史にくわしい杉本俊多も、この見方をおおむねみとめている。「ナチス建築の形式美」を肯定する「考えが彼の心の奥底に沈殿していたはず」だ、と(「谷口吉郎のドイツ新古典主義との出会い」『建築文化』一九九七年九月号別冊)。

もっとも、杉本は谷口とナチス体制の建築を、じかにむすびつけようとはしていない。谷口はドイツに滞在することで、シンケルの古典美に目を見ひらかされた。そして、シンケルのスクウェアなところは、「第三帝国様式」ともつうじあう。そのシンケル経由で、谷口はナチス体制の建築をうけいれている。つまり、間接的に受容したのだと、杉本は位置づけた。

ねんのため、『雪あかり日記』をひもといてみよう。じつは、これを読んでも、谷口がナチスの建築へ心をよせていた様子は、見えてこない。シンケルの遺構に目をうばわれていたことは、よくわかる。また、シンケルの古典形式が「第三帝国様式」につうじることへも、関心をいだいていた。そこまでは、たしかにうかがえる。しかし、ナチズムがもちあげる様式へのめりこんでいたようには、読みとれない。

『雪あかり日記』のナチス建築観は、中立的である。とりたてて否定はしていないが、かといって肯定をしているわけでもない。ただ、様式統制の力強さにはおどろくといった書き方に、とどめている。

萬來舎(2005年に新校舎屋上に再生されたもの)

とはいえ、その刊行年を考えると、どちらにもかたよらないこの記述ぶりは、感慨ぶかい。くどいが、この本を谷口が世に問うたのは、一九四七年である。戦前戦時をあしざまにふりかえる読みものが、当時はたくさん書かれていた。そんな時代なのに、谷口はナチスの建築をけなしていない。

ナチスの建築国策は、非人間的な狂気によって、つきうごかされていた。そこには、巨大さだけをもとめた独裁者のおごりが、うかがえる。とまあ、そういういかにも戦後くさい物言いには、おちいっていない。その造形的な特徴を、谷口はおちつきはらいながら論じている。

しかし、そうであっても、谷口がナチスの建築を好んでいたとは言いきれない。たしかに、谷口は、敗戦後という時代相にもかかわらず、それをたんたんとあらわした。だが、それだって、ただ正直に自分の想いを、書いただけなのかもしれない。時流におされ、ほんとうは好きなものをしぶしぶ中立的にあらわした。そうきめつけられるよりどころは、どこにもないのである。

戦後の建築界は、ときに谷口をナチズムへ近づけて、うけとめた。私が、このよくある谷口論になじみきれない理由は、ほかにもある。

それは、『せせらぎ日記』のイタリア紀行を、読んでいるせいでもある。ここで、谷口はファシズム体制下のモダンデザインに、強い共感をしめしている。前衛的な建築とともにすすんでいくムソリーニの国を、うらやましがってもいた。

シンケルの古典主義に、ドイツで谷口はめざめている。それとつうじるところのあるナチス体制の建築を、きらっていたとは言いきれない。しかし、くらべれば、ファシズム体制の建築をより高く買っていた。そのことは、うたがえない。

たとえば、ローマ大学の新校舎については、こう書いている。「スタイルのモダンぶりに私は目を見はった」、と。「イタリアの意匠」（一九三八年）という文章でも、ここをほめている。「モダンな大建築群が櫛比《しっぴ》し、新しいイタリア科学の進展を期待せし」める、と。
ナチス体制の建築にたいして、こういう前むきな評価をあたえたことは、いちどもない。だが、ファシズム体制下のモダンな建築には、しばしばエールをおくっていた。ローマ大学のみならず、フィレンツェの新駅舎やミラノの集合住宅群にたいしても。

もちろん、ローマ大学の校舎には、古典的なところもある。ピアチェンティーニらが、そこではややモニュメンタルなかまえを、うちだしていた。モダンデザインとクラシシズムがとけあったような表現を、こころみている。そして、このぐらいの古典回帰になら、谷口の目もよろこべたのだと思う。「第三帝国様式」は、くらべれば、古典風の相貌をおしだしすぎていた。モダンデザインをへてきた谷口に、そこはなじめなかったのだろう。まあ、建築史的な鑑賞の対象としてなら、シンケルの古典主義もたのしめたが。

さて、慶応大学三田キャンパスの復興校舎である。縦に長い窓のせいもあり、しばしばナチス的だと、それらは評されてきた。玄関の古典的な見えがかりも、この世評をささえてきたかもしれない。

しかし、私はローマ大学の想い出も、慶応のデザインにはつながったと考える。クラシカルによそおわれたモダンデザインの校舎群が、ローマの東側にあらわれた。ティブルティーナ地区の景観を、それらがかえていく。新建築があたりの様子を一新したこの大学にも、慶應の計画ではあやかろうとしただろう。

縦に長い窓なら、ローマ大学の諸校舎にもならべられていた。そして、この手法はEUR《エウル》の諸官街にも、とりいれられている。会議場（アダルベルト・リベラ）のそれなどは、慶應の窓枠とたいそう似かよいあう。こちらも谷口は、着想のてがかりにしていたかもしれない。

慶應の木造校舎、学生ホールなどには、傾斜屋根をかける必要があった。雨もりをさけるためである。そして、鉄筋コンクリートの萬來舎なども、これにはあわさざるをえなかった。キャンパス全体の調和を、そこなわせないために。

そのため、できあがった校舎は、ナチズムのハイマート様式を、結果的にしのばせた。ナチスの建築とたまたま似てしまったのは、もっぱらそのせいであろう。設計のてがかりをさぐる谷口の回想じたいは、ドイツよりイタリアをむいていたと考える。

谷口のデビュー作である東京工大の水力実験棟は、モダンデザインでできている。とりわけ、西側の立面には、典型的なその構成がうかがえる。さきほど、私はそう書いた。

しかし、南側立面のほうをながめると、またちがった印象もわいてくる。縦長の窓をならべた窓枠は、古典的な列柱をしのばせなくもない。ほぼ同時期のローマ大学と、この立面はいくらかひびきあう。

谷口は、イタリアでファシズムのクラシカルなモダンデザインに、共鳴した。その下地は、この水力実験棟をてがけたころから、できていたということか。

東京工大で設計にしのばせた古典のテイストは、ローマ大学とであいふくらまされた。そして、そこで増幅させられた姿を、慶応大学へもちかえったのだと、私はながめている。まあ、このいささかおもしろすぎる大学問の往還物語を、読者におしつける気はないが。

三田の校舎群は、ローマ大学のかがやきにひかれつつ、設計された。あるいはEURの表現にも。そのいっぽうで、藤村記念堂に、谷口はヒトラーの総督官邸めいたしかけを、ひそませている。このドイツとイタリアをめぐるわりふりは、どううけとめたらいいのだろう。

藤村の文学には、「暗さ」や「狂気」がある。やはり、この読みときが谷口を、ヒトラーの官邸へあゆみよらせたのではなかったか。まあ、そんな心のうちを、馬籠の善男善女に語りはしなかったろうけれど。

そして、三田のキャンパスに、谷口は明るいひろがりをもたらしたかった。ローマ大学の新キャンパスをふりかえることが、不自然であったとは思えない。谷口じしんが、そこを明るく新鮮な大学であったと、書きとめているのだから。

明治建築への想い

慶応大学の三田キャンパスには、一八七五年にできた演説館が、まだたっている。初代塾長の福沢諭吉が、西洋的な公会堂を、塾の敷地にもうけさせた。一九二四年には現在の場所へうつされたが、今でもそれは保存されている。

外壁はなまこ壁におおわれ、屋根には日本瓦がのせられた。めざしたのは洋風だが、和風からぬけだせていないところも、けっこうある。明治初期の大工棟梁が、西洋建築を見よう見まねでくみあげた。いわゆる擬洋風建築の典型例である。まあ、藤村記念堂だって、擬和風建築だと言えなくもないのだが。

今日の目でながめれば粗末に見える演説館を、しかし、谷口吉郎はうやまっていた。福沢のこころざしをしめす遺構としても、とらえている。「これこそ慶応義塾の造形的初心である」と、書いたこともある（「慶応義塾の演説館と図書館」『三田評論』一九六九年二月号）。

この演説館は、窓をやや縦に長くうがっている。のみならず、上げ下げ窓をそなえてもいた。谷口の学生ホールなどが、上げ下げ窓をならべたのは、そのせいでもあったろう。福沢の演説館に敬意をあらわしつつ、設計をすすめたのだと考える。

じっさい、谷口は校舎群の設計によせつつ、こう書いている。

「この演説館をテーマとして私は三田の校庭に、交響詩の作曲を夢見た。『五号館』の設計がその第一楽章であり、『四号館』の設計がその第二楽章であり、こんどの『学生ホール』の設計がその第三楽章である」（「青春の館」『三田文学』一九五〇年四月号）

だが、窓の配列まで、演説館のそれをまねたわけではない。そちらについては、二〇世紀のなかごろらしい工夫を、ほどこした。

ローマ大学の校舎やＥＵＲの官衙が、谷口の手本となったのは、そこだろう。ファシズムの建築にならって窓をならべれば、演説館の上げ下げ窓もいかしうる。そう見きわめたうえで、イタリアの先行例を参照したのだと思う。

それにしても、明治初期の演説館へよせる谷口の想いには、うならされる。

今は明治建築を文化財としてたてまつる気分も、けっこうひろまっている。しかし、擬洋風建築の変奏をこころがける建築家は、そんな今でもあまりいないだろう。新しい建築がもとめられた二〇世紀なかばに、明治建築を設計のてがかりとする。そんな谷口のこころみに、時代からはぬきんでた意気ごみを感じる。

谷口は、一九三八年末から一〇ヵ月ほどを、ヨーロッパですごしている。古い建築をたっとぶあちらの都市景観も、目のあたりにしてきた。それで、明治建築をいつくしむ精神も、はぐくまれたのだろうか。

谷口が日本へかえってまもない、一九四〇年三月のことであった。ながらく華族会館としてつかわれてきた明治の旧鹿鳴館が、とりこわされている。戦時の総動員体制にはふさわしくない施設だと、そうみなされたためである。そのあと地には、生産力の増強をおしすすめる商工省のバラック庁舎などが、たてられた。

谷口は、解体された旧鹿鳴館を見せつけられ、胸をいためている。当時の新聞にも、たいへんざんねんだとする一文を、よせていた。明治時代をふりかえる「小博物館にすることは出来なかった」のかと、くやんでいる（「明治の愛惜」『東京日日新聞』一九四〇年十一月八日付）。

敗戦後になっても、谷口はその喪失をなげきつづけた。「外国では、用途のない古い建物は、博物館として利用されている場合が甚だ多い。『明治博物館』なら鹿鳴館の建物には、打ってつけであったろう」。たとえば、そう書いたりもしている（「失われた名作」『芸術新潮』一九五二年三月号）。

「外国では」、つかわなくなった建物を、博物館に転用することが多いという。この「外国」は、谷口が一九三〇年代末に見聞きしてきたヨーロッパ諸国を、さしている。古い建築をおしむこういう気持ちは、やはりあちらでふくらまされてきたような気がする。

周知のとおり、谷口は一九六五年に明治村をひらいている。愛知の犬山市郊外に、明治建築をうつしかえ保存する。そんな野外博物館のもくろみをみのらせ、初代の館長となっている。

こういう博物館をいとなみたいと思いだした、その初心も旧鹿鳴館の解体にあるという。あれがこわされたのを見た時から、考えつづけてきたと、谷口は書いている。

「『鹿鳴館』が……壊されるのを見て……明治建築に対する愛惜の情」がわいた。それが「『明治村』を開設する動機」になったのだ、と(「明治建築の野外博物館」『カラー明治村への招待』一九七七年)。

どうやら、旧鹿鳴館や明治建築にたいしては、そうとうあつい想いをいだいていたらしい。福沢の演説館を、三田キャンパスの校舎設計へいどむ、そのてがかりとする。この言葉も、それなりに重くうけとめるべきだろう。慶応大学当局にたいする、心のこもらぬおべっかだとみなすべきではない。まあ、建築家は、しばしばとってつけたような社交辞令で、施主をおだてやすいのだが。

解体された旧鹿鳴館のあとには、商工省のバラック庁舎などができたと、さきほど書いた。それがあった日比谷公園の東側には、さらに生産関係の施設ももうけられている。いずれも木造、あるいは木骨の、安普請と言うしかない工法で。

日比谷公園の東側だけにかぎった話ではない。丸ノ内や霞ヶ関にも、みすぼらしい庁舎は、たいへんないきおいでひろがった。一九三〇年代末からの総力戦体制は、首都の官庁街に、バラックを林立させたのである。

一九三七年には、建設資材の鉄鋼を、軍需へ優先的にまわすきまりができている。そのため、民間の企業も官庁も、鉄筋コンクリートの大きなビルは、たてられなくなった。軍需以外の施設は、貧相なバラックですますことが、事実上義務づけられたのである。

一九四〇年には、いわゆる七・七禁令がだされている。「ぜいたくは敵だ」とするスローガンは、この禁令とともにひろがった。官庁街のバラック化は、こうした時勢にさきがけ、おしすすめられている。

今は戦時である。すべての資材は、軍需へむけなければならない。銃後の市民は、はなやかな生活をあきらめ、つましくくらそう。官庁街のバラック化は、国民精神総動員のそんなかけ声をも、さきどりしていたのである。

日本に、ファシズムとよばれる体制があったか否かをめぐっては、意見がわかれる。ただ、近年はこれを否定的にとらえる見方が、強まっているような気がする。私も、日本にファシズム体制とみなせる統治ができていたとは、見ていない。

たとえば、建築をつうじた体制の宣伝という点でも、そのことを感じる。

ヨーロッパに出現したファシズム体制は、新しい建築で体制のすばらしさをうったえた。イタリアのそれは、国家が新しく生まれかわることを、印象づけようとしている。そして、ドイツのナチズムは、偉大な帝国が誕生したことを、建築で見せつけたがった。

日本の国家総動員体制は、建築にそういった役割をたくそうとしていない。ただ、国民に不自由をしいる戦時リアリズムばかりが、あおられた。体制の夢やロマンが、建築をとおして都市へおしだされたことは、ほとんどない。すくなくとも、ヨーロッパの体制とくらべれば、その点での矮小さがきわだつ。

けっきょく、日本にファシストが簒奪した新体制は、うまれなかった。明治憲法体制は、のりこえられていない。戦時むきに再編されはしたが、基本的な統治のしくみはたもたれた。華のないバラック建築が、首都の官庁街をおおったのも、そのこととつうじあう。夢ではなく戦時の現実をつたえるだけで、この体制はことたれりとしたのである。

ただ、バラックの群れも、戦争のきびしさを市民へ語りかけるつとめは、はたしている。その意味で、ファッショ的な役目は、になっていたのだと言ってよい。そして、日本にファッショ的と言える建築があったとすれば、それらにほぼつきる。

旧鹿鳴館をとりこわし、戦時バラックにかえさせた。そのささくれだったふるまいも、時局のさしせまった様子を見せつけてはいたのである。もう、鹿鳴館などでくりひろげられたパーティを、なつかしがる時代ではないのだ、と。これも、日本におけるファッショ的な宣伝のひとつでは、あったろう。

しかし、谷口はそんな国是になびかない。総動員へとすすむ国の方針からは、身をそむける心がまえを、戦後もたもちつづけている。明治村をひらくまでにいたる行動力も、そこにねざしていた。私は、そんな谷口にこそ、ファッショ化にあらがった建築家の姿を、みとめたい。

イタリアのファシズム建築には、あこがれていただろう。ドイツの「第三帝国様式」についても、そう悪くはうけとめていなかった。それらを、自作のこやしにしていたと見られる節も、ないわけではない。

しかし、だからと言って、谷口をファシストだとみなすのは、まちがっている。絶対王制下の建築を、設計のヒントにする建築家は、今でもいるだろう。そんな建築家を、絶対主義者よばわりしても意味がないことと、それは同じである。

谷口は慶応大学の設計で、ファシズム建築の意匠を手がかりにした。かりにそうであったとしても、それは表面的なデザイン上の参照であるにとどまる。より根本的な、建築家としての処世という次元では、日本のファッショ化に背をむけた。その点では、建築家たちのなかでもきわだっていたことを、指摘しておきたい。

白井晟一

しらい せいいち

民衆的な、あまりに民衆的な

うまい人、へたな人

どんな表現の世界にも、うまい人とへたな人はいる。もちろん、建築家たちの世界でも、事情はかわらない。腕がたつとされる人がいるいっぽうで、不器用だと評される建築家も、まま見かける。

白井晟一は、なかでもへただとみなされやすいほうの一人であろう。たとえば、建築史家の藤森照信が、歓帰荘（一九三七年竣工）を見て、こう書いている。

「ディテールはムチャクチャ。最初、ヘタクソと思った。しかし、眺めるうちに、『これは、上手・下手といった建築界の尺度とは異なる原理でつくられている』と思い直した。材料と形の多様と不統一、それらの納まりの悪さ、にもかかわらず、盛り上がるような造形意欲――こうした特徴は、素人の建築造形の象徴《しるし》、と言ったほうがよい」（「晟一こわい」『建築文化』一九八五年三月号）。

こういうことを、新聞でも書いたりしたためだろう。藤森は白井家から、にらまれることになる。晟一の次男である昱磨《いくま》からは、抗議の手紙がおくられた。また、解体される歓帰荘の、長男である彪弼《ひょうすけ》もたちあうという見学会に、さそわれている。

白井家の二人にすれば、もういちどちゃんと見てくれということでもあったのだろう。これにおうじた藤森は、しかし自分の見方をかえていない。あいかわらず、歓帰荘の建築家を素人だと、書きつづけた。ディテールのみだれなどをつき、「素人の証明」だとあげつらっている（『昭和住宅物語』一九九〇年）。

若いころの白井は建築設計の勉強をしていない。学校は京都の高等工芸（現工芸繊維大学）をでた。しかし、そこでまなんだのは図案である。また、その図案にもうちこみきれず、関心はもっぱら哲学にむかっていた。

高等工芸の在学中から、白井は京大へしばしばおもむき、哲学の授業をきいている。卒業後も、美学の深田康算に教えをこうていた。一九二八年には、深田のすすめで、ドイツのハイデルベルク大学へ留学する。当地では、ヤスパースがひらくゼミへ顔をだし、やはり哲学を学習しつづけた。

ゴシックの建築に、興味をいだいたりはしたという。しかし、建築の設計には、関心がむかわない。「建築をなさろうというおつもりは……」。雑誌の対談で、そう留学中の心境をたずねられた白井は、「なかった」とこたえている（「花に秘す」『風声』一九七九年七月号）。

建築をおもしろがるようになったのは、一九三三年に日本へかえってから。義兄の家をてがけたのが、最初であったという（一九三五年竣工）。はじめは設計の作業をそばで見ていたが、とちゅうで自分もやってみたいと思いだした。それが、きっかけであったらしい。

義兄の家以外にも、つてのあった人々の住宅設計を、これ以後いくつかひきうけている。そのつみかさねをとおして、白井は建築の心得を身につけた。「所謂建築術の修得は……実務から学んでいったというほかない」。宮嶋圀夫のインタヴューにも、そうこたえている（『SPACE MODULATOR』一九八二年一月号）。

大学のみならず、しかるべき設計事務所でも修業をしたことはない。まったくの我流で、設計の途にははいっている。

もちろん、ヨーロッパで本場の西洋建築を、ながめてきてはいた。その想い出を、白井は一九三〇年代の実作に、いかしていたかもしれない。歓帰荘にもチューダー・ゴシックとロマネスクの表現が、とりいれられた。スパニッシュ風の味つけも、なされている。

ただ、それらがうまくこなされ、ほどよくおさまっているわけではない。藤森は、「西洋館のモチーフを使いながら……ルール違反がはなはだしい」と言う（前略『昭和住宅物語』）。西洋

歓帰荘

館を研究し、その詳細につうじた藤森の、それがいつわりのない実感だったのだろう。

西洋建築のきちんとしたトレーニングは、うけたことがない。幕末明治のそんな大工棟梁たちは、いわゆる擬洋風の枠からぬけだしきれなかった。それが、自己流で西洋館へいどんだ工匠たちの限界だったのだと、よく言われる。

だとすれば、昭和戦前期の白井もまた、その水準にいたのだとみなしうる。そこから仕事をはじめるしか、我流の白井には途がなかったのである。

「プロ中のプロほど白井の造りを嫌がった」。藤森も、工匠たちの一般的な白井評を、そうつたえている(同前)。白井じしん、自分の建築が型やぶりであることは、わきまえていた。「達者な人からみますと、でたらめといわれるかもしれません」。その点では、「棟梁に顔をしかめられた」こともある。神代雄一郎との対談でも、戦後しばらくの作品までふくめ、そうみとめている(『木』一九七八年一月号)。

しかし、いっぽうではそんな自分の無骨さを、ほこらしくも思っていた。じっさい、つぎのような談話も白井はのこしている。

「木やなんかの材料の扱い方……みたいなことに長けていれば建築ができるなんていうのは……建築家でもないんだね……自分の想念の塊みたいなものをつくってゆく……人が、僕は建築家っていうものだと思うよ」(『白井晟一研究 I』一九七八年)。

教養人のディレッタンティズムと言うべきか。あるいは、アマチュアであることをよしとする文人趣味があったのか。いずれにせよ、白井は職業的なてだれを買っていない。それよりは、「想念」の強さを重んじると言う。哲学の途から設計へむかった建築家のこころざしを、私はこういう発言に感じる。

歓帰荘を酷評した藤森も、その力強さには胸をうたれていた。「素人」だとか「下手」だと言ういっぽうで、こうも書いている。

「素人さ加減と言うか、下手さ加減があまりに大胆で堂々としているから、逆にこちらがちょっと気押されてしまった。上手さを押出しで破る下手さ、と言ったらいいのかもしれない。まるで恥じるところがないのだ」（前略『昭和住宅物語』）。

しかし、あとで建築家となった藤森の作品にも、そういうところはある。うまいとかへたといった次元をこえた、圧倒的な素人くささの魅力。それは、「野蛮ギャルド」の藤森が、かもしだす味わいでもある。

あんがい、白井の歓帰荘が、どこかで藤森をあとおししていたのではないか。うまいへたは、どうでもいい。建築のかんどころは、そういうちっぽけな価値観をはなれたところにある。素人として仕事をはじめた白井も、あれだけ大きな存在になった。

藤森は、最終的に歓帰荘のことを、こうまとめてみせた。自分だって、じゅうぶんやれる、と。「まるで縄文住居じゃないか!?」、と。わざわざ、「ジ・ョ・ウ・モ・ン」と、ねんをおしながら（同前）。

白井は、かつて「縄文的なもの」をとなえたことがある。その「縄文的なもの」が、この初期住宅にもあると言うのである。

その当否を問いただすのは、ひかえておく。それよりも、藤森じしんのことを、考えたい。周知のように、「野蛮ギャルド」の藤森もしばしば「縄文」を口ばしる。かつて自分が白井の歓帰荘に読みとった資質を、藤森は自らの旗印としてもとりいれた。あるいは、白井もことあげした「縄文」を。やはり、白井からの感化はあらがいがたいと考えるが、どうだろう。

この見方がまずければ、つぎのように言いかえてもいい。藤森の白井論は、どこかで自分語りにもなっていた。のちに自分がたどるだろう歩みを、たぶん自覚はせずに予告していたのである。いずれはあらわれるだろう藤森研究へいどむ人のために、ひとことのべそえる。

精一杯のソシャリズム

ドイツへ留学した白井晟一は、しばしばフランスにもたちよった。一九三一年にパリへやってきた義兄をつうじ、同地の知識人たちとも語りあっている。たとえば、アンドレ・マルローやイリヤ・エレンブルグらと。

当時のマルローは、『新フランス評論』に文章をよせる共産党員であった。エレンブルグは、ソビエトの『プラウダ』からおくりこまれた、パリ特派員である。一九三〇年代には、スターリニストを自負するようにもなっていた。白井がパリの知的世界にわきたつ左翼的な気分と、ふれあっていたことはまちがいない。

その感化もあったのだろうか。白井はドイツでの滞在地を、ハイデルベルクからベルリンにあらためている。学籍も、ベルリン大学へうつしかえた。左翼的な熱気もあり、気ままにすごせそうな首都の大学へ転学したのだと思う。

大学の講義にはほとんどでていない。首都では、在留邦人むけの『ベルリン新聞』に、もっぱらかかわった。これまた左がかったと言うしかない新聞を、てつだったのである。

一九三二年に、白井はモスクワへうつりすんでいる。ソビエト共産党の党員となることも考え、転居にふみきった。当時の白井は、そこまで政治にのめりこんでいたのである。

幸か不幸か、モスクワで共産党にはいることは、かなわなかった。また、革命家になりきるふんぎりも、つけられない。一九三三年には、何もできないまま、日本へもどっている。

勝手な想像だが、政治をあきらめた青年・白井には、心の空白もできただろう。その虚無感がうめられる何かを、もとめる日々がつづいたと思う。そんな心のすきまにうかびあがったのが、建築といういとなみだったのではないか。

義兄が新しい家をたてだした。横から見ていると、なかなかおもしろい。義兄《にい》さん、自分にやらせてくれ、図案の心得ぐらいはあるから……。建築へむかう気持ちは、けっこうせつない機微をへて、うかびあがったようである。

自己流で実務の技を身につけるのは、たいへんだったろう。それでも、そこに気持ちをぶつければ、心のむなしさからは目をそむけられた。失意の政治青年には、それが何よりのなぐさめになっていたような気もする。

戦後の白井は、公共的な建築もてがけるようになる。秋田から文化講演にまねかれたことがきっかけとなり、秋ノ宮村役場を設計した（一九五二年竣工）。この役場は地元での評判もよく、つづけて病院や温泉宿もたのまれている。

白井の仕事ぶりに人気があつまったのは、意匠や使い勝手のせいだけでもない。何よりも安くしあげる力量が、よろこばれた。ローコストという点で、まずはうけいれられたのである。

さきに、白井が我流で建築へいどみだしたことを、紹介した。仕事に素人くさい一面のあったことも、のべている。

しかし、白井はふつうの建築家がやらないことを、こなせるようにもなっていた。たとえば、材料さがしである。どこにどんな材木や石材があるのか。また、それらはどうすれば安く手にいれられるのか。そういった事情に、体ごと建築へいどんだ白井はつうじていた。さらに、職人たちを適材適所でつかう勘も、やしなわれていたのである。

あるいは、端的にこう言ってもいいだろう。白井は、流通業者や職人の手配師めいた手腕も、身につけていた。その力がない施工者は、業者の言いなりに、代価を計算しなければならなくなる。いっぽう、白井の

秋ノ宮村役場

いる現場では、白井ひとりでことにあたることができた。コストがおさえられたのも、そのためである。

この能力は、その後も白井の仕事をささえつづけることになる。くわしくふれるゆとりはないが、白井論の肝となるところではあろう。

とはいえ、白井もローコストだけを売りものにしていたわけではない。建築の表現にも、強い想いをこめていた。「建築を通して人民大衆に矜りと望みを与え」るのが、「われわれの任務であろう」、と(「天壇」『新建築』一九五五年九月号)。

「人民大衆」を文化的にたかめたいという。啓蒙的な意欲を、てらいもなくしめしている。昔の左翼的な想いが、建築という形にたくされ、ふたたびよみがえったということか。

白井の造形には、社会主義リアリズム風のところがある。白井は神代雄一郎との対談で、神代からそうほのめかされ、あらがった。むきになりながら、言いかえしている。

「リアリズムによるソビエットの様な……手法」で、自分は設計をしていない。「集団文化の統一」も、考えてはこなかった。神代は、白井の建築をそう読みとりたがってるようだが、まちがっている。自分は「民衆に人間的な権威とのぞみをもたせたい」だけなんだ、と(「作家・白井晟一の建築創造をめぐって」『建築文化』一九五七年七月号)。

ここでも、建築の表現による人民への啓蒙が、語られている。左翼的な想いは、やはりたやさなかったようである。

ソビエトの社会主義リアリズムになぞらえられることを、白井はいやがった。党のエリートが指導するようなありかたには、なじめなかったのだろう。だが、社会主義的であることじたいを、否定してはいない。じっさい、白井は建築家の原広司を前におき、こう語ったこともある。

「戦後地方の公共建築を造らせてもらった。建築家として精一杯のソシャリズムだったが一生懸命にやった」(「人間・物質・建築」『デザイン批評』一九六七年六月号)。粗末な建物だった秋ノ宮村役場は、正面と背面に、クラシックの建築めいてうつるところがある。群馬の松井田町役場（一九五七年竣工）も、同じ気配をただよわす。白井は、西洋的な建築のかまえを、戦後の地方都市にもちこもうとした。「地方の建築」という文章が、白井にはある。そこでも、「地方の文化向上に、一捨石とな」る「決心」が、書きとめられている。また、自分がであった地方人士の建築観をめぐる、つぎのような感想もそえられた。

「地元の人々にはせめて身近に都会的なものが欲しいに違いない。もともとわたしたちは都会から出て行くものだし、仕事の意義としては当然ロオカルな、味わいのある簡素な様式でやりたいのだが、これは地元の人々の期待には沿いにくい」（『新建築』一九五三年八月号）。

いわゆる秋田らしい庁舎をこしらえても、秋田の人々はよろこばない。それよりは、都会的に見える施設を、ありがたがる。そういう住民の想いに、舶来のクラシック風をまぜた白井建築は、こたえようとした。

そのいっぽうで、白井は大きな切妻屋根も庁舎にあしらっている。民家風のたたずまいも、かもしだそうとした。メルヘン風とでも言うのだろうか。クラシックを田園風景になじませる工夫が、そこではほどこされている。

そして、白井は秋田や群馬に、モダンデザインをもちこんでいない。民衆を高める表現としてえらばれたのは、メルヘンめかしたクラシックである。新しい時代のとんがった形は、さけられた。このことは、またあとでも問題にしたいと思う。

松井田町役場

王侯や貴族の建築家

一九六〇年代のなかごろから、白井晟一はその作風をおおきくかえていく。六〇年代末から発表されだした長崎の親和銀行本店は、そのことを強く印象づけた。なお、この仕事は第三期の懐霄館（一九七五年竣工）まで、つづけられている。

ひとことで言えば、かまえがたいそうゴージャスになった。戦後にこしらえた「粗末な建物」とは、まったく様子がちがっている。建築界では、誰もがその変貌ぶりに、目を見はった。

建築評論家の本田一勇喜は、一九七九年にこう書いている。「白井の建築は貴族趣味」だ、と（「沈黙のテキスト」『白井晟一研究 II』）。

やはり評論家の長谷川堯は、親和銀行を「〈王〉の城砦」だと言いだした。「白井氏が自らの建築において呼びたて」たのは、「純粋な意味での〈王〉であ」る。そこまで、長谷川は言いきっている（「呼びたてる〈父〉の城砦」『建築』一九七二年）。

かつて、民衆のためにはたらいた建築家は、王侯貴族につかえる途をあゆみだした。斯界《しかい》の白井像は、親和銀行をさかいに、そうかわっていったのである。

一九五〇年代に、民衆の建築家だと白井を評した川添登は、この変化をなげいている。白井は、民衆をおきざりにしていった、と（「滴々居と虚白庵のあいだ」『白井晟一研究 IV』一九八二年）。

いっぽう、建築家の磯崎新はかつての白井がはなった言葉のほうを、しらじらしいと見た。民衆うんぬんは、「建築ジャーナリズム」への「コンプリメント」でしかなかった、と（「破砕した断片をつなぐ眼」『SD』一九七六年一月号）。たんなる社交辞令で、白井ははじめから民衆の建築家じゃあなかったというのである。

どこかへそまがりなところが、私にあるせいだろうか。白井は「貴族」化したという物言いばかりを聴かされると、みょうにおちつかなくなる。ほんとうに、白井は民衆をすてたのか。そのことを問いつめたくなってきた。

親和銀行本店は、一九六九年に毎日芸術賞をいとめている。それをいわう式典で、白井はこう語りだしたらしい。「わたしはいつも民衆のための宮殿をつくろうと精進してきた」、と(針生一郎「建築における外部と内部」前掲『SD』)。

聖《サンタ》キアラ館は、一九七四年に竣工した。茨城キリスト教学園短大の礼拝施設である。「貴族」化したとされる時代の作品に、ほかならない。それでも、白井は竣工のおりに、こんな一文をあらわした。

「なによりもまず人生の最も多感な期を托する短大女子学生の情操涵養をつつむにふさわしい学燈空間をつくることがわれわれの仕事であった」(『サンタ・キアラ館』『建築』一九七五年一月号)。

「人民大衆に矜りと望みを与え」たい。一九五五年のそんな揚言と、こころざしは同じである。「人民」が「女子学生」になった以外は、基本的にことならない。

「いつも民衆のために宮殿をつくろうと」、心をくだいてきた。そんな白井の想いじたいは、あいかわらずたもたれている。すくなくとも、その発言を読むかぎり、大きな変化があったとは思えない。

白井が、数寄屋の細工をにがにがしくながめていたことは、よく知られる。とりわけ、料亭をはじめとする花街のそれらには、つめたいまなざしをおくっていた。

ここでは、「木のはなし」という神代雄一郎との対談記録を、ひいてお

聖キアラ館

く。一九七七年に口をついてでた、親和銀行本店ができたあとの発言を披露しておこう。数寄屋普請にたいする反感を、白井はつぎのようにのべている。「所詮、一握りの特権階級のための媚態……に過ぎないのではないか」（『木』一九七八年一月号）。

桂離宮や修学院離宮についても、同じ対談でこうつめたく言いはなっていた。「特権者のための建物以外ではないということは……いろいろ考えさせられる」（同前）。

こういう考えの持ち主を、「貴族趣味」のひとことでかたづけてもいいのだろうか。建築で「王」をよびたてる。そんな批評が、白井のことを過不足なくとらえているとは、とうてい思えない。

「特権者」や「特権階級」の建築には、背をむけようとする。私はそんなかまえに、左翼的なこころざしのこっている様子を感じる。民衆へ手をさしのべようとする気持ちは、なくなっていないと見るが、どうだろう。

むろん、建築家がまきちらす言葉を、真にうけてもいいのかという問題はある。たしかに、白井は親和銀行本店の時代をへたあとも、しばしば「民衆」を口にした。「特権階級」にはしたしめないと、言っている。

しかし、それも昔の口癖が、くりかえされただけなのかもしれない。礒崎なら、あいかわらずの「コンプリメント」だと言いそうな気がする。白井も、自分が口にする言葉を、内心ではうらぎっていたのだろうか。本音では、「貴族」化をとげていた可能性もある。

やはり、白井の内面も、きちんと検討しなければならないようである。

佐世保のコミュニティバンク

親和銀行本店の一期工事をおえたあとに、白井晟一はこんなことを書いている。

「私にはよくよく陋巷《ろうこう》建築の仕事が宿命のようだが、この建物もまた地方小都市のアーケード街の一隅につくられた商業建築にすぎない」(「親和銀行本店」『建築雑誌』一九六九年八月号)。

評論家たちは、王侯貴族に供せられたような建築だと、この銀行をはやしていた。しかし、設計にあたった当の建築家は「陋巷《ろうこう》建築」にすぎないと言う。むさくるしいちまたの、どうということもない施設だ、と。以前からそういうものばかりをまかされてきた。そして、今回もまた、同じような仕事をあたえられたというのである。白井に、「貴族」化の自覚はなかったらしい。これまでも、秋田や群馬などで、地方都市のささやかな建築を、てがけてきた。その延長上に、長崎であつかった銀行のことも、とらえている。

親和銀行は、小さな金融機関である。東京に本店をおく大きな市中銀行などとは、はりあえるわけもない。長崎の佐世保を拠点とする、ささやかな街の銀行である。もとは、民衆のいとなむ無尽《むじん》や頼母子《たのもし》といった、講《こう》などでもあったのだろうか。いずれにせよ、その本店も、「アーケード街」の「商業建築」でしかなかったのである。

高度成長期には、そういった地方銀行が、コミュニティバンクとなることをめざしだす。金の貸し借りをこえたところで、地域住民との交流をはぐくもうとしはじめた。文化講演や美術展、そしてコンサートなどをもよおし、地方文化の向上をあとおしする。そんな方向へ、各地の銀行は、いっせいにむかっていくのである。

親和銀行は、古伊万里をはじめとする地元の工芸品を、あつめていた。西日本新聞などと手をたずさえ、海外への流出品を買いもどした

親和銀行本店

りもしている。その点では、地域文化の核となるこころざしをいだいていた。

白井としたしかった水原徳言は、白井の建築にも、そんな銀行の意欲が見てとれるという。ここでは、屋内のそこかしこに、美術や骨董がおかれている。インテリアは、それらをきわだたせる背景めいたものとしても、ととのえられた。白井なりに、そういう形で銀行の想いにこたえたのだろうと、水原はのべている（『白井晟一の建築と人』一九七九年）。

骨董の多くは、白井じしんがあつめていた。そこでは、「晟一好み」の世界がくりひろげられていると、そうとらえるむきもいる。

しかし、よく見れば、白井の好みとそぐわない品々も、おいてあることがわかる。「白井コレクションに加えられるべき作品ではない」。そう水原は、いくつかの作品をなじっている。岡田三郎助の油絵については、「不調和」も感じていた。ながらく群馬で白井とつきあったこともある水原の、それが実感ではあったろう。

だが、そのこともふくんだうえで、水原は親和銀行本店の建築をこう肯定した。

「白井作品がそのコレクションの中に銀行が前から所持していた岡田三郎助を混ぜているのは少しは不調和であっても賛成できる。もともと白井作品は歴史と共存することを意図しているから、その意味では常に不協和音を含んでいる……不協和の美を創造して白井作品となって誕生するのである」（同前）。

卓見だと思う。白井は「晟一好み」の品々だけをならべ、屋内をあんばいしていたわけではない。銀行があつめてきたものも、しりぞけはしなかった。「晟一好み」ではない施主側の持ち物とも、おりあいがつくようつと

親和銀行本店

めている。

郷里の美術工芸品を収集し、地域文化の拠点をいとなもうとする。民衆のコミュニティバンクであろうとした。そんな銀行の、施主のコレクションを、白井はうけいれている。たとえば、地元が生んだ画家である岡田の油絵なども。そして、それらをいかしきろうと、力をつくしていた。「民衆のための宮殿」という言葉も、私は実感のこもったそれとしてうけとりたい。

戦後の秋田や群馬で、白井はクラシカルなよそおいの町村役場をたてている。いずれも「粗末な建物」であったという。それでも、一九五〇年代の北関東・東北では、「民衆のための宮殿」としてうかびえた。

しかし、高度成長をへてからは、民衆のくらしぶりもかわってくる。生活水準は、まちがいなくあがってきた。一九六〇年代後半の長崎で、以前と同じようなものをこしらえるわけにはいかない。一九五〇年代の「粗末な建築」では、民衆の「宮殿」にならなくなってきた。

神代雄一郎が、一九六九年に「情念と建築内部――親和銀行本店頌」を、書いている。そのなかで、一九六八年における「建築界の特色」を、こうまとめてみせた。「有名ホテルと同じような規模で多くのつれこみホテルが建設されたことにある」、と（『建築年鑑六九』）。

西洋の城郭や王宮にあやかったラブホテルが、一九六〇年代後半に姿を見せだした。民衆も、それなりにゴージャスな建築をたのしめる。そんな時代が、やってきたのである。まあ、ラブホテルだけが、その趨勢とともにあったわけではなかろうが。

「建築を通して人民大衆に矜りと望みを与え」ることを、建築家の「任務」だと考える。「民衆に人間的な権威とのぞみをもたせ」ようとする。そう信じる白井の作風が、以前と同じであっていいはずはない。

民衆のやや野卑なデラックス趣味を、より洗練された方向へみちびこう。みがきあげられた豪奢のなんたるかを、民衆にもしめしたい。そうねがった建築家が、一九六〇年代末にたどりついた表現。それこそが、一見

「貴族」的に見える、親和銀行本店だったのではなかったか。

白井が民衆とともにあゆむことをやめて、「貴族」化したのではない。高度成長期をへて、民衆のほうがゆたかになってきた。その変容をどこかで感じとったからこそ、白井も自分の作風をかえていく。「民衆のための宮殿」をつくりたいという想いは、かわらずたもたれたのだと考える。

世界史への伝統拡大とは

今を生きる人々は、世界の建築をたやすく想いうかべることができる。中国の故宮や万里の長城、そしてインドのタージマハルなどは、おなじみになっている。もちろん、エジプトのピラミッドや、ギリシアのパルテノン神殿なども。

それらは、世界遺産などを紹介する読み物や映像記録に、よくとりあげられる。観光用のガイドブックなどでも、しばしば表紙をかざってきた。現代人の建築に関する教養は、世界史的な規模でひろがっている。

しかし、十九世紀までの一般人に、こういう知識はのぞめない。ひろくゆきわたったのは、出版物などが建築の写真を紹介しだしてからである。

そういうメディアがなりたつ前に、興味が海をこえてとどくことはありえない。たとえば、江戸ッ児なら、江戸城や浅草の浅草寺などを、想いおこすぐらいであったろう。まあ、日光の東照宮や奈良の東大寺あたりには、想像力がおよんだかもしれないが。

いずれにせよ、江戸ッ児の建築観は、大工や左官らがこなす仕事の枠をでなかった。工匠たちがいとなんできた建築群のなかに、安住していたはずである。あるいは、日本的な伝統とともにあったと言うべきか。

だが、映像メディアの拡大は、こういう想像のありかたをうちくだく。建築という話題がもちだされた時、われわれの潜在意識には、地球規模の図がよぎる。ワシントンのホワイトハウスや、ローマのコロッセウムなどが。日本の寺社や家屋ばかりで、脳裏がしめられているわけでは、けっしてない。

その意味で、われわれの建築観は、コスモポリタンになったとみなしうる。あるいは、建築に関する現代人の伝統観が、事実上国際化されたのだとも言えようか。

もちろん、伝統という言葉に、ほんらい今のべたようなふくみはない。日本の伝統建築といえば、ふつうは古くからつづくそれだけをしめすはずである。

潜在意識におくりこまれたことどもこそが、われわれの伝統となる。ここまでは、あえてそう言葉の定義をかえつつ、話をすすめてきた。そう読みかえることで見えてくる今日的な様相に、光をあてたかったからである。また、このあとにつづく白井晟一論の伏線にしたいという思惑も、ないわけではない。

さて、建築のモダニズムをどう評価するのかについては、さまざまな見方がある。ここでは、今のべたような伝統からときはなたれようとするいきごみに、注目してみたい。それはモダニズムをささえた精神の、一側面でしかないだろう。しかし、そういう方向への衝動も、まちがいなくモダニズムにはそなわっていた。

映像メディアの肥大化が、世界の建築様式に関する情報を、おおっぴらに流布させる。こうした現象は、日本のみならず西洋でもくりひろげられた。近代の建築も、アラブやインド、そして中国へと、その参照枠をひろげだす。

両大戦間期にはじまるモダニズムは、そのいっさいをすてさろうとした。オリエントのみならず、西洋の古い様式からも解放されることを、めざしたのである。

前衛的な建築家たちは、抽象的な図形へのこだわりを強めだす。直方体、立方体、円柱などといった形を、うかびあがらせた。世界の諸民族が、これまでにいとなんできた建築からは、遠くはなれたい。この欲望が、過去の諸様式とはしがらみのなさそうな幾何図形を、まねきよせたのである。

さまざまな既成の建築図像が、映像メディアにあふれだす。そんなメディア状況も、モダニストを抽象図形へおいこむほうに、作用したろうか。俗世のみだれが、出家者をよりいっそうこわばらせるように。

もちろん、モダニストのとりくみは、見はてぬ夢におわっている。抽象化をつきつめることは、けっきょくできていない。両大戦間期のモダニズムは、実験的なこころみをのこすだけにとどまった。

一九三〇年代には、反動的とみなさざるをえないうごきも、おこっている。コルビュジエが地中海の伝統へあゆみよったのも、その一例だと言えるだろう。そう言えば、坂倉準三も日本的な架構へよりそいだした。のちには、丹下健三も同じ方向へすすんでいく。イタリアのモダニズムがあみだした造形も、かくし味にとりいれながら。

くりかえすが、白井に抽象的なモダニズムへのあこがれは、見られない。白井は一九二〇年代末から五年間ほどを、ヨーロッパですごしている。しかし、バウハウスにもコルビュジエにも、まったく近づこうとはしなかった。歓帰荘あたりからうかがえるのは、むしろ古いヨーロッパをなつかしむ心情である。

はじめに強調したが、白井は建築の教育や実務をへないまま、設計へのりだした。建築家たちのつどいとはかかわりのないところで、仕事をはじめている。

建築界のなかにいた建築家なら、大なり小なりモダニズムのことは、気にとめたろう。しかし、白井はその外側にたっていた。モダニストたちのさわぎにはとらわれず、自分の途をすすんでいる。

抽象化をめざしたモダニストたちは、いったん世界の諸様式から目をそむけた。その前衛熱がさめたあとも、いきなりそうした様式群にとびこもうとはしていない。具体的な諸様式へのあゆみよりは、おそるおそる、ゆっくりすすめられた。抽象化への未練は、ずいぶんあとまでたもたれたのである。

いっぽう白井は、世界の諸様式とともにいた。ユーラシアの全域におよぶ建築群を、潜在意識のなかでいつくしむことができている。だからこそなのだろう。白井は、二〇世紀中葉の建築家たちに、よびかけた。こうすれば、「創造の壁」はのりこえられる、と。

「それには……一歩進んで世界史的な鍛錬の中で『伝統拡大』という目標をもつことだ」(「伝統の新しい危険」『朝日新聞』一九五八年十一月二二日)。

伝統についての考え方を、世界史的な規模でひろげなければならない。ユーラシアの歴史を、自分の伝統としてうけとめよ。この時、白井はそううったえた。モダニズムが目をそむけてきた沃野《よくや》を、あらためて見つめるよう、うながしたのである。

モダニストも、おずおずとそこへちかづきだしてはいた。だから、白井の揚言も、ある種の道先案内としてうけとめられるようにはなる。その点では、うやまわれもしはじめる。だが、白井じしんの根は、モダニズムから超然としておられる、素人の地平にあった。

白井のことを、映像メディアの諸様式とともにいた一般人だと、言いたいわけではない。白井も白井なりに、「世界史的な鍛錬」をこころがけていた。「鍛錬」を。その意味では、建築家としての使命観も、強くいだいていたと思う。

じっさい、白井の作品も、世界の諸様式から安直にコピーをしていたわけではない。潜在意識のなかにうかぶ建築群を、いったん心のなかでとかしこんでいる。想像力のなかでシャッフルをしてから、作品にみのらせようとした。シェイカーがカクテルをこしらえるように。

その技も、二〇世紀の後半には、ずいぶんとぎすまされたと思う。歓帰荘のころは、未熟だったかもしれないが。

「人民大衆に矜りと望みを与え」よう。そうねがう建築家が、「人民大衆」なみであったと言うつもりはない。「矜りと望み」にあたいする表現をねりあげるよう、「鍛錬」はしていただろう。

ただ、そのこころざしは、つねに「人民大衆」のほうをむいていた。世界の諸様式を、潜在意識のなかで事実上の伝統としている民衆とともにある。それが、素人として建築の世界へとびこんだ白井の初心であったと、私は考えたい。あるいは、左翼の熱気とともに青春をすごした創作者の、よりどころであったのだ、と。

天国への階段も

戦後の白井晟一は、秋田や群馬で小さな公共建築をてがけていた。そこに建築ジャーナリズムの光がおよんだのは、一九五〇年代のなかごろからである。『新建築』の川添登がとりあげたころから、その名は建築界でも知られだす。

当時の建築界は、民衆論でわいていた。前衛的にすぎる抽象的なモダニズムを、民衆へちかづける。そのためにはどうしたらいいのかを、さぐっていた。丹下健三のデザインも、そうしたこころみのひとつだと、当時はみなされていたのである。

川添は、そんな丹下に、民衆そのものの世界からやってきた白井を、ぶつけようとした。丹下を相対化しうる人材として、白井のことをかついだのである。白井が「縄文」をことあげしたのも、そうした期待にこたえようとしたからだろう。

白井が原爆堂の計画を発表したことは、よく知られる。その原爆堂だが、池にうかぶ軀体は抽象的な幾何図形で、かたちづくられていた。円柱と正方形底面をもつ直方体が、そこではくみあわされている。

ほかの白井作品に、こういう例はひとつもない。キュービックなかまえを、ここまでおしだしたのは、原爆堂だけである。そして、白井としては例外的なこの造形が、世に問われたのは一九五五年であった。中央の建築界で注目をあつめだした時期に、それは世に問われている。

ひょっとしたら、白井なりに建築界へのごあいさつを、ねらっていたのかもしれない。抽象度の高い造形もあやつれることを、ほのめかしていたのではないか。

いずれにせよ、これ以後白井は、建築界の誰もが一目おく存在になっていく。磯崎新は、一九六八年に白井を現代のマニエリストとして、位置づけた。白井が巨匠めいて見えはじめたのも、このころからだろう。親和銀行本店をさかいに、白井が「貴族」化したという世評を、私はうけつけない。あいかわらず、民衆の建築家でありつづけたと思う。

しかし、建築界のなかでおさまりかえりだしたことは、いなめない。若い建築家たちが、神話の存在ででもあるかのように、白井のことを語りだす。そのことを、まんざらでもない面持《おもも》ちでうけいれだした。民衆の建築家も、建築界のすごろくをのぼってゆくのは、心地よかったようである。

このことを、べつの角度からながめてみよう。

さきほど、高度成長期をへて市中の建築がゴージャスになりだしたと、書いた。そのなりあがりめいた華美ぶりにたいし、白井は洗練された豪奢をしめしている。表現をねりあげ、「民衆」にとっての新しい「宮殿」をもたらそうとした。このことも、すでにのべている。

ここで注目したいのは、市中の建築もまた、洗練の度合いを高めていった点である。一九八〇年代にもなると、そうとうみがきあげられた商業建築も、あらわれた。市井の建築家たちも、腕を上げてきたのである。

銀座のナイトクラブあたりでも、西洋の骨董と室内の調和がはかられることはあったろう。シティホテルのラウンジなどでも、野卑とはいえない豪華ぶりが、実現されるようになる。白井の親和銀行本店におとらない空間も、ちらほら散見するようになりだした。

いずれは、そういう時代になる。巷の商業建築においつかれる時がくる。そのことを、白井もどこかでは見とおしていたと思う。自分が民衆のみちびき手たりえなくなるだろう日の、くることを。その自覚もまた、白井を建築界のすごろくにむかわせたとは言えまいか。

『白井晟一研究』という双書を、白井は自分の生前から刊行させた。それもまた、さきにのべたような予感のたまものではあったろう。

親和銀行本店と某ホテル・ラウンジの、決定的なちがいは何か。両者に断絶をみとめ、きわだたせてくれるのは、けっきょく修辞的な言葉しかない。秘教化された白井語りの数々こそが、自分の優越性をささえてくれる。そんな思惑も、あの双書を世に問わせたのではないか。さいわい、白井を神秘的に論じてくれる書き手は、おおぜいいる……。

建築界にまきこまれなければ、こういうことで心をわずらわされたりはしなかったろう。民衆の建築家は、民衆が自分においつくことを、肯定的にうけとめられたと思う。しかし、幸か不幸か、白井は建築界で脚光をあびる存在になっていた。いちどのぼったその場所からは、やはりおりたくなかったのだろう。

白井は自分がてがけた建築に、よくラテン語の文句をきざんだことでも、知られている。かつて哲学をまなんだ白井の、ややきどった趣味だと、ふつうは考えられている。

懐霄館では、入口にオヴィディウスの文句が、書きこまれた。「かがやくもの、かならずしも黄金にあらず」、と。館内におかれた骨董の、その真贋には気をつけろというふくみもあるのだろうか。

懐霄館

磯達雄も書いているが、この文句はロックの愛好家にも、よく知られている。レッド・ツェッペリンに、「天国への階段」という曲がある。一九七一年に、「ツェッペリンⅣ」で発表された。そして、この曲にもオヴィディウスの同じ文句は、引用されている（『ポストモダン建築巡礼』二〇一一年）。

曲をつくったジミー・ペイジは、神秘主義や黒魔術をおもしろがる音楽家であった。「天国への階段」には、そういう方面のうんちくが、たくさんもりこまれている。たとえば、オヴィディウスの詩句なども。日本にいるツェッペリンのひいき筋からも、そのことでは興味をもたれてきた。

いわゆるサブ・カルチュアも、オヴィディウスをおもしろがれるようになっている。民衆文化は、日本もふくめ、それだけのひろがりをもつようになってきた。懐霄館のラテン語も、ぬきんでて高踏的だったとは言いきれない。民衆をひきいる建築家は、けっこうつらい時代をむかえだしていたのである。

話を建築にもどす。

一九七〇、八〇年代には、いわゆるポストモダニズムの建築がたちだした。住宅や商業施設にかぎらず、公共建築もそういう表現でいろどられるようになっていく。歴史的な様式をとりいれたとおぼしきよそおいが、市中にあふれていったのである。

以前は抽象的な図形にこだわったモダニズムが、そこまで軟化した。白井がさきがけたような方向へ、なだれをうつかのようにながれていく。かつてはヒステリックにはねつけた過去様式の、その翻案をおもしろがりながら。指導的な建築家たちも、それだけ大きく民衆にあゆみよったのである。

だが、二〇世紀末の市中建築は、しばしばその翻案を高い水準でみのらせた。市井の建築家たちも、けっこう見ごたえのある表現を、勝ちとっている。指導的な建築家が、こういう表現では指導者たりえない状況も、

懐霄館、内観

できていたのである。

そんな時代をへて、えらばれた建築家たちはふたたびモダンデザインにもどりだす。市中のポップな建築とくらべ、やはりひきしまって見える意匠にかえっていった。今はネオモダンとでもよぶべき状況を、建築界はむかえている。

白井は、自分の神秘化という途を、さぐりえた。しかし、同じてだてが、ほかのみんなに講じられるわけでもない。モダンデザインへのたちかえりも、やむをえない選択であったと考える。

村野藤吾《むらの とうご》

戦時をくぐり、マルクスを読みぬく

ナチスの建築を意識して

私事にわたるが、私は若いころ京都大学の人文科学研究所（人文研）につとめていた。一九八〇年から一九八七年にかけての七年間を、そこですごしている。東大路一条の北西角にあるオフィスのことは、今でも時おり想いだす。同じ場所に、かつては人文研の旧館がたっていた。私がかよいだしたのは、これをこわしたあとにできた新館（一九七五年竣工）である。

この新館に、しかし建築としてのねうちは、あまりなかったろう。無粋な、あるいは武骨な建物であったと思う。使い勝手もふくめ、ひどい施設だったなという想い出が、私にはのこっている。

それでも、かつての人文研よりよほどよくなったという話を、先輩からは聞かされた。前の建物は、せまくて息ぐるしかったという。こんどのは、ひろくなったことだけでもありがたい。旧館ですごしたことのある研究者たちは、口々にそう語っていた。

この旧館を設計した建築家は、ほかならぬ村野藤吾である。先輩たちも、もちろんそのことは知っていた。そこはわきまえつつ、にくまれ口をたたいていたのである。

建築史を専攻している。そんなふれこみで人文研へはいってきた若い私は、よく彼らにからまれた。井上君、村野って何がえらくて、建築の人たちはあんなにもてはやすんや。ほんまに使いづらい建物やったんやで……等々と。

この旧館ができあがったのは、一九三四年である。そして、そのころに人文研という組織は、まだない。当初は、ドイツ文化の研究にいどむところ、ドイツ文化研究所としていとなまれた。

それが、京大人文研の施設になったのは、敗戦後の一九五二年からである。設計者の村野は、戦後にできた人文研という大きい組織のことなど、考えてもいない。彼が心をくだいたクライアントは、ドイツ文化研究所という小さな社団法人であった。

そういう少人数むきの施設を、大所帯の人文研へあてがったのは、戦後の京大である。せめられるべきは、そこへ人文研の人々をおしこんだ大学当局のほうであろう。せまさという点で村野をなじるのは、おかどちがいである。村野がらみで矢面《やおもて》へたたされるたびに、私はそう言いかえしてきた。

さて、ドイツ文化研究所である。これが京都にもうけられることは、一九三三年にきめられた。ナチスの政権掌握をきっかけとして、もちあがった話である。

そのためであろう。竣工がなった研究所のホールには、鷲とハーケンクロイツの木彫があしらわれた。建築全体のつくりも、ナチズムのハイマート様式をしのばせる。まあ、寄棟の屋根は、和風にしあげられているが。「ナチス建築様式をうまくとり入れた……瀟洒な建物」だった。そう『人文科学研究所50年』(一九七九年)には、書いてある。

この時代に、ナチズムの建築は、まだそれほど日本へつたえられていない。そのあらましがわかるようになったのは、一九三〇年代の後半からであったろう。一九三四年の建築に、ナチズムからの感化があったと言いきるのは、ややためらう。

ただ、村野じしんは、それもみとめる談話を戦後にのこしている。評論家の板垣鷹穂と語りあった対談が、それである。

京都のドイツ文化研究所は、「京都の雰囲気によくあってい」る。「同時にナチス時代の建築のアイデアが

ドイツ文化研究所

ちゃんと出ていた」た。ナチス的であり、京都的な和風の気配もある。板垣のそんな感想に、村野はこんな言葉でおうじている。「それは私も意識してやったんです」、と（「建築美を語る八章」『国際建築』一九五五年四月号）。

ドイツ文化研究所の設立には、駐日大使のフォレッチュもかかわっていた。そういう筋をとおして、ハイマート様式の図面が村野につたわった可能性はある。

一九三四年には、ドイツで「労働の家」をめぐるコンペがおこなわれた。それへの応募案あたりなら、村野の参考になった可能性も、ないとは言えない。じじつ、アドルフ・アベルの案などは、ドイツ文化研究所のかまえをしのばせもする。

もちろん、これがヒントになったと、そうきめつけるつもりは、さらさらない。ただ、「ナチス時代の建築」を、村野は「意識して」いたという。当人じしんが、そう言いきっている点は、見すごせないだろう。

しかし、この建物にふれる多くの建築史家は、そこを軽くあつかいやすい。あるいは、まったく言及しないこともある。

比較的よく見かけるのが、いわゆる日本趣味の建築をひきあいにだす語りである。村野の和風は、ひかえめにできている。あくどい軍人会館（一九三四年竣工）とは、表現の質がちがう。そんな指摘が、これまではくりかえされてきた。

「軍人会館に代表されるようないわゆる帝冠様式……のようなバーバリズムとは全く異なった優雅な解答を提出し……」（福田晴虔「日本的なるもの……」『現代日本建築家全集 2 村野藤吾』一九七二年）。

「帝冠様式のいかめしさからは遠い」（村野藤吾研究会『村野藤吾建築案内』二〇〇九年）。

「いわゆる『帝冠式』の建築などで見られる……威圧感……とそれは好対照をなしている。『ドイツ文化研究所』の場合……威圧感を建物から受けることは決してなく……親しみを感じ……」（長谷川堯『村野藤吾の建築 昭和・戦前』二〇一一年）。

頂部に瓦屋根をいただく日本趣味建築、帝冠様式は、ながらくけなされつづけてきた。日本ファシズムの建築的な表現だとする、不当な評価をあたえられてきたのである。私は三十年ほど前から、それはまちがっていると言ってきた。だが、いまだにそのあやまった古い解釈をふりかざす論じ手は、なくならない。

彼らはあいかわらず、考えつづけている。和風の屋根をのせた戦前の建築はファシヨ的で、道をふみはずしている、と。

そして、村野のドイツ文化研究所も、和風の瓦屋根で頂部がおおわれていた。へたをすれば、この建築までファッショ的だと思われてしまう。村野びいきの建築史家はそれをおそれ、日本趣味建築と村野作品をきびしく区分けした。たとえば、村野の表現に、ああいう威圧感はただよわない、と。

そういう言いまわしにはしる建築史家たちも、うすうす気づいているだろう。村野のドイツ文化研究所が、ナチズムのハイマート様式とひびきあっていることを。

そして、それを察しているからこそ、日本趣味のことは、よけいあしざまに語ってしまう。あれとくらべれば村野は無垢だと言いつのる。そんな弁論術の都合もあって、日本趣味をとんでもない悪役にしたててきたのである。

じっさいの日本趣味建築に、ファッショ的なところはどこにもない。それをささえた建築家たちも、ナチズムへのあこがれなど、いだいてはいなかった。日本趣味の建築じたいも、とくに威圧的だったとは思えない。いかめしさという点では、長野宇平治あたりの古典主義に、遠くおよばないだろう。

ナチズムへの親和性という点では、村野のほうがよほどはっきりしていた。村野びいきの人々は、そのこともかみしめるべきだろう。そのうえで、それでも村野が好きだというのなら、こう言ってもらいたいものである。親ナチ的な一面もあったが、それでも村野はすばらしい、と。

コルビュジエの作品集を、横におき

日本の現代建築史には、ル・コルビュジエが大きな影をおとしている。モダンデザインの闘将と言われた前川國男は、コルビュジエのところでまなんできた。日本的なモダンデザインを、はじめて世界へ問うた坂倉準三も、その門下生である。戦後の建築界をひきいた丹下健三も、あこがれつづけてきた。

彼ら以外の作品にも、コルビュジエの原作を下じきにした建築例は、すくなくない。それらをたどれば、コルビュジエを翻案していく、その日本的展開も見えてこよう。形の借用と、その日本化をあつかった読みものも、書けるかもしれない。

村野藤吾も、またコルビュジエに魅入られた建築家のひとりであった。たとえば、宝塚教会（一九六五年竣工）には、ロンシャンの影響がうかがえる。西宮のトラピスチヌ修道院（一九六六年竣工）でも、ラ・トゥーレットとの類似はいなめない。このふたつはきわだつ例だが、感化のうかがえる作品は、ほかにもすくなからずある。

西宮の修道院については、コルビュジエからの影響を、ひかえめにとらえる声もある。つぎのような指摘にも、でくわさないわけではない。

「コルビュジエのラ・トゥーレットを意識していたことが窺われるが、ル・トロネ修道院によりどころを求めたことは明らかで……」（前掲『村野藤吾建築案内』）。

コルビュジエのことは、前川や坂倉らの師にあたる建築家として、うけとめられている。その同じ系譜上に村野を位置づけることが、一部の村野びいきにはいやがられた。彼らが西宮の手本に、ル・トロネをもちだす心情も、だからわからないわけではない。コルビュジエの感化は、できるだけ軽くあつかいたいのだろう。

しかし、当のコルビュジエも、ル・トロネの修道院を参照していた。ラ・トゥーレットの設計も、ル・トロネにまなびつつ、すすめられたのである。

なお、この点について、村野の子供である村野漾は、こんな逸話をつたえている。

「宝塚カトリック教会のネタはコルビュジェのロンシャンです。また西宮トラピスチヌ修道院はラ・トゥーレットの修道院です。これはもうはっきりと、本を横に置いてそれを見ながら設計をしていたものです。しかし、けっしてその写しではない。できあがったものは完全にネタとは異なった独自の世界になっている」(都市建築編集所『素顔の大建築家たち 01』二〇〇一年)。

コルビュジエの作品集が、そのままよりどころとされていた。しかし、村野がてがけた建築は、原作にない「世界」をつくりだしているという。

同じことは、前川や坂倉、あるいは丹下にも言えるだろう。彼らの場合も、コルビュジエを彼らなりにかみくだき、別の建築にかえている。国立西洋美術館(一九五九年竣工)は、コルビュジエの作品だとされてきた。だが、あの美術館にだって、日本的な変容が読みとれないわけではない。コルビュジエを手本としつつ、「独自の世界」をきりひらいた建築家は、おおぜいいる。村野だけが、その境地にいたわけではない。

くりかえす。日本でくりひろげられたコルビュジエ受容のありかたは、おいかけるねうちがある。現代建築史のおもしろい読みときが、そこからはいくらもうかびあがってくるだろう。

だが、そうした作業へいどむ場合は、村野のこともはずせない。前川、坂倉、丹下……というよくある顔ぶれだけで話をかたづけるのは、こまる。村野までふくんだコルビュジエの受容史を、これからの建築史家にはのぞみたい。

さて、宇部市民館(一九三七年竣工)は、戦前の村野がてがけた、その代表作である。この建築にもコルビュジエからの影響が読みとれることは、はやくから言われてきた。

屋上の開口部に、サヴォア邸のリボン・ウィンドウが影をおとしている(長谷川堯『都市廻廊』一九七五年)。ホールの平面は、国際連盟コンペへの応募案が、下じきになっていた。屋根からつきだすスラブは、ソヴィエト・パレスの案に由来するだろう、と（長谷川堯 前掲『村野藤吾の建築 昭和・戦前』）。

近年、「村野藤吾の設計研究会」が、この点にかかわる新しいデータをほりあてた。それを、ここにも紹介しておこう。

この研究会は、村野の旧蔵図書をしらべてきた。村野が座右へおいていたコルビュジエの作品集（ドイツ語版）にも、目をとおしている。そして、国際連盟コンペ案のホール平面がのっているページに、見つけたのである。宇部市民館の平面につながる、村野じしんが脇にえがいた平面図のスケッチを。

ホールの平面が、コルビュジエの国際連盟案からしいれられたことは、もううごかせまい。なお、同研究会は、屋根にとびだしたスラブも、この国際連盟案に由来するという。

コルビュジエのソヴィエト・パレス案については、宇部へのかかわりを低くみつもった。ただ、同パレス諸案のなかでは、二等案なら村野が参考にしたかもしれないという。これなら、宇部の正面造形が、てがかりにした可能性もあると、この研究会はにらんでいる（松隈洋「宇部市民館――新出資料から見えてきた設計プロセスと村野藤吾の方法論」小坂藍、中冨奈智編『村野藤吾建築設計図展 11』二〇一二年）。

いずれにせよ、村野研究はそうとう水準が高くなっている。素人の私に、口をはさむ余地はないような気もする。にもかかわらず、私はへらず口をたたくだろう。こまやかでゆきとどいた研究にも、やはり穴はあると考える。

宇部市民館（宇部市渡辺翁記念会館）

ベルリンから橿原へ

宇部市民館は、玄関側へ丸くふくらむ壁を、おしだしている。そして、そのさらに前へ、合計六本の記念碑的な柱をあしらった。なにもささえない独立柱を、左右対称に左へ三本、右へ三本ならべている。

そのたたずまいは、ベルリンのオリンピック・スタジアムをしのばせる。なかでも、五月広場《マイ・フェルト》からながめた光景は、よく似ている。ここでも、円弧状になったスタジアムの壁を背に、四本の独立柱がならべられた。左へ二本、右へ二本の柱が。

このスタジアムは、ヴェルナー・マルヒの設計で、一九三六年に完成した。ナチス体制が、オリンピックで国家宣伝につとめたことは、よく知られていよう。スタジアムは、ナチズムがうってでた祝祭劇の、その中心をなす施設である。

一九三四年に村野は、ドイツ文化研究所で、ナチスにあゆみよる表現をみのらせている。そして、この設計で村野は、ドイツ政府から、赤十字名誉賞ももらっていた。そのよろこびも、宇部市民館の建築に、親ナチ的な意匠をそえさせたと思う。

じっさい、宇部では玄関にナチス的な鷲と十字のしるしも、あしらわれた。その正面が、ベルリンのオリンピック・スタジアムにならった可能性は高い。そのことは、コルビュジエからの感化より、たやすく読みとれる。

だが、村野研究にとりくむ人たちは、そのことをなかなかみとめない。たとえば、長谷川堯も、宇部の独立柱をこんなふうに論じている。

「一部で指摘されているように……ベルリンの『オリンピック・スタディアム』前の二本の独立柱のイメージがオーヴァー・ラップしていたとも考えられないわけではないが、マルヒの列柱の持つ国家主義に特有の、権力を誇示するための虚仮威し《こけおど》……とは異なり……」（長谷川堯 前掲『村野藤吾の建築 昭和・戦前』）。

どうして、このことではすなおになれないのか。なぜ、村野とナチズムを、不自然に遠ざけようとするのか。そこが、私には不可解でならない。村野は、ナチスドイツからもらった賞状とメダルを、生涯てばなさない人だったのに。

マルヒがはじめに設計したスタジアム案を、ヒトラーはきらっていた。シュペアーへ命じて、そのデザインをより古典風に、かえさせている。あのスタジアムには、ヒトラーじしんの好みも投影されていたのである。そんなスタジアムを、ベルリン市民は今もつかいつづけている。ナチス色をぬぐいさろうとした戦後のドイツ人も、これをとがめてはいない。ワールド・カップの試合も、ここでおこなわれ、満員の観客をあつめている。

宇部市民館が、このスタジアムにならったことを、はじる必要はない。コルビュジエをヒントにしたことがうけいれられるなら、みとめてもいいはずである。

建築史家の松隈洋も、宇部で村野がナチズムへしめした媚態に気づいていた。しかし、そこを強調することは、つぎのような理由でひかえたいという。

「現地を訪れて、ナチスの建築や同時代に竣工した東京帝室博物館、第一生命館などと比べてみる時、宇部市民館がもつ優雅で落ち着いたたたずまいは、そうした皮相な解釈を超えていた」(松隈洋『残すべき建築』二〇一三年)。

宇部のナチス的なところを語りたくないというぐらいなら、まあ大目に見よう。しかし、東京帝室博物館と第一生命館をもちだす書きっぷりには、どうしてもひっかかる。どちらも渡辺仁の作品だが、松隈はこのふたつに汚れ役をおしつけている。宇部の村野を擁護するために、もっとひどいやつもいるのだ、と。

渡辺に、村野がいだいたほどの親ナチ感情は、見いだせない。だが、戦後の建築史は、その渡辺と渡辺作品に、戦犯めいたレッテルをはりつけている。そのため、渡辺が戦後に不遇を余儀なくされたことは、渡辺を論じたところでのべた。

私は、いわれのない烙印をおされた渡辺が、気の毒であったと思う。渡辺に罪をなすりつけ、ことをすませた戦後の建築史をにくむ。二一世紀の今もなお、渡辺に悪役をあてがう叙述とであい、せつなくなってきた。松隈もくわわる「村野藤吾の設計研究会」は、いい仕事をしていると思う。だが、村野をまもりたい一心で、ほかの誰かをおとしめるようなやり方は、みとめがたい。門外漢の私が、あえて口をはさむゆえんである。

戦前戦時の村野作品に、大阪電気軌道（現近鉄）の橿原神宮駅がある。神武紀元の二千六百年をいわう一九四〇年に、たてられた。橿原神宮は、二千六百年の奉祝事業で、神域がととのえられている。駅舎の設営は、その整備拡張にともなう仕事である。

これに、村野は大きな大和棟風の屋根をいただく設計で、こたえている。施主は、それを「神明造りの……雰囲気を盛」った建築として、うけいれた。新装なった橿原神宮の神明造りに、駅舎もあわせたということか。じっさい、その造形は、千木や勝男木をはぶいた神明造りとしても、ながめうる。

神がかりの度合いを強める当時の時流にも、この建築はあゆみよっていた。村野にとっては、不本意な設計であったろうと、長谷川はのべている。

この駅舎には、なによりも記念性がもとめられた。「《ナショナリズム》の側からの……圧力が、設計者のもとに……届いていたはず」である。長谷川は、そう書ききっている（前掲『村野藤吾の建築 昭和・戦前』）。

駅舎の設計は、最初村野と大林組の設計部に、打診された。両者がしめす図案のうち、すぐれたほうをえらぼうというはこびになっている。一種の指命コンペが、ここではこころみられたのである。

橿原神宮駅

大林側は、モダンデザイン風にしあげた陸屋根の案で、応じていたらしい。伝統的な日本色には、とらわれていなかったという（平井直樹「橿原神宮駅――民家モチーフの系譜のなかで」前掲『村野藤吾建築設計図展 11』）。

巨大な大和棟、あるいは神明造りめいた屋根を、施主がもとめたわけではない。和風を要求してもいなかった。はじめからそれがのぞまれたのなら、大林組もモダンな案にはしったりはしなかったろう。長谷川が考えるような「圧力」は、存在しなかったのだというしかない。村野は、自らすすんで巨大な屋根の絵を、えがいていたのである。

駅舎には、橿原神宮の整備をことほぎ、神がかった時流にも棹《さお》さす建築が、ふさわしい。モダンにしあげるより、伝統的な形をおしだしたほうが、施主にはうける。そう状況を見きわめたのは、村野であった。

そして、村野のあらわした大屋根の図は、鉄道会社にもよろこばれている。施主たちもまた、橿原神宮の門前という立地や時代相に心をくだく村野案へ、とびついた。そして、そんな建築の表現がありうることを彼らにおしえたのは、村野なのである。

戦時という事情もあり、鉄筋コンクリートはつかっていない。大和棟を巨大化させた村野の屋根は、木骨造でくみあげられた。

そして、一九四〇年代には、似たような建築がほかのところでもあらわれだす。千木や勝男木を欠くが、かまえは、大きな神明造り風の屋根をいただくように見える。やはり木骨造の、そんな建築が、あちらこちらでたてられるようになっていく。

たとえば、清田文永の設計で、一九四〇年に満蒙開拓幹部訓練所が出現した。一九四二年には、後藤一夫の帝国飛行協会滑空訓練所の講堂が、もうけられている。いずれも、村野の橿原神宮駅舎とつうじあう。同じ傾向の建築である。この造形が、一九四〇年代のちょっとした流行になっていたことを、読みとれよう。

いわゆる日本趣味、帝冠様式は、戦時下の民族主義とかかわらない。だが、今のべた大屋根の建築群は、国粋をもとめる時流にも、ささえられていただろう。村野らが、それにつきうごかされていたことは、いなめまい。

一九四二年には、建築学会で大東亜建設記念営造計画のコンペが、ひらかれた。周知のように、これを勝ちぬいたのは、丹下健三である。千木などがない、神明造り風の屋根を巨大化させた図案で、丹下はコンペに応募した。そして、一等の座をいとめている。

丹下案の造形的な下地には、清田や後藤らの訓練所があったろう。同時代の批評家である板垣鷹穂は、そう書いている(『民族と造営』一九四三年)。丹下の図面を展覧会場で見たべつの建築家も、同じ感想をしめしていた(杉浦光一「南方建築展を見る」『建築雑誌』一九四二年十二月号)。

だとすれば、その根っ子には、村野の橿原神宮駅舎もあったと、みなすべきだろう。大和棟の切妻屋根を大きくかまえて、威容を見せつける。村野がひねりだしたこのアイディアを、二年後の丹下はよりふくらませた。戦時下の建築史には、村野から丹下へといたる大屋根の系譜も、ひそんでいたと私は見る。

大東亜建設記念営造計画コンペの審査員たちは、丹下の図案にとまどった。想定外の表現に、おどろかされている。だが、けっきょく時流にあい、造形的な力もあるこの案を、彼らはもっとも高く評価した。「此の作は金的の狙い打ちであったと申してよい」。審査員を代表して、前川國男はそんな言葉を、一等の丹下案にあたえている。

この寸評は、橿原神宮駅舎の設計を勝ちとった村野にも、あてはまろう。村野も、施主にとっては望外の大屋根で、事実上のコンペを制している。競争相手の、モダンデザインという枠にとどまった大林組を、だしぬいた。これもまた、「金的の狙い打ち」と言っていいふるまいではあったろう。

二年後の丹下も、村野と同様の、コンペに勝つしたたかさをしめしたのである。

丹下が、大阪歌舞伎座の前にたつ

村野藤吾と丹下健三は、作風がずいぶんちがう。そのため、対比的に語られることも、すくなくない。村野的な建築と丹下的なそれの葛藤という筋で、現代建築を論じる読みものも、よくある。

一九五七年には、村野の設計した読売会館・そごう東京店が、有楽町に完成した。そのちょうど北側で、ほんの数カ月前に、丹下の旧東京都庁舎がたちあがっている。となりあった敷地で、ほぼ同時に両者の作品はならびたった。そのため、ふたりの建築は、いやおうなく見くらべられるようになる。

当時の『新建築』（一九五七年八月号）も、村野の読売会館・そごう東京店をとりあげた。丹下の都庁舎とは対照的なその作風を、どう見るか。そんなことを識者へ問いかけ、誌面に書かせている。

回答者の多くは、村野の造形力をみとめつつ、商業主義へのおもねりをなじっていた。百貨店の売り上げを、建築のよそおいで高めようとする。そんな村野の施主へこびる姿勢にわだかまりを感じ、批判的な言葉をよせた者もいる。

丹下の都庁舎は、ピロティで建築軀体を高くもちあげ、その下を市民にときはなった。市民にも心をくだいているかのように、見せかけている。まあ、そのぶんだけ、職員たちのはたらく場所は、しわよせをくらうのだが。

いっぽう、村野の建築は、一階部分も百貨店の売り場にあてていた。商品のさばける場所は、すこしでも多くたもちたい。そんな施主側の思惑には、じゅうぶんこたえている。だが、買い物をしない市民に、空間を解放しようとはしていな

読売会館・そごう東京店

い。そこをくらべれば、丹下の都庁舎より市民につめたかったとは言える。

村野は、商業主義的で施主にへつらっている。そんな批判も、ここにねざしている。街をゆききする人々より、経営者のほうに目をむけていたことが、とがめられた。

公共建築と百貨店では、空間のあつかいもおのずとちがってくる。百貨店の低層階が市民へひらかれないことに、めくじらをたてる必要はない。現代人の私などは、そう思う。しかし、当時は丹下の手法が、かがやかしく見えた。村野の空間処理は、市民をないがしろにしていると、うつったのである。

『新建築』の編集長だった川添登は、この点について、つぎのような回想をのべている。

「百貨店はコマーシャリズムの権化であり、コマーシャルは悪という思想が、当時『新建築』をかこんでいた東京の建築界に根強く存在していた……『そごう』が竣工した時期は、いまだ戦後復興期にあって、戦中の『ぜいたくは敵だ』の風潮は強く残存し、コマーシャリズムは悪だった」(「村野藤吾とマルクスの『資本論』」『近代建築』二〇〇七年一月号)。

いわゆる戦後の精神には、戦時下の総動員体制でかたちづくられたところがある。戦後のモダニズム建築にも、それでささえられた部分がないわけではない。百貨店の売り場を贅沢にかざる村野も、戦時中なみに悪いとみなされた。そんな川添の回想に、戦中と戦後がひとつづきになっている歴史を、思い知る。

いずれにせよ、村野と丹下をくらべる見取図は、ここでなりたった。それは、読売会館・そごう東京店と、東京都庁の併存がもたらした構図なのである。

都市的な展望のほかにも、これ以後ふたりはさまざまな角度で、天秤にかけられた。インテリアにたいする配慮の有無も、そうした比較のひとつにあげられる。いわく、村野は室内のベッド・メーキングも、おろそかにしない。だが、丹下のこころざしはそこへむかわず、建築の骨格ばかりをおいもとめる……。

丹下が電通大阪支社の設計をてがけた、一九五七、八年のことであるという。丹下はスタッフをあつめ、村野のインテリアをまなんでこいとつげたらしい。「あまりにもスタッフにインテリアの意識がないと感じられ

新歌舞伎座

たんでしょうね」。丹下の事務所にいた磯崎新は、そう当時をふりかえる(「戦後モダニズム建築の軌跡・丹下健三とその時代」『新建築』一九九八年十一月号)。

磯崎じしんは、このことを丹下チームにとっての例外的な現象として、とらえている。インテリアにこだわるのは、「女々しくはしたない行為だという認識があった」(同前)。それが、チームの基本的なかまえであったと、のべている。

磯崎の屋内空間は、しばしば伽藍堂《がらんどう》の虚無的なひろがりをしめすことがある。丹下チームから、インテリアを否定的にとらえる精神が、うけつがれたせいかもしれない。

しかし、当の丹下は、インテリア意識のないことを、チームの欠点としてもとらえていた。村野作品の見学を、スタッフにすすめてもいる。丹下じしんには、その点で村野をうやまう気分もあったらしい。

一九五八年に村野は、大阪の歌舞伎座を完成させている。東側の立面に二六個の唐破風をあしらった、けれん味があふれる建築である。これも、そのあくどさが当時の建築界ではきらわれた。

歌舞伎座のこけらおとしには丹下もさそわれ、顔をだしている。そして、その場では村野を前に、こんなコメントをのこしたらしい。

「このようなものは村野先生のように力量のある方がやればもつが、そうでなければひどいことになる」(浦辺鎮太郎「偉大的大阪の時と形」『新建築』一九五九年二月号)。

ポストモダンの冗談も、フィリップ・ジョンソンなら、ひとつやふたつはゆるされる。のちに丹下がもらしたとされるそんな物言いも、ほうふつとしてくる。

丹下も、内心では、歌舞伎座のことをにがにがしく思っていただろう。だが、「村野先生」ならしかたないと、その場はとりつくろう。わざわざ時間をさいて、大阪までおもむき、ひろめの席に顔をだす。あまり気に入ってもいない建築のために。やはり、村野には一目《もく》も二目もおいていたのだと思う。

いっぽんに、村野と丹下は対立的な構図のなかで、とらえられやすい。だが、丹下には村野をとうとぶ気持ちも、すくなからずあった。諸君、村野さんのインテリアをおがんできたまえ。村野先生だから、こんな表現でもなんとかなるんだ……。丹下語録の数々が、敬意のほどをしめしている。

話を戦前の宇部市民館へもどす。これが当時の建築学生たちに、しばしば感激をあたえたことはよく知られる。評論家の浜口隆一が、丹下もこれには心をうばわれていたと、つたえている。

「丹下健三なども、これに傾倒し、オーディトリウムの課題製図などに、宇部市民館の……堂々たる感じを巧みに吸収していたのをおもいだす」(『現代デザインをになう人々』一九六二年)。

同級生のこういう回想に、いつわりはないだろう。若い丹下の、建築へむかう心は、村野によってもふるいたたされていたのである。

一九四二年の丹下は、大東亜建設記念営造計画の中心施設に、大屋根をかけさせた。同時代の批評家たちは、いくつかの訓練所を、そのさきがけにあげている。しかし、丹下をあの形へおもむかせた決定的な先行例は、村野の駅舎であったろう。

一九三七年の宇部市民館で、丹下は村野に魅せられた。そして、村野をうやまう気持ちは、戦後にもたもたれる。だとすれば、戦時下の一九四〇年代前半期においても、その傾倒ぶりはかわるまい。村野作品のことは、あの時代でも気にとめつづけていただろう。

大東亜の大屋根を、私が村野以後の系譜へ位置づけたく思う理由は、そこにある。

平和的な村野を、大東亜共栄圏の夢へはしった丹下と、同列にならべるな。村野のひいき筋からは、そんな声も聞こえてきそうな気がする。しかし、村野もまた大日本帝国の戦果を心まちにする、良き臣民であった。村野が戦時下に書きつづった日記をていねいに読み、神子久忠はこう結論づけている。

「村野は反戦主義者ではない。むしろ逆である」(「解題」『村野藤吾著作集』一九九一年)。

一パーセントにかけた建築家

村野が生涯にわたって、マルクスの『資本論』を読みつづけたことは、よく知られる。

もちろん、革命のために立ちあがるような人ではない。あのころを生きた教養青年の常で、心情的に左翼へ心をよせたことはある。ソビエト・ロシアの構成的な建築にも、興味をいだいていた。だが、建築家としては、おおむね財界人のために、はたらいている。まちがいなく、資本主義の体制とともに、村野はいた。

村野が『資本論』を読んだのは、商品のなりたつからくりに関心があったからだという。

更地のままほうっておかれた土地は、利益をうみにくい。だが、固定資産税だけは、毎年はらわされる。維持管理にかかわる出費と手間も、あなどれない。持ち主にしてみれば、負担の大きいやっかいな所有物である。しかし、建築をたてれば、そこで事業をおこなうことができる。オフィスや店舗にかせば、テナント料がはいるだろう。もちろん、自分で商売をはじめても、なにがしかの利益はみこみうる。その意味で、建築には商品価値がある。

とはいえ、どんな建築をたててももうかるというわけではない。立地にあった建築でなければ、経済的なうま味はないだろう。この土地でこういう事業をするには、このくらいの建築がふさわしい。村野は、そのおとしどころを、終生さぐりつづけたのだということになっている。

ただの石や煉瓦が、くみあわせやならび方のかげんしだいで、建築という商品にばける。そこに、村野は神秘を感じた。また、その謎をときあかしたいとも思っていたという。

『資本論』を座右へおきつづけたのは、そのせいだと、されている。左翼的な情熱で、読みふけったわけではない、と。

商品は命がけの飛躍をすると、マルクスは言う。『資本論』は、そこを問いつめた著作にほかならない。建築が商品になっていくしくみへ、せまる。その手がかりを、村野は『資本論』にもとめたのだと、とりあえずはみなしうる。

土地におうじた建築という商品の、その最適解こそが見いだされねばならない。それが見つかれば、建築にかかわる仕事の九九パーセントはかたづく。建築家にできることは、のこりの一パーセントしかない。

村野は、しばしばそんな物言いを、口にした。今風に言えば、コンサルタントやディベロッパーの意義を、強調したのである。たいがいの建築家がにがてとする経済面にも、つうじていたということか。

そして、村野はその通暁《つうぎょう》ぶりを、ふいちょうしてもいた。自分が傍線をひき、書きこみもした『資本論』を、しばしばまわりに見せつけている。どうだ、この勉強ぶりはすごいだろうというように。

「これは村野一流のポーズでもあったのではないか」。村野からメモであふれる『資本論』をしめされた建築家の渡辺豊和は、そう感じたという。まあ、「私には村野さんのポーズはいやでない」とも、書きそえているが（『文象先生のころ、毛綱モンちゃんのころ』二〇〇六年）。

渡辺がポーズの匂いをかぎとったのは、村野の作風が商業主義的に見えたからである。じっさいには、資本主義へよりそっている。にもかかわらずマルクスをふりかざすところが、うそくさく見えた。村野の建築が、『資本論』の根本思想から導き出されるとはどうしても思えない」、と（同前）。

しかし、村野の商業主義は『資本論』に、よりどころをもとめていた。経済学の古典でもあるこの本には、本気でむかっていたと思う。村野のいわゆる九九パーセントをまなぶ、一種のバイブルとして。

また、戦後の高度成長期に、財界人がマルクスへの傾倒をいやがったとも思えない。あのころなら、彼らも『資本論』を一種の知的なアクセサリーとして、みとめていた。のみならず、村野のことを、よく勉強をしているると、ほめる経済人もいただろう。

あんがい、その点は財界方面への宣伝につながったような気もする。村野へまかせればだいじょうぶと思わせるための宣伝に。「ポーズ」があったとすれば、そういうところではなかったか。もちろん、建築界での知的な見栄だって、あったかもしれないが。

建築の経理面が、自分にはよくわかる。その点では、経営者たちからたよられている。村野は、そのこともほこらし気に語っていた。

ある社長からは、「出入りの勘定、計算書だけ見てくれ」とたのまれたことがあるらしい。「お前のサインがあれば、株主にこの仕事は正しい、と説明できる」。その腕が買われたこともあるという（村野藤吾『建築をつくる者の心』一九八一年）。

村野が財界人から信頼されてきた、そのたよられぐあいがしのべよう。しかも、たんなる経理通に、村野はとどまっていなかった。実務もわかるが、その奥にある商品成立の哲学まで、つきつめようとする。そんな建築家であることを印象づける点でも、『資本論』は役にたったはずである。

ただ、設計者としての村野は、実費計算どおりに、かならずしも仕事をすすめていない。村野は、建設現場での職人仕事を重んじた。現場で模型を検討しつつ、設計方針をあらためることもあったという。おかげで建設費が、はじめにくんだ予算を、しばしば大きくこえたりもしたらしい。

そんなおりには、たいてい工務店や建設会社が超過分をかぶっていたと聞く。村野先生の顔はつぶせないと、どうやら建設関係者たちは思っていたようである。あるいは、村野がそう思わせたと言うべきか。たしかな計算を事前にしたから、村野が工費をまもれたわけでは、かならずしもない。業者を泣かせながら、帳尻をあわせることもあったのである。

財界人にしたわれ、さまざまな設計の話がもちこまれる。そんな村野のことは、やはり大事にあつかおう。村野先生とのつきあいでは、損をして得をとれということだったような気がする。

いわゆる超高層ビルを、村野は最晩年にいたるまできらっていた。まだ若いころに書いた「様式の上にあれ」

という文章も、摩天楼への反感をしめしている。「あんなものは半分から折っちまえ」、と（『日本建築協会雑誌』一九一九年六月号）。

その五三年後に、村野はこれをふりかえり、その「読後感」をあらわした。そして、超高層をにくむ気持ちは、今もたもっていると言う。「マンハッタンの高層建築……を否定する」ところは「少しも変わっていない」、と（『建築と社会』一九七二年二月号）。

だが、地価の高い都心では、建築の高層化がいやおうなくもとめられる。商品としての建築であれば、七〇階建て、八〇階建てを余儀なくされる場合もありえよう。

にもかかわらず、村野はそれをうけいれたくないという。立地の条件など、経済的な要請が、建築のありかたを九九パーセントきめてしまう。村野が口をはさめるのは、全体の一パーセントしかない。ふだんはそう言っていたのに、超高層の話はのめないというのである。

壁などの肌合いをきわだたせる技に、村野はひいでていた。窓や庇のこまやかなあつかいにも、たけている。しかし、超高層ビルの高いところは、そのあじわいが人の目にとどかない。村野建築の美点が、いかされなくなってしまう。それはこまるというような本音も、あったのではなかろうか。

いずれにせよ、村野が自分の物言いを、本気で信じていたとは思いにくい。建築の経済を第一に考えるという。いつものそんな口ぶりも、血となり肉とはなっていない。一パーセントの村野は、ときに九九パーセントの要請をしりぞけてもいたのである。

ただ、経済がわかることに、ほこりをいだいていたことはたしかだろう。自分には理財の力がある。『資本論』も読んでいる。この想いこみは、設計へむかう村野を、はげましていたような気がする。一種の精神的なドーピング剤として。丹下健三が、社会科学的な言辞で、自分を鼓舞していたように。

丹下もまた、若いころはスカイスクレーパーを、きらっていた。一九四二年の大東亜建設記念営造計画では、その嫌悪感をたからかにうたいあげている。だが、二〇世紀の後半には、超高層の仕事に手をそめだした。というか、むしろそちらに、新しい活路をひらこうとしていた節もある。

この点では、丹下のほうが村野のいう九九パーセントに、忠実であったと言えようか。

関西大学の専門図書館が、村野の設計でたちあがったのは一九六四年のことであった。十六本の柱にささえられた、円形平面の施設である。

もともとは、図書館側の要望もあり、正方形の平面で計画はすすめられた。村野のところからおくりこまれたスタッフも、その線で仕事をつづけていたという。だが、設計契約のまぎわになり、村野側はこれを現状のものにさしかえた。事務所でこっそりしあげた円形平面をもちだし、大学側に旧案をすてさせている。

「最後の瞬間に無知な図書館長の大小島真二に捺印させた」。「この卑劣な手口」は、図書館運営課長の大山綱憲を「文字通り憤死させた」らしい。同大学の国文学者であった谷沢永一は、そう当時のいきさつをふりかえる（『完本紙つぶて（全）』一九八六年）。

動線もまずく、図書館学会では「世界で最も劣等な図書館なりとの定評が確立」した。悪い見本として、「関係者は一度かならず見学すべしと言い伝えられている」。だが、新図書館建設の計画にさいしては、ふたたび「村野藤吾の売り込み」があった。もちろん、大学はこれを「排して鬼頭梓に設計を依頼した」という（同前）。

村野にできることは、全体の一パーセントしかない。この口癖が、たいへんしらじらしくひびく。世間へむけての、耳ざわりがいい標語でしかなかったのかと、そう思う。磯崎新のいう「コンプリメント」であったのか、と。

まあ、村野側にも言い分はあるだろう。谷沢の回想にゆがみはないと、うけあうこともむずかしい。「村野藤吾の設計研究会」には、くわしくしらべてもらいたいところである。

施主が気をゆるめた隙《すき》に乗じ、契約寸前の間合いをねらい、建築家側の本命案をねじこむ。この逸話に、しかし喝采をおくる建築家も、なかにはいるだろう。

さすがは、村野、あっぱれあっぱれ。建築家は一パーセント分しかはたらけないなんて、そんなわけないじゃあないか。その存在は、もっと大きいよ。村野だって、やる時はやるんだ。建築家魂全開じゃあないか。いやあ、ほれなおしたよ、と。

吉田五十八

よしだ いそや

数寄屋は明るく、艶やかに

数寄屋の自由と、大壁と

鉄筋コンクリートのビルに、畳の部屋、和室がもうけてあるところは、すくなくない。宴会につかう座敷をおいてあるビルも、よく見かける。低層の木造建築で、地価の高い繁華街に宴席をいとなむことは、むずかしい。たとえ日本式の座敷であっても、今はビルのなかへおしこむことが、ふつうになっている。

ことは、いわゆる宴席だけにかぎらない。茶室などでも、鉄筋コンクリートのなかにおさまっている例は、たくさんある。あるいは、能狂言など、伝統芸能の舞台でも。

ビルのなかでは、本格的な和風の造作にこだわらなくてもよいと、思われようか。しかし、ことはそう単純でもない。

中途半端なつくりがゆるされない場合も、宴席や茶室などではたくさんある。壁や天井までふくめ、全体を日本風にしあげることが、そこではしばしばもとめられる。鉄筋コンクリートのなかであることをわすれさせる設計さえ、のぞまれないわけではない。

かつて、伝統的な日本建築は、モダンデザインの建築につうじあうと、よく言われた。日本の木造建築は、柱と梁の架構が、建物の軀体をささえている。そのかまえは、二〇世紀の前衛がめざした建築の理想とかさなりあう。モダンデザインのたどるべき途は、日本の伝統がしめしてきた。そうおおげさに、ひところは言いつのったものである。

しかし、ビルのなかにおさまった日本風の座敷では、柱も梁も構造的な意味をもたない。建物の軀体は、みな鉄筋コンクリートがささえてくれる。日本的なしつらいは、それにくっついているだけでいい。コンクリートの表面をおおう室内装飾の役目さえはたせば、それですむ。

ビルの座敷は、だから、たとえば木の柱をはぶいても、なりたつ。それらが部屋からなくなっても、建物はビクともしない。

もちろん、木の柱をもうけることにも意味はある。伝統的な日本家屋らしい雰囲気を、それらがかもしだすことも、期待しうるからである。構造的には無意味でも、柱が室内の見てくれを左右する力は、あなどれない。じじつ、ビル座敷では、和の気分をただよわせるためだけの柱が、そこかしこに配される。

その役目は、映画やドラマのセットがはたしているそれと、なにほどもかわらない。ただ見かけだけのためにあしらう、インテリアの小道具になっている。化粧用の付け黒子《ぼくろ》になぞらえれば、付け柱でしかないとも評せよう。

こういう今日的な設計の、そのさきがけをなした建築家に吉田五十八《いそや》がいる。一九二〇年代から吉田は日本建築へ、なかでも数寄屋の改良にとりくみだした。その作風は、「新興数寄屋」としてはやされ、ひろく知られている。

吉田が日本建築へいどみだした背景には、関東大震災の教訓がある。

じゅうらいの日本家屋は、柱と梁で軸組が形づくられていた。だが、大震災はそれらが地震の横ゆれに弱いことを、見せつける。

縦と横の軸組だけでは、もちこたえられないことが、今度の地震でよくわかった。これからは、壁も厚くりっぱにして、横ゆれにそなえよう。筋交《すじか》いをはじめとする斜材も、柱と梁の軸組にはそえたほうがいい。そんなかけ声も、建築界ではとびかい、いわゆる大壁のつくりが奨励されだした。

大壁造は、柱が壁面の外へあらわれないよう、壁をぶ厚くこしらえる手法である。伝統的には、土蔵でよくつかわれた。防火面にもすぐれ、震災後は一般住宅でもこれがすすめられるようになる。

いっぽう、在来の日本家屋は、柱が外へ姿をあらわす真壁のつくりでたてられてきた。その場合、壁は一種のカーテンウォールとなり、それじたいに耐久力はのぞめない。それまでの建物は、だから柱と梁だけで、地震や大風にたちむかってきた。大震災は、そんな真壁より大壁のほうがじょうぶだという気運を、高めたのである。

ただ、柱と梁のくみあわせは、ながらく日本建築の美観を形づくってきた。柱のならび方は、建築鑑賞の目に見える勘所ともなっていたのである。これを壁へうめこみかくしてしまう大壁に、審美的なとまどいを感じるむきは多かった。

吉田は、そんな状況下に、画期的な手法をあみだしている。実質的には大壁だが、真壁風の見かけもところどころにとどめるというやり方を。

つくりは大壁だから、建築をささえる柱はみな壁のなかにおさまっている。筋交いもふくめ、外からは見えないところにうめられた。そんな壁の上へ、吉田は新たに柱をはりつける。構造上は何もささえない付け柱を、見かけのためだけにあしらったのである。

さきほど、伝統的な日本建築には軸組の美観があったと、そう書いた。しかし、真壁には、柱がならぶその多様な可能性を、おしつぶす一面もある。

真壁の柱には、建物をささえる縦軸の役目をになうことが、期待されていた。その位置も、木割の規則でさだめられている。三尺、六尺といった一定の間隔で、配列することがきめられていた。意匠的な都合で、そのならび方を勝手にかえることは、ゆるされない。

吉田は、柱の均等配分を余儀なくさせる真壁に、違和感をいだいていた。数寄屋では、ほんらい自由な意匠が、おもしろがれるはずである。そんな数寄屋で、杓子定規に柱ならびがきまってしまうのは、おかしいと考えた。位置の変更がかなわないから、高価な銘木で柱をかがやかせることに、うつつをぬかす。工匠がしばしばおちいった、そんなうっぷんばらしにも、吉田は頽廃を感じていた。

だが、建築の基本を大壁にしてしまえば、付け柱の位置は自在にえらべる。構造や木割に気をつかうことなく、審美的な立場でその場所をきめることができる。真壁の美的にひきたつところだけを、大壁の表面へあしらえるようになるのである。

吉田が大壁へ舵をきったのは、震災後の防災的な配慮からだけでもないだろう。付け柱などで、意匠を想いどおりにあんばいすることがかなう。そういう表現にかかわる可能性もまた、吉田を強くつきうごかしたと思う。とはいえ、それだけが決定的であったとは、考えない。震災後の社会情勢も、すくなからず吉田の新しい工夫にはあずかっていただろう。

じじつ、震災後の東京には、モルタルの壁でできた臨時店舗が、あふれだしていた。リシンのふきつけがドイツから導入されたのも、このころからである。いわゆる震災バラックもまた、ひろい意味の大壁でたてられた。それらをいろどる表現派風の意匠もまた、大壁の表面でくりひろげられたのである。

吉田は、リシンの壁を日本的に見せかける工夫も、こころみている。当時の吉田が、大壁へとむかう震災後の情勢から孤立していたとは、思えない。吉田も吉田なりに、そこから養分をくみとっていた。

吉田の興味が、震災バラックそのものにむかうことはない。ただ、バラックをささえた工法に、別の表現をあてがうぐらいの目はしはきいた。日本建築の数寄屋へ応用する途を、吉田はさぐりあてたのである。

吉田のこころざした方向は、臨時建築よりこまやかで、とぎすまされてもいただろう。しかし、バラックの表現派と同じく、震災後のたまものであったことは、見すごせない。そして、この並行性に、今までの建築史は、まだあまり目をむけていないような気がする。あえて、強く書きつけたゆえんである。

いずれにせよ、吉田の付け柱は、軸組構成の一貫性に背をむけていた。モダンデザインが日本建築に見いだした理念を、まちがいなくうらぎっている。そのため、モダンデザインがかがやいた時代には、しばしば非難もされた。筋のとおらない、「偽わりの構造《シャム・コンストラクション》」でできている、と。

しかし、今は鉄筋コンクリートのビルで、その「偽わり《シャム》」が横行する時代になった。付け柱だけではない。付け梁、付け壁、付け天井の和風も、あたりまえになっている。吉田のあゆみだした一歩には、先見性のあったことをかみしめたい。

関西文化は東漸する

吉田五十八は、東京の日本橋に生をうけた（一八九四年生）。数寄屋の待合、料亭がたちならぶ、下町そだちの江戸ッ児である。芸妓たちがゆきかう街ではぐくまれ、花街の風にもなじんでいた。長唄の腕前も、そうとうなものであったという。

「建築は凍《こお》れる音楽」だと言われる。それをもじり、建築家の谷口吉郎は、吉田の建築を「凍れる長唄」だと評しもした（「吉田五十八」『芸術新潮』一九五四年八月号）。

ほかにも、吉田の仕事を東京の下町にからめてとらえる指摘は、すくなくない。芸事にもつうじ、江戸ッ児としてそだったから、吉田の数寄屋はある。そんな物言いが、吉田を論じる時の、とおり相場となっている。

しかし、吉田の建築観は、それほど日本橋かいわいの数寄屋にねざしていない。どちらかと言えば、京都風のそれをまなんで身につけた部分のほうが、多かったろう。

吉田は太田胃散の製薬と販売で知られる太田家に生まれた。吉田と名のるようになったのは、母方の姓をついだせいである。ついでにふれるが、五十八《いそや》は父が五八歳でなした子供だから、そう名づけられた。今はめずらしいが、当時ならまったく見かけない命名でもない。ほかにも、山本五十六《いそろく》や直木三十五《さんじゅうご》といった有名人の名が、あげられる。

父の太田は普請道楽に生きた人でもあった。その趣味がこうじたのだろう。「明治二十年代に、東京で京都のような普請をして」もいたという（吉田五十八「数寄屋十話」『毎日新聞』一九六五年七月二〇日〜八月一日）。

そして、吉田じしんも建築では京都風を旨とした。火事が多かった江戸・東京の大工は、仕事があらっぽい。建築美の粋をめざすような工匠は、ほとんどいなかった。技術面では、京都の棟梁たちにとうていかなわない。だから、自分も京都からきた職人のところで、若いころは建築をまなんできた。吉田は、そんな昔語りを、おりにふれのこしている。

これは、じじつそのとおりであったろう。吉田のてびきをした京都出身の岡村仁三も、おおむねそのことをみとめている。「教えるつもりでいたのが教えられた、と言ったほうが真相です」と、ひかえめに（斎藤隆介『続職人衆昔ばなし』一九六八年）。

岡村の言葉をつづけたい。数寄屋と吉田の仕事ぶりをめぐって、この名工はつぎのような発言ものこしている。

「ご存じのように、数寄屋建築は関西が根本で、なかでも京都が一番。それを見習ってなかなかうまい仕事をするのが名古屋──東京はダメ、というふうに、東へ来るほど落ちるんです……関東の荒い土に、関西の数寄屋のキメの細かさを生かした、という点に、吉田さんの仕事の面白さもある、という見方もできませんでしょうかね。ことほど左様に、数寄屋は関西のものです」（同前）。

一九三六年にできた杵屋六左衛門別邸で、吉田の名は建築界にも知れわたった。吉田のキャリアにとっては、記念碑的な作品だと言える。その住宅に、吉田は奈良でよく見かける大和棟の形をとりいれた。また、壁の一部を、京都の聚楽風にしあげている。

聚楽壁を関東へもちこんだのは、自分が最初である。吉田は建築家の磯崎新とかわした対談で、そう語っている。

「私は全部京都の式でやったわけだ。その時分に東京の建築家で、京都を取り入れた人はいないんですよ……大工は大工で何も知らないわけですよ。聚楽壁なんて知らないんだ。その時分は、東京の人は根岸壁より知らなかった。ですから、私が京都から聚楽壁を持ってきたようなもんですよ」（「住宅の発見」『都市住宅』一九七一年一月号）。

吉田が京聚楽をみちびきいれた、その第一番手だったのかどうかは、わからない。ただ、吉田じしんは、パイオニアとしての自負心をいだいている。

その後も、吉田は聚楽壁を愛好しつづけた。のみならず、リシンで聚楽風にしあげる手だても、さぐっている。うたがいようもなく、吉田は京風数寄屋のたたずまいに魅了されていた。四谷丸太より京都の北山丸太を好んだことも、その一例にあげられよう。

吉田は江戸ッ児であるという。長唄でも、しろうととは思えぬ声を、しばしば聴かせてくれた。さきほどものべたとおり、そんな想い出を語る人はおおぜいいる。

しかし、吉田じしんは京都でであった祇園の地唄舞にも、感銘をうけていた。

「初めて祇園町の美妓《びぎ》の地唄舞なるものを見て、これまた再び吃驚したのである……子供のときから能を見た眼にはその良さがはっきり分り、その美しさに恍惚としてしばらく我を忘れた程であった。それ以来上方の舞が好きになり機会ある毎にかかさず地唄舞を見る事にして居る」(吉田五十八「能と地唄舞」『松坂屋　新装』一九五一年九月十日)。

谷口のむこうをはり、吉田の建築を「凍れる地唄舞」だったと言うのはひかえよう。だが、東京の下町にねづいた長唄だけで、吉田を論じたつもりになるのはこまる。芸事につうじた吉田は、京都の地唄舞にも心をゆさぶられていた。この江戸ッ児は、京都にあこがれる文化的なひろがりも、そなえていたのである。

吉田の生まれた太田家じたいが、「京都のような普請」をたのしむ家であったという。その感化も、なにほどかは吉田を京都へひきつけたに、ちがいない。京都びいきになるべくそだてられたという一面は、あったと思う。

だが、同時に関東大震災以後の社会変動がかかわっていただろうことも、見すごせない。周知のように、こ

杵屋六左衛門別邸

の大災害は首都東京の都市機能を、しばらく麻痺させた。文化的な空洞状態にもおいこんでいる。その空白へすいこまれるかのように、この時期多くの関西文化が東京を席巻した。

大阪の漫才という芸能が、たとえばこのころに首都圏へもちこまれている。それまでの関東地方は、こういう形の笑芸をうけいれてこなかった。だが、震災後のラジオ放送は、関西弁の「お笑い」をながしだしている。その流入をはばんできた文化的なはどめが、この時期にはくずれていたせいでもあろう。

関西風の味つけも、同じころに東京へおしよせている。いわゆる上方料理が、関東在来の調理法をかえだした。『東京百年史』も、震災後の時期を「関西文化の東漸《とうぜん》」期として、位置づけている(第四巻 一九七九年)。

京都風の数寄屋を、自分は率先して東京にとりいれた。そう公言してはばからない吉田は、同時にこんな回想ものこしている。

「その時分にはね……関西の数寄屋はぜんぜん入っていないんだ。壁だって、京壁なんてないんだから。皆、根岸壁ですよ。瓦でも京瓦なんてありはしない……これをひとつ、東京に入れようじゃないか……食いものだって、いまみたいに関西料理ってないんだ。皆、江戸料理だからね。江戸前だ。いまは皆、関西になっちゃったけどね」(「美の伝統と創造」『現代日本建築家全集 3』一九七四年)。

京風数寄屋の導入を、関西料理の普及と横ならびに、当人じしんがとらえている。食が関西化していったように、住も関西化された。自分は、住文化における、その水先案内人であったというのである。

吉田の「新興数寄屋」は、一九三〇年代の東京で喝采をあびた。京風の、ややみやびにうつるその風情も、よろこばれやすい時期だったということか。

大災害の教訓が、大壁の普及をうながしたと、さきほど書いた。吉田の作風が、その趨勢とともにあることも、指摘ずみである。ここでは、「関西文化の東漸」が、吉田の京風をあとおししたろうことも、のべそえたい。「新興数寄屋」は、関東大震災の後にあらわれるべくしてあらわれたようである。

モダンエイジの道楽息子

吉田五十八が最初に建築をまなんだのは、東京美術学校、今の東京芸大である（一九二三年卒業）。病弱だったせいもあり、この学校には八年間も籍をおいた。そして、卒業してからも、ふつうの就職はしていない。

一九二五年には、ヨーロッパをおとずれた。奨学金をもらっての留学ではない。私費渡航で、建築を見てまわる旅にでかけている。遊学、あるいは漫遊の旅であったと、言ってよい。

彼地では、フィレンツェのルネッサンス建築に、うちのめされた。そして、吉田は気づく。西洋建築の本筋で西洋人ときそいあっても、とうてい彼らにかなわない。日本人の自分は、身の丈にあった日本建築をきわめていこう。そう心をかためた旅であったと、吉田はあちこちでのべている。

その軌跡は、パルテノンで日本にめざめたとされる堀口捨己のそれと、よく似ている。建築家がたどる「日本回帰」の、その典型例として、しばしばとりざたされてきた。

フィレンツェで脱帽を余儀なくされたという話じたいに、私はあまり心をうたれない。私じしん、似たような想いを、この街ではいだかされたことがあるからである。ついでに言えば、建築をまなんだ人なら、よくあることだろうなと思っている。

感心するのは、吉田をささえた太田家のふところ具合と、精神的なゆとりのほうである。三一歳になった息子が就職もせず、一年間ヨーロッパで建築を見てくるという。そんなわがままをおおらかにうけいれ、経済的にも援助をおしまなかった。太田家は息子の道楽にたいし太っ腹であったなと、感じいる。さすがに昔の旦那衆はちがうという想いも、わいてくる。

しかも、日本へかえってきた吉田は、あいかわらず遊民でありつづけた。そればかりではない。一年をかけて、ヨーロッパを見てきたのに、日本では数寄屋をやりたいという。せっかくの渡欧をだいなしにしかねないこの方向転換も、太田家は許容した。

吉田の数寄屋修行につきあった岡村仁三は、こうも書いている。

「私は吉田さんのお姉さんから前に、『数寄屋をやりたいそうですが、学校を出たばかりで何も知らないから教えてやってくださいませんか』と頼まれていたんです」(前掲『続職人衆昔ばなし』)。

三二歳で数寄屋にめざめた弟の、その師匠を太田家の姉がさがしだしている。吉田が、太田家でだいじにそだてられたボンボンであることは、この話からもしのべよう。

しかし、乳母日傘《おんばひがさ》の御曹子だから、数寄屋へ本腰をいれてとりくむこともできた。卒業後は建設会社や設計事務所へつとめる並の建築家に、こういう贅沢はゆるされない。

岡村からの引用をつづけよう。プロの数寄屋師から見れば、当時の吉田はしろうとでしかありえない。そんな分際でありながら、この弟子はしばしば師にはむかったという。技術的なうらづけもないくせに、けっこうがんこであったらしい。

「この若い設計家のかいてくる図面が変ってるんです。よく言えば独創的、悪くいった時は全然納まらないという風変わりな設計ですから……当時は、約束もシキタリもご存じないし、お若いから一層です。『こんなものは作れません』『いや、作れる』なんて激論したこともあります」(同前)。

ゆたかな家で、わがままをとおしてきた。そんな吉田だからこそ、当代を代表する職人にもさからうことができたのだろう。さらに、「約束」や「シキタリ」でしばられない「新興数寄屋」の途へも、つきすすめた。余人には、なかなかまねられない人生航路だと思う。

じっさい、吉田には、職人たちととっくみあいになることも、あったらしい。そうしてたたかいつつ、「新興数寄屋」の表現を、この建築家は勝ちとってきたのである。

村野藤吾も、数寄屋の仕事をした建築家として、知られている。だが、村野の数寄屋はそれほど大きく、これまでの「シキタリ」をかえていない。基本的には、名工たちの腕にたよっている。京都の中村外二や大阪の平田雅哉らにまかせながら、仕事をすすめてきた。

堀口捨己の数寄屋も、じゅうらいの型を、それほどはみだしてはいない。その作風は、数寄屋の衿をただす方向にむかっていた。乙にすましたところや剽げた部分をそぎおとし、全体をおりめただしくまとめあげる。堀口がめざしたのはその途であり、「シキタリ」はおおよそまもっている。

くらべれば、数寄屋の刷新へあゆみだした吉田は、やはり異色の建築家であった。職人たちとは、いさかいをくりかえしながら新しい表現をきりひらく。そして、とうとう「新興数寄屋」の大御所になりおおせた。職人たちを、その道で説きふせられる存在に、なったのである。

では、吉田が大成した数寄屋は、どこがどう新しかったのか。

基本的には、大壁をもちこんだことが、画期的であったと思う。これで、意匠をなりたたせる部材は、木割のきまりからときはなたれた。たとえば、三尺、あるいは六尺おきに柱をならべる必要も、なくなったのである。柱を意匠だけの都合で配置する。その自由を、設計者は獲得した。

じじつ、吉田は木割におうじた縦軸や横軸の線を、しばしばはぶいている。さまざまな線を、意匠的な勘所にあつめる表現も、みのらせた。面一《ツライチ》の大きな壁面を、それらの線と対比させるようにもなっている。数寄屋の面と線を、コンポジション風にくみあわせることも、可能にしたのである。

ル・コルビュジエは、一度だけ日本へきたことがある。一九五五年の十一月に、八日間の日程で各地をめぐった。桂離宮をはじめとする日本建築も、いくつかながめている。

だが、この巨匠は、それらにあまりいい印象をいだかなかった。日本建築は、線が多すぎる。そうまわりには、こぼしていたという。

吉田は、数寄屋からうるさい線をとりのぞこうとした。その意味では、コルビュジエと同じ想いをいだいて

北村邸（1963年）

いたことになる。

「伝統の木割から独自の木割へ」という文章を、吉田は書いている。『国際建築』の一九五五年十一月号に、それを発表した。ちょうど、コルビュジエが日本をおとずれていたころの一文である。なかに、こうある。

「昔の日本建築はエレメントが多過ぎ、しかもいらないものがいっぱいくっついてい」る。自分は、それらを整理する。「私の方法は引算なのだ」、と。まるで、コルビュジエの注文に、こたえようとするかのような発言である。この点では、前川國男や坂倉準三以上に、コルビュジエへよりそっていたと言ってよい。

構造と表現を一致させるというモダンデザインの理念に、吉田は背をむけた。しかし、数寄屋の見えがかりをよりモダンにととのえることでは、力をつくしている。見てくれという次元では、吉田もけっこうモダニスト的であったということか。

線をへらす努力のひとつに、組子のあらい障子がある。これも、実用化にさいしては経師屋と、ずいぶんもめたらしい。前例のない形で、プロポーションの決定には、吉田もなやんだという。けっきょく、そのつりあいは「黄金率みたいなところから考え」た(前掲「美と伝統の創造」)。吉田は、一九三〇年代の判断を、そうふりかえっている。

新しい障子の比例を、「黄金率」であんばいした。これまた、コルビュジエの造形手法がほうふつとしてくる回想である。一種のモデュロールで、戦後に日本的な比例を検討した丹下健三のことも、しのばれる。数寄屋の吉田にも、コルビュジエや丹下とひびきあう部分はあったということか。

あと、吉田が屋内へ外の光を、思うぞんぶんとりいれようとしたことも、見すごせない。明るさをもとめた点でも、吉田のこころざしはモダニスト的であったと、みとめうる。

なお、吉田が採光を意識しだしたのは、日本画家の画室をてがけてからであったという。

それまでの画室では、欄間や鴨居の影が画面におちることも多かった。こういう事態をさけるため、吉田は川合玉堂の画室から、欄間などをはぶいている(一九三六年竣工)。建具は、床から天井までとどく一枚物のそれで、あつらえた。また、それらの建具をみな壁のなかへひきこむ手法も、あみだしている。

川合が「どうしても明るくしろといってきかない」ので、「考えついた」細工であった。そして、吉田はこのやり方をみがきあげ、それ以後の諸作でもくりひろげる。「川合玉堂先生」が「モルモットになって、私の研究を陰から後援してくださった」。後年になり、吉田はそう往時をふりかえっている（前掲「数寄屋十話」）。

「吉田流私見」

数寄屋を得意とする職人たちは、はじめ吉田五十八のやり方に、なじめなかった。けんかごしの言いあいになることも、なかったわけではない。吉田のこころみをいやがり、はなれていった者も、けっこういる。

しかし、一九三〇年代のなかごろからは、様子がかわりだす。吉田作品は、いわゆる婦人雑誌でとりあげられるようになる。新しい数寄屋のあり方が、普請好きのあいだで、評判になりはじめたのである。人気作家の吉屋信子邸を発表（一九三六年）したころから、この傾向は決定的になった。

職人たちも、おのずと吉田を見なおすようになる。その新手法をまねる者も、ではじめた。敗戦後には、吉田流にあやかった建築が、あふれだす。とりわけ、料亭や旅館などは、われ勝ちにこの作風をとりいれた。

そのことをめいわくに、そしてすこしはほこらしく感じたのだろう。こ

吉屋信子邸

のごろは、自分のにせ物があちこちにできてこまる。吉田は、いろいろな機会をつかまえ、そういう口吻《こうふん》をもらすようになる。たとえば、こんなふうに。

「私は書きたいわけですよ。いま現存している私の建築は、これだけなんだとね。それを書かないと、そこらじゅうにあるわけですよ」(前掲「美と伝統の創造」)。

「以前は、『あれは、私の設計ではありません、偽物です』と、むきになって、これを訂正したものだが、近頃は『いえ……』と、言葉をにごして、あまり取合わないようになって仕舞った」(吉田五十八「数寄屋偽物もの語」『文藝春秋』一九六五年二月号)。

吉田流にならおうとする他の建築を、見下している。自分の亜流をあなどる様子が、こういう物言いからは、うかがえる。しかし、吉田当人が評価をした模倣者も、いなかったわけではない。

ここに、水澤文次郎という数寄屋職人のことを、紹介しておこう。若いころから、吉田のことはうやまっていた。吉田の数寄屋にあやかった仕事を、いくつもてがけている。当人じしんが、こう書いている。

「私の手がけた旅館・料理屋はみな先生のまね事である。まねしなければ建主が承知しないほど、先生の新興数寄屋は賞讃されていた」(水澤文次郎「私の好敵手物語」『室内』一九六四年六月号)。

自分は吉田の亜流である。そのことを、自らみとめている。吉田からは、けむたがられてもしようがない職人だと言える。にもかかわらず、吉田はそんな水澤に声をかけてきた。

「十年あまりも前になるだろうか、吉田五十八先生から、『うちの仕事をしてくれないか』と声をかけられた……私は先生に申上げたが、先生は数寄屋建築の教祖様だ、信者が教祖のおそばにいかれるのは本望です、五十過ぎて私は勇んで先生のお仕事をおひき受けしたのである」(同前)。

どうやら、吉田も自分の亜流を、みんなきらっていたわけではないらしい。上手にまねることができる腕達者のことは、一目おいていた。いや、それどころではない。彼らには、自分の仕事をまかせてもいいとさえ、考えていたのである。

あるていどの技量があれば、吉田流の数寄屋はこなせる。そんな見きわめが、吉田にはあったのだろう。そのあたりもふくんでのことだろうか。吉田がなくなったその翌年に、村野藤吾が「吉田流私見」という文章を書いている(『建築雑誌』一九七五年三月号)。吉田の死をいたむ一種の追悼文だが、その書きっぷりはいくぶんひややかである。

いわく、吉田の作品はわかりやすい。いったい、どのくらいの手間と労力をかけたのかが、見とおせる。そのことを、村野はつぎのような言いまわしで書きとめた。

「このような仕事の仕方を経済の用語で表わせば労働量に、別な言葉で表わせば一単位当たりの人間労働の分量として表わされ、やがてその価値をお金に転化しやすいことにもなる。そうした思考過程はやがて、近代建築の内部的な経済構造にまで演繹することができる」。

モダンデザインは、設計に経済的な合理性があることも、うたってきた。建設にかかわるコストが、あらかじめきちんとはかりうる。算盤勘定にしたがって、段取りよく作業がすすめられる。その点は、旧来の建築にのぞみえない、モダンデザインの美質だというのである。

村野は吉田の仕事を、その枠内にあるものとして、とらえている。「時間と労力をかければどの職人でもやれる可能性がある」とさえ、書ききった。職人の個人的な力量には、たよらなくてもすむ。ようするに、経済的な計算ができる建築だというのである。

「吉田流私見」で村野は、しかしそのことをほめていない。吉田のてがけた建築には、「万人が納得しうるだけの良さ」がある。だが、と村野はいう。「純粋の数寄屋建築のなかには、それとはやや対照的な要素が含まれている」、と。

「腕の良さを表に見せないで……裏の方にしまっておく」。そんなおくゆかしさも、数寄屋にはのぞましい。

「よほどの通人」でしかわからない見所も、あってほしいものである。だが、吉田の仕事は、「素人にもだれにでも理解できる」ものでありすぎる。

以上のように、村野は吉田をなじっている。要するに、俗受けの度がすぎると、そう言っているのである。吉田作品の通俗性、それがひろくよろこばれた点については、あとでくわしく検討する。その前に、ここでは経済面のことを考えてみたい。

村野は自分にコスト計算の能力があることを、つねづねほこっていた。そこをふだんは、ふいちょうしてもいたのである。なのに、かかった経費がわかるという吉田の仕事ぶりへ、批判的な言葉をぶつけている。いつもの口ぶりにしたがえば、その点はほめてもよかったはずなのに。

それとも、数寄屋についてはことなる価値観をいだいていたのだろうか。建築は、基本的に、コスト計算のとのうことがのぞましい。しかし、数寄屋に関するかぎり、そういう尺度でとらえきってしまうのはこまる、と。前回ものべたが、じっさいの村野は、実費計算にしくじることも、ままあった。当初の見積りがまもれず、まわりによくめいわくをかけていたと聞く。

いつもの物言いとは裏腹で、ほんとうは建築の理財面など、軽んじていたのかもしれない。コスト管理なんかうまくいかなくても、どうにかなる、と。その本音が、思わず「吉田流私見」にでてしまったのだろうか。

とはいえ、吉田の作品も、それほど実費計算はうまくいっていない。かかった経費が当初予算をおおはばにこえることは、吉田にもよくあった。吉田じしんが、自嘲気味に、あるいはややほこらしげに、こう語っている。

「私のまねはそう金がかからないということですね。私がやればかかるけどね。(笑)」(前掲「美の伝統と創造」)。

線のすくない、すっきりした数寄屋をまとめあげる。そのために、吉田は裏側の見えないところで、けっこう細工をほどこした。「ムダな線を省いたその蔭には、手数のこんだおさまりがなされている」。吉田の仕事をささえた水澤らは、そうものべていた(「施工者からみた吉田氏とその仕事」『建築知識』一九六二年七月号)。

誰にでもできる作業ではなかったらしい。水澤らは、こうもつげている。「先生の作品に慣れていない工務店はとてもついてゆけるものではなく……」、と（同前）。

村野が言うほど、「素人にも……理解できる」建築であったとは思えない。まあ、名匠・村野には、水澤らの工夫ぐらいなら、お見とおしだったかもしれないが。

余談だが、吉田を崇拝している水澤には、堀口捨己も工事をたのんでいる。あとでものべるが、堀口は吉田の作風をきらっていた。だが、それをしあげる水澤の腕は、買っていたらしい。

堀口が水澤を指名したのは、磵居という茶室（一九六六年竣工）の施工者としてである。あつかいにくい栗材に、チョウナでハツリをかける。なんとも、骨のおれる仕事の注文ではあった。さすがの水澤も、図面を見て、堀口にはこうこたえたらしい。

「予算も工費も見積りはだせません。それでもよろしいでしょうか」（前掲「私の好敵手物語」）。

また、水澤は配下の大工からえりすぐりの者を、この工事にはおくりこんでいる。「みんな七十を越えた老大工であ」ったという。「これだけの仕事は、もう年寄りにしかできなくなってい」たらしい（同前）。

堀口は、数寄屋にもモダンデザインの精神をそそぎこんだ建築家だと、よく言われる。なるほど、ざっとながめただけだと、そんな印象論もうかばないわけではない。

しかし、こういう工事のすすめようは、経済の合理性をたっとぶ理念に、そむいている。その点に関するかぎり、モダンデザインのこころざしは、ないがしろにされた。堀口だけにかぎったことではない。この点では、吉田も村野も似たりよったりであったろうと、考える。

花柳界の新時代

数寄屋建築にいどんだ建築家は、すくなくない。二〇世紀のなかば以後になっても、多くの建築家たちが、これにはかかわった。有名どころのなかでも、堀口捨己、村野藤吾、谷口吉郎らが、その例にあげられる。もちろん、吉田五十八のことも。

建築界では、それぞれにひいき筋がある。彼らの優劣をきめることは、むずかしい。ただ、建築界の外では、吉田の作風が圧倒的に支持された。模倣例の数も、吉田流にならったものが群をぬく。村野流や堀口流にあやかった建築の話は、ほとんど聞いたことがない。

どうして、吉田の「新興数寄屋」ばかりが、各地でコピーをされたのか。その理由を、吉田流はらくにまねられるからだとする人々が、建築界にはいる。「吉田流私見」を書いた村野藤吾も、そんな口吻をもらしていた。たとえば、評論家の長谷川堯を相手にした一九八〇年の対談では、こう言っている。

「吉田流は津々浦々、みんなそれを真似ることが出来る。どこでも吉田流を、日本国中、皆が真似ている」（村野藤吾『建築をつくる者の心』一九八一年）。

村野の御威光もあってのことだろう。吉田をすこしあなどるこういう語り口は、けっこう斯界《しかい》にひろがった。村野の代弁者めいたところがあった長谷川も、その普及には力をかしている。以下に、長谷川が建築史家の中谷礼仁とかわしあったやりとりを、紹介しておこう。

中谷　……吉田流は流通して、二流の旅館に行けばどこもかしこもそんな具合でしたね。その点、村野流は見かけませんね。

長谷川　簡単には真似できないよね。

中谷　その部分が僕にとってはいちばんおもしろい……

（「村野藤吾とは、どういう建築家だったのか」『住宅建築』二〇〇八年八月号）。

村野流は、たやすくまねられない。だが、吉田流はかんたんにうつしとれる。だから、世間へひろがった。以上のように、建築設計の技術的な事情で、ふたりは話をまとめている。

しかし、模倣が容易でも、魅力の感じられないものをまねる気持ちは、おこるまい。吉田流は、なによりも、普請好みの一般人士をひきつけた。ああいう数寄屋がほしいと、思わせたのである。その機微へ目をむけず、とにかくまねやすいからはやったのだと、ふたりは言う。そして、大御所の村野も、そう言っていた。私には得心のいかない説明である。

一見まねやすそうな吉田の造作だが、裏面にはさまざまな配慮もほどこされていた。ピアノ線、ワイヤー、アングル等々が、見えないところにはたらいている。そこをおろそかにして表面だけをまねれば、たちどころにボロがでる。くりかえすが、ふつうの「工務店はとてもついてゆけ」ない仕事なのである。

じっさい、そういう裏面に目がとどかず、けっきょくは失敗した模倣例も多かろう。まねてはみたが、すぐいたんだ。建て付けが悪くなったというケースは、すくなくなかったはずである。

だが、たとえそういう問題点はあっても、うちは吉田流でやってほしい。以上のような気持ちを、吉田の作品は世間にかきたてた。その社会心理学的なからくりも、私はときあかされるべきだと考える。

それに、村野の数寄屋は、ほんとうに「真似できないよね」と言いきれるのか。中村外二や平田雅哉といった名工に仕事をたのみ、その腕を思うぞんぶんふるわせる。そうすれば、村野の数寄屋とよく似たしあげに、おのずとなっていくのではないか。

村野じしん、「吉田流私見」ではこうのべている。「和風の仕事」は、「まず職方を選ぶことが第一」である。そして、彼らに「いちいち指図」はしない。「職方の腕次第に任せる」のが、自分のやり方だ、と。暗に「指図」がすぎる吉田のことを、とがめながら。

だが、名工たちへ「腕次第に任」せれば、建設費はのほうずにふくらんでしまう。たいそう高くつく仕事になるだろう。その出費を施主からひきだす力量が、村野にはあったのかもしれない。数寄屋では、経費をおしんだらだめですよ、と。そういう意味においてなら、「簡単には真似できない」ような気もする。

数寄屋の注文があると、村野は当代を代表する名工に、臆することなく声をかけた。金に糸目をつけない仕事で、腕をきたえてきた工匠に、施工をうけおわせている。多くの建築家が、施主の懐具合をおもんぱかり、たのみそびれてきた職人に。

コストのことを考えれば、太っ腹と言うしかない人選である。これも、まねができないふるまいのひとつでは、あったろう。そういうことではなやまない施主ばかりを、村野は勝ちとってきたのだろうか。だとすれば、それこそ誰にもまねられない立場であり地位であると、言うしかない。

話を吉田にもどす。前にものべたが、吉田の作風を強くもとめたのは、なんといっても料亭である。あと日本旅館も、これをほしがった。

数寄屋は酒脱な建築の形式である。浮世ばなれのした遊びの空間では、よくもちいられてきた。料亭や旅館には、うってつけと言っていいしつらいである。

そして、どちらも、とりわけ料亭は、両大戦間期から危機の時代をむかえるようになる。

料亭は、座敷へ芸妓をまねくこともできる宴席である。花柳界がもうけた社交場にほかならない。そんな料亭が、新しい遊興施設であるカフェーの抬頭という情勢に、直面させられた。あるいは、ダンスホールの隆盛という現象にも、むきあわざるをえなくなってくる。

カフェーには女給、のちのホステスにあたる女たちがいて、男の客をもてなした。ダンスホールでは、チケット制のダンサーが、彼らのパートナーになる。そして、男たちの好奇心は、関東大震災以後、しだいにそういう新しい施設へかたむいた。

芸妓とあそぶ料亭は、おかげで古めかしい場所だとうけとめられるようになる。彼女らの三味線と日本舞踊にも、時代おくれといった印象がただよいだす。新しい遊興をもとめる男たちは、旧来の料亭からだんだん足が遠のいた。

数寄屋の空間で、和服と日本髪の芸妓をはべらす料亭には、ゆゆしい事態である。椅子とテーブルの席で、エプロンと断髪の女給に接待してもらう。バンドもいるホールで、ドレス姿のダンサーと、フォックス・トロットに興じる。そういう西洋的、あるいはモダンな雰囲気もある場所と、はりあわなければならなくなる。

一九三〇年代には、新しい形の料亭もあらわれた。ダンスのおどれるホールを併設する。椅子とテーブルで、カフェー風のもてなしも可能になる。そんな料亭、カフェー化やホール化をはかった花街の宴席も、姿を見せはじめた。

そうしたこころみが、みなうまくいったというわけではない。しかし、何か新しいことをしなければいけないと、花柳界も料亭も考えだしていた。このまま、古い数寄屋をまもりつづけていては、いずれジリ貧状態におちいる、と。

吉田が新しい数寄屋像をうちだしたのは、そういう時代であった。うるさい線をへらし、モダンに見せる。そんな吉田の作風に、旧套《きゅうとう》からの脱却をもくろむ料亭が、むらがったのである。あれをとりいれれば、生きのこれるかもしれないというねがいも、こめながら。

日本旅館も、ホテルの普及を前に、同じような窮状をむかえることとなる。こちらでも、数寄屋を刷新した吉田流にすがる気持ちは、いやおうなく高まっただろう。

いずれにせよ、吉田は花街の人々にしたわれた。長唄を得意とした当人も、芸妓らにかこまれることをよろこんだだろう。『経営者』（一九六五年二月号）という雑誌の対談でも、吉田はこうのべている（「日本建築の醍醐味」）。

「料理屋は芸者がきれいに見えなけりゃいけない」
「入ってきた芸者をきれいだと思えば、それは建築として成功している」

堀口が吉田をきらったのは、こういうところであったろう。花街風の媚態を自分の数寄屋からしめだした堀口に、吉田流がうけいれられるはずもない。じっさい、水澤文次郎のスタッフから吉田流をしめされた堀口は、こうはねつけたという。「僕に長唄趣味はないッ」、と（藤森照信『昭和住宅物語』一九九〇年）。

しかし、堀口の吉田ぎらいには、もうひとつべつの要因があったかもしれない。

堀口が岩波書店と深いつながりをもっていたことは、堀口を論じたところでふれた。分離派時代の作品集をふくめ、堀口は岩波からしばしば本をだしている。一九三八年には、同書店の倉庫も設計した。岩波のことは、自分のクライアントとしても、とらえていただろう。

にもかかわらず、社長の岩波茂雄は熱海の別荘（一九四〇年竣工）を、吉田にたのんでいる。倉庫をこしらえてくれた堀口のことは、見すごして。それまでの吉田に、岩波とのつながりがあったわけではない。社長じしんが、吉田のてがけた錦水という築地の料亭を見て、吉田にほれこんだ。それで別荘の設計を、自らすすんで注文したのだという。

吉田への反感は、こういうくやしい想い出によっても、ふくらまされていたのではないか。

岩波別邸

菊竹清訓

きくたけ　きよのり

スカイハウスは、こう読める

「狂気を生きのびる道」

菊竹スクールという言葉がある。菊竹清訓の設計事務所は、名のある建築家をおおぜい輩出した。キラ星のような人材が、たくさんここから巣だっている。菊竹スクールは、その養成所めいた一面をとらえた呼び名にほかならない。

今をときめく伊東豊雄も、菊竹の事務所からはばたいた建築家のひとりである。一九六五年に大学をでた伊東は、まず菊竹の事務所で職を得た。その後は、四年間のつとめをへて、独立するにいたっている。

一九六〇年代は、菊竹がもっともかがやいて見えた時期である。このころには、初期の菊竹を代表する話題作が、つぎつぎと発表された。出雲大社庁の舎、東光園、都城市民会館などである。ちなみに、それぞれ、一九六三年、一九六四年、そして一九六六年にたてられた。圧倒的な評判をよんだ京都国際会館のコンペ案が発表されたのは、一九六三年である。

若い伊東も、そんな一九六〇年代の菊竹にひきつけられた。

はじめは、菊竹の論理的な語りに、心をよせたらしい。しかし、入所後は、その造形力が伊東をうちのめすようになる。「打ち合わせの際にとめどもなく流れるように描かれるイメージスケッチに魅了された」。そう伊東じしんが書いている(「菊竹清訓氏に問う、われらの狂気を生きのびる道を教えよと」『建築文化』一九七五年一〇月号)。

さらに、伊東は言う。菊竹には「〈狂気〉のような部分」があった。設計がはじまれば、「満身からその毒を噴出させる」。「六〇年代半ばごろまでの作品はこのような彼の怒気の奔出によって成立してい」た、と(同前)。

じっさい、当時の菊竹には、鬼気せまるようなオーラがあったのだと思う。なかでも私は、都城市民会館の奇怪な形に、そういう迫力を感じる。伊東は、入所前の実習期間中から、この建築をめぐる仕事にかかわった。菊竹のスケッチを見て、しばしば鳥肌がたったろうことも、じゅうぶんおしはかれる。

出雲大社庁の舎(上)、東光園(下)

都城市民会館のホールをおおう屋根は、鉄でできた巨大なアルマジロのようになっている。その姿は、怪獣映画にでてくる巨大竜を、ほうふつとさせなくもない。たしかに、「狂気」を感じさせる建築である。

コルビュジエがソビエト・パレスでえがいたホール部分に、似たようなところはある。スラブのつきだした扇形の屋根が、都城のホールをはさむ壁と、つうじあわなくもない。コルビュジエの屋根を、ゆがめたうえで縦にすれば、都城めいた形にとりあえずなる。

しかし、ソビエト・パレスが下じきになったと、言いきれる自信はない。また、たとえそうだとしても、菊竹の圧倒的な造形力じたいは否定できないだろう。すくなくとも、同時代の人々は、都城の出現でいちおうに度胆をぬかれたはずである。

だが、一九六〇年代のおわりごろから、菊竹はその表現をやわらげだす。きわだつ形で、どんなもんだと言ってみせるような建築は、たてなくなった。その意味ではややおとなしい、あるいはなまぬるい建築家になったと評せよう。

菊竹門下の伊東は、それがふがいないという。菊竹先生、あなたのほとばしるような「狂気」は、どうなってしまったんですか、と。ここまで引用してきた「菊竹清訓氏に問う……」は、そこをといただす文章である。

それにしても、菊竹はなぜ造形の牙をとがなくなったのか。微温的にふるまいだしたのは、どうしてなのだろう。伊東は言う。それは、菊竹が建築の社会的な意義に、とらわれすぎたせいだ、と。

建築は、生活環境の改善にも力をつくさなければならない。都市計画への見とおしも、あわせもつ必要がある。造形力をきたえるいっぽうで、菊竹は社会貢献を良しとするそんな言辞も、ふりまいた。これが、形へと

都城市民会館

むかう菊竹の刃《やいば》をさびさせたというのである。「彼の〈狂気〉は出口を塞がれ」た、と（同前）。

自分、伊東は菊竹事務所できたえられ、おしえられた。「自己の感受性に最大の価値を認め……空間に表現する」。それこそがめざすべき建築家の道だ、と。自分もそれにしたがい、「社会派」ではなく、「空間派」の途をあゆんでゆく。伊東は「菊竹清訓氏に問う……」を、そうまとめている。

伊東じしんのこころざしは、よくわかる。しかし、菊竹の微温化が、「社会派」的な立ち位置のせいだとは、言いきれまい。菊竹の事務所で四二年間つとめあげた遠藤勝勧《しょうかん》は、べつの理由をあげている。

「『都城市民会館』で雨が漏り、大問題になって当時の建設省に呼ばれて、菊竹事務所と鹿島建設が、それぞれ同額の数百万円を支払い、修繕した記憶があります。それ以後、菊竹さんは、挑戦が少なくなりました」。

これは、二〇〇六年にひらかれた、前川國男をめぐるシンポジウムでの証言である。客席で壇上のやりとりを聞いていた遠藤は、発言の機会をもとめ菊竹のことを語りだす。都城市民会館の雨漏りで、菊竹事務所は多額の弁償金をしはらわされた。あれで、菊竹は冒険的な設計へ、のりだせなくなったのだ、と（松隈洋『前川國男――現代との対話』二〇〇六年）。

前川も、日本相互銀行（一九五二年竣工）では、雨漏りの失敗をしでかした。事務所の経営では、それ以後しばらくくるしいやりくりをしいられている。あの経験が、前川の設計を安全運転へむかわせたのではないか。遠藤は菊竹の変貌ぶりから、そう前川のこともおしはかってみせた。前川を論じるべき場で、遠藤が菊竹に言いおよんだのは、そのためである。

さらに遠藤は、一九七〇年にひらかれた大阪万国博覧会のことも、しゃべりだす。万博以後、菊竹事務所がひきうける仕事の量は増大した。

「波に乗って設計事務所の所員が増えたんですね。それで、所員に支払うお金を稼ぐため商業建築に走った……菊竹事務所も商業建築をいっぱいやりました。残念ですが、その時代で、菊竹さんのすばらしいところは全部なくなりました」(同前)。

京都信用銀行や西武がらみの仕事がつづき、質をおとしたということなのだろうか。しかし、「菊竹さんのすばらしいところ」が、それで「全部なくな」ったとは思えない。一九七〇年代にも、黒石ほるぷ子供館(一九七五年竣工)のような佳作は、できている。晩年の島根県立美術館(一九九八年竣工)も、すぐれた作品だと思う。

ただ、初期の力《りき》みかえった菊竹らしさは、一九六〇年代のおわりごろから影をひそめだす。遠藤が言いたかったのも、そこのところであろう。菊竹のよさが、みななくなったというのは、いさみ足のいきおいで口にした失言だと思いたい。

いずれにせよ、遠藤は事務所経営の都合にそくして、菊竹の変容を語っている。雨漏りによる補償、のほうずな仕事量の拡大などが、菊竹をかえたのだ、と。

「社会派」風のふるまいが、菊竹の「狂気」を封じこんだと、伊東は言う。だが、そんな説明より、遠藤証言のほうに、私は強いリアリティを感じる。たしかに、雨漏りの後始末はたいへんだったろうなと、そう思う。もう、都城市民会館のような無茶はひかえようと考えだしたのも、すなおにうなづける。

伊東も、じっさいにはそういう内情を知っていただろう。だが、「菊竹清訓氏に問う……」では、そこへの言及をてびかえた。「狂気」をだいなしにした敵役は、もっぱら「社会派」的な一面へおしつけている。

菊竹のもとをはなれ、「空間派」として旗上げをする。そんな自分をきわだたせたくて、菊竹の弱点を「社会派」であることにしてしまう。以上のような作文上の思惑だって、伊東にはあったかもしれない。

ところで、このごろの伊東は「社会派」色を、どんどん強めている。かつて自分が「社会派」としておとしめた菊竹のことは、最近どう思っているのだろう。機会があれば、二一世紀の伊東がとらえる菊竹像を、おしえてもらいたいものである。

かがやく「抜け殻」

建築家が建築の形を想いえがき、最終的にひとつの形へとまとめあげる。その筋道を理論化することに、菊竹清訓はずいぶんこだわった。「か」、「かた」、「かたち」という三段階論をひねりだしたのも、そのためである。

菊竹の造形をあつかう論じ手は、たいていこの三段階論に言いおよぶ。「か」は本質論的段階で、「かた」は実態論的段階にあたる……。そんな菊竹じしんの言葉をひきつつ、話をすすめていく。それが、菊竹語りのならわしになっている。

だが、私はこの三段階をわけることに、それほど大きな意味を見いだせない。菊竹がどうしてこういう考えにとらわれたのかも、わからないままである。ここでも、深入りはさける。

ただ、本質論の「か」をめぐる菊竹のある論法には、興味をいだかされた。三段階論に関しては、もっぱらそこへ焦点をしぼりつつ、話をくりひろげる。

一九七二年のことであった。菊竹はＮＨＫのテレビ番組に、顔をだしたことがある。そして、そこで、自分の設計観を披露した。そのさいに、図書館の設計へからめて、本質論的な「か」のあり方を、こうのべている。

「図書館の『か』は何かということを考えますと……日本では本を見る便利な施設と考えられておりますけれど、図書館は文化を守るという性格が一方に厳然とあるんですね……その地域のもっとも重要な精神的機能を担うべき情報建築なんですね」（『建築のこころ』一九七二年）。

「図書館が図書館らしいということが結果として感じられることは大事なことですが、らしさが行き過ぎると形式主義になってしまうんですね……安易に『らしき』計画をしていくときには、本質としての『か』を忘れてしまう危険を警戒しなければならないと思います」（同前）。

図書館につとめる職員たちは、まちがいなく「便利な施設」をもとめるだろう。動線がたくみにねられた、使い勝手のいい建物を、たててほしいと思うにちがいない。つまりは、図書館らしい図書館を。

だが、菊竹はそういう図書館像をしりぞける。「便利な施設」であることより、「精神的機能」の充実をはかりたい。そこにこそ図書館建築の「か」、つまり本質はあるという。

けっきょく、菊竹の発言は、ちまちました機能主義をいやがる物言いになっている。図書館の業務内容や蔵書管理などに関するこまかい注文を、建築家にはもちかけるな。もっと大きい「精神的機能」を、自分たちには考えさせてくれ。菊竹は「か」、「かた」、「かたち」の「か」を語りながら、事実上そうのべている。

クライアントとのうちあわせでも、こういう話をもちだしたのかどうかは、不明である。それで彼らを煙《けむ》にまき、もろもろのちっぽけな要求をしりぞけたとも言わない。ただ、「か」を語る勘所は、せちがらい機能主義をしりぞける点にあった。言葉をかえれば、建築家の造形的な自由を、もとめるところにも。

丹下健三が、都市を論じつつ機能主義を遠ざけたがったことは、すでにのべた。それと似たような考え方を、菊竹も「か」という言辞にはこめていたようである。建築家には蜜のような甘味があり、図書館の職員にはめいわくでしかない観念を。まあ、殿様気分の首長たちは、「精神的機能」の横溢《おういつ》をよろこびそうな気もするが。

そういえば、丹下は「美しきもののみ機能的である」と、言っていた（『新建築』一九五五年一月号）。みみっちい機能主義に逆接的な言葉をぶつけ、これをあざけったのである。菊竹も、一九六一年には丹下の言葉をうけて、さらに新しい言いまわしをひねりだした。「空間は機能をすてる」という警句が、それである。

遺構や遺跡としてのこされた建物の形は、機能的な意味をうしなっている。言葉をかえれば、機能がなくなったあとでも、それらは当初の形をとどめることになる。そして、この形を、後世の人々は、まじり気なくあじわうことができる。機能面のあれやこれやにかかわりがない、より純粋な形として。

「形態の美しさは……建築から機能が欠落し……より強烈に発見される場合があり……まさに抜け殻のような形態から……美が感じられ迫力が生まれる」（「設計仮説」『建築』一九六一年十一月号）。

将来は美しい廃墟としてかがやくだろう建築を、自分たちは今つくっている。今日の機能は、あまり重んじなくてもかまわない。大事なのは、これが役立たなくなった時に、どう見られるか、である。とまあ、菊竹がそこまで書ききっているわけではない。しかし、ほとんどそうのべているように、私は感じてしまう。「空間は機能をすてる」と、菊竹は言いはなつ。自分が設計をした建築でくらす同時代人のことは、ないがしろにする物言いだと思う。いつか、建築史の檜舞台にたつだろう日のことを、この言葉は想いえがいている。形だけが晴姿としてうかびあがる、その日を夢想する揚言にほかならない。

野心的な建築家なら、誰しも心のどこかでは、似たようなことを考えているだろう。だが、公衆の面前では言いにくい。クライアントの前でも、おおっぴらに語ることは、はばかられる。そんな観念へ、菊竹は言葉をあたえたのである。建築家的な、あまりに建築家的な観念へ。

伊東豊雄も言うように、菊竹は「社会派」的な一面をもっている。それっぽい言論活動も、しばしばくりひろげた。

とりわけ、メタボリズムとかかわる時には、そういう発言が多くなっていただろう。自分の提案にしたがえば、都市の土地不足はしのぐことができる。ムーブネットの導入は、現代の都市生活にねざしている、等々と。

しかし、そればかりが菊竹の本質であったとは、思えない。「社会派」風にたちまわるいっぽうで、菊竹は形にもこだわった。社会的とは言いがたい情熱を、こめている。それこそ、機能をうしなった形が勝ちとる栄光に、うっとりしてもいたのである。

菊竹は、集合住宅の計画もいくつか発表した。一九六六年からは、樹状住宅とよばれる建築の構想を、模型や図面でうちだしている。五層ごとに、大きなふきぬけのある空中広場をもうけた提案である。

菊竹は、この広場をとおして、「インチメートな、近隣生活」を再生するという。うしなわれつつあるコミュニティを、回復させてみせる。そうテレビの画面でも、言いきった（前掲『建築のこころ』）。

広場の形をまとめる前に、菊竹は「江東地区の住み方」をしらべたらしい。そして、そこに、「密接な人間関係とそれを成立させる……共有横町」を、見いだした。樹状住宅の空中広場にも、こういう下町的な「共有空間」をとりこみたい。菊竹は、そんなふうにものべている（同前）。

こういう「社会派」的な仕事に、菊竹事務所在職中の伊東は、いらだったという。

「市民は真にこのような空間を欲しているのだろうか、現実の生活から飛躍して建築家が幻想の共同体をイメージしているにすぎないのではないか」（前掲「菊竹清訓氏に問う……」）。

こんな空間を、社会はもとめていない。そこに、伊東は「社会派」である菊竹の破綻を、見てとった。伊東が菊竹のもとをはなれていくきっかけのひとつでは、あったろう。

しかし、菊竹が下町情緒のよみがえりを、本気で空中広場にたくしたとは思えない。はじめにあったのは、ああいう大きなふきぬけをつくりたいという造形欲であったろう。下町のコミュニティうんぬんは、その欲望を正当化する口実でしかなかったはずである。あるいは、テレビむきのもっともらしいコメントだったというべきか。

菊竹は「江東地区」の調査へ、まじめにのりだしていたかもしれない。さらに、この作業は空中広場の造形へむかう菊竹を、ふるいたたせていただろう。ここまでしらべたんだから、もうひっこみはつかない、と。この「社会派」風なふるまいを、偽装であったときめつけるのは、ややためらう。

だが、胸のうちは、心の奥底は、やはり形への想いでいっぱいだったと思う。たとえ、コミュニティが、よみがえらなかったとしても、それはそれでかまわない。あのふきぬけさえ、「機能をすて」た空間としてのこれば、じゅうぶんである、と。

そう、菊竹も基本的には、伊東のいう「空間派」でありつづけた。ただ、事務所経営上のさまざまな思惑もあり、一九七〇年代には造形欲を鈍化させていく。「狂気」のほうは、ひっこめざるをえなくなった。菊竹に変節があったとすれば、そういうことではなかったか。

「社会派」であろうとしたことが、菊竹の足をひっぱったわけではないだろう。そもそも、菊竹がほんとうに「社会派」であったとは、思えないのである。

ムーブネットにたくしたもの

メタボリズムは、建築の新陳代謝をめざす運動であり、グループである。生物が古い細胞をすて、新しい細胞にかえながら、生きていく。その代謝ぶりを建築にもとりいれることが、メタボリズムではは《ママ》かられた。グループとしては、一九六〇年に結成されている。

彼らが想いえがいた建築像を、おおざっぱにまとめれば、つぎのようになろうか。

コアとなる建築軀体に、交換可能なカプセル状の設備群や小部屋を、とりつける。また、カプセル化された部分は、状況におうじしばしば新しいものにとりかえる。この作業をくりかえせば、建築は生き物のように変貌する。

菊竹清訓は、グループの代表格とももくされる建築家である。じじつ、菊竹は建築的な代謝のあり方を、さまざまなかたちでこころみた。文字どおり『代謝建築論』（一九六九年）と題した本も、だしている。

ただ、菊竹は「機能をすてる」空間にも、魅力を感じていた。現実的な用途をおえた「抜け殻のような形態」にこそ、美的な可能性はある。そうとなえた建築家でもある。

状況しだいでパーツをとりかえ、建築を生き物のように代謝させていく。この考えは、「機能をすて」た「抜け殻」の可能性にかける、ふだんの観念となじまない。代謝がつづけば、建築はなかなか「機能をすて」られなくなってしまう。美的な「抜け殻」にも、とうぶんなれないだろう。

建築の代謝性と、「抜け殻」のような空間を、菊竹が両立させようとした例はないか。そう考えた時に、おのずとうかびあがってくる作品が、ひとつある。一九五八年にできた菊竹の自邸、スカイハウスがそれである。

周知のように、この自邸では夫婦のいる主室が、ピロティで高くもちあげられた。そして、その主室は正方形平面のワンルームに、まとめあげられている。

これは、まったくのワンルームで、台所や便所、そして風呂もふくまない。そうした施設は、交換可能なムーブネットとして、主室の外側へとりつけられている。子供の部屋までムーブネット化され、主室の床下へつりさげられた。ピロティの天井へ、ぶらさがるように。

あとでもふれるが、夫婦の主室には、おごそかな気配もある。夫婦の日常性をこえた、菊竹のいわゆる「精神的機能」もみなぎっているように見える。そして、それをみだしかねない部分は、主室の外や下へはみだすかっこうですえられた。

私には、だから外部化されたムーブネットが、何やらできものめいてうつる。人体が不純な部分を外へおしだし、イボ、タコ、マメといった突起を構成する。あるいは、タンコブを。同じように菊竹も、気高い主室が純粋さをたもつよう、不純な日常性をおいだした。私の目には、そう見える。

スカイハウス

たいていのスカイハウス論は、外側のムーブネットをメタボリズムに関連づけてきた。菊竹はあれを外へだすことで、その交換可能性を印象づけようとしている。いずれはメタボリズムとしてさわがれるこころみを、先駆的にみのらせた。と、そんなふうに位置づけることが、すくなくない。

だが、そこに菊竹のいちばん大きなねらいは、はたしてあっただろうか。たぶん、そういうことを、なによりも強くもくろんでいたわけではなかったろう。主室のひきしまったたたずまいを、こわされたくない。この想いがはじめにあって、ムーブネットはそこからおしだされたのだと考える。イボやタコのように。

そして、イボやタコていどのものなら、事情がゆるせば交換しうると、菊竹は判断した。とりかえのできるムーブネットとして設置されたのは、そのためである。

いっぽう、主室のひきしまった空間は、なにものにもかえがたい。菊竹は、ここをまもるために、ムーブネットを利用した。日常雑事という膿《うみ》を、ひきうける器《うつわ》として。「機能をすてる」空間は、こうして代謝するパーツにささえられていく。両者の両立は、そんな提携により、ようやくなりたった。

夾雑物をおきづらい純粋なワンルームで、夫婦ふたりがくらしをいとなむ。この挑戦には、やはりいろいろ無理があったのだろう。菊竹家はやがて、ピロティの下にさまざまな部屋をもうけだす。そして生活の場を、しだいにそちらへうつしていった。

さらに新しくムーブネットをつけかえることで、対処をしようとはしていない。スカイハウスは、一般的な増改築をくりかえしつつ、変貌をとげていった。メタボリズム的な新陳代謝は、はじめの一歩ぐらいでしか実

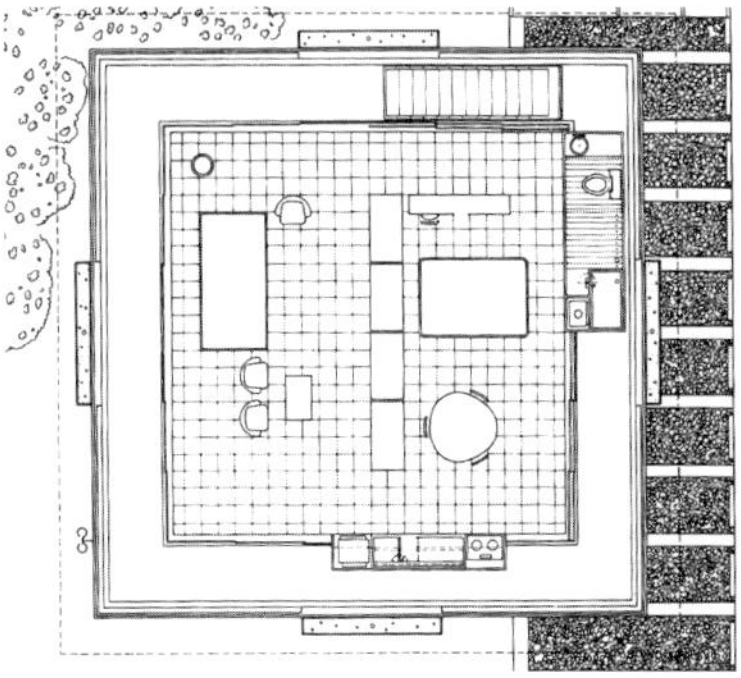

スカイハウス：平面

現しなかったと、評しうる。

そのことで、菊竹と菊竹のとなえたメタボリズムをからかうむきも、ないではない。自邸については、けっきょく、メタボリズムの主張をうらぎってしまったのだな、と。

しかし、スカイハウスのたどった半世紀については、べつの見方もなりたちうる。

ピロティから下には、日常生活とかかわる部屋が、つけくわえられた。主室の気品をおかしかねない諸室が、つぎたされている。さきほどの比喩にしたがえば、タンコブがよりいっそうふくらんだのだと、言ってよい。菊竹家には失礼なたとえで申し訳ないが、主室を中心に考えればそうなる。

とはいえ、そのため、ピロティにささえられた主室の質は、今でもたもたれている。夫婦の空間という当初のつとめは、もうはたさなくなった。だが、ここは「機能をすて」た「抜け殻」として、今日なおかがやきをはなっている。いや、夫婦がいなくなったぶん、空間としての値打ちはさらに高まったかもしれない。

メタボリズムのこころみは、中途半端におわったと言うしかないだろう。しかし、ここでは、空間がみごとに「機能をすて」たのである。やはり、菊竹的建築論が実をむすんだ作品であったと、みなしたい。

コア・システムにあらがって

住宅のコア・システムということが、一九五〇年代にはよく語られた。便所や浴室、それから厨房を住宅内の一カ所にあつめ、核《コア》とする。それら給排水設備にかかわる部分を軸として、住宅を設計していく。こういう手法をコア・システムとよび、もてはやした時代がある。

増沢洵、池辺陽、清家清といった建築家の名前が、この手法に関してはうかんでくる。丹下健三の自邸(一九五三年竣工）も、コアの考えにピロティをくみあわせていた。やはり、コア・システムがおもしろがられた時代の作品だったと言ってよい。

なお、丹下は大規模な公共建築を計画するさいにも、コア・システムをとりいれた。その場合は、コアの部分にエレベータや階段もふくませている。

スカイハウスをたてる前の菊竹清訓も、彼らの住宅を見たらしい。しかし、いずれにも感心しなかった。その理由を、やはり菊竹スクールのひとりである内藤廣に、菊竹はこうつげている。

「住宅の真ん中に設備の部屋があるというのは、ひょっとしたら間違いかもしれない。やっぱり住宅の中心に主人がいることのほうが重要なんじゃないか」（『内藤廣対談集2 著書解題』二〇一〇年）。

丹下の自邸についても、にがにがしくながめていたようである。

「見に行ってもちっとも良くないんです。真ん中にお風呂場とか台所があるのはいかがなものかと思いました」（同前）。

スカイハウスが、水まわりの設備を外へおいだしたもうひとつの事情も、読みとれよう。当時はやっていたコア・システムの尻馬には、のりたくない。あれは、邪道である。自分は、逆のことをやってみたい。そんな思惑も、菊竹にはあったようである。

菊竹が設計をした公共建築のなかにも、こういう考え方を投影したものがある。たとえば旧館林市庁舎（現市民センター、一九六三年竣工）が、そうである。ここでは階段や水まわりをおさめたコアが、建物の外、その四隅に配されている。

丹下の公共建築で、コアが外からうかがえるものはあまりない。一九六〇年代はじめごろまでの諸作は、これを建物の中央へおしこめ、かくしていた。コアはたいてい、スカッとした外観を陰でささえる、縁の下の力持ちになっている。まあ、あとで丹下は、このコアを表へのぞかせるようにもなるのだが。

館林のコアは、丹下がかくしてきた部分を、これ見よがしに見せつけた。外観的には、無骨なコアとガラス窓の壁面が対比的に見えることを、ねらいながら。菊竹は、「真ん中」に給排水のコアがおかれることを、それだけきらったのである。

しかし、コアを外にだしたせいで、庁舎内の空間がひきしまったとは思えない。そこにひろがっているのは、ありきたりのオフィス・フロアである。日常性を外へおしだし、中の空間を聖化する。この考えを実体化させることができたのは、スカイハウスだけだったのかもしれない。

コアの軀体を中心にすえ、ムーブネット化された部屋を、その外側にとりつける。そんな代謝建築の試案を、菊竹はいくつもえがいていた。だが、実作でそういう形にいどんだ例は、あまりない。

こう書けば、パシフィックホテル茅ヶ崎(一九六七年竣工)があると、言われようか。たしかに、このホテルでは垂直のコアへ、客室のユニットがすえられている。メタボリズムの観念を具体化した、その典型例だとみなせなくもない。

じつは、ここでも給排水がらみのスペースは、建物のいちばん外側にもうけられた。設備のムーブネットとして、外観のめだつところにとりつけられている。

中心のコアに、それらをまとめようとはしていない。ひとところへあつめれば、管理面もふくめ、ホテルからはありがたがられたと思う。だが、菊竹はそれらを外側に配置した。「真ん中に設備の部屋がある」のは、「間違」っている。スカイハウス以来と言ってよいこのこだわりは、ここでもつらぬかれたということか。

いずれにせよ、このホテルが菊竹作品のなかで、とくにかがや

層状住宅

かしいとは思えない。メタボリズムの理念をじっさいに具体化した、菊竹としては数少ないこころみである。しかし、スカイハウスにつうじる「機能をすて」た空間のゆたかさは、うかがえない。

造形の感覚にはひいでた、多才な建築家であった。だから、メタボリズムを体現したような建築の形も、ひねりだすことはできる。じっさい菊竹は、それを図面や模型などで、しばしば世に問うた。

しかし、メタボリズムをそのまま実体化すれば、空間的な見せ場はつくりにくくなる。「精神的機能」がみちあふれたハイライトは、なりたたせづらい。もちろん、メタボリズムにも、図案上のおもしろさはある。だが、建築の空間的な充実は、もたらしにくい。「機能をすて」た時にこそかがやく空間は、あきらめざるをえなくなる。

実作者としての菊竹が、あまりこの方向へのめりこまなかったのは、そのせいか。

男と女

建築家は、しばしば自作の設計意図を、文章に書きあらわす。スカイハウスをたてた菊竹清訓も、この自邸にこめた想いを、しるしている。「スカイハウス」と題された一文が、それである（『建築文化』一九五七年十二月号）。

そこに、書き手として登録されているのは、しかし菊竹ひとりだけではない。妻である菊竹紀枝の名も、いっしょにならべられている。夫婦の共著というかっこうで、この文章は発表された。いや、スカイハウスという建築作品じたいも、彼らの合作だということになっている。

菊竹が妻との連名にこだわった訳は、「スカイハウス」を読めば、よくわかる。菊竹は、この自邸を夫婦愛の結晶として、とらえていた。清訓と紀枝がむすばれたからこそ、この家はあるというのである。

「家族単位は……どんな場合にも、人間のただ尊敬と信頼と愛に支えられて結びあうことができる……そして愛によって結晶する家族の最も基本的純粋な結びあいこそ夫婦なのである。国籍も、職業も、地位も、血統も、財産も、ある時には法律さえも、あらゆるものを越えての結びあい……人類の男族と女族の美しい出あいによって生まれる新しい可能性の力なのである」(同前)。

なんとも調子の高い文章である。菊竹は、男女の出会いや、夫婦のつながりが、国家や社会をのりこえるという。スカイハウスは、そんな男女のよりどころとして、いとなまれた。そう菊竹は、いや菊竹夫妻は、ほこらしく宣言したのである。

ピロティで夫婦の主室が高くもちあげられたのも、そのためであった。二〇世紀文明の「悪魔的傾向」は、今や家族をむしばみつつある。そんな時代の趨勢に、「建築家は……抵抗する責任を持っている」(同前)。菊竹夫妻は、空へとむかうことで、抵抗の姿勢をしめしたのである。

のちに、詩人の吉本隆明は、男女のペアがおりなす連帯の想いを、「対幻想」とよんだ(『共同幻想論』一九六八年)。国家や社会がかまえる「共同幻想」には、とりこまれない。それにははむかうこともある抵抗の拠点を、男女のつがいに想定したのである。

菊竹らがスカイハウスにたくした想いは、吉本の思想的

スカイハウス、吊られた子ども部屋

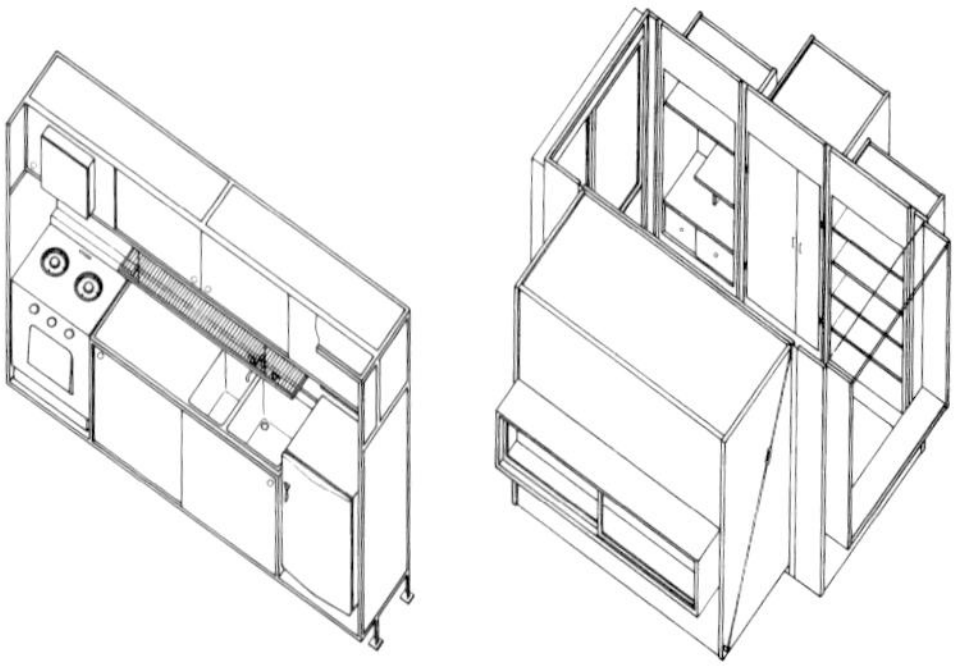

スカイハウスのムーブネット。子供部屋(左)と台所(右)

ないとなみに先行する。さきどりされた「対幻想」論として、戦後日本思想史にも位置づけたくなってくる。まあ、思想史家は、建築家の発言になど、目をむけないような気もするが。

さて、菊竹はしばしば建築をつうじた共同体的なコミュニティの回復も、うったえた。たとえば、樹状住宅の計画で、その可能性をうたいあげている。その点は、前にもふれたとおりである。

このもくろみがみのれば、「インチメートな、近隣生活」をもたらしうる。「江東地区」に見られる下町的な「共有空間」が、現代建築においてもよみがえる。菊竹は以上のようにとなえていた。

建築が、地域の共同体をささえる器《うつわ》となる。この考え方は、スカイハウスに仮託された観念と、しかしおりあえない。あきらかに、くいちがう。

スカイハウスでは、共同体に背をむけた男女の砦が、めざされた。「あらゆるものを越えて結びあ」う、「男族と女族の美しい出あい」。その場をたもつことが、何よりも念じられたのである。空《スカイ》へ住居《ハウス》をおしあげ、地上からきりはなすことによって。

その同じ菊竹が、樹状住宅では、共同体のつながりに心をよせている。実現されたパサディナ・ハイツ（一九七五年竣工）でもそれをおいもとめた。これは、いったいどういうことなのか。われわれは菊竹にひそむこの矛盾を、どううけとめればいいのだろう。

くりかえす。共同体を回復したいという強いねがいが、菊竹にはじめからあったとは思えない。「共有空間」をこしらえたいと、建築家は言いつのる。しかし、これも、大きなふきぬけをもうけるための口実でしかなかったと、私は考える。パサディナ・ハイツの段状集合住宅も、ああいう形にしたかったまでのことだろう。

ならば、共同体からはなれた、男女の巣をいとなみたいという想いのほうは、どうか。コミュニティうんぬんは、なるほど茶番じみてひびく。だが、もういっぽうのほうには、菊竹の真実がこもっていたと、言えるのか。

スカイハウスは、子供の部屋さえムーブネット化して、主室の外へだしていた。まじりけのない男女の空間がこころざされたのだと、その点からはとりあえず見えてくる。子供ですらじゃまだったんだなという感慨も、おこらないではない。

しかし、スカイハウスのこういうおごそかにすぎる空間で、夫婦はなごめるのか。社会や世間をはなれて、男と女が肩をよせながらむつみあう。それにふさわしい場が、ここにくりひろげられているとは、思いにくい。夫婦にかぎらず、人がいごこちよくすごせるところでは、そもそもないような気がする。

写真でしか見たことのない私だけが、こういう印象をいだくわけではない。ここをおとずれじっさいに見た人々も、しばしば同じような感想をしめすことがある。たとえば、建築史家の藤森照信も、「お寺」のような感じがしたという。

「人はこの空間に入ると、背骨がシャンとしてしまい、ダラけることができなくなってしまう」(『藤森照信の原・現代住宅再見』二〇〇二年)。

イラストが得意な編集者の宮沢洋も、似たような想いをいだいたらしい。「三階中央の主室は、まるでパワースポットのような荘厳な空間」だと、のべている(磯達雄・宮沢洋『菊竹清訓巡礼』二〇一二年)。

写真だけによる私の判断も、そう的をはずしていないようである。やはり、ここは男女がたがいをまもるためだけに、たてられたすまいではない。それ以外の何者かにも供された空間であると、考える。

パサディナ・ハイツ

コールハースへの告白から

建築のメタボリズムが日本でとなえられたことは、国際的にもよく知られている。二〇世紀後半の建築史をいろどるうごきとして、諸外国でもみとめられてきた。

欧米ばかりを舞台としてきた前衛の運動史に、非欧米圏発のそれがはじめて顔をだす。アジアからとびだした建築の新しいうごきだと、西洋の建築界でもうけとめられた。そういう事例としても、メタボリズムは画期的であったろう。

レム・コールハースも、はやくからこれには興味をいだいてきた。二〇〇五年には、ハンス・ウルリッヒ・オブリストらと調査をはじめている。日本をおとずれ、この運動とかかわった人々にインタヴューをこころみた。二〇一一年には、英文でそのドキュメントを出版している。『プロジェクト・ジャパン――メタボリズムは語る』と題された本が、それである。翌、二〇一二年には、その邦訳も刊行された。

なかに、菊竹清訓とコールハースの、たいそう印象ぶかいやりとりが、おさめられている。菊竹の語る自分史と、それにたいするコールハースの反応が、おもしろい。

菊竹は、福岡県久留米市の、大地主として聞こえた名家に生をうけた。しかし、占領軍が一九四〇年代に断行した農地改革で、土地の大半をうしなってしまう。そのことへのうらみが、自分にはあった。自分の建築的提案には、この改革にたいする怨念がこめられているという。

「それは地主としての、制度解体に対する抗議ですね……地主がいなければ社会も文化もなくなる……私の発想の原点としていちばん重要な問題です。塔状都市（一九五八年）も海上都市（一九五八年）も、みんな土地を課題とした提案でした。これは初めて述べることです」（前掲『プロジェクト・ジャパン』）。

この告白に、コールハースはおどろく。つぎのように。

「僕らヨーロッパ人にとっては、メタボリズム建築というのはどう見ても民主主義的な身振りにしか思えなかった。カプセルとか細胞といった概念は、個人の生き方を支える重要な基盤なんだとわれわれの目には映った……しかし……じつはまったく逆で、まるで有産階級の亡命行為、つまり民主主義どころか、地面から空や海への亡命であったと……」(同前)。

「ヨーロッパ人」でない私も、菊竹のうちあけ話には、たまげている。コールハースとまったく同じ感想を、この自分語りにはいだかされた。なるほど、菊竹は旧地主という自負心を、海や空へとむかう計画にこめていたのか。メタボリズムの個人主義的な見かけに、だまされてはいけないな、と。

さて、スカイハウスも、空へむかった建築にほかならない。とうぜん、そこにも地主の御曹子らしい想いが、投影されているはずである。じじつ、こんどはオブリストにスカイハウスのことを聞かれ、菊竹はこうこたえた。

「地主である私の家には冠婚葬祭があるたびに近所の人が集まってきて、そこでお祭りのようなかたちで儀式や祭事をやるわけですね。ですから、例えば、壁をつくらないで、建具はみんな引き戸にして、(空間を)どんなふうにでも使えるようにする。スカイハウスの設計でも、そういう住み方がいいと思ったわけです」(同前)。

地方の名望家たちは、たしかにそういうくらしをいとなんできた。自分の屋敷を大広間としてつかい、親族や近くの人々に大盤振舞《おおばんぶるまい》をする。それが、えらばれた家のつとめ、ノーブリス・オブリージュだとされてきた。主室は、間仕切りなどおかずに、大きく構成する。食寝分離などという戦後的な住宅観は、意に介さない。スカイハウスのそんなかまえは、旧地主の館がたもってきた大広間に由来する。

モダンデザインのワンルーム・プランに、ぱっと見のつくりは似かよっている。しかし、スカイハウスをなりたたせた想いは、そういう新しい観念にねざさない。保守的な地主層の建築観が、そこにはこめられているという。

長女の菊竹雪も、スカイハウスの主室を、つぎのようにふりかえる。

「ここはお客様をお招きするのが当たり前になっていました……お客様は家族でお迎えするという感じで

した……ここは、ずっと特別な空間でした。例えばお正月のお膳は必ずここで食べる。それからお月見をするとか、ハレの空間として使っていました。母・紀枝の葬儀もここでしましたし……妹が結婚をする時は、どうしてもここで二次会をやりたいと言って、二次会でここに百人ぐらい入ったと思います」（前掲『菊竹清訓巡礼』）。

客をまねき、葬儀や披露宴にも供される。晴れの場であったという。当初は男女の砦としてたてたが、おごそかすぎるかまえのせいで、そうなったのではない。地主の大広間にもつうじる晴の場であることが、ここではじめからめざされた。

家の「真ん中にお風呂場とか台所があるのはいかがなものか」。菊竹のこういう口ぶりも、大広間を念頭におけばよくわかる。客をもてなす部屋の中央に、そういう下世話な設備はおきたくない。晴れの場で宴席をもうけたかつての地主たちなら、誰もがそう考えただろう。

「パワースポットのような」空間がいとなまれたのは、そのためである。日常のくらしをささえる褻《け》の場が、下へふくらんでいったのも、とうぜんであろう。そもそも、手垢にまみれた生活をうけいれるように、主室はできていなかった。

しかし、それが、かけねなく旧地主の心意気を再現していたとは、思えない。「地主である私の家には……近所の人が集まってき」たと、菊竹は言う。だが、菊竹に、スカイハウスへ「近所の人」をあつめる心づもりは、なかったろう。

スカイハウスは、文京区の大塚にたっている。しかし、そこで地域交流のつとめをになう気があったとは、思えない。下町風のコミュニティにたいしては、むしろこれをしりぞけようとしただろう。ピロティで、わざわざ地上からはきりはなして。

だが、この家を菊竹はしばしば建築家たちのつどいに、開放した。メタボリズムのグループを、あつめることもあったという。のみならず、海外の建築家も、ここにはよくまねかれた。ピーター・スミッソン、フライ・

オットー、そしてルイス・カーンらが。

建築界のコミュニティにたいしては、菊竹もノーブリス・オブリージュをはたしていた。意地悪く言えば、地主めいたふるまいにも、およんでいたのである。ひょっとしたら、どこかでは業界の地主たらんとする野心も、ひめていたかもしれない。

やはり、男と女が、ただよりそうだけの空間では、なかったようである。たいせつな客をまねき、妻も夫とともにもてなす場が、ここではいとなまれた。のちにはそれが、長女の言う「お客様は家族でお迎えする」ところと、なったのだろう。

何度も書くが、この主室にはおとずれた者の衿をただす力がある。いずれはここをたずねるだろう建築家に、あらかじめ見栄をはっていたのだろうか。カーンやスミッソンのような建築家がきても、ひけ目を感じることがないように。

一九五三年にできた丹下健三の自邸を、菊竹は評価しなかった。コア・システムは好きになれなかったと、のべている。

だが、丹下の自邸も、しばしば建築界のコミュニティには、開放されていた。それが、建築家・丹下の人脈づくりに役だつ現場も、菊竹はまのあたりにしただろう。あるいは、丹下スクールの「インチメート」な拠点となっていることも。そして、この点は五年後のスカイハウスでも、あやかろうとしたような気がする。邪推がすぎただろうか。

黒川紀章

くろかわ　きしょう

言葉か、建築か

アーキテクチュアへの前史

黒川紀章と磯崎新、そして原広司の作品を、一冊にまとめて紹介した本がある。『現代日本建築家全集』の第二一巻（一九七一年）が、それである。

なかに、「予言としての創造」と題された座談会の記録がある。三人の建築家と映画監督の大島渚が、評論家の栗田勇を司会役として語りあう。そのやりとりが、おさめられている。そこで黒川は、開始そうそう、すてばちな文句をはいていた。

「ぼく自身はもうすでに建築家じゃないんじゃないかということを感じているわけです……いまやっている仕事っていうのは、藤沢のニュータウンですけど……やっていることは、ひとつはプロデューサーで、ひとつは権利調整者で、やっと最後に建築家らしい図面を書いているんです……それの持っている力というのは、全体の事業の動きの中では、きわめて弱いわけです」。

ニュータウン開発のような大きい仕事になると、建築家の職能はかすんでしまう。より、社会科学的な見きわめが、もとめられる。図面へむかい形にこだわる建築家らしい仕事から、自分はもう足をあらいだしている……。そうきりだすことで、黒川は磯崎や原に不意打ちをくらわせた。あなたがたが従事する建築というといとなみは、たいそうちいさいものなんだ、と。

二〇世紀もおわりごろになってからだろう。社会科学の分野では、アーキテクチュアという概念が、うかびあがるようになる。建築の枠をこえた社会的な制度設計一般が、アーキテクチュアという枠でくくられだす。

社会のしくみとむきあい、さまざまな手だてをこうじる人がいる。これからは、そんな人材こそが、アーキテクトとよばれるにふさわしい存在となる。一時代のシンボルめいた建築を設計する旧来のアーキテクトは、もういらない。社会科学方面でアーキテクチュアを論じる研究者は、そんな口吻《こうふん》をもらすこともある。

こういう論じっぷりを、しかし黒川は四半世紀ほど前から、口にしていた。一九六九年には、制度設計をあつかう社会工学研究所も、もうけている。

黒川が東大で師事した丹下健三も、自分の研究室を事実上のシンクタンクにしていたろう。そして、そこでは都市をめぐる社会的な調査と分析に、心をくだいていた。しかし、そういうつとめが、建築家・丹下を埋没させるとは、ゆめ思わない。表現者である自分をあとおしする仕事として、丹下はそれをとらえていたはずである。

いままでの建築設計は、社会科学のなかにうもれてしまう可能性がある。そんな黒川の物言いは、根っこをさぐれば、京大の西山夘三にたどりつく。じじつ、黒川が京大時代に籍をおいた西山研は、社会的な調査と提言を重んじた。建築の色や形にこだわる建築家のことは、あなどっている。まあ、西山当人には、それなりの絵心もあったらしいのだが。

黒川じしん、京大をえらんだ動機は、西山の本を読んだことにあるとのべている。

「建築には、それまで想像していた美的な世界とはまったく違う社会的・政治的側面があることを、私はその本から知ったのである……私もまた、社会改革という言葉に熱い思いを抱いた。そして……京都大学に進学することを決めたのである」(『黒川紀章ノート』一九九四年)。

社会科学の世界におけるアーキテクチュア概念も、前史をさぐればおもしろかろう。西山あたりから黒川をへて、社会科学へ飛火していく筋道が、見えてくるかもしれない。社会学史か建築史の研究者に、おいかけてもらえればいいのになと思う。

話を、『現代日本建築家全集』での座談会にもどす。このなかで、大島は映画づくりのむなしさを、口にした。作品としての映画は、せいぜい数時間の鑑賞でおわってしまう。永続性のある建築が、くらべてうらやましい、と。

これをうけ、黒川は建築だってうたかたみたいなものだと、たちどころに言いかえす。現代の建築は、寿命が短くなっている。つくっても、すぐにたてかえられるのが常である。「これからの建築は映画に近くなっていく」。「生活」の「舞台装置」でしかないとさえ、言いきった(前掲「予言としての創造」)。

大島は、この言いっぷりに喝采をおくっている。「そのニヒリズムはぼくに快い」、と(同前)。

しかし、どうだろう。一九七〇年の大阪万博で、建築家・黒川の名声はたいそう高まった。そのさかりに、「ぼく自身はもうすでに建築家じゃない」と、本気で思うだろうか。

おそらく、座談会での黒川はニヒルをよそおいながら、見栄をはったのだろう。鼻高々な建築家が、自分はもう建築家じゃあないよと、うそぶく。かっこうをつけ、悪ぶってみせたのだと思う。

当時の黒川は、藤沢ニュータウンの開発にも、たずさわっていた。大きな仕事で、図面をえがく建築家のつとめは、かすんでいたという。それだけのビッグプロジェクトをたくされたことも、黒川はじまんしたかったのだろう。建築家の「力」は「きわめて弱い」という発言には、いろいろなふくみがあったと思う。

ただ、虚無的な強がりが黒川にあったことは、まちがいない。そして、座談会にでていた磯崎や原は、黒川へあゆみよろうとしなかった。ふたりとも、建築の設計といういとなみを擁護する方向で、話をすすめている。磯崎にいたっては、大島のやや意地悪な問いかけもそらさず、どうどうとうけとめた。

大島　……現代建築っていったらいいのか、近代建築っていったらいいのかわかんないけれども、その発生は信じてるわけね。

磯崎　そうですね。ぼくは信じてるんです。

(同前)

「近(現)代建築」を、「ぼくは信じる」。そう言いきった磯崎は、一九六九年から「建築の解体」を『美術手帖』へ、書きだしていた。「近(現)代建築」の黄昏《たそがれ》があじわえる連載を、はじめている。その執筆期間中に顔をだした座談会では、正反対の信念をのべながら。

けっきょく、あの「解体」論にもデカダンぶった見せかけは、あったということか。「近(現)代建築」が信じられたからこそ、「解体」をおもしろがれもしたのだろう。のちに「大文字の建築」をふりかざす。その下地も、このころにはできていたらしい。まあ、「ぼくは信じる」という発言を、それこそ信じればの話だが。

いずれにせよ、三人のなかでは、黒川がいちばんシニカルなポーズをとっていた。建築家なんか雲散霧消してしまうという方向へ、つっぱしったのは黒川だけなのである。建築界ではより虚無的だと思われている磯崎が、建築を信じると言いきるいっぽうで。

カプセルと、住まい手の主体性

メタボリズムでもえていたころを、黒川紀章はしばしばふりかえってきた。一九九八年にも、『群居』という雑誌からこわれ、往時へ想いをはせている。そして、そこでも、さきほどのべた建築家の埋没という話に言及した。自分たちが、メタボリズムをかかげながらうったえたのは、つぎのようなことだ、と。

「このままで経済成長すると……建築家の主体性とか、そんなもの吹っ飛ぶよ……建築が都市をつくるんじゃなくて、経済の原理が都市をつくるということになるぞと。それで使い捨てになっちゃうよと」(「揺らいでいるのは建築家像だけではない」『群居』一九九八年二月二五日)。

では、どうすれば、その埋没はさけられるのか。てがかりは、住む側の主体性にあると、当時の黒川は考えていたらしい。

「メタボリズムの原理をつくって建築家は住まい手の主体性において進める……仮に量産化されても、その

中銀カプセルタワー

組み合わせは自分達がやると……住む人間の主体性が獲得できるような量産化、だから量産化の波の中に乗りながら、どうやって主体性が確保できるかということで悪戦苦闘したんだよ」(同前)。

メタボリズムでつかわれるカプセルは、量産化される製品でもあった。それらのくみあわせで、たとえば中銀カプセルタワー(一九七二年竣工)は、できている。このコンビネーションを住み手があやつることで、主体性はたもてる。量産化の波にながされても、それはしめせる。以上のように考えていたと、黒川は往時をふりかえる。

中銀カプセルタワーのカプセルは、さまざまな方向をむいている。そのばらつきぐあいは、量産化ゆえの画一性をのりこえているように、見えなくもない。

しかし、カプセルのふぞろいなむらがりを演出したのは、建築家である。黒川の言う「住まい手の主体性」が、それをもたらしたわけではない。

黒川は、カプセルを、コアシャフトにボルトでとめていた。だから、住み手はこれを自分の都合にあわせ、とりはずすこともできると言う。たとえば、こんなふうに。

「夏休みになればそれを外してトレーラーでリゾート地へ持っていけるし、冬にはスキー場にももっていける。ヤドカリのように、移動が可能であるというのが〈中銀カプセルタワービル〉のコンセプトで……」(前掲『黒川紀章ノート』)。

住み手が、カプセルを勝手にはずせば、たしかに建築の形は日々かわる。夏の中銀カプセルタワーと冬のそれは、ちがって見えもするだろう。住み手の主体性が、建築に変化をもたらすというもくろみも、みのらせうる。うつろいゆく建築の形は、都市のなかでも異彩をはなつにちがいない。埋没もさけられそうな気がする。

だが、じっさいには、だれもカプセルをシャフトからはずさなかった。夏にカプセルをトレーラーへつみこみ、避暑地などへおもむいた者は、ひとりもいない。住み手は、けっきょく最後まで、主体性を発揮しなかった。どうして、カプセルの着脱にかけたメタボリズムの夢は、みのらなかったのか。黒川は言う。

「カプセルを外してリゾート地に持っていったとしても、そこに電話、ガス、電気、排水などの設備がなければ意味がないわけで、そういう社会的基盤が必要になる。当時はそれが整備されていなかったので、実際にカプセルを外して移動することはできなかった」(同前)。

しかし、そんなことはないだろう。電気やガスなどがゆきわたったリゾート地は、もうそのころからいくらもあった。その数も、時代が下るにしたがい、ふえていったはずである。カプセルがはずされなかったほんとうの理由は、べつのところにある。

シャフトとカプセルをつなぐボルトに、一般住民は手がだせない。これをあつかえるのは、鳶職だけである。また、下へおろすさいにも、クレーンの力をかりなければならなくなる。その手間賃と借り賃は、あなどれない。リゾートへおもむく場合でも、公共交通とホテルにたよったほうが、ずっと安くすむ。

ましてや、中銀カプセルタワーは、銀座八丁目のせまい一画にたっていた。クレーンを交通量の多い時間帯にもちこむことは、ゆるされない場所である。とりはずしの作業は、夜陰にまぎれておこなわざるをえなくなる。いや、それだって、行政がすんなりみとめるとは思えない。夏や冬に、レジャーででかける。そういう個人的な事情で、クレーン車を銀座へもちこむことが、ゆるされるはずもない。たとえ、夜間であったとしても。

そのあたりのやっかいな事情は、設計者の黒川も気づいていたはずである。施工にさいしても、いやというほど苦労をさせられたにちがいないのだから。

住み手の主体性うんぬんという黒川の回想は、その意味でたいへんしらじらしくひびく。はじめから、あの形で固定化させる腹づもりを、かためていたくせに。やっていることは、磯崎新の言う「切断」と同じじゃあないか。私などは、そう思う。

ただ、住み手の主体性という幻想をほのめかせる建築には、なっていただろう。てんでんばらばらな方向をむくカプセルは、自立した個人像を暗示しえた。黒川も、その気配さえかもしだせれば、それでよしとしていたはずである。

中銀カプセルタワーは、メタボリズムを代表する作品である。だが、建築としては、老朽化していくのもはやかった。晩年の黒川は、これをもとどおりになおし、若がえりをはかりたいと、うったえている。しかし、住民たちは投票で、とりこわすことをきめた。

一九七一年の座談会で、建築の永続性にはこだわらないシニシズムを、黒川は見せている。建築は、住み手の事情で、いつこわされてもしようがないものなんだ、と。この考えになじめぬ原広司のことは、つぎのようにからかってもみせた。

原　もし、こわすということがあれば、こわすときに何か心のわだかまりがあってこわしてもらいたいというはかない願いがあるね。
黒川　ああ、ロマンチックだ。(笑)
原　それのために生きているんじゃないの。
黒川　だから、うらやましくて……。(笑)
(前掲「予言としての創造」)

原は、自分の作品にこだわりをもっていた。気軽にこわしてほしくないと言う。そんな話相手を黒川は、青臭い若造でもあるかのように、あしらおうとする。そういう夢がいだけるロマンチシズムはうらやましいと、茶化しながら。

しかし、老境をむかえた黒川は、自作へのなみなみならぬ執着をあらわにした。自分もまた「ロマンチック」な建築家であることを、さらけだしている。

黒川にしてみれば、住み手の主体性とともにのこしてほしいところだろう。「使い捨て」にならない途を、「住まい手の主体性に」さぐった建築家だったのだから。しかし、かんじんの住民は、もうこわしてほしいと言う。

こうなれば、保存の可能性は建築界の権威主義にしか、さぐれない。これは、二〇世紀後半のメタボリズムという建築観を、今日につたえる作品である。海外の建築家たちも、のこすことをのぞんでいる。そう声高にさけぶくらいしか、手はないだろう。

かつては、建築のはかなさを語り、建築文化はきえてしまうだろうと言っていた。建築は映画の舞台装置みたいなものだと、映画監督の前で広言してもいる。そんな建築家の作品が、むりやりのこされるのだとしたら、なかなかあじわい深くもある。「住まい手の主体性」などにはかまわず、保存するねうちはあるのかもしれない。まあ、そのためにたちあがる気はないが。

テクノ表現主義からはしりぞいて

一九七七年に出現したパリのポンピドゥ・センターは世界をおどろかせた。スチール・トラスに、ダクトやチューブがからまりあう。工業技術の製品を全面的におしだしたそんなかまえで、多くの人が肝をつぶしている。ロイズ・オブ・ロンドンの社屋がロンドンにあらわれたのは、一九八六年である。こちらも、工業的でメタリックにうつる外観が、好奇の目でむかえられている。

同じ一九八六年に香港《ホンコン》では、香港上海銀行のオフィスが完成した。やはり、ビルの全体を、工業化の結晶ででもあるかのようにととのえた建築である。

テクノロジカルな見せかけを、修辞的にあしらい、全体をまとめあげる。テクノ表現主義とでもよぶべきスタイルが、二〇世紀の後半にはひろがった。リチャード・ロジャースやノーマン・フォスターらが、つくり手としては知られている。

両大戦間期に浮上したモダンデザインは、マッスとヴォリュームのあんばいを重んじた。キュービックな、単純きわまりない形を、うかびあがらせている。壁面なども、平滑にしあげるよう、それはこころがけていた。意匠面での味つけは、壁などにうがたれる穴がうけもつこととなる。それ以外のところでは、華をもとめない。禁欲的なたたずまいを良しとした。見ようによっては、味気ない表現を。

そして、後につづく世代は、よりにぎやかに見える建築のあり方を、さぐりだす。カプセルやパイプを縦横にめぐらせたロジャースらの表現も、そんな模索の一例である。テクノロジカルな見せかけで、建築にめりはりをつけようとしたのである。

やっていることは、歴史様式で建築をいろどるポストモダンと、さほどかわらない。ピュアなモダニズムの信奉者がながめれば、どちらも同じ穴のムジナとしてうつる。

じっさい、この二潮流は、どちらも一九七〇年代の後半から普及しはじめた。一九八〇年代に、開花の時期をむかえている。ほぼ並行的にくりひろげられた表現だと言える。

まあ、テクノ表現主義のほうが、コストは高くついただろう。ポストモダンのほうが、施工は楽であったと思う。そのため、普及していく度合いでは、後者のほうが前者を上まわった。そのぶん月並みになってしまうのも、早かったような気はするが。

さて、黒川紀章もテクノロジーにささえられた建築像を、若いころからうちだしている。のみならず、その点ではロジャースやフォスターらに、さきがけていた。

もちろん、ロジャースらの仕事には、黒川以外の先行者もいる。アーキグラムやジャン・プルーヴェらの存在は、見おとせない。黒川だけをことあげするとすれば、ことを見あやまる。しかし、黒川が先駆者の一人であったことは、うたがえない。

黒川らのメタボリズムは、テクノロジーの社会的な意義も強調した。カプセルなどの見えがかりばかりに、とらわれていたわけではない。そのあたりが、ポンピドゥ・センター以後の潮流とは、つながらないと見る人もあろう。

だが、工業的な見かけへつっぱしった仕事も、黒川にはある。大阪万博（一九七〇年）のパビリオンを、ためしに見てほしい。なかでも、タカラビューティリオンのつくりに、私は装飾へのこだわりを感じる。

このパビリオンへいどんだ時の心境を、黒川は芦原義信との対談で、こうふりかえる。いわく、工業化や機能主義は「装飾拒否」の表現をもたらすと、思われてきた。だが、「そうじゃない境地」もありうる。工業化にのっとっていても、「結果はバロックというものができるんじゃないか」。そう念じて、あれは設計したという（「建築をめぐって」『SD』一九七八年四月号）。

タカラビューティリオンでは、工業的な装飾によるバロックを、なりたたせたかった。そう当人じしんがのべている。あれもまた、テクノ表現主義へ舵をきった建築ではあった。

ポンピドゥ・センター以後の潮流には、やはり黒川が先導していた部分もあったようである。黒川じしんも、そのことは自覚していたらしい。テクノ表現主義の普及を横目でながめつつ、二〇世紀末にはこうのべている。

「私自身がメタボリズムでやるべきことは、あの万博で全部やってしまった。万博の後にできたポンピドゥ・センターは、私が万博でやったことをロジャースとピアノが応用してつくったものに過ぎない」（「メタボリズムを『やり尽くした』」『日経アーキテクチュア』一九九五年九月一一日号）。

パイオニアは自分だという物言いに、反感をいだくむきはいるだろう。タカラビューティリオンなんて、ちゃ

タカラビューティリオン

ちな臨時建築でしかない。ポンピドゥ・センター以後の恒久的な大建築とは、いっしょにするな、と。

たしかに、ポンピドゥ以後、テクノ表現は質を高め、量的にも拡大していった。一九七〇年だと、まだ博覧会ぐらいでしかためせない。だが、一九七七年には市中の大建築でも、それが活かせるようになる。ああいう建築をなりたたせる環境は、一九七〇年代後半からととのいだしたということか。

しかし、黒川はそうなりだす前に、工業的バロックへむかう途から身をひいた。自分のてがけだした表現を、より精度と規模を高めながら、建築としてもみのらせうる。そんな時期をむかえだしていたのに、そっぽをむいている。かえって、復古的に見える設計へ、のりだした。

フォスターには、そのことがわかりづらかったらしい。「なぜ、メタボリズム建築をずっと続けないのか」。黒川は、フォスターからそうたずねられたことがあると言う。(日経アーキテクチュア編『建築家という生き方』二〇〇一年)。

フォスターでなくても、そこをいぶかしがる人は多かろう。工業的バロックの開花する時期が、まもなくくる。その直前に、黒川が作風をかえたのは、どうしてなのだろう。自分がきりひらいたと、ほこらしく語る途を、あゆまなくなったのは、なぜなのか。

この点については、今までにもさまざまなことが言われている。黒川じしんも、いろいろ語ってきた。それらのなかでは、つぎに紹介する回想が機微をついており、さもありなんと思わせる。

「これは笑えない事実だが、万博が終わって、財界の人たちに会うと、必ず『黒川先生に仕事を頼みたかったが、三角形やカプセルみたいなものでは困ると、担当者が反対するので、他の建築家に頼みました』という話をどれだけ聞いたかわからない……黒川紀章・イコール・カプセル建築というイメージが、あたかも私の建築の個性的なスタイルのように印象づけられたことは、つらいことでもあった」(前掲『黒川紀章ノート』)

黒川は万博前後のころから脚光をあび、政財界とのかかわりを強めてきた。社会工学研究所も、その副産物ではあったろう。これは、三井や三菱、住友などにささえられることで、もうけられた組織なのである。

ただ、当時の企業人は、まだ「カプセルみたいなもの」を、けむたがった。いや、カプセルだけではない。周囲からうきあがりすぎる異化効果の強い建築を、おしなべていやがった。そういう意匠を自社ビルへとりいれることでは、二の足をふんだのである。

りっぱなビルをほしいとは、ねがっていただろう。美しくととのった社屋には、食指もわいたと思う。だが、とっぴょうしもない建築には、まだなじめなかった。

おそらく、一九八〇年代のバブル期あたりからだろう。企業が、建築面でもコーポレイト・アイデンティティを、きわだたせたがりだしたのは。

じじつ、万博前後の企業人は、カプセルをすげなくあつかった。彼らがそのうけいれをみとめたのは、博覧会場のパヴィリオンだけである。お祭りさわぎの、見世物小屋めいた施設でなら、それもおもしろがれた。その意味で、あの会場は奇抜な意匠をゆるす、建築特区だったのだとみなしうる。のちのバブル期には、街中へあふれだす。そういった類の建築が、あらかじめあつめられる、閉域をなしていた。以上のように位置づけても、かまわない。

「カプセルみたいなものでは困る」。一九七〇年代の黒川は、けっきょくこういう企業人の想いに、よりそった。博覧会場の外側では、大人たちの保守的な考えにしたがったのである。

政財界とのかかわりがもっとうすければ、事情はちがっていたかもしれない。だが、そこへくいこみ、つきあいをひろげていくのも、黒川の黒川たるところであった。

一九七〇年代のなかごろから、黒川はカプセルの氾濫をひかえだす。四角四面にできた建築へと、設計の方針をかえていった。色合いもシックなグレーで、おさえめにととのえて。抑制をもとめる企業人たちとの交流が、黒川をかえた側面はあるだろう。黒川の転進は、一九七〇年代の企業文化史をうつしだしてもいたのである。

一九八〇年代のバブル期になって、黒川はポストモダンの流儀をとりいれた。これも、企業社会じたいがはしゃぎだした時流と、ひびきあう。ただ、その段階になって、テクノ表現主義へもういちどもどろうとはしなかった。日本の企業が、そろそろロジャースやフォスターへ、声をかけだす時期なのに。

自分への追随者だと考えていた建築家たちの、そのあとはおいかけたくない。そんなプライドも、黒川にはあったのだろうか。

建築家の主体性なんて、社会のなかでははかないものである。表現者としての建築家は、社会科学知に埋没し、かすんでいく。黒川は磯崎新らに、そううそぶいたこともある。心の底から思っていたわけではないだろうと、私はさきほどこの発言を論評した。

だが、企業社会とのであいをつうじ、黒川は自分の一面をおし殺すようになる。「カプセル建築」にむかうそれまでの自分を、にぎりつぶしていった。その点では、建築家の主体性などむなしいものだと、実感していたかもしれない。

スター・アーキテクト

一九七〇年代のおわりごろに、私は中銀カプセルタワーをおとずれたことがある。いわゆる建築巡礼で、かがやけるスター・黒川紀章の作品を見にいった。そして、つくりのおそまつさに、少々あきれたことをおぼえている。

新しい考えのもりこまれた建築であることは、わかっていた。しかし、じっさいに真近でながめると、おてがるなしあがりにげんなりしてしまう。空間的な見所も、見あたらない。やっつけ仕事だなと、私は判断した。

一九七五年に、黒川は福岡銀行本店をたてている。スクウェアな外観のオフィスビルである。カプセルをあやつる前衛建築家の作品という印象は、うかがえない。

その構成は、ケヴィン・ローチの先行作をまねている。フォード財団本部ビル（一九六八年竣工）を、換骨奪胎させていた。オリジナリティは、あまりない。

とはいえ、建築としての完成度は、中銀カプセルタワーなどより、よほど高くなっている。軒下にもうけられた公開空地のひろがりも、圧倒的である。

一九七〇年代のなかばごろから、黒川は作風をかえていった。カプセルのおもしろさなどはひっこめ、りっぱなおりめただしい設計をめざしだす。福岡銀行本店は、そんな黒川の変わり身を印象づけた建築でもあった。

前衛としての黒川をあおぎ見てきた建築家たちは、この変貌ぶりにがっかりする。渡辺豊和は、『新建築』の月評（一九七八年二月号）で酷評した。「〈転向〉してしまった後の黒川の建築は醜悪ですらある」、と（『建築を侮辱せよさらば滅びん』一九八八年）。

表現のとんがりぐあいだけを問えば、どうしてもこういう品定めになってしまう。しかし、そういう尖鋭性より、ほころびのないまとまりを多とする値ぶみも、ありえよう。

黒川じしんは、一九九五年に磯崎新との対談で、「六〇年代」をこうふりかえっている。当時は、「ちゃんとした作品をつくってやろうとはあまり考えていなかった」、と（「悪しき民主主義から脱却せよ」『GA JAPAN』一九九五年七月号）。

さきほど引用した芦原義信との対談では、つぎのようにものべている。

「中銀のカプセルタワーをつくってもどうも建築にならない。インダストリアル・デザインにはなったかもしれないけれど。しかし、ソニータワーを設計してはじめて、自分では建築になった、と感じました」（前掲「建築をめぐって」）。

メタボリズムで調子にのっていたころの仕事は、「ちゃんと」していないし破綻もあった。そのことを、黒川じしんがみとめている。

過剰なカプセルを黒川作品からひっこめさせたのは、企業人たちのとまどいであったろう。彼らとのであいで、黒川の前衛的な主体性は、おしながされたと思う。だが、おかげで、黒川はよりほころびのすくない、おちついた設計へむかっていけた。そう悪くはない方向転換だったような気もする。渡辺には、「醜悪」だと見えたかもしれないが。

さて、福岡銀行本店である。その設計は、黒川がかかわる前に、竹中工務店の設計部が完成させていた。高層オフィスビルのよくある形に、まとめられていたのである。

その本格的な模型もできあがった後で、銀行の頭取は黒川にチェックを依頼した。セカンド・オピニオンをもとめたのである。これにおうじた黒川は、「もう少し、なにか考え方がありそう」だと、感想をのべた。そこからなのである。黒川に「設計するチャンスが与えられた」のは（前掲『黒川紀章ノート』）。

竹中側も、けっきょくはこの事態をのんでいる。施工は竹中がひきうけるという条件で、設計を黒川へゆずったのである。軒下の大空間は、こうした経緯をへてなりたった。

黒川は前衛として頭角をあらわし、万博でもその名を売っている。おかげで、一九七〇年代以後、黒川紀章という名前は、ちょっとした銘柄にもなった。

設計はもうおわっているが、ねんのため見ておいてほしい。銀行の頭取がそう黒川にたのんだのは、彼の名を買ったからだろう。無名の建築家に、こんな依頼はまずすまい。

竹中が設計を黒川にあけわたしたのも、似たような事情によるだろう。政財界の寵児でもある黒川とは、ことをかまえないほうがいい。そんな世渡りの配慮も、はたらいたのではないか。

オフィスのすくなからぬ部分を、ふきぬけにしてしまう。この大英断も、黒川の名があってはじめてまかり

ソニータワー

とおったのだと思う。施工会社の設計部は、そこまで施主をおしきれまい。

黒川の勝ちとった名声こそが、そういったことどもを可能にした。ほころびも多い以前の設計でつかんだ声望が、もたらした果実にほかならない。それは、カプセルをやめて、より堅実な方向へむかってからも、活用されつづけた。

「ちゃんとした作品をつく」ろうとは「考え」ない。そんな「六〇年代」の遺産が、「ちゃんとした作品」の設計や営業をささえたのである。

若いころの黒川は、『朝日新聞』に「一九六三年のホープ」としてとりあげられた（一月十八日付）。その記事をきっかけに、山形の日東食品から工場の設計をたのまれている。まったく面識のない遠方の経営者から、である。仕事のなかった当時の黒川は、このとうとつな依頼にとびついた。

そして、実感もしただろう。メディアへ顔をだせば、仕事の枠はひろがる、と。じっさい、黒川は故郷の地縁や血縁などを、自分の営業にそれほどいかしてこなかった。それよりは、メディアへの露出に活路を見いだした建築家なのである。日東食品からの注文が黒川を、よりそちらのほうへむかわせた可能性はあるだろう。

とはいえ、黒川は日東の件がある以前から、人前にでることを好んでいた。

一九五四年には、日本建築学生会議の全国組織ができている。その初代委員長には、まだ二回生の黒川がえらばれた。一九五八年には、世界建築学生会議へ日本代表の大学院生として、おくりこまれている。レニングラードでひらかれた会議の議長をつとめたのも、黒川である。

「私が議長を務めることになり驚いた」。そう黒川は『黒川紀章ノート』で、のべている。自分でも、びっくりしたというのである。

レニングラードでどういう議長えらびがなされたのかは、わからない。しかし、そういう役目がおのずと自分にまわってくるよう、黒川はふるまっていただろう。当人が書くほど、その選出におどろいていたかどうかは、うたがわしい。

二〇〇六年に、黒川は国立美術館の新館を完成させている。翌年一月には、天皇皇后をむかえる、その記念式典が同館でもよおされた。二百人の報道陣をあつめるレセプションであったという。これに招待された評論家のチャールズ・ジェンクスが、こんな感想をのべている。

「首相と側近たちもやってきた……黒川は、伊東豊雄、隈研吾をはじめ数人の建築家を天皇に紹介した。黒川はその場を仕切っていた……まるでその夕べのみならず、国そのものも掌握し、そこに鋭気と個性を吹込んでいるかのようだった」(「黒川を語る」レム・コールハース他『プロジェクト・ジャパン』二〇一二年)。

レニングラードで議長となった大学院生時代の延長上に、この式典もあるのだろう。晴舞台の主役におさまりたがる、またそのことが絵になる人だったのだと思う。

そういう人となりもまた、黒川をメディアの表へむかわせた。仕事をとる都合だけで、マスコミへとびこんだわけではない。もともと、はでなことが好きだったのだろう。

ただ、メディアへの露出が、黒川に営業的なうるおいをもたらしたことも、まちがいない。おかげで、地縁などをあてにしなくても、仕事はとれるようになった。仕事をゆずってもらうために、先輩たちの前で腰を低くする。その必要性も、はやくになくしていただろう。

先輩たちからは、こましゃくれた生意気なやつだと、思われたかもしれない。建築界での意外に低い黒川評は、こんなところにも遠因をもっているような気がする。

国立新美術館

桂離宮の澱着席

両大戦間期に浮上したモダンデザインは、世界の各地へ飛火した。欧米のみならず、日本へもつたわっている。インターナショナルスタイルとも評されるゆえんである。

だが、日本のモダニストには、国際的な流行への追随であることをみとめない者もいた。彼らは、こんな弁論をしばしばくりだしてもいたのである。

いわく、モダンデザインにつうじる建築的伝統は、日本の古い建築にもあった。始原的な神社や茶室は、スクウェアに構成され、過剰な装飾もふくまない。それらをなりたたせてきた建築上の民族精神が、自分たちにはいきづいている。これが、自分たちをモダンデザインへおもむかせたのだ、と。

海外のはやりものにとびついたのではない。古くからある日本精神に、自分たちはのっとっている。そう強弁しつつ、モダンな表現をとりいれる建築家も、けっこういたのである。

二〇世紀のなかばごろには、コンクリートのあらあらしい表現が浮上する。モダンデザインの新展開として、これも世界的にひろがった。ブルータリズムとよばれる建築のかまえが、それである。

こちらも、一九五〇年代の日本に、とどいている。しかし、日本でたてられたその傾向にそう作品は、しばしば縄文的だと評された。野性美をたっとぶ縄文時代以来の民族精神が、二〇世紀にあふれだしたのだ、と。コルビュジエのユニテやチャンディガールを、まねたような表現だったのに。

どうやら、モダンデザイン以後の建築家には、民族主義的なこだわりができたらしい。舶来の意匠になびいたことを、すなおにはみとめづらくなってきたようである。西洋の様式建築を手本としていた時には、ただしい模倣こそがほめられていたのだが。

さて、メタボリズムもまた、欧米の新建築とは、建築観をわかちあっていた。

サーブド・スペースとサーバント・スペースを、わけつつ建築をくみたてる。ルイス・カーンのそんな建築理論は、まちがいなくメタボリズムにもとどいていた。渡米した黒川紀章はカーンにあこがれ、そのオフィスに日参してもいる。アーキグラムとの同時代性も、今までにさんざん語られてきた。

そして、メタボリストたちもまた、自分たちの日本的な独自性を言いつのっている。たとえば、伊勢神宮の式年造替を、建築的代謝の根っ子に位置づけた。あるいは、桂離宮の増築についても、同じ文脈のなかへもちこみつつ語っている。伊勢と桂の上に、自分たちのメタボリズムはあるというのである。

こういう言論の、臨床心理学的な裏面には、わけいらない。ここでは、黒川がひねりだした画期的な修辞に、目をむけよう。

メタボリズムの考え方は、仏教の輪廻転生につうじると黒川は言う。あるいは、無常観にもささえられている、と。自分のくみする現代建築を、仏教とむすびつける語り口は、それまでにあまり見られない。次の章で紹介する篠原一男の言説とともに、比較的早い例として位置づけうる。

両大戦間期のモダニストは、たいてい仏教を否定的にあつかった。仏教の影響をうけない純粋な日本精神が、モダンデザインをなりたたせる。仏教とはかかわりのない伊勢神宮や桂離宮の伝統が、背後にはある。黒川以前のモダニストは、そんなふうにしか、言葉をくみたててこなかった。仏教との接点をとなえる黒川は、出色であったと思う。

とはいえ、仏教へよりそうあまり、桂離宮を否定するところまではいたっていない。黒川もまた、モダニスト流の日本文化論にならい、これを高くもちあげた。バロックや利休ねずみを語る一九七〇年代の文章でも、桂離宮の美をうたいあげている。

「桂離宮の澱着席の内部空間ほど見事に利休ねずみの感覚、あるいはバロックの感覚を表現している例はない」

（「利休ねずみ考」『芸術新潮』一九七八年六月号）。

以上のような語り口からも、そのほれこみようはうかがえよう。

ただ、桂離宮に「澱着席」とよばれる部屋はない。いや、桂離宮にないだけではないだろう。こういうきみょうな名前をもつ茶席は、どこにも存在しないような気がする。

「澱看席《よどみのせき》」なら、京都の黒谷にある。金戒光明寺西翁院の茶室は、たしかにそうよばれている。黒川がとりあげた「澱着席」の「着」は、「看」の誤植であろう。だが、それにしたところで、「桂離宮の澱着席」は不可解である。黒川は、桂離宮に西翁院を幻視し、その二重うつしをバロック的だと考えたのか。

もちろん、そうではない。これは、不注意ゆえの早とちりである。西翁院の茶室を写真でざっとながめ、桂離宮のそれだと思いこんでしまったのだろう。

いそがしい建築実務のあいまをぬって、本を読む。そんな建築家のケアレスミスをあげつらうのは、酷にすぎたかもしれない。しかし、私の側にも、このことでこだわってしまう事情はある。

私は、一九八六年に『つくられた桂離宮』という本を出版した。桂離宮の美を、うたがってかかる読みものである。その感想を週刊誌にたずねられた黒川は、こんなコメントをかえしていた。

「それ（筆者註 桂離宮に見られるの）は仏教の無常観にもつながる美です。あれだけのものを見て、何も感じなかったとすれば、井上さんという人はにぶいんですよ」（『週刊新潮』一九八六年十二月四日号）。

なるほど、私の美感はにぶかろう。だが、桂離宮と西翁院の区別もつかぬ人に、そんなことを言われたくはない。以上のようなひっかかりもあり、ここには意趣返しめいた言葉を書きつけた。

黒川は、よく勉強をする建築家である。あのむずかしい唯識を論じたりするあたりには、ほとほと感心する。ただ、その読みこみには、けっこういいかげんなところもありそうである。「澱着席」うんぬんという文章を見かけてから、私はそううたがうようになった。物知り気に見える文章を書く人だが、けっこう底はあさそうだなと思っている。

建築家としての仕事ぶりには、何度もうならされてきた。

たとえば、若いころにしあげた農村都市計画（一九六〇年）である。形のつりあいをはかる、なみなみならぬバランス感覚が、そこにはうかがえる。これを、キャンディリスはベルリン自由大学の計画案（一九六三年）に、とりいれた。そんなふうに、海をこえて手本とされることも、よくわかる。質の高い作品だと思う。

だが、メタボリズムをふりかえるある座談会では、こんな評価もとびだした。「黒川さんの農村計画なんて、まったくキャンディリスの真似だろうと思う」、と（「メタボリズムの光と影」『建築文化』一九八八年六月号）。

これは、松山巖の発言である。そして、その場にいた建築史家たちは、誰もこれをただそうとしていない。キャンディリスのほうが黒川をまねたのだと、あらがう者はひとりもいなかった。建築界は黒川をあなどっているなと、あらためてそう思う。

タンザニアの議事堂コンペ案（一九七一年）も、私がうやまっている仕事のひとつである。なんといっても、屋根のおりなすシルエットが、すばらしい。メタボリズム的なかまえでも、建築的な充実はもたらしうる。そのことをしめす好個の計画である。

アムステルダムで、ぐうぜん見かけたゴッホ美術館の新館（一九九八年）にも、舌をまいた。やはり、腕のたつ建築家だなと思う。

どうして、これだけ仕事のできる人が、ああいうおそまつな言論に

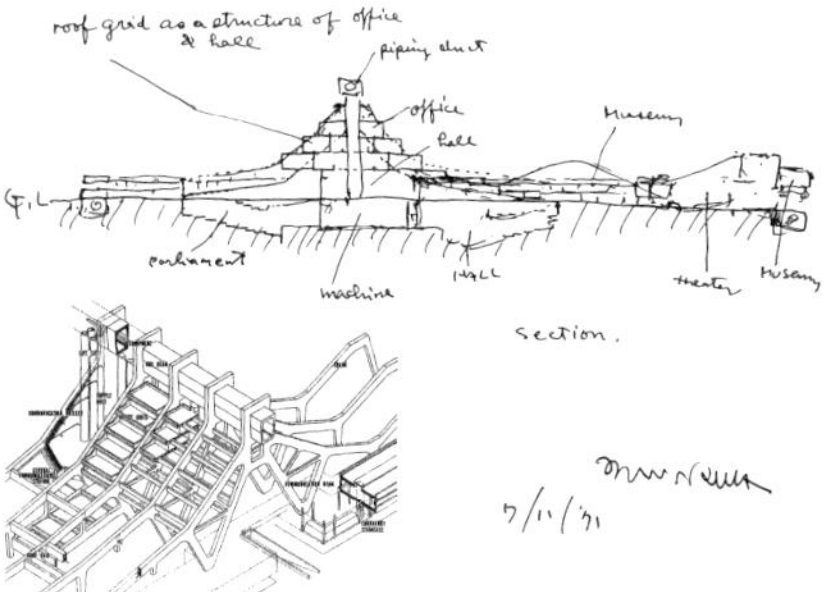

タンザニア共和国TANU党本部・国会議事堂国際コンペ案

農村都市計画

熱をあげるのか。知ったかぶりを、したがるのか。私にはいぶかしく思えてならない。

自分の建築は、仏教の唯識とひびきあう。桂離宮にも、つながる。そう自分へ言いきかせることが、設計のはげみになったりもするのだろうか。

ありきたりの設計ではない。自分の仕事は、おおいなるものとともにある。そう思いこむことで、黒川が建築の質を高めている可能性はある。これは唯識にもつうじる建築だから、おろそかにはあつかえないと、自らをおいこんで。

だとすれば、私に口をはさむ余地はない。ただ、せつない心模様だなという想いは、いやおうなくわいてくる。自分は「もうすでに建築家じゃない」。「住まい手の主体性」が、建築をつくる。そう言いつのっていたのも、一種の自己啓発だったのだろうか。

ヴァン・ゴッホ美術館新館

篠原一男

しのはら　かずお

日本の「虚空」に魅せられて

「先生のいいなりになる」施主たち

住宅は芸術である。建築家・篠原一男の名は、この名文句とともにおぼえられている(「住宅は芸術である――建築生産と対決する住宅設計」『新建築』一九六二年五月号)。

住み心地や使い勝手の良し悪しを、住宅設計の第一条件としてはいけない。なによりも、芸術としての高みをめざすべきだと、篠原は言う。「住宅設計の主体性」という文章では、だめをおすかのように、こう書ききった。「住宅はその施主のために設計してはならない。建築家はその施主からも自由でなければならない」(『新建築』一九六四年四月号)。

野心的な建築家なら、みな大なり小なり似たようなことを考えていると、思われようか。しかし、ことはそう単純でもない。

篠原がこういうことを言いだしたのは、一九六〇年代のはじめである。そして、そのころは、まだ機能主義的な建築観が、建築界をおおっていた。住み手の行動分析こそが住居の形を左右すると、本気で思う建築家も多かった時代である。

篠原の物言いは、ずいぶん挑戦的にひびいたと思う。篠原じしん、施主のためには設計をするなと書いたすぐあとで、こう言葉をおぎなった。「これは暴言と聞えるであろうか」、と(前掲「住宅設計の主体性」)。また、住宅の芸術性を論じた一文も、つぎのようにつづられている。「住宅は芸術です。誤解や反発を承知の上でこのような発言をしなければならない……」、と(前掲「住宅は芸術である」)。

反感をいだかれかねないことは、じゅうぶんわきまえていた。そこは承知のうえで、建築界の主流に喧嘩をふっかけていたのである。

「私なども住めない家をつくっているとよくいわれるのです……しかしみなさんからながめられるほど住み

にくいことはないんです。むしろ私からながめますと、人間工学的とか機能主義とかいう方法をとっていらっしゃる方のほうが具体的に大へんな抵抗を受けていらっしゃる」(丹下健三 篠原一男「住居――住宅設計における私の方法」『新建築』一九六六年一月号)。

機能主義をとなえる建築家の住宅こそ、住み手からはいやがられている。一見くらしづらそうな篠原作品のほうが、まだ住み心地はいい。篠原は、丹下健三と語りあう場をかりて、同時代の機能主義者にそう啖呵をきっている。

ただ、強がってはいても、篠原にうしろめたい思いがなかったわけではない。自分が施主をないがしろにしているという気持ちも、いっぽうではいだいていた。槇文彦を相手にした一九八〇年の対談では、一九六〇年代の設計をこうふりかえっている。

「私自身の経験でいえば、何かかたちのイメージがあったときには、生活機能をある程度壊しても、あるいは割り引いても仕方がないというような罪悪感が、積極的な表現意欲と入り交じっていた。そして、その上での止揚をはかってきたわけです」(篠原一男、槇文彦「一九七〇年代から一九八〇年代へ」『新建築』一九八〇年一月号)。

こういう想い出を語ったのは、一九八〇年になって、「罪悪感」をなくしたからではない。あいかわらず、ひけめは感じつづけていた。

だが、一九八〇年をむかえるころには、施主の様子がちがってきたという。ふたたび、槇との対談からひいておく。住宅の設計を建築家にまかせようとする。そんな施主たちの変化を、ふたりはこう語りあっている。

篠原……今は、クライアントのほうでも生活様式とフォルムに対しておおらかになっている……少なくとも20年前、あるいは10年前の状況よりも急速にその部分はやわらかくなっていると思います。

槇……彼らは珍しいものをつくってもらうことに対してのおおらかさはあると思います。

（前掲「一九七〇年代から一九八〇年代へ」）

ちかごろの施主は、なんでもうけいれるようになってきた。少々とっぴな形をつきつけられても、おじけづかないというのである。

槇はともかく、篠原に施主の軟化という実感があったことは、たしかだろう。たとえば、篠原は一九七六年に上原通りの住宅を、完成させている。方杖のひろがる柱が、人の行来《ゆきき》をさまたげる、住みにくそうな家である。だが、その設計をうけもった葛西秀一郎は、施主の「大辻先生」をこうふりかえる。

「大辻先生と篠原先生の間には、住宅が『住める』『使える』というレベルではない、双方向の強固な信頼関係があったと思う（実際のところ、大辻先生は『私はどこにでも住める』といわれ、初めからそのようなことは問題にしていなかった）」（「担当者による回想」『篠原一男住宅図面』二〇〇八年）。

神戸の花山でくらす某医師は、篠原に四軒もの住宅をたてさせている（一九六五年～一九八〇年）。いわゆる普請道楽の途を、篠原とともにあゆもうとする施主もいたのである。

それだけ、篠原がマイスターとしての名声を、高めていたからではあろう。「施主の心をいったんつかんだら、言葉は悪いが施主は先生のいいなりになる」（前掲「担当者による回想」）。篠原研にいた柳道彦は、師のカリスマぶりを、以上のようにもつたえている。

しかし、篠原の個人的な資質だけが、施主の心がまえを左右しているわけではない。現代日本には、かわった住宅をこしらえたがる人々が、すくなからずいる。その社会的現実も、見ておくべきだろう。

どこにでもある、ありきたりの家には、すみたくない。少々くらしにくくても、がまんはする。周囲の家屋とは似ていない、一味ちがった家をたててほしい。そうねがっている人々の、社会層としてのひろがりは、あなどれないのである。

ためしに、どこでもいいから住宅地をながめてほしい。すこしあるけば、今は地方都市の郊外でも、アーキテクト物件を見いだせる。打ちっぱなしのコンクリートやスパンドレルできわだつ住宅が、そこかしこに散見する。それも、けっして大きくはない物件、金持ちの持ち物とも思えない物件に。

「珍しいものをつくってもらうことに対してのおおらかさ」が、大衆社会へ蔓延する。その度合いをくらべれば、現代日本は、国際的にもぬきんでているような気がする。篠原をはじめとする住宅作家がけっこういるのも、そのせいではないか。

戦後日本社会の社会学的な分析を、この現象にそくしてこころみれば、おもしろかろう。どういう職業や学歴の人々が、ああいう家をたてたがるのかに、興味をそそられる。どこかに、施主たちの社会階層などをしらべてくれる社会学者は、いないだろうか。

篠原がうちあわせの相手にした施主は、「ほとんど……男性」であったという。まれに、女性からの依頼をひきうけたことも、ないではない。彼女の「住み方に対する具体的要求」へ、耳をかたむけたこともある。だが、そういうものを、「作品としては発表しなかった」(同前)。

建築観のわかちあえる男たちとは、相談ができる。しかし、主婦的なリアリズムにとらわれた女たちとは、かかわりたがらない。こういうホモソーシャルな仕事ぶりも、じゅうぶん検討にあたいする。戦後史のジェンダー分析へ、意外な角度からきりこめるのではなかろうか。

「虚空」にこだわる建築家

多木浩二は、建築にも一家言のあった批評家である。その多木に、「異端の建築家」という篠原一男論がある。

一九六〇年代の篠原が、建築界の主流からうきあがっていたことを強調する評論である。多木は、つぎのようなへだたりも、篠原と斯界《しかい》のあいだにあったという。

「篠原に対する批判のある部分は、かれが伝統主義者であることに向けられる。かれのディテールにあまりにも日本的な様式を見出すからであろう」(『新建築』一九六八年七月号)。

たしかに、一九六〇年代の篠原は、伝統的な日本のあじわいを、作品へにじませた。傑作とされる白の家(一九六六年竣工)でも、それははっきり見てとれる。あるいは、鈴庄さんの家(一九六八年竣工)あたりでも。

それを、うしろむきの表現としてくさす人々も、建築界にはいたらしい。「異端の建築家」が書かれたのと同じころに、評論家の川添登もこう篠原を評していた。

「デザイナーに必要な資質はバカになることである。伝統論がすでに過去となったかのような現在、黙々として伝統論にとりくむ彼のような建築家こそ、せわしい日本建築界には必要なのである」(『建築家・人と作品』一九六八年)。

いまだに「伝統論」へむきあおうとする篠原の姿は、とうとい。ああいう愚直な人材が、今の建築界にはかかせないという。多木が「批判」をされているとみなしたところに、川添は希望を見いだしている。

それにしても、「伝統論がすでに過去となった……現在」という指摘は、興味ぶかい。この「伝統論」を一九五〇年代のなかごろにあおったのは、ほかならぬ川添であった。そして、当事者じしんが十数年後になって、その時代はおわったと言っている。

のみならず、そんな流行おくれの「伝統論」にくみする篠原は、「バカ」だとも書いた。篠原のやっていることは貴重ですばらしいが、おろかに見える、と。「伝統論」の旗をふった張本人の言い草としては、少々つめたすぎるような気もする。まあ、エールをこめた「バカ」だったのかもしれないが。

ところで、一九六〇年代の篠原がこだわったのは、ほんとうにあの「伝統論」だったのか。川添が音頭をとり、丹下健三らがとなえたそれだと、言えるのか。

白の家

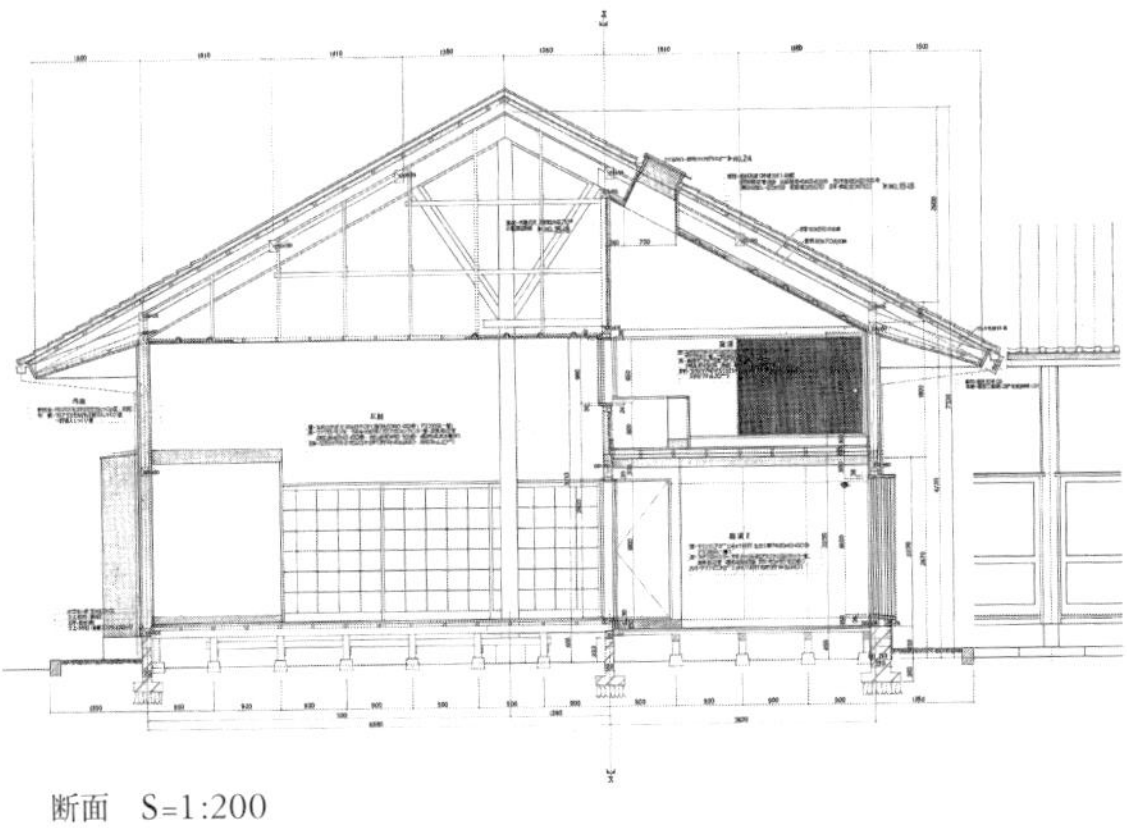

断面　S=1:200

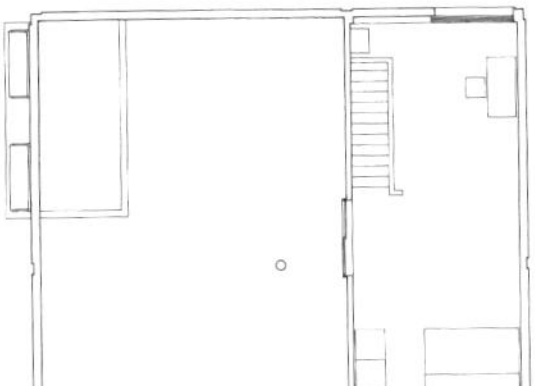

2階

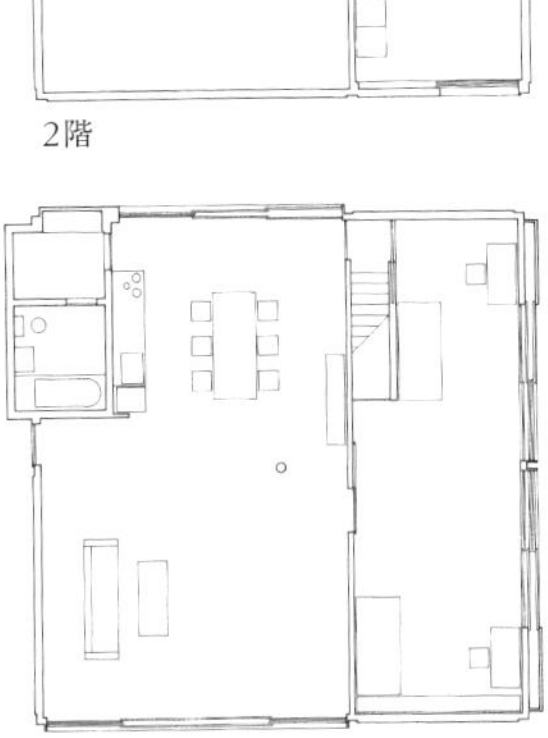

1階　S=1:300

一九五〇年代なかばに、「伝統論」がもえあがった、その火種は清家清の作品にある。敗戦後、清家は障子や畳などがモダンデザインにくみこまれた住宅を、いくつも発表した。

一九五四年に来日したワルター・グロピウスは、これらを見てほめちぎる。ルイス・マンフォードも、絶賛した。

モダンデザインと伝統的なしつらいのくみあわせは、国際的にももてはやされたのである。

まちがいなく、こうした情勢をうけてのことだろう。多くの建築家たちが、日本の伝統的な建築形式を、あらたなデザインソースとしてながめだす。自分の作品がひきたつかもしれない形を、伝統のなかにさぐろうとしはじめた。川添も、その可能性をたきつけたのである。

桂離宮や伊勢神宮の形も、ふたたび見なおされるようになる。当世風のモダンデザインへ新味をそえることが、それらの意匠には期待されだした。じじつ、そういう要素をあしらった現代建築は、この時期いくつもたてられている。

東京工業大学で清家にまなんだ篠原にも、この時流はとどいている。じじつ、久我山の家（一九五四年竣工）は、そんな時代相とともにある。ここでは、桂離宮をしのばせるピロティが、モダンデザインとほどよくとけあわされた。篠原が、この潮流にかかわらなかったとは、思えない。

ただ、いっぽうで篠原は、モダンデザイン流の日本建築観をしりぞけようともしている。

日本の建築は、仏教流の無常観でそめあげられてきた。日本に、「〈虚空〉という概念は存在するが〈空間〉という……概念は……ない」。そう一九五七年には、言いきっている。モダンデザインの空間と日本の伝統をつなぐ常套的な歴史観には、はっきり背をむけた（「開放的な空間という意味――日本建築の性格」『日本建築学会論文報告集第五七号』）。

二〇歳台のはじめまで、篠原は建築学をまなんでいない。もともとは数学にいどむ、理学部系の学生であり、研究者であった。

ただ、建築については、「唐招提寺を初めて訪ね」、感心したことがあるという。篠原が建築の伝統を、はじめて意識したのはこの時であった。それは、唐招提寺で目にした「金堂の屋根が美しかったというところから始まっ」ている（篠原談　多木浩二『四人のデザイナーとの対話』一九七五年）。

モダンデザイン流の日本建築史は、仏教寺院をことほいでこなかった。建築史に関しては、一部の住居や原初的な神社をあおぎ見るのが、ふつうである。あとは、茶室ぐらいか。とにかく、外来の仏教にはそまらなかったと仮定された建築を、高く買ってきた。唐招提寺でめざめたという篠原には、モダンデザインとの間に距離がある。また、一九五〇年代の篠原は、いわゆる古建築の研究をてがけていた。軒の出や基壇を考えることに、力をさいている。建築史への興味が先にあり、現代建築の設計にはあとからのりだした。唐招提寺での体験からこの途へはいったという告白も、私はだから信じている。

モダンデザインを奉じた建築家たちは、「伝統論」の時代に、日本への伝統へとびついた。そして、その流行がおわれば、もうそれらをかえりみなくなっている。彼らにとっては、つかいすての便宜的なアクセサリーでしかなかったのだろう。

しかし、篠原にとっての伝統は、もうすこし深いものであったような気がする。だから、伝統論の季節がすぎても、伝統にこだわることからなかなかぬけだせない。建築への初心が唐招提寺であったことは、それだけ大きな意味をもっていた。

もういちど、くりかえす。篠原は、日本の伝統的な建築に、いわゆる「空間」はないと言う。仏教でそめあげられた日本建築にあったのは、「虚空」である、と。

日本建築をみくびって、そうきめつけたわけではない。その「虚空」を、篠原は日本建築の美質だと、とらえていただろう。

だからこそ、現代建築へむかう時も、その「虚空」とともにあろうとする。あの「虚空」を、今の住宅にもよみがえらせようとした。

篠原作品にしばしばただよう虚無感も、根っ子をたどれば、「虚空」にある。それこそ、仏堂の伽藍堂めいた気配が、下地になっていたのではないか。

日本の仏堂が、じっさいに篠原のいう「虚空」でできていたと言いたいわけではない。「虚空」は、篠原のまなざしが仏堂からつかみとった概念である。あるいは、仏堂に自画像を見いだしたというべきか。それは、当人じしんをうつしだす鏡になっていたのかもしれない。いずれにせよ、篠原はそんな「虚空」を、設計の道しるべにしたてあげたのである。

篠原は、「黙々として伝統論にとりく」んでいると、川添は言う。しかし、篠原がめざしたのは、川添らがぶちあげたモダンデザインよりの伝統ではない。現代建築へそえる薬味のような伝統とのあいだには、ニュアンスのちがいがある。

唐招提寺体験以来、脳裏にはぐくまれてきた「虚空」こそを、篠原はこころざした。私は、篠原の一九六〇年代を、そうとらえたいと思っている。

いや、一九六〇年代だけではない。一九七〇年代以後にも、それはつづいていた可能性がある。

一九七〇年代になって、篠原は日本的な伝統からはなれたと、よく言われる。民族的な何かをほのめかすしつらいは、いっさいつかわない。より抽象度の高いキュービックな形へ、作風をかえていった。これが篠原語りの、通り相場となっている。

だが、篠さんの家（一九七〇年竣工）あたりをながめていると、べつの感想も思いつく。内壁に金色の壁紙をはりめぐらせた広間は、仏教寺院にねざしているのではないか、と。

じっさい、篠さんの家を担当した柳道彦は、作品のねらいをつぎのようにまとめている。

「寺の本堂の薄暗い空間の中に浮かぶ金色。この時期の先生のほかの作品にも繰り返し使われている主題」（前掲「担当者による回想」）。

篠さんの家のみならず、ほかの住宅でも広間を寺の本堂めかすことが、めざされた。やはり、日本的な〈虚空〉へのこだわりは、一九七〇年代にはいってもたもたれている。表面的なわかりやすい日本風が影をひそめたあとでも、いだかれつづけたようである。

幅木《はばぎ》と散《ち》り

自分の作品をみがきあげ、かがやかしく見せる。そのために、篠原一男がしばしば強引なてだてをこうじたことは、よく知られる。

代表作である白の家（一九六六年竣工）を例にとって、話をすすめよう。この作品では、方形の平面がおおきな壁で、ふたつにわけられた。そして、その片方、柱のある部屋が見せ場になっている。白い壁の前で丸太の柱をきわだたせる演出に、すべてはかけられた。

じっさい、柱の背景となる壁や天井は凹凸をさけ、白く平滑にしあげられている。壁のむこうにある階段室の扉も、壁とは面一《つらいち》になるようおさめられた。ただ、柱付近の壁だけには、ドアや二階の障子窓で、アクセントがそえられている。

壁にも天井にも、目地はない。その境目に回り縁《まわりえん》をめぐらせることも、さけられている。やかましい線で、柱がめだちにくくなることは、きらわれたのだろう。もちろん、収納壁などという所帯じみた提案は、歯牙にもかけられていない。

柱の象徴性を、いやがうえにも高める細工が、ここではほどこされたのである。

ただ、それでも、床と壁のあいだには幅木《はばぎ》がめぐらされている。壁の下部をいためないための、生活にねざした伝統的な配慮が、そこにはほどこされた。

さきほどものべたが、一九七〇年代以後の篠原作品は、それ以前より抽象度を高めている。幾何図形で全体をまとめようとする傾向が、強まった。

おかげで、いかにも家屋らしい造作は、影をひそめるようになっていく。幅木や壁面の散《ち》りなどは、できるだけめだたないようにあしらわれだした。生活臭のない、キュービックな姿をおしだすためである。

私は、それでも「虚空」をこころざす篠原の感性は、温存されたと考える。篠原の考える日本の伝統からも、精神的にはきれていない、と。いや、「虚空」へのこだわりが、幾何図形への執着を強めたとさえ、思っている。しかし、見てくれという点にかぎれば、日本色はぬぐいさられていった。

家屋にはつきものとなる壁面の細工、いわゆるディテールも、矮小化されている。このことについては、海の階段(一九七一年竣工)を担当した山田孝延の回想がおもしろい。

「幅木も窓枠も木部を見せず、ディテールを消去した。つまり、広間の窓枠も幅木も白色ペイント塗りとし、壁はチリなしとした。この納まりについては、施工会社の担当者はどうしたらよいか途方に暮れたようで、実際の施工法はバウ建設の大村和男氏が指示した」(前掲「担当者による回想」)。

幅木などをできるだけかくしてしまい、キュービックな様相を、ひきたたせる。たいていの工務店は、しかしそんな篠原の設計理念になじめない。なぜ、そういうことをしたがるのかがわからず、とまどうことになる。唯一、バウ建設だけは、そこを心得ていた。そのため抽象度の高まった一九七〇年代からは、バウ建設にたよることがふえていく。

この点については、ほかの証言もひいておこう。やはり篠原研に籍をおいていた白澤宏規と長谷川逸子が、それぞれこうのべている。

「『未完の家』から始まったバウ建設による施工が以後継続し、設計者の意図を理解する施工業者という関係になっていった」(同前)。

「この時期のキューブによる無機性へ向かう仕事は東京が多く、バウ建設の施工だった」(同前)。

これを書いた長谷川は、もともと菊竹清訓の事務所につとめていた。だが、白の家などにあこがれ、篠原研へうつっている。そして、一九七九年に独立するまで、篠原の仕事をてつだった。

同じような軌跡をたどった建築家に、伊東豊雄がいる。伊東もまた菊竹のもとをはなれ、篠原にちかづいた。篠原スクールでまなんだ建築家のひとりに、かぞえあげられることもある。

伊東は菊竹の社会改良家的な一面にいや気がさし、そこから遠のいたという。一九七五年には、訣別の辞とも思える文章を書いている。「菊竹清訓氏に問う、われらの狂気を生きのびる道を教えよと」が、それである(『建築文化』一九七五年一〇月)。

そのなかで、伊東は篠原のことを、菊竹と対比しつつ、もちあげている。都市計画などとはかかわることなく、篠原は個人住宅の設計にいそしんできた。自分も、都市や社会のことにはかまけたくない。「私はあきらかに篠原氏の立場をとる」のだ、と(同前)。

だが、この文章ではふれなかったもうひとつべつの想いも、伊東にはあった。幅木などをかくしてしまう篠原の大胆さにも、伊東はひきつけられていたのである。ディテールの処理でしめされるわりきりのよさも、伊東を篠原へあゆみよらせていた。じじつ、伊東には往時をしのぶ、こんな回想もある。

「自分でも設計を始めたばっかりだったので、篠原さんの住宅を見て『巾木は無くてもいいんだ』とか『ドアのチリは15ミリで収まるんだ』などのディテールばかりを見ていたんです。『どうやったら、篠原さんのひたすら白い空間を、自分の設計している住宅に応用できるんだろう?』ということを一生懸命、テクニカルな側面で考えていました。そういう人が、多かったと思いますよ」(伊東豊雄 二川由夫「篠原一男分析」『GA HOUSES 100』二〇〇七年)。

個人住宅へうちこむ、都市からそっぽをむいたかまえだけに、魅了されたわけではない。幅木や散りの抽象的な、生活感のただよわない処理にも、あこがれていたという。そして、篠原のまわりにつどった若い建築家たちは、みな同じ想いをいだいていた。

けっきょく、当時の篠原人気は、バウ建設の施工がどこかでささえていたことになる。まあ、伊東がこの工務店へ教えをこいにいったかどうかは、わからぬが。

「批評家を兼ねる」建築家

このごろは、建築家の作品がコンセプチュアルになってきた。誰かがうまく読みといてくれないと、ねらいどころのわからない建築が、ふえている。しかし、「理想の批評家がそうそう容易に現れるはずもな」い。そのため、「作家が自ら批評家を兼ねるようになっ」てきた。

建築史家の鈴木博之は、篠原一男論を、いまのべたような書きだしで、はじめている(「篠原一男」『新建築』一九七九年六月号)。篠原を、自分で批評家もかねる建築家の代表例として、位置づけたのである。

じつは、篠原も鈴木の言う「理想の批評家」を、さがしていた。篠原なりにその人物を見つけたと思えた時期だって、なかったわけではない。たとえば、さきほどもふれた多木浩二に、ひところの篠原はそういう期待をかけていた。

ふたりがであったのは、一九六四年である。この年、篠原は東京の小田急百貨店で、住宅の展覧会をもよおした。店内へ二軒の住宅をじっさいにこしらえ、それを来客に見せている。そして、多木もこれを見た。のみならず、自分が編集をする『ガラス』という雑誌に、その印象を書いている(一九六四年四月号)。

硬質なその文体にも、ひかれたのだろう。篠原は書き手の多木と会い、交際をもとめている。さらに、建築の世界へも、ひきこもうとした。そんな篠原のことを、後年多木は、建築家の坂本一成にこう語っている。

「彼としても自分の作品をまともに扱ってくれる評論家がほしかったのでしょうね」(「篠原一男を憶う——坂本一成氏によるインタヴュー」二〇〇六年、多木浩二『建築家・篠原一男』二〇〇七年)。

多木には、自分をもちあげる批評家になってほしかったのだという。そして、多木も、いくらかはそれにこたえたとおぼしき文章を、書いている。しかし、篠原には多木がとまどいをおぼえる、つぎのような一面もあった。

「奇妙に思っていたのは、(これは建築家の常なのかもしれないが)雑誌に発表する時に自分について書く筆者まで決めてしまうことでした。ですから必然的にオマージュになるので、私はほとんど書かなくなります」(同前)。

もちろん、賛美の言葉をほしがる気持ちは、表現者なら誰でももちあわせている。だが、篠原にはその傾向が、とりわけ強くそなわっていたらしい。

つづいて、ふたりのいさかいをとりあげる。一九七五年に記録された篠原と多木の対談へ、目をむけたい。そこでは、篠原が「二、三年前」の「怒りを含んだ対立」に言いおよんでいる。

篠原は、「日本の伝統」という「確かなるもの」にたよって、設計をおこなってきた。あるいは、「正方形」や「シンメトリー」という「確かなるもの」に、したがって。だが、これを多木はうけつけない。篠原によれば、「私が考えている確かなるものなどは古い」と、はねつけた。これで、篠原はずいぶん腹をたてたらしい(前掲『四人のデザイナーとの対話』)。

現象学の心得があった多木には、「確かなるもの」の根拠がたよりなく思えたろう。あるいは、そういう信念を軽くいなすフランス現代思想への共感も、あったかもしれない。そういえば、篠原は多木に「古い」と評されたことを、おぼえている。多木が、当時はやりだしていた現代思想を、ふりかざした可能性はあるだろう。

「二、三年前」は顔をそむけた篠原も、しかし一九七五年には考えをあらためだしていた。このごろ、「不確かなるものが……私の視野の中に入ってきた」と、多木にはつげている(同前)。「世界の本質を不確か」だと見る多木に、近づいていくのである。

対談じたいは、ジル・ドゥルーズの文学機械論を語りあうことで、むすばれている。やはり、多木が篠原の信念を「古い」と言った背後に、フランス現代思想はあったと思う。そして、おそまきながら、篠原も「確か」さをうたがう思想潮流にあゆみよったのだろう。

一九七〇年代後半以後、篠原の作品は、しだいに分裂的な様相を呈しだす。たがいにつりあいのとりづらい幾何図形を、あえてぶつけるようなことがふえてきた。一体感の欠如を、わざとうちだすようになっていく。と同時に、フランス現代思想への言及も、篠原の書く文章にはあらわれだす。ドゥルーズやロラン・バルト、レヴィ・ストロースの援用が、めだってくる。自分の分裂的に見える表現を、篠原はそういった思想で説明するようになるのである。あるいは、正当化するように。

だが、篠原もドゥルーズやバルトらを、きちんとうけとめてはいない。援用は、はなはだ御都合主義的になされている。異質な立体のつきあわせを良しとする文脈へ、篠原は彼らの言葉をうつしかえていた。

とはいえ、それが多木にほのめかされた方向であったことは、まちがいない。「確かなもの」から、篠原なりに離陸しようとしてたどりだした途ではあった。その意味では、多木とのあいだに、雪どけもあったのだと思う。

だが、対談の翌年、一九七六年には、もうすこし決定的な対立がうきあがる。

この年、多木は『生きられた家』という本を、世に問うた。家のたたずまいに、住み手の実存を読みとこうとする、現象学風の著作である。住人の趣味や人柄までさぐろうとする、社会学的な一面も、この本はそなえていた。

「それを篠原さんは酷評しました」と、多木は坂本にのべている。つぎのような篠原の内面もおしはかりながら。

「彼は建築の創造だけを考えている建築家であるから……建築評論家になってほしい人物があのような本を書くのは間違いだと思っていた」(前掲「篠原一男を憶う」)。

抽象的にこしらえられた住宅から、篠原は幅木や散りをけそうとした。「住み方に対する具体的な要求」も、はねつけている。くらしの手垢を、それだけきらう建築家であった。その手垢に好奇心をよせた著作がきらわれたのも、よくわかる。

「確かなるもの」から遠ざかる。そういう観念論的な立ち位置をめぐっては、多木ともおりあいがつけられた。でも、分析の対象が生活臭へむかうことでは、その多木がゆるせない。生活嫌悪の信条こそが、篠原にとってより本質的であったことは、うたがえないだろう。あるいは、「虚空」の気配をたもつことのほうがとも、言えようか。

坂本は多木に言う。「七〇年代以後は多木さんは篠原一男の作品についてほとんど書いていないのですが」、と(同前)。いくつかの例外的な篠原への言及も、一九七〇年代以後の多木にはある。しかし、この指摘はおおむね妥当であろう。

「理想の批評家」が見つからず、「作家が自ら批評家を兼ね」ている。一九七九年の鈴木は、篠原のことをそう評した。そして、篠原がそうなったのは、今のべたような筋道をへてきた、その結果なのである。

写真の効用

建築家がととのえた美しい部屋を、住み手がだいなしにしてしまうことは、よくある。だが、篠原一男はそういうことを、あまり気にとめなかった。

「どのように乱雑に住まわれようとそれは自由だが、もし、その住宅が雑誌で紹介されるような時にその光景が意に満たなければ、建築家は思うように整理し……演出をするがよい……それが紹介されて多くの人びとの眼に触れたとき、美しい空間であると訴えかけることができたなら、それはよい事をしたのである」(前掲「住宅設計の主体性」)。

「雑誌で紹介」されるときにさえ、きちんとしておけばそれですむ。建築家のもくろみをだいなしにする夾雑物は、撮影前にとりのぞけばことたりる。建築家の腕前は、それらをはぶいた状態でとった写真が、きめるという。その評価については、こうも論じていた。

「建築ジャーナリズムを通して発表したときそこに建築家の意図したものが伝達できたらそれに社会的な〈設計の価値〉が生まれたことを示すのだ」(「『住宅の性能評価』を評価する」『新建築』一九六三年七月号)。

けっきょく、「建築ジャーナリズムを通して発表したもの」がすべてであるという。使い勝手や、建築がになうだろう現実的な役割などは、意に介さない。建築関係の雑誌にうつしだされるヴィジュアル面だけを、篠原は問題にした。

のみならず、「社会的な〈設計の価値〉」も、そこから見きわめられるという。「建築ジャーナリズム」とその周辺だけが、社会である。とまあ、そう言わんばかりの書きっぷりになっている。

篠原がしめした社会観の閉鎖性を、批判的にながめる人は、すくなくないだろう。しかし、ここではそれを問わない。こういう姿勢がかかえる、もうひとつべつの問題を考える。

篠原は、「建築ジャーナリズム」での「発表」に、建築家としての勝負をかけてきた。写真うつりの良し悪しに心をまどわされることも、おのずと多くなるだろう。実作のこまったところを、写真の技術でかくしてしまう気にだって、なったかもしれない。

篠原は、一九七〇年代に作風をかえだした。目に見える日本色をひかえ、キュービックなかまえをおしだすようになっている。また、虚無感のただよう広間を、住宅のなかほどへもうけるケースも、ふえはじめた。

未完の家(一九七〇年竣工)は、そんな方向転換を建築界へつたえた最初の作品である。だが、この新しい行き方にはついていけないと感じた者も、おおぜいいた。『新建築』の編集部もはじめはとまどい、掲載をためらったらしい。そのいきさつを、当時同誌にいた石堂威が、書きとめている。

一九七〇年の夏であったという。『新建築』の面々は篠原から声をかけられ、竣工した未完の家を見にいった。そして、それまでとはまったくちがう篠原作品の姿に、あぜんとさせられる。好意的にながめるものもおらず、かえりの車中では誰もが言葉をうしなった。誌面へのせていいのかどうかも、あらためて検討されるようになる。

『新建築』側の違和感を、篠原も重くうけとめたのだろう。後日、二とおりの作品写真を用意し、編集部へもちこんだ。ひとつは某建築写真家の写真であり、いまひとつは多木浩二のうつしたそれである。

記録写真としてとられた前者のほうを、石堂たちはこううけとめた。「そこにはわれわれが現場で感じた素っ気ない空気、表情がそのままに表れていた。写真家の責任ではないと思うと同時に、これではページがつくれないとそこに居合わせた者だれもが思った」(「アンケート 私のこの一作」『多木浩二と建築 建築と日常別冊』二〇一三年)。

いっぽう、多木の写真は、つぎのような印象を彼らにあたえている。「篠原が開拓した新たな抽象空間、新たな建築の方向性を、われわれは多木の写真を通して感じとった。それはまた……われわれも安堵した瞬間であった」(同前)。

一九六〇年代の多木は、しばしば作品としての写真を、世に問うている。常套的なアングルをしりぞけ、粒子をあらくしあげる点に、それらは特徴がある。いわゆる記録写真にない叙情性も、見方によってはあじ

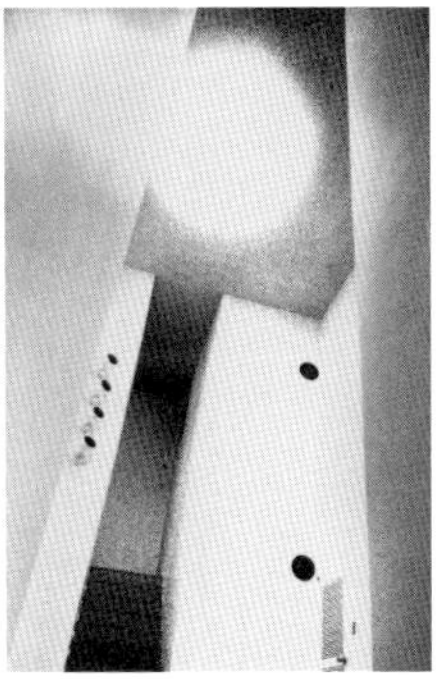
未完の家

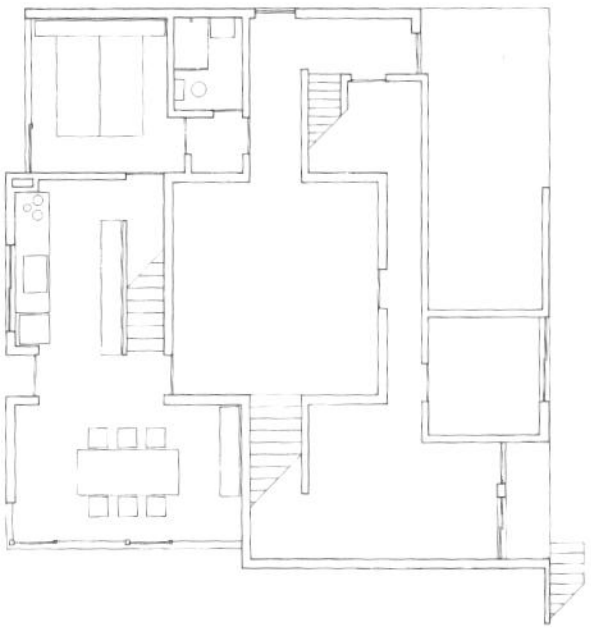
1階　S=1:300

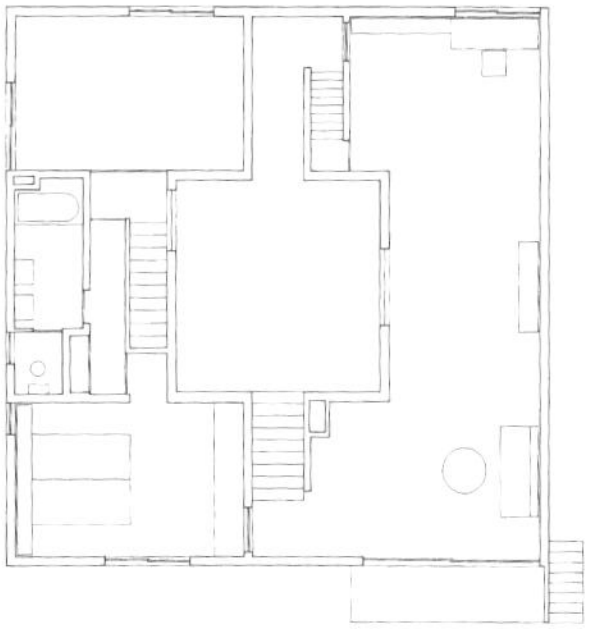
2階

わえる作品である。

篠原はその多木に未完の家をうつしてもらい、『新建築』編集部の説得をこころみた。同誌の写真部や社内カメラマンには、多木写真の利用をいやがる声もあったらしい。だが、けっきょくは、馬場璋造編集長の判断で、多木のうつした未完の家を掲載する。これで、篠原は、ピンチをのりきった。

当時、多木や篠原のちかくにいた長谷川逸子は、こんな想い出を書いている。

「多木さんの撮影した《未完の家》の写真と出会って初めて、写真は硬直した現実なのではなく、現実を乗り越えたものを写し出せるという事を知る……空間のエッジの線は飛ばしているため、建築が抽象化し、全く新しいものになって見えた」(同前)。

建築作品のねうちは、雑誌に紹介される映像できまる。そうわりきっていた篠原である。作品の現実をとらえているとは言いがたい写真の利用にも、わだかまりはなかったろう。むしろ、実作より抽象的にうつしてくれている点を、ありがたがったのではないか。

篠原はその後も多木の写真を、同じように利用しつづけた。こういうことでは胸のいたまない、心の強い建築家だったのだろう。

なお、一九七〇年代以後の多木は、写真という仕事に見切りをつけている。あいかわらず、篠原からもちかけられる撮影の依頼を、本音ではいやがった。それでも、ことわりきれず、しぶしぶひきうけることが、しばらくつづくことになる。ようやく一九七六年に、上原通りの住宅を最後として、写真撮影からは手をひいた。

こちら方面でも、蜜月はそれほど長くたもたれなかったということか。

もういちど、白の家

篠原一男は、何度か仕事のスタイルをかえている。そして、そのことにたいしては、たいそう自覚的であった。自作の変貌をふりかえり、自ら四つの時期にわけて解説をするようにもなっている。第一の様式は一九六〇年代までで、あのころはこうだった。一九八〇年代のなかごろからは第四様式の時代で、今はこうしている、等々と。

しばしばしめされる作風の変化は、いろいろな読みときを、誘発した。たとえば、伊東豊雄に「ロマネスクの行方」という篠原論がある。ここで伊東は、成城の住宅（一九七四年竣工）と上原通りの住宅に、言いおよぶ。そして、両作のあいだに横たわるへだたりを、こう解説してみせた。

「振幅はあまりに大きい。だが、その中間に〈谷川さんの住宅〉を介在させると多少の脈絡がつきはじめる」（『新建築』一九七六年十一月増刊号）。

花山北の家（一九六五年竣工）と花山南の家（一九六八年竣工）は、ならんでたっている。その両者にはさまれた「通路に対する観察」が、篠原を未完の家などへ「導びいた」。そう話の筋道をつけたのは、塚本由晴である（塚本由晴、西沢大良『現代住宅研究』二〇〇四年）。

作品群を時系列にそってならべると、諸作品の位置づけがうかんでくる。こういう篠原作品のありように、多木浩二は建築家の意図的な「操作」を読む。「後の作品が前の作品に潜んでいた意味も発見させる」ようにできていると言う（「幾何学的想像力と繊細な精神」『perspecta』No. 20 一九八三年）。

坂本一成の聞きとりにたいしては、もうすこしあけすけにこう言いはなった。

「ある段階から次の段階へと進む際に、非常に慎重でした。これはやってもいいが、あれはもう少し待とうなどというのを聞いていています」（前掲「篠原一男を憶う」）。

自分の作品集をあむさいに、諸作品がどうならぶかを、あらかじめ考えていたのだろうか。あるいは、批評の言葉をさそいだしやすいように、布石をうっていたのかもしれない。なんともしたたかな人ではある。

未完の家で新機軸をうちだし、建築界で大見得をきった。その翌年に、篠原はこんなことを書いている。

「若者はいつも……仕事に飢え、富に飢え、そして、名声に飢えている。だから……若わかしい魅力をそなえた空間を出現させる……飢えの感覚を、だから、取戻さなければいけない」(『住宅論――個と集合のための空間論』『新建築』一九七二年二月号)。

「名声」などに「飢え」ていた若いころの感覚を、もういちどとりもどしたいという。白の家などでうちたてた声望をふりきり、新しい途へのりだしたのも、そのせいか。今まではなかったやり方で、新しい「名声」も手にいれたいと思ったのだろう。

あぶなっかしい新機軸へつきすすんだのも、強い上昇意欲のしからしめるところであった。ひかえめな建築家であれば、ああいうスタンド・プレーにははしるまい。最初にきづきあげた、それなりの評価もうけている作風に、安住していたろう。

白の家やから傘の家(一九六一年竣工)で見せた手法に、生きつづける。同じ手法のなかで、さまざまな変奏をこころみ、円熟味をくわえていく。それもまた、悪くない建築家のあゆみではなかったかと、私は夢想する。

しかし、これはマンネリズムへおちいる途でもある。同じ方向のなかで仕事をくりかえせば、その手法にみがきはかかるだろう。だが、まわりに新鮮な感銘は、あたえづらくなる。「建築ジャーナリズム」のあつかいも、だんだん小さくなってしまうだろう。

から傘の家

篠原がおそれたのは、たぶんそこである。建築界のなかであきられてしまうことを、なによりもいやがった。だからこそ、ずいぶん無理もして、新しい途をさぐりつづけたのだと思う。写真のトリックまで、活用して。

ハウス イン ヨコハマは、一九八六年に完成した。キューブのふぞろいなぶつかりあいを、これ見よがしにうちだしている。分裂的な様相を強めた、いわゆる第四の様式を代表する自邸である。

そのおよそ十五年後に、最晩年をむかえた篠原は、もう一軒、自邸をいとなもうとした。蓼科山地の初等幾何と名づけられた別荘の設計を、二〇〇一年にはじめている。しかし、その構想に、第四の様式とつうじる分裂ぶりは、うかがえない。どちらかといえば、第一の様式へたちかえったかのような気配を感じさせる作品である。

いっしょに設計をてがけた塩崎太伸は、つぎのような想い出を、書いている。

「篠原一男はよく自分の活動を振り返って私に話してくれた。この住宅がおそらく最後になるであろうということ。そして『ハウスインヨコハマ』と『白の家』の話を出し、ずっとこの二つの住宅を行き来し、最終的にこの住宅は『白の家』の流れに乗った、とも語ってくれた」(前掲「担当者による回想」)。

七〇歳台なかばの老境をむかえた篠原に、往年の野心はなくなっていただろう。「名声に飢え」る「若わかし」さからも、ときはなたれていたと思う。そして、そんな篠原が自邸用にえがきだしたのは、白の家にもつうじる住宅図であった。

建築界でのきそいあいを気にしなければ、第一の様式を洗練していく途もありえたろう。私がそうどこかで

ハウス イン ヨコハマ

思うのも、この蓼科にできる別荘の計画を、知ったからである。日本建築へのこだわりは、一九七〇年代以後になっても、なくならなかった。そう判断した、もうひとつの理由も、この別荘にある。

しかし、「建築ジャーナリズム」で一等賞をねらうのは、篠原の宿命でもあったろう。そもそも、そういう人だったのだと思う。一九七〇年代以後の作風を、わざとらしい仮面であったときめつけるつもりはない。三〇年にわたってかぶりつづけた仮面は、もうじゅうぶん当人の顔になっていたと考える。

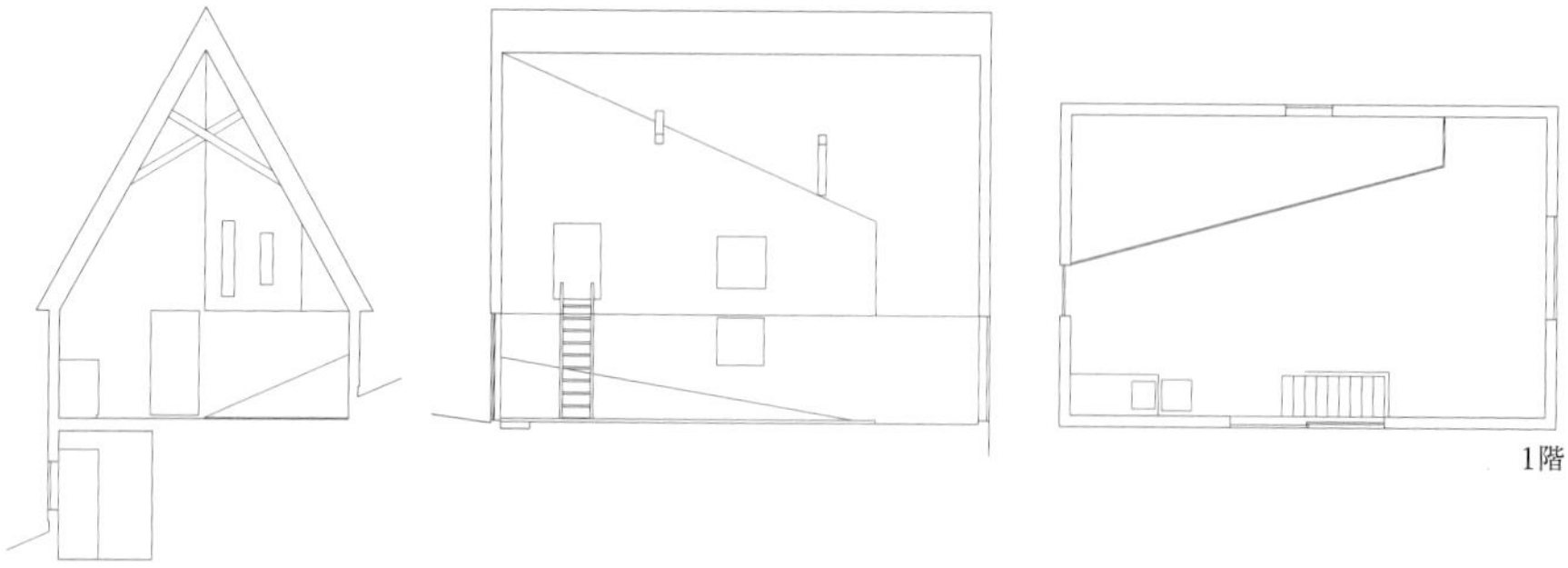

蓼科山地の初等幾何、平面及び断面

磯崎新《いそざき あらた》

ユーモアにこそ賭ける

民主主義にことよせて

丹下健三のてがけた新東京都庁舎(一九九一年竣工)を、磯崎新は批判的に語ってきた。なくなった師の丹下をしのぶ文章のなかでさえ、こう全体をしめくくっている。

「新東京都庁舎なんか、伝丹下健三としておいてもらいたい。弟子の身びいきで勝手にそう考えている」(「描き続けた国家の肖像」『朝日新聞』二〇〇五年三月二三日付)。

かつての丹下は、すばらしかった。日本という国家を、一九六〇年代までの丹下は建築でかがやかせようとする。国家もまた、そんな丹下をたのもしく思い、さまざまな企画をゆだねてきた。

だが、一九七〇年代以後、国家はその志をかえていく。高度経済成長をへて、経済効率を何より重んじるようになった。国家の体面を建築にたくそうとする意欲は、うしなってしまう。おかげで、国家につくそうとした丹下は、用済みとなった。

そうした趨勢のなかで、丹下も建築家としての立ち位置をかえていく。国家ではなく商業につかえる、商業建築家になりさがった。新都庁舎も、商業建築をいろどる手法で、外観がくみたてられている。ああいうものを、丹下先生の作品だとは思いたくない。そう磯崎は追悼文に書き、またほうぼうで同じようなことをのべてきたのである。

周知のように、この建物は指名コンペで、設計者がきめられた。磯崎も参加をもとめられ、ひきうけている。ただ、このコンペでは、丹下がはじめから本命だとされていた。じっさい、審査員たちは丹下の提案(一九八五年案)を一等にえらんでいる。今、新宿にたっている都庁舎は、この案にもとづく建築である。

コンペの規程は、二棟建ての超高層ビル案を、事実上もとめていた。だが、磯崎案はこれにしたがっていない。その高さは、ほかの案とくらべれば、半分以下におさえられている。本気で勝つ気があったとは思えない提案である。

コンペの終了後に何かをうったえる。規定そのもののありかたを、きわだつ落選案で、問いただす。そのためにねられた、落選はおりこみずみの設計であったとみなせよう。

さて、磯崎の新都庁舎案は、大きなふきぬけの空間をつくりだしていた。一般の市民もそこをとおりすぎるだろうことを、それは念頭においている。市民へむけて、庁舎を大きくときはなとうとする提案だと、とりあえず見てとれる。

一九五七年に丹下がたてた旧東京都庁舎も、似たような理念でできていた。ピロティでもちあげられた軀体の下側は、市民がたちよれるようになっていたのである。磯崎の案には、その再現をねらったようなところもあった。

磯崎案のふきぬけには、天井からさまざまな光がふりそそぐ。そして、それらの光はブリッジ状の通路で、乱反射をするだろうことがみこまれた。その点では、磯崎じしんの大分県立中央図書館（一九六六年竣工）が、しのべなくもない。

空間にひろがる光の演出では、大分の初期作品をついでいる。そして、市民のあつかいでは、四半世紀ほど前の丹下作品に、ならっていた。磯崎の新都庁舎案は、いちおうそういうものとしてうけとめうる。

磯崎じしんが、自分の新都庁舎案にからめて大分の旧作をふりかえることは、あまりない。だが、丹下の旧都庁舎には、しばしば言いおよぶ。あれは、一九五〇年代を代表する作品である。今回は、自分もあの傑作を手本にした、と。

また、磯崎は旧都庁舎について、こうも言ってきた。それは、市民のつ

新東京都庁舎コンペ案

大分県立中央図書館

どう広場としても、考えられている。丹下は、戦後民主主義にふさわしい空間の設営を、めざしていたんだ、と。

のみならず、自分もその骨子はうけついでいると言う。戦後民主主義は、磯崎の新都庁舎案にもとどいていると、のべたてる。「私は戦後の民主主義のために民衆のための集いの場を提案しました」。ジャッキー・ケステンバウムの取材にたいしては、そこまで言いきった（「現代建築三〇年の語り部 磯崎新」『建築文化』一九九一年一〇月号）。

建築史家の藤森照信に、新都庁舎案の「原理」を問われた時も、こうこたえている。「市民原理です（笑）。丹下さんから学んだ、シティ・ホールとは何かを考えたのです」、と（「なぜ旧都庁舎を残さなかったのか」『GA JAPAN 22』一九九六年）。

一九五〇年代の丹下は、しばしば公共建築の軀体を、ピロティで高くもちあげた。旧都庁舎にかぎったことではない。広島のピースセンターや香川県庁舎などでも、ピロティの下には、大空間がつくられた。

そして、それらはみな市民に解放された場であると、当時の丹下も説明している。戦後の、新しい時代の民主主義にふさわしい空間をととのえたのだと、言っていた。

しかし、当の丹下が、そのことだけを考えていたとは思えない。建築家の頭には、まったくちがうこんな想いも、うかんでいただろう。

コルビュジエを上まわるスケールで、ピロティをかまえたい。そして、ミケランジェロのカンピドリオ広場をてがかりにすれば、その絵もえがきうる。広場の建築に、ミケランジェロはジャイアント・オーダーをもちこんだ。あの手法でピロティをかまえれば、コルビュジエはこえられる、と。

市民うんぬんという話は、大きなピロティをもたらすためのおためごかしであったろう。そして、丹下のそばにいた磯崎も、そのことには気づいていたはずである。

自分の新都庁舎案は、「市民原理」という「丹下さんから学んだ」観念でできている。そう藤森へつげた磯崎は、その二年後に同じ藤森へ、まったくちがう丹下像を語っている。民主的だと言われてきた丹下のピロティには、こんな裏面もあったというのである。

「ピロティが欲しい、だから戦後民主主義を使うのであって、戦後民主主義のためのピロティなどではなかったと思います」(「戦後モダニズム建築の軌跡・丹下健三とその時代」『新建築』一九九八年十一月号)。

けっきょく、丹下は造形欲を先行させていた。そこを知りぬいたうえで、磯崎は公言したのである。新都庁舎案に自分がこめたのは、かつて丹下もいだいた市民広場への想いである、と。面の皮があついと言うしかないこういう物言いも、「丹下さんから学んだ」のだろうか。まあ、一種の冗談で、「市民原理です(笑)」と言っていたのかもしれないが。

ここで、白井晟一を論じたおりにとりあげた問題へ、もういちどたちかえる。白井は、民衆の建築家であろうとするこころざしを、しばしば語ってきた。だが、磯崎は白井の口にする民衆語りを、「コンプリメント」であろうときめつける。世間へむけてのお愛相《あいそ》だ、と。だが、私はこの見方にしたがえない。

なるほど、丹下は民衆という言葉を、ずいぶん便宜的にあやつってきただろう。そういう場面を、磯崎もいやというほど見てきたにちがいない。それで、建築家が語る民衆論じたいを、信じられなくなっている可能性はある。当人じしんが自分の新都庁舎案を、民衆にことよせてぬけぬけと語れるのも、そのせいか。

だが、白井は民衆のみちびき手でありたいと、心の底からねがっていた。「コンプリメント」だという磯崎の評価は、白井をとらえそこなっている。あるいは、白井を自分にひきよせすぎていると言うべきか。

国家が姿をけしていく

かつて国家と情熱をわかちあった丹下健三も、今は商業建築家へとなりはてた。そもそも、国家じしんが国家へ想いをはせる建築家など、ほしがらなくなっている。日本そのものが、経済一辺倒の商業国に、おちぶれた。

磯崎のこういう歴史展望に、評論家の多木浩二はとまどいをしめしたことがある。磯崎と多木が語りあった、一九八九年の対談を見てみよう。

磯崎は言う。一九七〇年ごろまでは、国家像の体現された建築が、もとめられたこともある。自分も、「一九七〇年の大阪万博までは国家があると思っていた」。だが、「あのころから国家の姿が消え」てしまった、と。

これに、多木はいちおうあいづちをうっている。だが、同時にこんな留保もそえていた。「実際に七〇年以前に国家が強かったかどうかはともかくとして」(『世紀末の思想と建築』一九九一年)。

私には、このためらいがよくわかる。じっさい、近代の日本国に、国家意志を建築でしめそうとする気概があったとは思えない。その点は、「七〇年以前」も以後も、かわらないと考える。

国家の雄姿を、建築にたくして力強くうちだそうとする。そういう建築群をたてたがるのは、カリスマ的な指導者をいただく国家である。スターリンのソビエトやヒトラーのドイツ第三帝国などが、その典型例にあげられる。まあ、キューバのカストロをはじめ、建築には興味をしめさないカリスマも、多々いるが。

近世初期の日本には、建築熱をたぎらせたカリスマがけっこういた。代表的なのは、織田信長、豊臣秀吉、そして徳川家康の三人である。そして、彼らは自分のきずいた体制をかざる建築づくりに、いそしんだ。

しかし、幕藩体制がととのってからの日本は、そういう意欲をなくしている。幕府官僚たちの合議による支配は、むしろ建築面での出費をつつしませた。ビューロクラシーは、それらの抑制に力をつくしてきたのである。そして、この基本的な姿勢は、明治維新以後の新政府にも、そのままひきつがれている。

多くの政府庁舎は、華美へとながれることをさけてきた。国会議事堂でさえ、安普譜の応急施設が、半世紀近くものあいだつかわれつづけている。

まあ、皇室の体面がたくされた帝室建築は、けっこうりっぱにたてられた。植民地にできた庁舎でも、大日本帝国は建築的な見栄をはったと思う。あとは、逓信省の施設がしめす質の高さに、近代化へのいきごみが読みとれるぐらいか。

一九三七年には、鉄材を五〇トン以上つかう建設工事が、ゆるされなくなっている。日中戦争をのりきるための戦時下らしい決断が、下された。鉄は軍事方面へ優先的にまわすことが、きめられたのである。

この決定をうけ、政府の施設は、木造のバラックでたてられるようになっていく。じっさい、皇居前の空地では、新しい庁舎がつぎつぎに、そのみすぼらしい姿をあらわした。大蔵省や航空局などの建物が。

当局も、そまつな建物でがまんする。国民各位も、この窮状をわかちあってほしい。そんなよびかけの役目もはたしうる光景が、首都の表玄関ではくりひろげられた。

一般消費生活でぜいたくを禁じる規則は、一九四〇年にだされている。建築文化をしばるとりきめは、それらにさきがけ、まとめられた。戦時下の国家は、極端に言えば、まず建築からしめあげていったのである。

戦時下だけにかぎったことでは、おそらくない。幕藩体制も明治以後の新政権も、建築で自らをかざろうとはしなかった。そちら方面では、禁欲的にふるまうようつとめてきたのである。

そして、そんなふだんの姿勢は、戦時下の一九三七年に、凝縮してしめされた。木造のバラック庁舎群は、どこかで近代日本の建築政策を、象徴していると考える。ビューロクラシーが強く、カリスマのあらわれづらい統治のありかたを。

戦後になっても、事態はさほどかわらない。霞ヶ関の官庁群も、一般のオフィスビルと同じような形で、たてられた。建築史上にのこる作品として、しばしばふりかえられるものは、ほとんどない。国家の建築群は、おおむね、ひかえめであることを良しとした。

丹下が設計をした代々木の屋内競技場（一九六四年竣工）は、ぬきんでていたと思う。「一九七〇年……までは国家があると思っていた」。磯崎がそう思えたのも、二、三の丹下建築が国家事業としていとなまれたからだろう。

ただし、あの屋内競技場ができることを、官僚機構がすんなりうけいれたわけではない。当時の大蔵官僚は、丹下がもとめる建設費を、みとめようとしなかった。国会でも、建築家の恣意的なデザインで出費のかさむことは、とがめられている。日本のビューロクラシーには、とうていのめない設計だったのである。

けっきょく、丹下は当時の大蔵大臣であった田中角栄のところへ、自らおもむいた。そして、自分の設計がかなうだけの建設費をだしてくれるよう、じかにたのみこんでいる。

大臣は建築家の要求を了解し、局面の打開をはかりだす。大蔵省をはじめとする関係各方面を、ときふせた。予算がとおり、丹下の提案でそのままたてられるようになったのは、そのためである。角栄というちょっとしたカリスマが、ビューロクラシーをうごかしたのだと言うしかない。

代々木の屋内競技場は、東京オリンピックのシンボルとなりうる施設であった。国家的なおまつりさわぎの舞台に、ほかならない。大蔵省が財布の紐《ひも》をゆるめた裏には、そのあたりへのおもんぱかりもあったろうか。おまつりだから、今回は例外としてあつかっても、まあいいかというような。あるいは、大阪万博の時にも。

プチ・カリスマの手腕だけが、ことをなしとげたわけではないだろう。にもかかわらず、私はここで角栄のはたらきを強調した。それには、訳がある。

一九七〇年以後の日本は、商業的な利益をおいもとめるだけの国になってしまった。そんな歴史語りに、磯崎はしばしば角栄のことを、悪役として登場させている。日本がただの商業国家になったのは、角栄がすすめた列島改造政策のせいである。おかげで、丹下のような、国家へ情熱をかたむける建築家には、出番がなくなった、と。

「丹下健三は、七〇年の万博までは一直線に国家の代理みたいな形でやってきた……ところが、田中角栄が出てきて、すべては商品だというふうにしてしまったがゆえに、丹下健三はいわば亡命せざるをえなくなっちゃった。日本の国家が何もやってくれないから……」（「建築の世紀末」一九九九年　磯崎新・浅田彰『ＡＮＹ　建築と哲学をめぐるセッション　一九九一―二〇〇八』二〇一〇年）。

角栄が日本の国政にあたえた影響のほどは、わからない。政治史や財政史の研究成果がでそろうまで、私は口をつぐんでいようと思う。ただ、角栄的なものが丹下をしりぞけたとする見方には、したがえない。

代々木の屋内競技場を、磯崎は丹下への追悼文でこう位置づけている。「国家への想い」とともにある建築だ、と（前掲「描き続けた国家の肖像」）。そして、そういう建築の実現に角栄は力をかしていた。丹下の「想い」を、いちばん強くあとおしした政治家は、ほかならぬ角栄なのである。

やや下品な印象もあるこの政治家を、建築文化からははなれたところに位置づけたい。そんな思惑もあって、磯崎は語ったのだろうか。偉大な丹下を国家から遠ざけ、商業建築家へと矮小化させたのは角栄だ、と。

しかし、磯崎の考える黄金時代の丹下は、角栄とともにあった。そこからは目をそむけるべきでないと考え、あえて強く書きつけたしだいである。

「なまぐさい仕事」

筑波研究学園都市は、政府のきもいりでいとなまれた。筑波大学をはじめとする公的な研究機関が、ここにはたくさんあつめられている。国家的なプロジェクトとしてきりひらかれた、新しい都市にほかならない。

磯崎新は、そんな新都市の交流拠点となる施設を設計するよう、たのまれた。つくばセンタービル（一九八三年竣工）は、この依頼にこたえた磯崎の作品である。

国家的と言っていい仕事だが、伝統的な日本をしのばせる意匠は、どこにもない。だが、西洋建築史でおなじみの表現は、ふんだんにもりこまれている。ミケランジェロやルドゥらの造形が、パッチワークよろしくならべられた。

そこに、どうして東洋的なモチーフはないのか。そうマイケル・グレイヴスからたずねられ、磯崎はつぎのよ

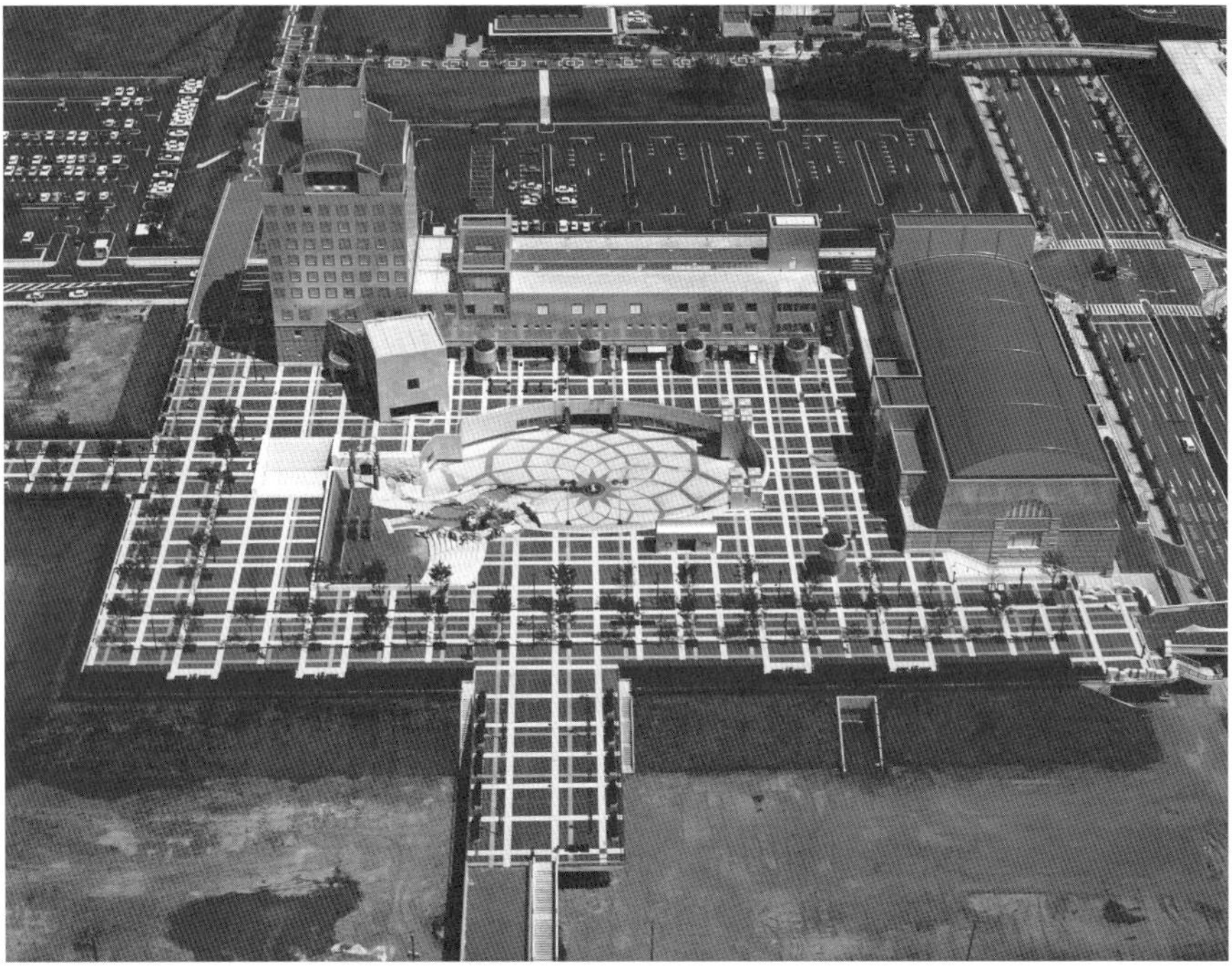

つくばセンタービル

うにこたえている。

マイケル、君だってためらうだろう。「レーガン記念塔(?)のようななまぐさい仕事にめぐり合った」ら。自分は「そんな特殊文脈を、今日の日本という文脈のなかで感じてい」る。「ぼくは、日本という国家が要請しているかも知れない……貌《かお》をひっぱりだ」したくない。「だから、日本的なコードを徹底して排除した」んだ、と（磯崎新『建築のパフォーマンス』一九八五年）。

たしかに、「レーガン記念塔」という注文があれば、それは「なまぐさ」かろう。そこでアメリカ色をだすことは、知的なアメリカの建築家ならさけたがるにちがいない。しかし、つくばセンタービルは、それほど「なまぐさい仕事」なのか。

磯崎は、伝統的な日本色のうかがえる形を、こう位置づけた。それらは、「日本という国家が要請しているかも知れない……貌」であると。じっさいに、「国家が要請し」た「貌」だとは、きめつけていない。「要請しているかも知れない」とのべるに、とどめている。

磯崎は政府から設計をたのまれた、その当事者である。「要請」があったのなら、あったとはっきり書ける立場にいた。だが、その有無については、明言をさけている。このたよりない書きっぷりには、ひっかかる。

政府の「要請」に関しては、『GA』誌でも同じように、言葉をぼかしていた。「国家をリテラルにリプレゼンテーションせよと指示されていると感じながら」、と（『GAドキュメント・エクストラ 05〈磯崎新〉』一九九六年）。誰それから具体的に「指示され」たとは、言わない。そういう「指示」は、ただ「感じ」ただけだというのである。

ジャッキー・ケステンバウムからの取材には、ややことなる応答ぶりをしめしている。自分は筑波で「国家権力」を、「否定」した。だから、「あれ以来、政府からの仕事の依頼はありません」、と（前掲「現代建築三〇年の語り部 磯崎新」）。

そう聞かされ、ケステンバウムはたずねかえしている。「政府は筑波の件では、いまだに腹をたてている」のか、と。この質問を、磯崎は「みんなもう忘れちゃっているでしょう」と、うけながしている（同前）。けっきょくは、相手を煙にまく返事で、あいまいにやりすごしたのだと言うしかない。

竣工から一〇年もたたないあいだに、建築家へのうらみを政府はわすれている。そう磯崎は、こたえていた。どうやら、当局も、それほど強くいきどおっていたわけではないらしい。

「政府からの仕事」がなくなったというのも、国家の反感を買ったせいではないだろう。何かほかの事情があったのだと思う。たとえば、磯崎ばかりに仕事をまわすのはまずいという、いかにもお役所的な判断が。

「日本という……貌」だけにかぎったことではない。国家のりりしさを強くあらわしてくれなどという注文も、おそらくなかったろう。日本のビューロクラシーに、そういうこだわりがあったとは思えない。

まあ、名の知れた建築家にたのむのだから、こじゃれた建物をほしがってはいただろう。スタイリッシュなしあがりへの期待ぐらいは、あったと思う。

だが、その水準をこえる、国家主義的な造形面でのおしつけは、なかったはずである。圧力は、もしあったとしても、実務面のそれだけにかぎられていただろう。たとえば、経費や法規などとかかわるところに。

にもかかわらず、磯崎は国家へたちむかう建築家としての自画像を、この時ふりまいた。パッチワークめいた造形で、国家の虚構性をあばいたかのようにも、となえている。当時の建築ジャーナリズムをまきこみ、けっこうおおげさに。まあ、ヒロイックにふるまいたかったということか。

一九七〇年代から、国家が建築の表現を問う場から退場したと、磯崎は言う。であるのなら、つくばセンタービルにも、国家の関与はなかったという話で、ことたりる。それは、一九七九年から一九八三年にかけての仕事なのだから。

だが、国家から圧力がかけられたかのようにも、磯崎は語りたい。あの造形は、国家にはむかってできたのだと、どこかでは言っておきたく思う。しかし、そう言いきってしまえば、嘘をついたことになる。

つくばセンタービルでは、「国家」から「指示されていると感じ」た。日本色をだす表現は、「国家が要請しているかも知れない……」それである。こういうにえきらない語り口の裏面には、今のべたような心模様もあったのだと思う。「要請」があったとは書けないから、あったかもしれないという言葉で、にげたのだろう。

グレイヴスが、東洋的な要素の欠如を磯崎に問いただしたことは、さきにのべた。日本では、黒川紀章が似たようなことを、より非難がましく論じている。

つくばセンタービルの表現は、コスモポリタンにすぎる。どうして、磯崎は東洋の、日本の意匠をさけるのか。そう磯崎との対談でも、つめよっている（『ポストモダン』の建築デザインを問う」『日経アーキテクチュア』一九八四年四月九日号）。

国家主義への接近はいやだという磯崎にたいして、黒川はこうもせめたてた。ならばなぜ、ドイツのティーゲル港地区開発コンペでは、シンケルを引用したのか。それこそ、ドイツの国家主義にくみするやり口だというのである（同前）。

あれはパロディだとにげながら、磯崎はこういう詰問を、わずらわしく感じたろう。しかし、おかげで磯崎は、自分を被害者として位置づけられるようになる。「黒川紀章によってなされた一連の私の方法への攻撃」を、ことあげすることができた（前掲『建築のパフォーマンス』）。

国家が自分を抑圧していると、正面きっては、さすがに言いづらい。だが、国家主義的な建築家からせめられていると言いつのることは、可能になる。

あんがい、黒川の批判については、渡りに船だと思っていたぐらいかもしれない。それらは、はじめから想定問答にはいっていた可能性もある。まあ、グレイヴスに、そこをつくようあらかじめたのんでいたとまでは、言わないが。

大衆社会の建築観

若いころの磯崎に、日本色をにじませた建築計画がなかったわけではない。たとえば、別府高崎山の万寿寺別院計画(一九五八年)に、それははっきり見てとれる。日本の伝統が、そこではブルータリズムにとけこまされていた。磯崎なりに、当時のいわゆる伝統論へよりそうことも、考えてはいたのである。

だが、一九六〇年代後半の磯崎は、そういう造形からはなれだす。大分県立中央図書館では、西洋の教会めいた空間を手本にした。一九七〇年代の作品には、ヴォールト状の屋根やバロック風の階段も、もちこんでいる。一九八〇年代には、西洋の歴史様式をとりいれる途にも、ふみこんだ。

磯崎ひとりが、西洋の古いデザインをおいかけだしたわけではない。建築界ぜんたいが、おおむねそういう軌跡をたどっている。

師の丹下健三もまた、似たような歩みをへてきたひとりにほかならない。一九六〇年代のなかごろには、伝統論風の日本色を払拭した。一九八五年の新東京都庁舎では、西洋の歴史様式をうけいれるにいたっている。

このうつりかわりは、日本の大衆社会がくりひろげてきたそれとも、ひびきあう。

じじつ、高度成長期の住宅産業は、商品としての住宅から和風の要素をなくしていった。たとえば、畳の割合をへらし、床はフローリングでしあげるようになっている。玄関にペディメントをいただく、洋館めいた商品化住宅も開発した(三井ホーム　コロニアル80など)。

高崎山万寿寺別院計画

西洋の王宮や城郭にあやかったラブホテルが浮上したのは、一九六〇年代の末である。それまでのつれこみ宿は、たいてい数寄屋風の粋なかまえを、売りものにしていた。あるいは大名屋敷まがいのしつらいなどを。しかし、一九七〇年代をつうじ、それらは洋風のホテルにおくれをとりだした。

結婚の披露宴も、チャペルもどきの式場でもよおされるようになっていく。座敷での宴席は、しだいにかえりみられなくなった。大衆社会は、高度成長期に西洋風へのあこがれを、どんどん強めていったのである。

建築界のうごきが、こういういきおいにながされたとは、言わない。とりわけ知的な磯崎と大衆社会のあいだには、それなりの溝もあったろう。

磯崎は、マリリン・モンローのボディラインを、自分のつかう曲線定規に採用した（一九七二年）。だが、大衆的な欲望の対象に、そのままのめりこんだわけではない。モンローカーブの導入にさいしては、マルセル・デュシャン風のウィットもきかせていた。

キッチュへ手をだすことがあっても、一線はふみこえない。ハイ・アートの枠に、とどまろうとする。斯界《しかい》での磯崎評は、そのあたりにおちつこう。

だが、鳥瞰的に遠くからながめると、またちがった構図もうかんでくる。磯崎をもふくむ建築界の趨勢は、大衆社会の動向とそれほどくいちがっていない。むしろ、同じ方向へむかっているように見える。まあ、磯崎じしんは、キッチュの波を、サーフィンよろしくのりこなしていたのだろうが。

西洋の王宮などをまねたラブホテルや遊園地の施設は、たいていつくりが安っぽい。しろうとの目にも、ちゃちくさく見える。だが、磯崎はつくばセンタービルを、品よくまとめあげた。大衆性もたたせつつ、そこそこりっぱに見える西洋風をみのらせている。

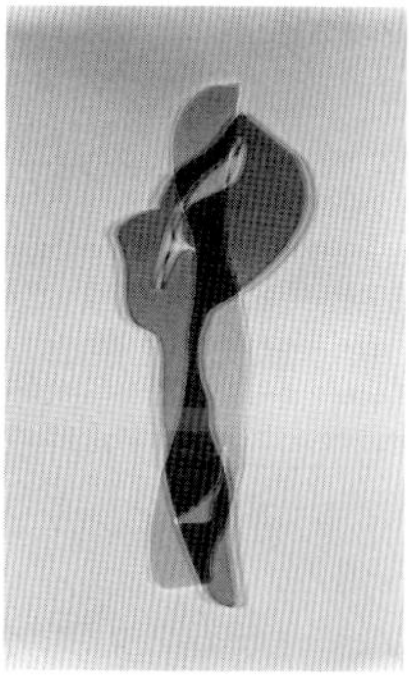

マリリン・オン・ザ・ライン

この点を評価する学園都市の関係者は、いただろう。磯崎はいい仕事をしてくれたと、ほめる言葉もあったはずである。あるいは、こんな賛辞だって、官僚のあいだではとびかっていたかもしれない。

学園研究都市には、かたくるしい研究施設があつめられている。息のつまるような気配が、これまでは全体をおおっていた。どこかに、気ばらしのできるオアシスのような場所が、もうけられないか。せめて、交流棟には、はなやかな色どりがほしい。そういう当局側のねがいに、磯崎は茶目っ気もある設計でこたえている。やはり、彼にたのんでよかった……。

「国家権力」を「否定」するどころの話ではない。その要望を全面的にうけいれ、まるごと肯定していたかもしれないのである。そして、私はつくばセンタービルに、そういう側面はあったと考える。

国家に肩すかしをくらわせてやった。そう言いはって、見得をきりたい磯崎には、つらいところである。けっきょく、自分は政府の役人たちを、どこかではよろこばせてしまった。その点についてのうしろめたさ、忸怩《じくじ》たる思いも磯崎をかりたてていただろう。国家を相手どった、自家中毒症めいて見える言動へ。

さて、磯崎は、一九九五年にも黒川紀章と語りあう場をもっている。「悪しき民主主義から脱却せよ」と題された対談が、それである（『GA JAPAN 14』一九九五年）。

そのなかで黒川は、磯崎のことを、丹下の後継者だとはやしている。ミケランジェロをあおぎ見る師の価値観は、誰よりも磯崎がうけついでいる、と。そして、磯崎もこの評価にはあらがわない。「やっぱりそういうところがあるのかな」と、うけいれた。

さらに、黒川はこうも言う。けっきょく、磯崎は建築界のエリートで、大衆のことはわからない。だが、自分は大衆の世界にとびこめる。「丹下健三に師事する前に西山夘三に教育を受けた」から、と。

なるほど、テレビや講演で人々にわかりやすく語りかける点は、そのとおりだろう。はぎれよい物言いを得意とする黒川に、訴求力という点では一日の長があったと思う。

しかし、一九七〇年代のなかごろから、黒川は日本的な表現をさぐりだしていた。「利休ねずみ」をとなえ、江戸建築を再評価せよというかけ声もあげている。また、自分の作品にも、そうした揚言とつうじあう日本色を、そえていた。磯崎のつくばセンタービルについては、日本らしさがないとせめている。

いっぽう、大衆社会の建築は、そのころから日本をおきざりにしはじめた。西洋的な建築へのあこがれを、あらわにしだしている。そして、磯崎のあゆんだ途は、そうした時流とも、結果的につうじあう。黒川のほうが、大衆のむかっていった方向からは、背をむけていた。

磯崎より自分のほうが、大衆とともにいる。その点ではうぬぼれてもいた黒川が、逆に造形面では大衆から遊離していった。これは、いったいどういうことなのか。

ひとつ思いつくことがある。まだ大学院へかよっているころに、黒川は日東食品本社工場の設計をたのまれた。同社の社長には、その件で、新橋の料亭へつれていかれたこともあったという。一九六四年の、まだ若い芸妓もおおぜいいたろうころの新橋へ。そして、社長からは、こんなアドバイスももらっていたらしい。

「黒川さん、建築家になるためには、小唄をやるといいですよ」、と(黒川紀章『黒川紀章ノート』一九九四年)。

花柳界やそこでの遊び、たとえば「小唄」には、したしんでおいたほうがいい。そうすれば、政財界筋もふくめ、交際範囲はおのずとひろがっていくだろう。くだんの社長からは、そんなふうにもすすめられていたようである。

この助言にしたがったのだろうか。黒川は花柳界へも、しばしば足をはこぶようになる。

のちに週刊誌などがつたえた芸妓とのスキャンダルから、そう判断するのではない。黒川のとなえた日本文化論からは、粋筋の気配がただようからである。花柳文化につうじるところもある立論だと感じ、私はその出没ぶりをおしはかった。

政財界の長老たちは、一九八〇年代になっても、花柳界での社交をつづけただろう。数寄屋造の料亭で、着物と日本髪の芸妓にかしずかれる交際を。

黒川が日本にこだわった背景は、そこにもあったような気がする。舶来指向の大衆ではなく、伝統文化にたゆたう重鎮たちへくいこんでいった。そんな交際ぶりが、黒川の言動を、どこかでささえていたのではないか。自分には大衆がわかる。黒川は磯崎に、そう言っていた。しかし、黒川がわかったという「大衆」は、政財界筋のことをさしていただろう。市井に生きる人たちのことでは、なかったような気がする。

あとでものべるが、磯崎に花柳界とのであいがなかったわけではない。しかし、そちら方面へのめりこむことを、磯崎はさけている。黒川とくらべれば、その目は政財界の大物より大衆社会をむいていた。ふたりの日本という問題をめぐるいさかいには、そんな背景のずれもあったろう。

思わず笑った、その途へ

新東京都庁舎のコンペにのぞんだ競技者は、たいてい超高層の案をひねりだしていた。縦に長いビルの図をえがいて、審査にのぞんでいる。やや低い、横へ長くのびる形でまとめた磯崎新の提案は、異色であった。

はじめにもふれたが、これだとコンペの規程をみたすことはむずかしい。落選を覚悟したうえでの応募であったろう。私だけが、そう考えているわけではない。建築界でも、多くの人がそうにらんできた。いや、それどころではない。こんなうわささえ、関係者のあいだではとびかったと、磯崎は書いている。

「私が意図的に落選しそうな案を提出したのは、丹下健三との関係に由来するのだろうと、いまだに多くの人々が受け取っている。そうかもしれない」(磯崎新編『建物が残った』一九九八年)。

一等の栄誉と実施設計の仕事を、かつての師である丹下にゆずる。そのために磯崎は、わざわざ当選のみこめない案をこしらえた。以上のように、「多くの人々」は思っているという。そして、磯崎はこの世評を、むげにはしりぞけない。「そうかもしれない」と、ふくみをもたせつつ話をむすんでいる。

丹下にははむかわないと、そうはっきりはじめから考えていたわけではない。自分の新都庁舎案には、自分なりの建築観がこめられている。あれを発表することにも、積極的な意義をみとめてきた。

ただ、潜在意識のどこかには、旧師への気づかいがひそんでいた可能性もある。「そうかもしれない」という言いまわしからは、以上のような文意がくみとれる。

いっぽうで、磯崎は丹下の新都庁舎を、さんざんに批判した。仕事をとるという現実的なたたかいの場では、丹下に譲歩をする。しかし、言論の舞台では、歯に衣《きぬ》をきせず、好きなことを言っていた。

このふるまいは、私に道化師のそれを想いおこさせる。王につかえる道化は、王のまわりで王を悪く言うが、王の地位じたいはおびやかさない。口ぎたないののしり言葉で、かえって王位を逆説的にかがやかすこともある。そんな道化役を、磯崎は丹下のためにつとめていたと、思えなくもない。

磯崎は、つくばセンタービルで、いちおう国家の注文におうじていた。担当の役人も、そこそこには満足しただろう設計を、こなしている。

そして、そのいっぽうで、磯崎は国家をあの手この手でからかった。お前は影がうすい、存在感がない、そもそも今のお前はおちぶれはてている、等々と。

どうだろう。これも国家につかえる道化師のパフォーマンスであったとは、言えまいか。今は、国家像が希薄になっている。そんな語りは、どこかで「日本よ国家たれ」と、はっぱをかけていたような気がする。

丹下の新都庁舎をくさす舌鋒も、丹下の旧作に新しい光をあてていただろう。あの世評に高い新都庁舎も、丹下としては駄作であるという。そう聞かされた者は、かえって丹下の傑出ぶりを印象づけられたにちがいない。へえ、丹下ってそんなにすごい人なのか、と。じっさい、磯崎も旧都庁舎のほうは、あきれるほど美化していたのである。

黒川紀章を論じたところでもふれたが、もういちどくりかえそう。

一九六九年から、磯崎は「建築の解体」をとなえだした。いわゆる近代建築の規範がなしくずしになっていく傾向を、おもしろがっている。もっとこわれろと、はやしたてるようなポーズもとりながら。

そのいっぽうで、同時にこうも言っている。近代建築の発生を、「ぼくは信じ」る、と。そう、磯崎は自分の「信じ」るものがくずれていく様子に、興じていたのである。

つきつめれば、あの「解体」論も、建築文化をはげます道化師の言辞だったのだと思う。近代建築の枠組みをはぐらかし、茶化すように自分の言葉をくみたてる。そうすることで、かえって新たな建築の魅力を、ひきだそうとしていたのではないか。

こういうふるまいのよってきたるところが、どこにあるのかはわからない。ただひとつ、岸田日出刀《ひでと》とかかわるところで、そうかもしれないと思うことはある。ここにはそれを書きとめたい。

岸田は一九五五年まで、東大の建築学科で教鞭をとった。丹下をひきたて、自分の助教授にしてもいる。戦後建築史のなかでは、丹下をそだてたことでも評価をされる建築家である。

その丹下に師事した磯崎は、岸田から見れば孫弟子ということになる。じっさい、大学院時代の磯崎は、しばしば岸田の薫陶をうけていた。岸田をしのぶ座談会でも、こんな想い出を語っている。

「丹下さん、大江さんあたりが、学生の時ものすごく恐かったというのです。ところがぼくらは、割に岸田先生が来られても、気やすく口をきいている」（「先生を偲ぶ（第二座談会）」『岸田日出刀 上巻』一九七二年）。

弟子の丹下らにはつらくあたっていた。そんな岸田も、磯崎ら孫弟子の世代には、したしくふるまおうとしたらしい。子にはきびしい父も、孫にはあまいということか。

なかでも、磯崎にはとりわけ目をかけていたようである。さきほど、磯崎には別府高崎山の寺院計画があったことを、紹介した。そして、まだ二七歳の大学院生だった磯崎に、この仕事をあっせんしたのは岸田である。

一九五〇年代の末ごろから東京都は、都庁舎の増築を考えだしていた。丹下が設計をした旧都庁舎のとなりに、別棟をたてる話が検討されている。

こんどは、丹下以外の建築家に仕事をまかせたい。旧都庁舎の使いづらさに音をあげた役人たちは、そうねがっていた。

ならば、磯崎を担当者のひとりにすえることはできないか。岸田はそんな「筋書き」も、えがいていた「らしい」。あくまで「らしい」としか言えない、ふたしかな話ではあるが（前掲『建物が残った』）。

しかし、丹下がこの「筋書き」に神経をとがらせていたのは、まちがいないという。どうやら岸田は、丹下のつぎにくる建築家を、磯崎だとみなしていたようである。はやくも、一九五〇年代の末ごろに。

ただ、磯崎にたいしては、あぶなっかしく感じるところもあった。都庁のある「高官」に、岸田は磯崎のことをこぼしている。磯崎があとで聞きとったところによれば、それはつぎのような歎息であったという。

「磯崎君はジャジャ馬なのだよ。デザインだって何やるか分からない。丹下君よりコントロールがむつかしいね」（同前）。

自分の意にはそまないところが、磯崎にはある。その点では、岸田も孫弟子のことを、ややもてあましていた。しかし、同時に相好をくずしていたらしい様子も、読みとれる。やんちゃな青年・磯崎が、かわいらしくてしょうがないというような。

そして、磯崎もそんな岸田の好々爺ぶりには、気づいていた。すくなくとも、磯崎の目には、岸田のことがそううつっていたはずである。目にいれてもいたくないという想いを、自分によせている先生だ、と。

当時、東大で磯崎のそばにいた川上秀光は、そのころの岸田をこうふりかえる。「じゃじゃ馬を飼馴すのが、楽しみでしょうがない」人であった、と（前掲「先生を偲ぶ（第二座談会）」）。そんな岸田の前で、磯崎は理想的な「じゃじゃ馬」になっていたのだと思う。師の「楽しみ」を、あおるかのような。

権威筋の前では、少々むてっぽうにふるまってもかまわない。すこしぐらいなら、途をふみはずしたほうが、おもしろがられ、うけいれられやすくなる。そんな道化術の勘所を、磯崎は岸田とのやりとりで身につけたような気がする。まあ、もともとあった磯崎の道化気質を、岸田は増幅しただけなのかもしれないが。

さて、岸田は花柳界にもしたしんだ建築家である。とりわけ、新潟の芸者たちと相川音頭には、熱をいれていた。東大の建築学科にも、新潟へおもむき相川音頭に興じるツアーが、あったという。むろん、主催者は岸田である。

一九六一年に体調をくずした磯崎も、岸田から相川音頭をすすめられた。気分転換にどうか、と。しかし、これを磯崎はことわっている。「芸事は私には不向きです」と言いながら（前掲『建物が残った』）。

このぐらいのことなら、はねつけてもかまわない。岸田との関係では、そうたかをくってもいたのだろう。自分の拒絶が、岸田の愛情を深めることはあっても、うすめはしない、と。

建築家としてたつには、「小唄」などをやったほうがいい。黒川紀章は、ある中小企業の経営者からそうさとされ、花柳の巷へ近づいた。どこかでは、その途に上昇への足がかりを感じつつ。

おそらく、丹下研究室のなかで、黒川はそれほどかわいがられなかったのだと思う。岸田が磯崎へかけたほどの期待は、いだかれなかったにちがいない。だからこそ、黒川の意欲は研究室という枠をこえ、外の世界へむかっていく。「小唄」にも、ビジネスのチャンスを感じとり。

丹下研へくる前は、「西山夘三に教育を受け」たから、自分には大衆がわかる。黒川は、そう磯崎につげていた。しかし、これも文字どおりにはうけとれない。丹下研ではよそ者だったという黒川の悲哀を、私はここに読む。まあ、何事につけ強がる黒川は、そんな弱音を見せまいが。

たとえ、研究室ぐるみのツアーであっても、「芸事」はやらないと磯崎は言ってのけた。いっぽう、黒川はクライアントから「小唄」の世界を知らされ、食指をうごかしている。

研究室の中枢からさそわれても、磯崎はそれをはねつけた。いっぽう、黒川はその外でほのめかされた似たような話に、あゆみよっている。そのどちらが、研究室という世界をおおらかに生きていったかは、あきらかであろう。

大分県立医師会館（一九六〇年竣工）は、磯崎のデビューをかざった作品である。これを、後年の磯崎はつぎのようにふりかえる。

「製図板のうえでデザインを練っているとき、突然それが豚の蚊遣のように見えはじめて思わず笑ってしまったが、思いなおして、そのユーモアにこそ賭けるべきだと決めた」（『ＧＡアーキテクト　６〈磯崎新〉一九五九―一九七八』一九九一年）。

豚の蚊遣を思わせるこっけいな形だから、これにきめたという。美しさよりも、ユーモアを優先したのだ、と。

処世術の用心で目をきょろきょろさせる若手に、この大胆さはのぞめない。あっぱれというしかない決断は、自分が愛されているという実感のたまものであろう。せちがらい配慮をしなくても、自分はやっていける。豚の蚊遣も、まわりにみとめさせてみせる。そんな自信が、磯崎にはそなわっていたのだと思う。

道化師、トリック・スターとして建築界を生きていく。そんな建築家の初心が、ここにある。じっさい、この人ほど斯界をにぎわせつづけた建築家は、ほかにない。まあ、いつのまにか、道化が王位をいとめたような気もするが。

戦後の岸田評は、丹下をそだてたというところにとどまりがちである。しかし、磯崎をはばたかせた点もまた、見おとせないのではなかろうか。

大分県立医師会館

安藤忠雄《あんどう ただお》

大阪から世界へはばたいて

建築家の学歴を考える

よく知られるように、安藤忠雄は大学をでていない。学校へかようことは、大阪の工業高校、それも機械科で、やめている。建築に関する知見を、学校でまなんだことはない。それらは、独学で身につけた。

よほどそのことがいぶかしく思えるせいだろう。ほんとうに、独学なのか。どうやって、勉強したのか。一般雑誌のインタヴューで、安藤はしばしばそうたずねられてきた。

なかには、この話をうたがうむきもいる。じっさいには、某大学の建築学科に籍をおいていた。だが、中途半端な「大卒」という肩書きより、「高卒」のほうがかがやかしくうつる。それで、大学へはいかなかったということにしているんじゃあないか、と。

私じしん、そういう噂を聞いたことがある。ことの真偽を、いわゆるルポライターからたずねられたことも、ないではない。

話としてはおもしろそうである。「作曲家」なのに、耳がきこえないふりをした佐村河内守の詐術とも、どこかひびきあう。スキャンダルをほしがるジャーナリズムが、もてはやしかねない筋立てにはなっている。

しかし、じっさいにはありえない。安藤を卒業させた大学がもしどこかにあれば、そのことをだまってはいないだろう。わが校が世におくりだした英才だと、声高に言いたてるはずである。じっさい、安藤はそれだけの値打ちがある建築家になっている。だが、そういう宣伝をこころみる大学は、どこにもない。私はこの話を、たちの悪い都市伝説だと判断する。

安藤の独学をあやしむ人々にたいしては、もうひとつ言っておきたいことがある。

私は京都大学の建築学科で、設計もまなんできた。しかし、そこが建築家をそだてる良い養成所だと思ったことは、いちどもない。授業や演習の多くは、むしろ建築家になろうとする学生の意欲をなえさせた。文学部が、小説家の育成など、すこしもこころがけていないのと同じで。まあ、今はちがうのかもしれないが。

建築家として世にときめく人々は、大卒者もふくめ、みな自分で自分の技をみがいている。大学教育が役にたったと感じる、その度合いはいたって小さかろう。安藤の独学も、その点に関するかぎり、ことごとしくうやまう必要はないと考える。

ただ、大学には建築を語りあえる仲間が、すくなからずあつまってくる。レムやザハらの品定めに興じあえる同世代が、身近なところでたやすく見いだせる。

そういう環境が、建築家への志をあとおしする部分は、あるだろう。また、大学にいれば、先輩たちのつてをいかすことができる。有名な建築家の事務所へ出入りをすることは、たやすかろう。建築ジャーナリズムへの足がかりにも、ことかくまい。まあ、これは東京にかぎった利点かもしれないが。

安藤は二〇歳の時に、大阪の古本屋でコルビュジエの作品集とであっている。それで建築への想いを、よりいっそうつのらせた。しかし、その感銘をわかちあえる知人は、あまりいなかったと思う。そういう孤独を考えれば、独学につらいところがなかったとは、言いきれまい。

大阪では、建築家の西澤文隆や都市計画の水谷頴介とも、であっていた。そして、彼らからはアドバイスをもらうことも、あったらしい。しかし、そういう接点をつかむまでには、いろいろ気苦労もあったと思う。大学の先輩筋をつうじた人脈には、たよれなかったのだから。

いずれにせよ、今のべたようなところをのぞけば、大学の建築教育じたいに取り柄はない。その作品が話題をよぶ建築家となるには、ほぼ無意味である。大学教育をこえた〈何か〉がなければ、そこにはたどりつきえない。そして、その〈何か〉があれば、独学でもこの地平にはとどきうる。

にもかかわらず、日本のいわゆるリーディング・アーキテクトは、がいして学歴が高い。建築ジャーナリズムに、しばしば作品を発表する。そうした建築家たちには、偏差値の高い大学でまなんだ者が、おおぜいいる。

東大、早稲田、東工大……などで。

のみならず、大学院を博士課程まですすむ者も、すくなくない。博士号をもった建築家も、よく見かける。本質的に大学教育が役だつ仕事だとは、思えない。独学でも、その技はおさめうる。だが、名のある建築家たちは、おおむね高い学歴をいとめてきた。

ファッション・デザインやクラフトの世界と比較をすれば、そのちがいははっきりする。あるいは、絵画や彫刻をはじめとする美術方面の人々と、くらべても。じっさい、東大の博士課程まですすんだ映画監督など、何人いるだろうか。かぞえあげたことはないが、寥々《りょうりょう》たる数字しかでてこないように思う。

表現にたずさわる者は、どれぐらいの学歴をへて、頭角をあらわすものなのか。そこを秤《はかり》にかければ、建築界のそれが異様に高くなっている様子を、見てとれよう。

他のジャンルでなら、表現者たらんとする者は、大学へいかなくなる。場合によっては、中途退学をしてしまう。大学の勉強なんかかったるいと、見きわめて。そういうケースが多いと思うのに、建築界はちがう。表現者たらんとする者が、しばしば大学院へ進学する。この差は、いったい何なのか。

安藤のあゆんできた途をながめていると、そんな疑問がわいてくる。ざんねんながら、今の私に、妥当な読みときの用意はない。教育学畑の人に、考えてもらいたいところである。学歴社会学の好課題になると、私は思うのだが。

お好み焼きに文房具

住吉の長屋(一九七六年竣工)は、安藤忠雄の出世作である。

鉄筋コンクリートの打ちはなしなのに、表面は美しくみがきあげられている。構成も明快で、わかりやすい。せまい敷地でありながら、ゆたかな空間をみのらせている。住吉の長屋は、そうしたところが高く評価されてきた。

そのいっぽうで、居住性についての疑問もこの住宅には、しばしばよせられる。寝室から便所へは、露天の中庭をとおらなければ、たどりつけない。雨の日は、同じ家のなかなのに、傘をさすようしいられる。この動線は、やはり住み手に負担をかけすぎているんじゃあないか、と。

鉄筋コンクリートの打ちはなしで全体が構成されたことも、多くの人をとまどわせた。あれでは夏の暑さと冬の寒さが、骨身にしみるだろう。健康で快適なくらしは、とうていのぞめない。作品の完成度にこだわった建築家が、施主の生活をないがしろにしている、と。

ここでくらす覚悟をきめた施主は、すばらしい。建築以上に、住み手こそがほめられるべきである。建築界の大御所でもあった村野藤吾は、そんなコメントをもらしたらしい。なかなか、わさびのきいた言いっぷりである。安藤も、にが笑いを余儀なくされたのではなかろうか。

傘をささなければ、便所へいけない住宅が、最近注目をあつめている。なんでも、新進の建築家が設計をしたらしい。そんな評判は、建築界という枠をこえて、世間にもつたわった。

私じしん、この話題が街でとりざたされている様子を、まのあたりにしたことがある。建築家のわがままにもこまったものだという会話をもりたてる、かっこうの素材として。

だが、なかには安藤の仕事ぶりを見て、興味をしめす者もいた。すくなからぬ人々が、自分もああいう家をたててもらいたいと、考えだしている。安藤は、一九七〇年代後半

住吉の長屋

のそんな状況を、こうふりかえる。

「最初のうちは、ある地域で一つ家をつくった後、近所の人々が工事中から完成するまで何回か見に来られて依頼されるというケースが多かった。〈住吉の長屋〉の後、〈帝塚山タワープラザ〉や〈真鍋邸〉、〈堀内邸〉、〈大西邸〉など、その周辺の地域に仕事が集中したのがいい例だ」（安藤忠雄『建築家 安藤忠雄』二〇〇八年）。

建築雑誌が紹介する竣工写真を見て、設計をたのみにきたのではない。そういう雑誌がとりあげる設計者の言い分も、まったく読んではこなかった。ただ、工事現場の様子にそそられただけだという人が、けっこうやってきたのである。安藤の事務所には。

メディアがふくらませる虚像に、彼らはおどらされていない。物件そのものをじかに見たうえで、ことをきめている。街の棟梁ともつうじあうそんな声望を、安藤は「近所」で勝ちとっていた。住み心地の評判は悪かったのに。

住吉の長屋が、下町の長屋をこわしてたてられたことは、よく知られる。そして、似たような敷地にいとなまれた安藤建築は、すくなくない。初期の住宅作品は、その多くが下町のごみごみしたところに、もうけられている。大阪の西区にたてられた井筒邸（一九八二年竣工）も、その一例にあげられよう。施主は、地元でお好み焼きの店をいとなむ夫婦である。神戸の長田区にできた茂木邸（一九八四年竣工）は、一階を文具店にあてていた。いわゆる店舗併設住宅である。

関西の下町でお好み焼きや文具をてがける小店主が、クライアントになっている。建築雑誌などは見なかったろう「近所の人々」が、設計をたのみにきた。初期の安藤をささえたそういう受注の様子は、やはり注目にあたいする。

隈研吾は、住吉の長屋を見て、ややがっかりしたらしい。

打ちっぱなしの壁に、高級なテニスのラケットが、かかっている。長屋ずまいの住人らしくない小物が、目にはいった。聞けば、施主は「大手広告代理店勤務のスマートなシティボーイ」だという（隈研吾『建築家、走る』二〇一三年）。

下町から登場した安藤でさえ、そういう社会階層のために、はたらいている。けっきょく、建築家はアッパー・クラスにつかえる存在でしかありえない。その現実を見せつけられ落胆したというようなことを、隈は書いている。

いわゆるアーキテクトに住宅の設計をたのむ人は、がいして民度が高かろう。文化資本にもめぐまれていることが、多いと思う。安藤も、そういう階層にぞくする人たちの住宅を、たくさんてがけてきた。このごろは、大富豪の邸宅も、国際的なスケールでこなしている。

ただ、安藤の初期作品は「近所の人々」も、しばしば魅了した。阪神間の下町ではたらく小店主をも、施主になってみたいと思わせている。いわゆる豪邸ではないから、自分たちにだって手がとどくという想いも、かきたてた。

住吉の長屋は、なるほど「スマートなシティボーイ」に供されたろう。しかし、それだけで安藤の施主像が、語りつくせるわけではない。安藤建築の魅力は、西九条でお好み焼き屋をいとなむ夫婦にも、じゅうぶんとどきえた。神戸市長田区の文房具店主を、安藤の設計事務所へむかわせてもいたのである。

安藤じしんがそういう世界を生き、そこからはばたいた建築家にほかならない。はじめから、文化資本の高いところだけをあてにしてきた建築家とは、立ち位置がちがう。

日本では、アーキテクトに設計をゆだねた住宅が、たくさんたてられる。欧米をふくむ諸外国とくらべれば、その度合いはぬきんでて高い。自宅をまわりからきわだたせたがる人がおおぜいいる社会を、日本はつくって

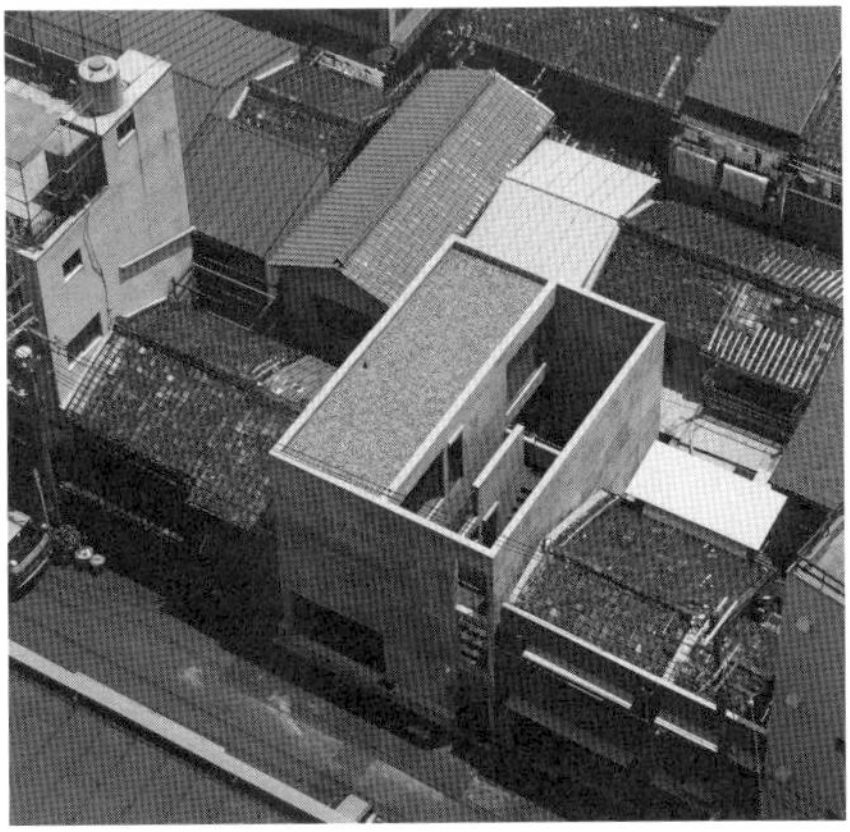

九条の長屋（井筒邸）

きた。篠原一男を論じたところでも、ふれたように。

安藤はその社会層を、関西の下町にまでおしひろげた。アーキテクト物件に食指のうごく人を、ダウンタウンにまで飛火させている。私の考える日本的な趨勢に、拍車をかけた建築家の、代表的なひとりにほかならない。

今の安藤が下町の仕事をひきうけることは、もうよほどへっているだろう。しかし、ダウンタウンの住民に、安藤は建築へのあこがれをうえつけた。すくなくとも、関西の下町に関するかぎり、その感化力は圧倒的である。この現実を、私は軽んじたくない。「スマートなシティボーイ」だけを強調する見方には、あえてあらがうゆえんである。

コンクリートの肌ざわり

戦後の現代建築は、打ちはなしたままのコンクリートを、表現にいかしてきた。内装まで、コンクリートがむきだしになった建築を、建築家たちは数多くたてている。そして、一九六〇年代のブルータリズムは、そのしあげをより荒々しくさせた。

この傾向を最初におしとどめ、反転させたのは安藤忠雄である。一九七〇年代の安藤は、コンクリートを美しくみがきあげることに、成功した。つややかな表面で、コンクリートのしあげに関するそれまでの常識を、うちやぶっている。以後、この新機軸にあやかる建築家がおおぜいあらわれたことは、記憶に新しい。

安藤は、ルイス・カーンのソーク研究所をうつした写真が、てがかりになったという。たしかに、同研究所のコンクリートも、じゅうらいの常套的なそれを、こえていた。型枠の跡やセパレーターの穴もいかしながら、壁面の意匠をなりたたせている。この手法が安藤建築にとりいれられたことは、うたがえない。

しかし、安藤が打たせたコンクリートは、洗練の度合いをいっそう高めていた。エッジの切れ味が、それまでのものより、あざやかになっている。全体にむらがなく、ひび割れや砂利の露呈＝ジャンカがうかがえない。たおやかでありかつ、りりしいコンクリートを、打ってきた。

コンクリートをかたくすると、エッジはひきたつが、ジャンカはふせぎにくくなる。やわらかいコンクリートだと、ジャンカはでにくいが、エッジがしまらない。あちらをたてれば、こちらがたたなくなる。しまつにおえないコンクリートのこういう性質を、安藤は施工の工夫でのりきった。

今はパネコートという型枠が開発されている。コンクリートの表面を平滑にしあげることじたいは、ずいぶん楽になってきた。

それでも、絹ごしの豆腐とさえ評される安藤のコンクリートをまねることは、むずかしい。「美しいコンクリートを打つにはどうしたらいいか……ひたすら考えておりました」。安藤は、一九七〇年代をそうふりかえる（『建築を考える』一九九九年）。そこまで丹精をこめた建築家に、今でもやはり一日の長はあると言うべきだろう。

住吉の長屋より早い時期に、安藤は冨島邸（一九七三年竣工）をたてている。まだ、のちの作品ほど、コンクリートにみがきをかけてはいない。けっこう荒いしあがりになっていた。

立地は大阪の北区で、まあ下町と言っていいところである。あとで安藤はここを敷地ごと買いとり、自分の設計事務所としてたてかえた。その冨島邸ができあがった時に、付近の住民からはこんな言葉をかけられたという。「近所からは『いつ仕上げるんですか』と聞かれました」（シリーズ「二〇世紀：日本の建築」プロジェクトチーム監修『二一世紀：日本の建築』二〇〇四年）。打ちはなしのままで建物が完成したと、「近所」の人は思わない。竣工建築なのに、下地だけができた状態で放置されていると、みなしたのである。

これで、安藤は考えこむ。「粗いコンクリート仕上げだけでは、日本人の繊細な感性には受け入れてもらえない」。「美しいコンクリートにしなければならない」、と（同前）。

判断の基準は、やはり「近所」にあった。大阪の下町でとびかう評判が、安藤をつきうごかしたのである。いっぽんに、指導的な建築家たちは、「近所」の声を気にしない。地域の人々から「粗いコンクリート」をいぶかしがられても、そのままおしきってしまう。町内での不評などには耳をかさず、たとえばブルータリズムの建築をたててきた。

町の声が気になったという安藤の心根《こころね》は、やはり異色である。この人は、町がそだてた建築家なんだなと、いやおうなくそう思う。

野口邸（一九八六年竣工）も、安藤が設計をした。下町の商店街（大阪市天王寺区）にたつ住宅である。前に道路はあるが、道巾はたいそうせまい。全体をコンクリートでしあげる工事は、しづらい立地である。

その点を気づかい、安藤も当初はブロック積みでの計画を考えた。だが、施主はこれをうけつけない。どうしても、コンクリートの打ちはなしにしてほしいという。けっきょく、安藤もその要望をうけいれた。敷地の悪条件には目をつむり、鉄筋コンクリート造での工事にふみきっている。

このいきさつを、私は地元関西の某テレビ番組でおしえられた。安藤の打ちはなしに魅せられた人は、すくなくない。そのことも、これで思い知らされている。まあ、どの局が放映した、なんという番組だったのかは、わすれてしまったが。

いずれにせよ、みがきあげられたコンクリートの肌は、安藤の名を世にひろく知らしめた。安藤はこの表現を足がかりにして、成功への階段をのぼっていったのである。建築界という枠をこえ、誰にでも美しさがわかるコンクリートの打てる建築家として。

ただ、打ちはなしのコンクリートには、よごれやすいという難点もある。とりわけ、外気にさらされる外壁部は、劣化がはやい。竣工当初のあざやかさは、ほうっておけばたちどころに色あせる。

だからこそ、安藤はそれらの手入れ、メインテナンスにも心をくだいてきた。自分のたてた作品をしばしば見てまわり、点検をほどこしてきたのである。

だが、安藤の仕事は今、関西圏をこえ世界中にひろがっている。作品の数もふえてきた。ていねいにチェックをしてまわれる範囲と数は、とっくにこえている。打ちはなしでたてられたスリランカやメキシコの邸宅などは、どうなっていくのか。私には他人事だが、心配でなくもない。

表面にフッ素樹脂をぬってしまう手はある。すっぴん風のメイクだが、これをほどこせば、打ちはなしの劣化はいくらかふせげよう。しかし、塗装をされたところは、どうしてもへんに光ってしまう。それで興ざめといった印象を、見る者にあたえてしまうことは、さけがたい。竣工写真のうつりぐあいなら、撮影や印刷などの細工で、なんとかなるのかもしれないが。

安藤が設計をまかされる建築の規模は、一九八〇年代以後、どんどん大きくなってきた。そして、そういう建築を、つややかな安藤流の打ちはなしでつくりきるのは、むずかしい。施工に手間のかかるあのしあげを、全面的に展開するのはつらかろう。

かりにやりとげたとしても、その良さはわかりにくい。たとえば、三〇メートルほどの高さにおよぶ壁を、安藤流でしあげきったとしてみよう。だが、それだけ高いところになると、下からはその味わいが、見てとれない。施工者としては、骨おり損のくたびれもうけという結果に、おわってしまう。

おそらく、そういった事情もあってのことだろう。安藤の大規模な作品では、外壁にしめる打ちはなしの割合が、へってきた。鉄とガラス、あるいはパネルで処理をしてしまう、その度合いがふえている。

いきおい、つややかな打ちはなしの壁は、配される場所がかぎられるようになっていく。動線によりそう、ここぞといったところへ、限定的におかれだした。以前とくらべれば、だしおしみをしているなと、私は感じている。

コンクリート打ちはなしの壁を、外側からガラスの壁でおおってしまう。みがきぬいた安藤印の壁は、ガラスごしに見てもらう。そんな建築を、二一世紀にはいって安藤は、いくつかたててきた。

ホンブロイッヒ/ランゲン美術館(上)、フォートワース美術館(下)

どちらかと言えば、海外での仕事に、この手法はめだつような気がする。たとえば、アメリカのフォートワース現代美術館(二〇〇二年竣工)が、そうなっている。あるいは、ドイツのランゲン美術館(二〇〇四年竣工)あたりでも。

安藤じしんは、一九九二年にこれを思いついたと、のべている。ベルギーのブリュッセルに、美術館をたててほしい。そんな話が、けっきょく計画だおれになったのだが、もちこまれたおりであったという。「コンクリートをガラスで覆ういわゆるダブルスキンという表現を考えた」のは(安藤忠雄『連戦連敗』二〇〇一年)。

安藤は、コンクリートとガラスがたがいにひきたてあうのだと、書いている(同前)。しかし、それだけではあるまい。あのかがやかしい打ちはなしのしあげを、雨露からまもることも、考えているだろう。

憶測ではあるが、あえて書く。あの打ちはなしは、欧米へわたれば建設コストが、そうとう高くなる。工事になれない職人の人件費などを考えると、おそらく日本の倍ではきくまい。三倍か四倍か、とにかくたいへんなぜいたく品になっている。

高価につく安藤印のコンクリートを、巨大なガラスの箱に安置する。そのやり方は、高級な商品をガラスのケースへおさめる展示のあり方とも、つうじあう。「ダブルスキン」のガラスは、安藤印に箔をつけるショーケース的な効果も、はたしている。

まあ、安藤がその視覚的なはたらきを、意図的にねらっているのかどうかは、わからぬが。

大阪の下町で、「近所」から問いただされ、みがきあげることからはじまった。そんな出自をもつ安藤印のコンクリートが、海のむこうで超高級品になりおおせる。なかなか味わい深い出世譚ではある。

ヴェネツィアのプンタ・デラ・ドガーナを、安藤らしくない仕事だとみなす人は、多かろう。あそこでは、景観保全が強くもとめられ、安藤は腕をふるいきることができなかった。とりわけ、外観にはその能力がまったくいかされていない、と。

しかし、写真で見るかぎり、内部のコンクリート壁は、そうとう美しくみがかれている。おそらく、イタリアでも腕ききの職人が、あつめられたのだろう。打ちはなしのしあがりぐあいは、日本のそれとくらべても、見おとりがしない。よりつややかになっているような印象さえ、私はいだく。

そして、このコンクリートは、十五世紀の古建築におおわれ、雨風からまもられている。ひんぱんに点検をしなくても、地肌が劣化しにくい状態で、温存されることになった。安藤を大阪から世界へとはばたかせたコンクリートは、得がたい環境を勝ちとっている。

ルネッサンス期の建物が、安藤のコンクリートをまもるために、のこされたわけではない。古い街並みをかえたくないから、それはいかされた。歴史的建造物のひとつとして。だが、あのコンクリートを保護する役目も、それは結果的にになわされている。この施設が、安藤印を展示する記念館であるかのように、見えてこないわけではない。まあ、公式的には、現代美術を見せる美術館だと、されているのだが。

「のらりくらり」の、その極意

一軒のビルに、いくつもの店舗がおさまる。そういう商業施設を、安藤忠雄は若い時から、数多く設計してきた。一九七〇年代までだと、住宅以外の仕事は、ほぼそういった店舗ビルにかぎられよう。最初は、商業

プンタ・デラ・ドガーナ再生計画

施設に強い建築家としても、頭角をあらわしていたのである。

とはいえ、商業施設へむかう安藤の設計ぶりは、いっぷうかわっている。よくある店舗ビルの常套に、したがってはこなかった。

こういう施設では、そこから大きな利益のあがることが、もとめられやすい。たとえば、多額のテナント料をかせぐ設計が、ふつうはよろこばれる。

もうけを第一に考える施主なら、建築家にはこんな注文をしたくなるだろう。総床面積にしめる店舗部分の割合は、できるだけ大きくしてほしい。非店舗部分は、かせぎにつながらないから、きりつめろ。階段や通路などは、法規がゆるすぎりぎりのところまで、面積をけずってくれないか、と。

だが、安藤の商業施設は、みな非店舗部分をたっぷりとっている。ひろい階段と通路をくみあわせ、中庭やふきぬけの見せ場にしてしまう。そして、そこへ上から光をふりそそがせるような建築を、いくつもたててきた。個々の店舗は、そこにくっつくおまけのようなものとして、認識されていただろう。建築家が心血をそそぐべき場所だとは、みなされていなかった。安藤の志は、動線となるところを活性化させることにしか、むかわない。動線の端にある店舗は、動線設定のついでに考えられていたような気がする。

すくなくとも、施主の利益をなによりも重んじようとは、しなかった。安藤じしんは、「投資効果」をほしがる施主の「期待にも応えたい」という（前掲『建築を語る』）。彼らの思惑をないがしろにしていたわけではないと、言っている。まあ、非店舗部分への情熱も、施主の利益が見こめる範囲にとどめてきたということか。

安藤には、六甲の集合住宅と銘打たれたマンション群の成果もある。第一期（一九八三年竣工）から第四期（二〇〇九年竣工）にいたるまで、これはつづけられた。四半世紀をこえる、息の長い仕事である。六甲山系の山際、斜面ぞいに、それらはたてられた。

ここでも、階段や通路、公共的な中庭や広場に、力点はおかれている。「私が一番つくりたかったのは……

パブリックスペースだ」（安藤忠雄他『TADAO ANDO』二〇一三年）。安藤じしんが、そう書いている。

また、第一期と第二期（一九九三年竣工）の仕事については、こうふりかえってもいた。

「クライアントに説明すると、もったいない点が多い、と苦情を言われました。まず階段が広すぎる、パブリックスペースが広すぎる……私は、のらりくらりと話をしながら、最終的には納得をしてもらうことができました」（前掲『建築を語る』）。

公共的なスペースをけずれば、家賃のとれる住戸がもっとたくさんつめこめるのに。そう考えていただろう施主を、安藤は煙にまきながらおしきったという。店舗ビルの場合でも、似たようなやりとりで、施主たちを説きふせてきたのだろう。

「私は、のらりくらりと話をし」て、施主の了解をとりつけたと、安藤は書いている。ただ、「のらりくらり」の中味については、何も言っていない。

建築家として成功するか否かは、この「のらりくらり」できまってしまう。そのかけひきをとおして、施主をどうあしらうかに、多くがかかっている。にもかかわらず、その勘所はふせられた。ざんねんである。

この回想は『建築を語る』という本にのっている。建築系の学生に安藤流建築術のなんたるかを、つたえようとする。そんな本なのに、いちばん大事なところはかくされた。まあ、「のらりくらり」の奥義は、みんな自力でつかめということか。

店舗ビルの各店舗じたいは、建築をかがやかすハイライトに

六甲の集合住宅Ⅰ〜Ⅲ

なりえない。その点は、マンションの各住戸も、かわらないだろう。

空間をいきいきとはずませられるのは、なんといっても公共的な部分である。階段や通路、そして広場の配列こそが、その鍵をにぎっている。ふきぬけの、縦へとむかうひろがりがそえられれば、劇的な効果はいっそう高まろう。

安藤の店舗ビルや集合住宅では、そういう空間が都市にたいしてひらかれている。近くを散策する人々が、おのずとそこへひきこまれるように、あんばいされていた。「商業施設を通じて……ちいさいながらも〈広場〉を都市に生み出し」たい（安藤忠雄『建築に夢をみた』二〇〇二年）。安藤はそんないきごみもいだいてきたと、のべている。

住吉の長屋は、外界にたいし門戸をとざしていた。都市へは背をむけたようなつくりになっている。そのため、この住宅は都市への拒絶感をしめした作品として、しばしばとりざたされてきた。

しかし、安藤の商業施設は都市民とともにあることも、もくろんでいる。ひところ、黒川紀章がとなえていた「道の建築」を、実体化させたような趣もある。住宅以外の仕事では、一九七〇年代から社会的な展望も見すえていた。今日の安藤は社会改良家めいた一面も、見せている。そして、その下地はけっこう早くから、のぞかせていたようである。

商業施設を都市へむかって開放し、ささやかな広場をなりたたせようとする。そんな意欲も、だが社会的な意義のためだけに、いだかれたわけではないだろう。自分がこしらえた空間のハイライトを、できるだけ多くの人に見せつけたい。そういう建築家ならではの野心も、あずかっていたはずである。

話は一九五七年にさかのぼる。この年、建築界は村野藤吾と丹下健三の対比に、わいた。あるいは、それぞれの作品である東京都庁舎とそごう百貨店の、比較検討に。

丹下の都庁舎は、軀体をピロティで高くもちあげ、広場を市民にあたえている。村野のそごう百貨店に、しかしそういう市民サービスへの意欲は見られない。ここでは、すべてのフロアが、一階までふくめ、売り場でしめられた。施主の思惑を、村野は優先させている。

路上の市民とむきあう姿勢は、たいへん対照的である。どちらも一九五七年に、近接したところへたてられた。おかげで、両者のちがいも人目をひき、話題をよぶことになったのである。

くらべれば、百貨店の営業戦略にしたがった村野を悪く言うむきのほうが、多かった。都庁の執務室をけずり、その削減分を市民へ公開した丹下に、支持はあつまったと思う。丹下のほうが、より公共的なかまえを見せている、と。

店舗や住戸の割りあてをへらし、公共空間をふくらますことに、安藤は力をつくしてきた。施主の打算をうらぎるところもある空間演出に、情熱をかたむけている。一九五七年の対比をもちだせば、丹下的な姿勢をとってきた。その志が、村野的な方向をむいているとは、言いがたい。

関西を拠点としてきた安藤は、だが村野の衣鉢をついでいると、よく評される。とりわけ関西財界とのつきあいぶりでは、そう言われることが多い。「村野が長年かかって練り上げた建築家と資本のありようを……安藤が踏襲」した、と（松葉一清『近代主義を超えて』一九八三年）。

財界の長老をあしらう社交術では、たがいににたところもあるのだろうか。あるいは、彼らの心をつかむ手練《てだれ》でも。しかし、建築の空間造形へむかう心がまえは、ずいぶんちがっている。村野から安藤へというよくある見取図には、したがえない。

空間は、あくまで荘厳に

階段と通路がからまりあうふきぬけに、上から光がふりそそぐ。安藤忠雄は、いくつもの商業施設で、そんな空間を実現させてきた。

一九八〇年代の後半からは、この演出をいっそうおしすすめるようになっていく。動線とかかわるふきぬけを、より大きく深くくりぬいた店舗ビルも、たてだした。

ガレリア・アッカ(一九八八年竣工)を、ためしに見てほしい。五階建ての、地下は二層分までほりさげたビルである。そして、ここでは、ふきぬけが上から下まで、七層分にわたってうがたれた。階段と通路は、その深い空隙のなかにすえられている。これまでになく、動線まわりを劇的にあしらった建築である。

地下二階のフロアには、上層階ほど光がとどかない。上のほうとくらべれば、うす暗くなっている。逆に、ふきぬけの底から上を見あげると、光のあふれる様子がおごそかに見えてくる。

ガレリア・アッカは、地下を二層分ほりこんでいる。これをもっと深いところまでもぐらせていけば、光のあたえる効果は、さらに高まろう。

安藤は一九八九年に、コレツィオーネという店舗ビルを完成させている。地下階の最深部を、三階まで下げさせたビルである。どうして、そこまでほっていかなければならなかったのか。『建築を語る』は、教育用の本でもあるが、その理由をつぎのように語っている。

「この建物は通路や広場など公共部分をしっかり確保したいと思ったので、その分容積を稼ぐためにどんどん地下へ下りてきたのです。初め

コレツィオーネ

ガレリア・アッカ

は地下三〇メートルで考えたところコストの面で折りあわず、妥協点を探っていくうちに、最終的には地下約二三メートルで落ち着きました」。

「公共部分をしっかり確保したい」のなら、建物をより高くたてる手もあったろう。地下部分をふくらますより、そのほうが工事はずっと楽になる。にもかかわらず、安藤が地下にこだわったのは、どうしてか。

まあ、高層化させると、外観のバランスが悪くなったような気はする。安藤建築の外観は、縦に高くするより横へひろげるほうが、安定しやすかろう。

全体の容量が肥大化しても、建物がそびえたつようになってしまうのはこまる。もとめられる容積は、だから地下をもふくめるかっこうで、まかなおう。そうすれば、地上へ姿をあらわす部分は、低くおさえこむことができる。『建築を語る』は書いていないが、そんな判断もどこかにはあったのだと思う。

建物の背をのばさなくてもすませられる手は、しかしほかにもある。安藤の言う「公共部分」、「通路や広場」などを小さくすればいい。ここにさく容積をけずれば、建物はこぶりにしておくことができる。コストのかかる地下工事などは、しなくても。

だが、安藤はその途をさぐらない。「公共部分」については、これを「しっかり確保し」ようとする。わざわざ、地下までほりこんで。それだけ、空間的なゆたかさをもたらしうる「公共部分」への執着は、強かった。

店舗容積をふやすために、地下工事へふみきったのではない。劇的な空間演出を来客に堪能してもらう。その空隙を「確保したい」から、ことはすすめられた。

建築の形は経済的な都合で、その九九パーセントがきまる。建築家が腕をふるえるところは、のこりの一パーセントしかない。村野藤吾は、しばしばそう公言し、自分が算盤勘定にそむかぬことを印象づけてきた。だが、安藤は店舗容積より「公共部分」を、重んじる。施主の算盤より、自分がこしらえたい空間のほうを優先した。やはり、安藤を村野の跡継ぎとみなすのはむずかしいと考えるが、どうだろう。まあ、当の村野だって、その九九パーセントに、いつもしたがったわけではないのだが。

ここに、安藤と伊東豊雄が語りあった対談の記録から、その一部をひいておく。「永遠なるもの、移ろいゆくもの」と題された対談である(『SD』一九九二年六月号)。

なかで、伊東は安藤にたずねている。自分は、建築の外観を「小さくしたく」て、「地下空間を作」ったことがある。安藤の場合はどうか、と。これをうけ、安藤はつぎのように話を展開した。

「もちろん、それはある。あまり威圧的な建築にはしたくない。ですから容積が必要なら、できるだけ地中に埋設してしまいたいと思うことはよくあります……地下はまた光が乏しくなる分だけ空間としてはおもしろくなるだろうと思っています……僕は、例えば全部地下に潜ってしまっても、空間さえあればそれが建築だと思います」。

外観を小さくまとめたいだけではない。「光が乏しくな」っていく、その効果もほしいという。『建築を語る』の言い草より、こちらのほうが安藤の本音に近かろう。

中之島プロジェクトⅡ(一九八八年)の大部分が地下に設定されたのも、そのためか。あるいは、直島の地中美術館(二〇〇四年竣工)を、地下へもぐらせてしまったのも。まあ、後者の場合は、国立公園内の建築だという景観行政上の都合も、あったのだが。

一九九〇年代のはじめごろに、安藤は宇都宮で大谷石の地下採掘場

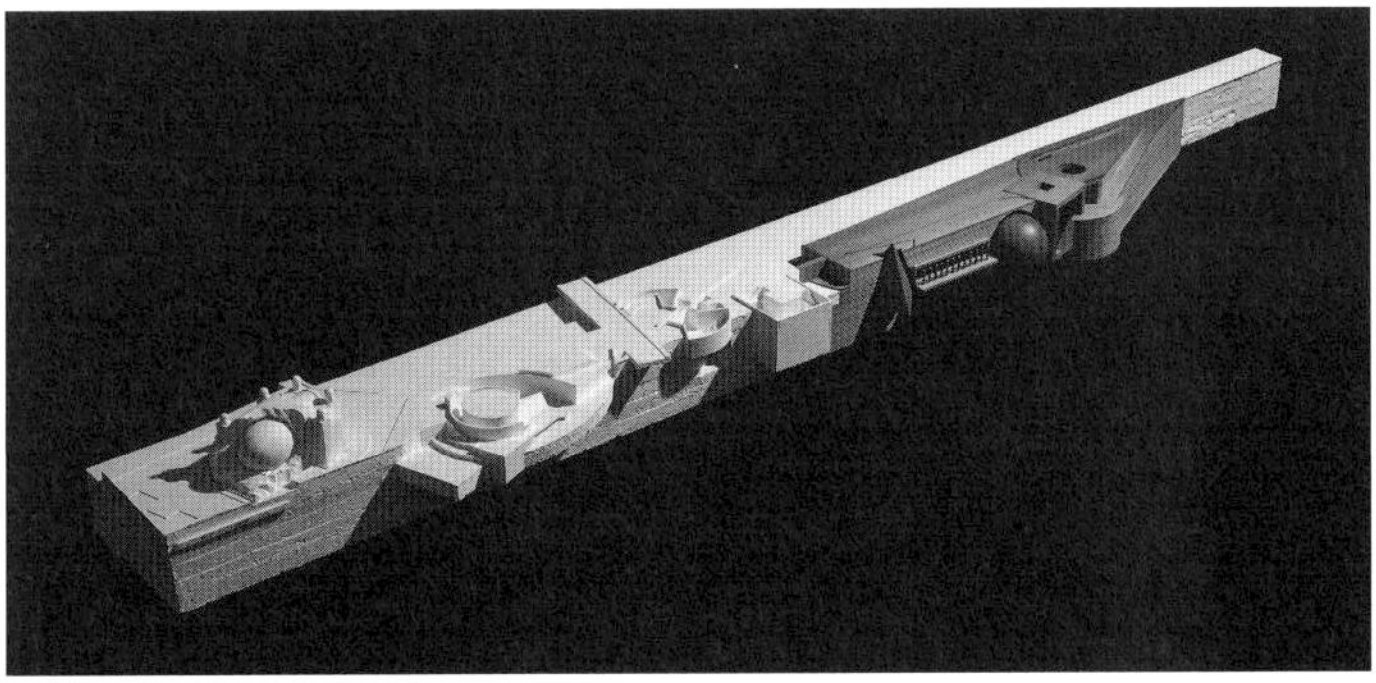

中之島プロジェクトII

をおとずれている。深く大きくほりこまれたこの場で、建築家はうちのめされたらしい。「そのスケールと空間の荘厳さはまさに衝撃でした」と、安藤は書いている（前掲『連戦連敗』）。

採掘者が空間の造形や演出などは考えずに、地下へ穴をあけていった。そこでできた巨大なひろがりが、はからずも圧倒的な光と影のドラマをくりひろげる。この光景に衝撃をうけたという告白は、安藤が何をもとめてきたのかを雄弁に物語る。

施主たちが「投資効果」へかける「期待にも応えたい」。いっぽうで安藤は、そんなふうにも言ってきた。おそらく、そう言わねばならないと、自分に言いきかせているところもあるのだろう。だが、建築家の本音は、大谷石の採掘場で見た「空間の荘厳さ」を、おいかけている。これが、私のいだく安藤像である。

宇都宮の採掘場にかぎらず、土木工事は超越的な空間をもたらすことがある。そういう意図せざる造形とであっても、多くの建築家は、ただ脱帽するしかないだろう。空間的な迫力をみとめても、建築家の仕事ではないから、敵愾心《てきがいしん》などいだくまい。だが、安藤はこの採掘場ともはりあう気がまえを、しめしている。「空間の荘厳」をもとめる想いの強さが、しのばれる。

具体につうじる赤い糸

縦へ空間がひきのばされた作品だけを、しかし安藤忠雄がてがけてきたわけではない。二階だてまでで、地下はほらずにすませた建築も、たくさんある。

それらにおいても、やはり通路や階段をはじめとする動線のあつかいには、特徴がある。規模の小さい住吉の長屋もふくめ、動線はみな長い。その短縮化をめざす機能主義の建築理論に、安藤は背をむけてきた。

見る場所ごとに、建築のしめす表情がちがってうつる。この変化を、長い動線にそって、見る者にあじわわせる。安藤の建築は、けっきょくそういうことをめざしている。

広い敷地に複数の建築を配置した施設では、この傾向がいっそう強くなる。ねんのため、兵庫県立こどもの館（一九八九年竣工）を例にあげ、説明しておこう。

ここでは、本館と工房が、たがいにはなれたところへおかれている。のみならず、その中間点には、柱をならべた広場がもうけられた。本館と工房の、ただでさえ長い通路は、おかげでより長く感じられるようになっている。この通路にみちびかれた人々は、景観のうつろいゆく様子を、見せつけられる。見る角度や距離によってかわる建築のたたずまいも、いやおうなく目にはいる。動線は、館内のそれもふくめ、施設じたいを鑑賞するために設定された。

ル・コルビュジエもまた、自作の見せ場へ、人々をたくみな動線でいざなおうとする。プロムナードとよばれる手法を、縦横に駆使する建築家であった。安藤にコルビュジエからの影響があるとすれば、そこだろう。

地中美術館もまた、長い動線で、おとずれた者をあちらこちらへと歩かせる。プロムナード的な手法をとりいれた建築の一例に、ほかならない。

ただ、ここでは、建築群が地下へうめられた。断片的に地表へあらわされた部分をのぞけば、通路からその外観はうかがえない。あたりの光景も、おおむねかくされている。

そのぶん、つぎにであえるだろう空間への想いは、よりいっそうあおられる。その期待感をもりあげるために、動

兵庫県立こどもの館：工作室への通路

地中美術館

線は設定されているような気がする。究極のプロムナードと言うべきか。まあ、いわゆるテーマパークの動線も、似たような方針で設定されてはいるのだが。

それにしても、地下へもうけられた建築群のばらつきかげんには考えさせられる。上空からながめると、それぞれがまとまりなく勝手な方向をむいているように見える。悪く言えば、なげやりな配置だなという印象も、わかないわけではない。

初期の安藤建築にも、複数棟をあつかった作品はある。双生観・山口邸(一九七五年竣工)や帝塚山タワープラザ(一九七六年竣工)などが。そして、それらはおおむね平行線上に、おかれてきた。あるいは、直角に。

だが、一九八〇年代からは、ややあいまいな角度の配置も、うかびあがるようになる。三〇度や六〇度、あるいは四五度といったきりのいい角度では、おさまらない。中途半端な傾斜角で群棟配列をこなす仕事が、ふえてくる。地中美術館のばらつきぶりも、そのゆきつく先であらわれたのだと、みなせよう。

強い軸線を相対化する建築界の流行が、とりいれられたのか。デコンとよばれた表現にむかう潮流へ、安藤なりに歩みよっていたのかもしれない。

だが、私は、安藤が若いころにであった前衛美術の感化も、あなどれないと考える。

一九五九年に、具体美術協会という結社が、大阪で旗をあげた。表現の自由を、つきぬけた水準でおいもとめた美術家たちのつどいが、できている。ロープにぶらさがりながら、足で絵筆をとったような表現者たちのグループが。そして、表現を偶然性にゆだねたいとなみが、ここではさまざまな形でこころみられた。

安藤は、「彼らの活動に『こんなものまで芸術なのか』と驚かされ」たらしい。のみならず、こうも「願った」と、往時をふりかえる。「私も彼らのように闘い続ける人間でありたい」、と。その「気持ちは今も変わりません」とも、のべながら(前掲『建築を語る』)。

建築にとりくみだしたころは、まだ設計を偶然性にまかせるふんぎりが、つかなかった。幾何学的な秩序のもとに全体をまとめるよう、安藤はつとめている。具体美術への共感も、建築では封じざるをえなかった。だが、仕事を数多くこなしているあいだに、偶然性ともおりあえる骨《こつ》が、わかってくる。敷地の眺望や高低差で建築の形を左右させても、全体をおさめられるようになってきた。アナーキーな角度でふられた建築群を、たばねてしまう自信もついたのだと思う。

もとより建築というしばりもあるので、美術ほど自由にはふるまえない。しかし、そういう枠のなかであっても、安藤は具体美術にあやかれる力量を身につけた。地中美術館などのノンシャランな配置には、そんな経緯で浮上したところもあったろう。

蓮池の下に、寺の本堂をもってくる(本福寺水御堂 一九九一年竣工)。マンハッタンのビルに、ガラスの直方体をつきさす(二〇〇一年計画)。そういうとっぴょうしもない構想を見聞きするたびに、私は精神の自由を感じてきた。その気になれば、こんなことも想いつけるんだという感銘を、あじわっている。

具体美術につなげて、安藤のことを考えたくなったのも、そのためである。蓮池の寺をはじめとするアイディアの妙に、私は足をすくわれているのかもしれない。この点では、見あやまったかなとも思う。機会があれば、一度安藤に話を聞いてみたい。

あとがき

日本の自我を考える

日本人は、近代的な自我をはぐくんでこなかった。西洋人とくらべれば、自分のおかれた状況に、ながされやすいところがある。周囲の様子をうかがい、空気を読む。そうして、自我をおさえつけてしまう傾向が強い。日本の社会科学は、しばしば以上のような口吻《こうふん》をもらしてきた。

だが、住宅地の光景を見ていると、まったくちがう様相も目にはいる。街並みからうきあがった、とっぴな形の住宅は、日本のほうがずっと多い。ヨーロッパの住宅地では、たいていの家が街並みのなかにとけこんでいる。まわりにあわすことをさけた、個性のきわだつ住宅は、ほとんど見かけない。

都市景観もふくめ、建築の表現をくらべれば、あちらのほうがよほど集団主義的である。建築的な自我は、全体のなかで抑制を余儀なくされている。いっぽう、日本は、その自我がうけいれられる社会を、つくってきた。建築に関しては、日本こそが、近代的な自我を発達させてきたのである。

そして、そんな日本社会は、現代の建築家たちをはぐくむ温床となった。世界に名だたる日本の建築家は、こういう土壌にもあとおしされ、のしあがったのである。マンガやアニメほどではないが、クールジャパンの一翼をになうまでになった。タダオ・アンドーやトヨオ・イトーの名を、海をこえひろく知らしめたのである。

ヨーロッパの古い街は、十九世紀までに、その街並みがととのえられた。まだ、一九二〇年代以後のモダンデザインが普及する前に、できている。そして、十九世紀以前の市中建築は、基本的に様式という枠からぬけだせない。古典形式という規範に、大なり小なりしばられるかっこうで、それらはたてられた。また、多くの都市が、今なおその旧観をたもつよう、つとめている。

ヨーロッパの街並みが、集団主義的にうつる理由のひとつは、そこにある。建築の多くが、古典を範とする様式にのっとりながら、たてられている。そのせいで、没個性的な印象を、いやおうなくいだかせてしまうのだと思う。

もちろん、その古い様式も、日本にはとどけられた。十九世紀のおわりごろには、各地でその姿が、おがめるようになっている。

ただ、古い様式にしたがった作品も、日本的な街並みのなかでは、うきあがって見えた。木でできた、せいぜい二階だてまでの低い家屋がたちならぶ。そういうじゅうらいの街並みに、石やレンガの、もっと背が高い西洋建築はなじまない。全体のなかではひときわめだつ、屹立しているかのような印象を、ただよわせた。

西洋では、ひとつひとつの建物を全体へなじませるはたらきも、事実上になっている。そんな様式も、日本へくると、景観の調和をもたらす役割がはたせない。日本だと、古典的な様式にのっとった建築でも、周囲からははみだしてしまうことになる。

さて、二〇世紀のモダニズムは、建築に関する新しい考え方を、うちだした。そのひとつに、機能は形をみちびきだす、形は機能にしたがうという理念がある。しばしば、機能主義として論じられるそれである。

この考えは、古典美学からの解放を正当化する理屈としても、つかわれた。形は建物のもつ機能がきめるから、古典のきまりごとはもういらないという論法で。あるいは、街並みの連続性から自分をきりはなす方便にも、なりえたろう。形は機能こそが左右するのであり、周囲にあれこれ言われる筋合はない、と。

古典的な様式でととのえられた街並みに、この新しい建築理念は、喧嘩を売っていた。建築の伝統には背をむけ、街の調和もないがしろにしてしまう。たいそうわがままな考え方を、ふりまいてきたのである。

だから、古くからつづくヨーロッパの都市は、モダンデザインをなかなかうけつけない。郊外の工場や病院、そして博覧会の臨時建築ぐらいでしか、当初はみとめなかった。その逆境にいどみつつ、モダンデザインは、細々と陣地をふくらましてきたのである。

日本には、しかしこの話があてはまらない。古典をうやまう様式建築も、日本では、はじめから街並みをみだしてきた。おりめただしい建築じたいが、周囲からつきぬける景観のにない手になっている。

のみならず、近代の日本は、その突出をとがめなかった。むしろ、逆である。伝統的な街並みのなかに、西洋的な異物がたちあらわれる。その調和をみだす、ふぞろいな様子を、近代化の目印として前むきにうけとめた。西洋化という国是にもそぐう、良き破調だとみなしてきたのである。奈良公園のように、その出現をいやがる例外的な一画も、なかったわけではないが。

モダンデザインの建築は、もとめられる機能におうじて形がきまる。まわりの調子には、あわさない。自己中心的な考えで、できている。さきほどそう書いたが、しかし日本だと、十九世紀の様式建築でも事情はかわらない。モダンデザインより古いこの建築も、ずぬけた光景を、日本の街並みにはもたらした。

そのため、モダンデザインの建築は、比較的すんなりうけいれられるようになる。

様式建築もモダンデザインのそれも、本質的にはかわらない。どちらも、街並みのなかでは異物となる。舶来品で、国是とともにあるところも、つうじあう。前者を受容した以上、そのニューモードである後者も、心よくとりいれよう。

けっきょく、日本社会は以上のように判断したのだと、言うしかない。日本では、モダンデザインがヨーロッパの場合を上まわるいきおいで、ひろがった。ヨーロッパ社会がしめしたような抵抗を、こうむっていない。モダニズムの側がきった啖呵《たんか》も、喧嘩をひきおこせなかった。喧嘩には、ならなかったのである。

もちろん、古い世代の建築家たちは、モダンデザインの台頭をおしとどめようとした。新しい方向へむかおうとする若手の前に、たちはだかったこともある。様式闘争とよばれる新旧両派のいさかいが、日本になかったわけではない。

しかし、社会的と言えるほどの抵抗はなかったと、私は判断する。じっさい、ヨーロッパの伝統的な都市は、今なお中心街区の建築を旧様式でそろえている。モダンデザインとそれ以後の建築がたちならぶことを、基本的にみとめない。社会がそれをゆるさないのである。そして、この保守的なこだわりを、日本社会はもちあわせていない。

モダンデザインのひろがりを、日本社会はおおらかに許容した。パリやローマではゆるされにくい建築的な表現の自由も、おおむねみとめている。日本の様式闘争など、西洋のそれとくらべれば、業界内のはりあいでしかありえない。建築家たちだけの世代闘争だったと、そう言ってもいいような気さえ、私はしている。

ヨーロッパでは、社会がモダンデザインの勃興に、歯止めをかけてきた。旧様式とモダンデザインを、社会もまた、対立しあう構図のなかにとらえている。この見方は、両者を連続的に位置づける日本社会のそれとくらべ、じつに対照的である。

この本で私は、近代の日本を生きた二〇人の建築家たちに、ページをさいた。旧様式にとどまった者と、モダンデザインやそれ以後の者を、つづけざまに論じている。十九世紀から今にいたる、近代日本の建築家たちを、十把ひとからげにあつかった。

　モダニズムの前後をまたぐこのラインナップに、建築畑の読者はとまどわれようか。明治の妻木頼黄《よりなか》と昭和平成の磯崎新を、同じ俎《まないた》の上にならべるのはおかしい、と。

　しかし、こういう配列にも、それなりの意味はある。本文のなかでも、私はときにその効用へ言いおよんでいる。その文中に書きそびれた想いを、今ここに書きつけよう。

　私は十九世紀末から二一世紀初頭へといたる建築家たちのあゆみを、一冊にまとめあげた。モダニズムの前と後も、そうことごとしくはわけていない。この書きっぷりは、書き手である私の立ち位置を、しめしている。

　日本社会は、旧様式とモダンデザインおよびそれ以後の建築を、ひとしくとらえてきた。どちらも、周囲からはきわだつ、耳目をそばだてる建築だと、うけとめてきたのである。新古典様式もポストモダンも、ともにめだつ建築として、同時代の人々はながめてきた。建築家たちが口にする御託《ごたく》とは、関係なく。

　そういうまなざしのあり方は、建築家たちを論じるこの本でも、たもちたい。彼らが内輪でくりひろげる、浮世ばなれのした物言いには、とりこまれないようにしよう。そこへあゆみよるさいにも、社会からのながめはわすれまい。

　モダニズムが出現する、その前と後を地つづきにしてしまう。こういう叙述の裏側には、今のべたような志もひそんでいることを、つげておく。

社会科学への橋わたし

この本には、社会科学方面の人々へよびかけているところが、いくつもある。建築畑の読者は、そういう箇所を、ある種の媚態としてうけとるかもしれない。井上は、そちらへ自分を売りこみたがっているのだ、と。

　まったくの的はずれではないような気がする。じっさい、建築界には社会科学的な読みときの素材となりそうな話が、たくさんある。ぜひ、それらにも目をむけてほしいという想いが、私にないわけではない。

　しかし、社会科学者たちのうかつさをなじりたい気持ちも、私にはある。これだけおもしろい話があるのに、あなたたちはなぜ建築へ目をむけないのか、と。

　冒頭できりだしたように、日本の社会科学者は日本人の自我を、低くみつもりやすい。欧米とくらべれば、周囲に自分をあわせる度合いが強いと、これまではよく語ってきた。建築には、目がまわっていなかったのだと言うしかない。

じっさい、日本の都市には、周囲との調和など歯牙にもかけない建築が、たくさんある。地権者と建築家が、まわりの空気などは読まず、自我をぞんぶんに発揮させてきた。そんな建物と市中であえる度合いは、欧米の都市よりはるかに高い。

郊外の住宅地などでも、同じ印象を、いやおうなくいだかされる。日本の宅地では、とんがった形の家屋を見かけることが、しばしばある。前衛的な建築家へ設計をまかせたのだろうなと思わせる家屋に、おりおり遭遇する。ドイツやイタリアの郊外では、ほとんど見かけないようなきわだつ住宅に。

くらべれば、建築にたくされた自己主張は、日本のほうがはるかに強い。いっぽう、西洋社会には、そのエゴをおさえ、まわりとあわせさせるしくみができている。

そして、そのちがいを日本の社会科学は、論じようとしなかった。人と人とのつきあいにおいては、なるべく自分の我をおさえる。そんな日本人像ばかりを、アンケート調査の解析などから、ひねりだしてきた。日本の建築が自己中心的であることは、都市や宅地をざっと見るだけで、わかるのに。わざわざ、社会調査などをやらなくても。

まあ、私もこれまでの社会科学に、全面的な修正をせまるつもりはない。ただ、自我のあふれる現実の景観と、常套的な日本人像のくいちがいは、気になる。そこの帳尻をあわせるよう、社会科学方面の方々には、つとめてほしい。

日々のくらしで我をはることと、景観面で我をはることは、まったく次元がちがうのか。あるいは、おさえつけられた自我が、すまいや建築に捌口《はけぐち》を見いだすのか。もし、そうだとするならば、どうして建物が、そのうさをはらす場になってしまうのか。

いろいろ考えてほしいことは、ほかにもある。建築や都市のこともふくめ、日本社会のありようをさぐっていく。この本が、そういういとなみの素材としていかされるのなら、これほどうれしいこともない。

ざんねんながら、日本の社会科学者は建築の形に、それほど関心をいだいてこなかった。建築や建築家の話になっても、揶揄的な言葉をぶつけるだけで、おわってきたと思う。つぎのような皮肉を言いはなつだけに、終始してきたのではなかったか。

建築家たちは、けっきょくめだつ建築をたてて、一旗あげることしか考えていない。表現が勝ちすぎてつかいづらい建物を、あちこちにたててきた。どうして、建築界の人たちは、ああいうものを高く評価するのか。そこが、わからない。

私はこれまでに、こういう物言いを、さんざん聞かされてきた。建築畑の読者にも、似たような質問でうんざりしているというむきは、多かろう。

こういうからかい半分の指摘が、的をはずしているとは思わない。しかし、考えてみなければならないことは、まだまだある。

表現は過剰で、つかい勝手が悪いと言われる建築を、日本はたくさんたててきた。単位面積あたりの数をくらべれば、日本、とりわけ現代日本のそれは、欧米を上まわる。まあ、ドバイのあるアラブ首長国連邦には、かなわないような気もするが。

建築家たちの造形志向を批判する文句は、ひんぱんに聞こえてくる。だが、彼らに仕事をたのむ人は、なくならない。けっきょく、名のある建築家が活躍することを、日本社会はよろこんでいる。愚痴は言いながらも、肯定しているとしか思えないのである。いやよいやよも、好きのうちということか。

ならば、どうして日本社会は、そうなったのだろう。私がこの本でとりあげたような人々に、活躍の場をあたえてきたのは、なぜなのか。社会科学方面の人たちには、そこまで想いをめぐらせてほしいものである。皮肉だけでは、すまさずに。

建物が少々つかいづらくても、表現に見るべきものがあれば、建築界はもてはやす。そこをいぶかしがるむきもあるが、こちらはあやしむにあたらない。

たとえば、経済学の学界も、株でもうけるてだての研究などは、うやまってこなかった。某地区の消費者動向調査なども、みみっちい仕事だと位置づけてきただろう。役にもたつし、多くの人からもとめられる分析だが、学界での尊敬は勝ちとれまい。

だが、新古典派総合経済学の理論的な精緻化という仕事なら、一定の評価はみこめよう。すくなくとも、資産運用のノウハウや個別の市場調査より、高く買われるにちがいない。どの分野も、その分野固有の栄光に供されたいとなみを、賞賛しやすいものである。

建築の可能性をつきつめた作品が、斯界《しかい》で喝采をあびることじたいは、よくわかる。あたりさわりのない形で、便利に設計された建築が、見すごされ勝ちであることも。世間でありがたがられる成果は、当該業界での声望に、かならずしもつながらない。個々の市場調査に光があたりにくいのと、それは同じである。

連載をふりかえる

日本の建築家を、ひとりずつとりあげ論じていく連載は、できないか。故・二川幸夫氏から、そう声をかけられたのは、何年前になるだろう。たしかな記憶はないが、もう十年近くたっているような気がする。

私は一九九〇年代以後、現代建築への興味を、なくしていた。知識はないし、だいいち論じてみたいという情熱が、まるでわいてこない。執筆については、ためらわざるをえなかった。二川氏にも、にえきらない返事ですませてきたことを、おぼえている。

その後も、何度か、打診はいただいた。おかげで、ささやかながら、現代建築という話題へのノスタルジーもわいてくる。昔は情熱をこめたこともあるこのジャンルが、なつかしく感じられだした。書架にかろうじてのこっていた磯崎新の本などを、読みかえすようにもなっていく。

そこでであったあるひとことが、私にふんぎりをつけさせた。表現したいことは、なにもない。だが、表現することを、余儀なくされている。この状況が生みだす何かに、自分はかけてみたい……。そんな磯崎の、ちょっときどった文章が、私をはげましたのである。

はじめにとりかかったのは、長野宇平治論（『GA JAPAN』一一〇号、二〇一一年）。最後は安藤忠雄論（同 一二九号、二〇一四年）で、しめくくった。三年少々の連載で、合計二〇人の建築家をとりあげている。これは、その連載にいくらか手をいれ、まとめあげた本である。

『GA JAPAN』は、一ヵ月おきに刊行されている。しめきりは、二ヵ月に一度やってくる。あまり知らない建築家たちのことを論じるので、この執筆は骨身にこたえた。

なんといっても、資料あつめがたいへんである。さいわい、月に一度ぐらいは東京へでむく都合があった。用務の前後には、神田の古書街をあるきまわっている。次にとりあげる建築家とかかわる本を買いこみ、宇治の自宅へ郵送する。そんなことを、二〇回以上つづけたことになる。

この本がとりあげた二〇人の人選を、いぶかしがる読者はおられよう。いくらかの自嘲もこめて、その疑問にはこたえたい。今のべた古書店めぐりで資料が調達できた人を、けっきょく私はえらんでいる。それだけではないが、そういう即物的な事情もあったことは、のべそえておこう。

買った資料を読みこむ時間は、二日か三日ほどしかたもてない。執筆にあてられたのも、毎回、三日ほどであったろうか。そんな状態で、ほとんど一《いち》からしらべたようなことを、二ヵ月おきに書いていく。おかげで、文筆職人としての腕は、きたえられたように思う。

とはいえ、このテーマに、私がまったく白紙でむかっていったわけではない。一九八〇年代までの若いころには、昭和の建築史をてがけたこともある。昔とった杵柄《きねづか》が、私をささえてくれたところはあった。

原稿にむかう作業が、頭を刺激するのだろう。文章を書いているうちに、昔感じたことどもが、私の脳裏をよぎりだす。

建築史の読みときに関する、あのころいだいたもろもろの構想も、よみがえってくる。ながらく御蔵《おくら》入りしていたアイディアを、私はひっぱりだすことができたのである。

書きたいことは何もないのに、とりあえず書きだした。だが、書いているうちに、かつて書きたいと思ったことなどを、私は想いだしている。書くいとなみが、潜在意識をこじあける、その力もあらためて思い知った。こういう機会をあたえてくれた二川氏には、感謝の気持ちをあらわしたい。

ざんねんながら、これを書きだしてから、私はつとめ先で、ある役職をわりあてられた。おかげで、会議などの回数が、どうしようもなくふえている。古書店まわりや、しらべものについやせる時間は、捻出できなくなってきた。二〇回目の安藤忠雄論で筆をおいたのは、そのためである。

渡辺豊和や藤森照信も、論じておきたかったな。伊東豊雄についても、ふれておいたほうがよかったんだろうな、ほんとうは。今はそんなふうにも考えだしている。現代建築に関しては、連載のおかげで、すこしリハビリができたようである。

とはいえ、私の身近なところに、建築のことが語りあえる人は、ひとりもいない。つとめ先でであうのは、基本的に文化系の研究者だけである。建築の雑誌を読んでいるような人とは、であえない。私の連載がどのような印象を読み手にあたえているのかは、わからなかった。

孤独な執筆であったと思う。ただ、連載の担当をひきうけてくれた山口真氏からは、毎回ていねいな感想がよせられた。山口氏が時おり雑誌の編集後記でふれてくれたことも、私をはげましている。

建築史の研究者たちも、「こっそり読んでいるようですよ」。そう山口氏から知らされたことも、印象にのこっている。と、同時に、にが笑いもさせられた。私の文章は、ひそかに読まねばならないのかと、あらためてかみしめたしだいである。

図版出典

長野宇平治

長野宇平治のポートレート：建築學會、『建築雑誌』一九三八年三月号、一九三八年
旧横浜正金銀行東京支店／旧三井銀行神戸支店：濱松義雄編、建築世界社、『長野宇平治作品集』一九二八年
旧奈良県庁舎：明治建築資料に関する委員会編、建築學會、『明治大正建築写真聚覧』一九三六年(日本建築学会図書館蔵)
旧大倉精神文化研究所：田中克昌[GA photographers]

伊藤忠太

伊藤忠太のポートレート：伊東博士作品集刊行会編、『伊東忠太建築作品』一九四一年
旧震災祈念堂(現東京都慰霊堂本堂)、本願寺築地別院(築地本願寺)：溝口裕太[GA photographers]
平安神宮：高木秀太郎、『近畿名所』一九〇三年(国立国会図書館蔵)
旧東京帝室博物館：小島又市、『最新東京名所写真帖』一九〇九年(国立国会図書館蔵)
鹿鳴館：『東京景色写真版』一八九三年(国立国会図書館蔵)
ワールド・トレード・センター：二川幸夫

吉田鉄郎

吉田鉄郎のポートレート：NTTファシリティーズ所蔵
旧東京中央郵便局：郵政博物館蔵
旧大阪中央郵便局／旧京都中央電話局上分局：田中克昌[GA photographers]
旧山田郵便局電話事務室：郵政博物館蔵

渡辺仁

渡辺仁のポートレート：日本大学大川三雄研究室提供
日本劇場：『新建築』一九三四年一月号
旧東京帝室博物館／旧第一生命館／旧産業組合中央金庫(右)／旧原邦造邸：溝口裕太[GA photographers]
旧産業組合中央金庫(左)：『建築雑誌』一九三四年一月号

松室重光

松室重光のポートレート：『満州建築協会雑誌』第十三巻第九号、一九三三年
旧大連ヤマトホテル：戦前の絵葉書より
旧朝鮮総督府庁舎：『朝鮮大観』、朝鮮文化普及会、一九三八年
旧大連市役所庁舎：『満州写真帖』昭和四年版、南満州鉄道、一九二九年
京都ハリストス正教会：二川由夫

妻木頼黄

妻木頼黄のポートレート：『建築雑誌』一九一六年第三〇輯、一九一六年
日本橋：『東京風景』、小川一真写真部、一九一一年(国立国会図書館蔵)
国会議事堂案、仮議事堂案：エンデ・ベックマン、一八九一年、法務図書館所蔵
大審院、中央階段の間 化粧天井縦截図：妻木文庫資料(日本建築学会図書館蔵)
旧日本勧業銀行本店：戦前の絵葉書より
妻木自邸：『建築雑誌』一九一〇年一月号、一九一〇年

武田五一

武田五一のポートレート：『新建築』一九三八年第十四巻、一九三八年
芝川又右衛門邸：『武田博士作品集』武田博士還暦記念事業会、一九三三年
京都府立図書館：前掲『武田博士作品集』
京都帝国大学建築学教室棟(現京都大学建築学教室本館)／旧京都電燈社屋(現関西電力京都支店)：田中克昌[GA photographers]
旧山口県庁舎(現山口県政資料館)：山口県提供
旧藤山雷太邸(現龍興寺)：GA photographers

堀口捨己

堀口捨己のポートレート：二川幸夫
和辻家墓所：GA photographers
紫烟荘：『紫烟荘図集』、洪用社、一九二七年
若狭邸：『建築世界』一九四一年九月号、建築世界社(撮

弘雄）
／勝館みゆきの間：二川幸夫

前川國男
前川國男のポートレート：二川幸夫
帝室博物館：前川建築設計事務所提供
学習院大学／埼玉会館／東京文化会館：二川幸夫
日タイ文化会館：前川建築設計事務所提供
自邸：GA photographers
日本相互銀行本店：『建築文化』一九五三年一月号（撮影：渡辺義雄）

坂倉準三
坂倉準三のポートレート：二川幸夫
パリ万国博覧会日本館／新京南湖住宅地計画／忠霊塔計画：坂倉建築研究所提供
神奈川県立近代美術館（外観）：二川幸夫
神奈川県立近代美術館（ピロティ）：GA photographers

丹下健三
丹下健三のポートレート：二川幸夫
大東亜建設記念営造計画：丹下都市建築設計提供
広島平和記念資料館／倉吉市庁舎／旧東京都庁舎／国立代々木屋内総合競技場／東京カテドラル聖マリア大聖堂：二川幸夫
東京都庁舎：溝口裕太[GA photographers]

谷口吉郎
谷口吉郎のポートレート：二川幸夫
東京工業大学水力実験室：東京工業大学博物館蔵
藤村記念堂／秩父セメント第二工場：二川幸夫

慶應義塾萬來舎：GA photographers

白井晟一
白井晟一のポートレート：二川幸夫
歓帰荘／松の宮村役場／松井田町役場／聖キアラ館／親和銀行本店／懐霄館：二川幸夫

村野藤吾
村野藤吾のポートレート：二川幸夫
ドイツ文化研究所：『京都大学人文科学研究所 創立八〇周年（所報 人文 特別号）』より
宇部市民館（宇部市渡辺翁記念会館）：宇部市教育委員会提供
橿原神宮駅（現橿原神宮前駅）：関拓弥
読売会館・そごう東京店（現テナントはビックカメラ）／新歌舞伎座：二川幸夫

吉田五十八
吉田五十八のポートレート：二川幸夫
杵屋六左衛門別邸：ハワイ大学マノア校アジアコレクション、幻燈板コレクションより提供
北村邸／吉屋信子邸／岩波別邸：二川幸夫

菊竹清訓
菊竹清訓のポートレート：二川幸夫
東光園／出雲大社庁の舎／都城市民会館／スカイハウス：二川幸夫
層状建築／パサディナ・ハイツ：GA photographers
スカイハウス図面：菊竹清訓建築設計事務所提供

黒川紀章
黒川紀章のポートレート：GA photographers
中銀カプセルタワー／ソニータワー／国立新美術館：GA photographers
タカラビューティリオン／ヴァン・ゴッホ美術館新館：二川幸夫
農村都市計画／タンザニアTANU党本部・国会議事堂国際コンペ：黒川紀章建築都市設計事務所提供

篠原一男
篠原一男のポートレート：GA photographers
白の家：村井修
未完の家：多木浩二
ハウス イン ヨコハマ／から傘の家：GA photographers

磯崎新
磯崎新のポートレート：GA photographers
新東京都庁舎案／マリリン・オン・ザ・ライン：GA photographers
大分県立中央図書館／つくばセンタービル／高崎山万寿寺別院計画／大分県立医師会館：二川幸夫

安藤忠雄
安藤忠雄のポートレート：GA photographers
住吉の長屋／井筒邸／六甲の集合住宅／ガレリア・アッカ／コレッツィオーネ／中之島プロジェクトII／兵庫県立こどもの館：GA photographers
フォートワース美術館／ホンブロイッヒ／ランゲン美術館／プンタ・デラ・ドガーナ再生計画／地中美術館：二川幸夫

カバー
国立代々木屋内総合競技場：二川幸夫